Justus Wilhelm Hedemann

RECHT UND WIRTSCHAFT

Festschrift für Justus Wilhelm Hedemann
zu seinem 80. Geburtstag
am 24. April 1958

Herausgegeben
in Gemeinschaft mit den Mitarbeitern
von

Heinrich Lehmann · Hans Carl Nipperdey

BERLIN 1958

WALTER DE GRUYTER & CO.

VORMALS G. J. GÖSCHEN'SCHE VERLAGSHANDLUNG
J. GUTTENTAG, VERLAGSBUCHHANDLUNG . GEORG REIMER
KARL J. TRÜBNER · VEIT & COMP.

Archiv-Nr 27 20 59
Satz: Walter de Gruyter & Co.
Druck: Berliner Buchdruckerei Union GmbH., Berlin SW 61

WIDMUNG

An der Entwicklung und Weiterbildung des geltenden deutschen privaten Rechts in der ersten Hälfte des 20. Jahrhunderts hat kaum ein Rechtslehrer mit hingebenderem Eifer und größerem Erfolg mitgewirkt als der Jubilar, dem diese Festgabe zur Vollendung des 80. Lebensjahres dargebracht wird. Vereinen sich doch in seiner Person in seltenem Maße alle Eigenschaften, die den großen Juristen und bedeutenden Rechtslehrer auszeichnen: Schärfe und Klarheit des Denkens verbunden mit einem feinen unbestechlichen Gerechtigkeitsempfinden, ein seltener Spürsinn für die Bedürfnisse des wirtschaftlichen und sozialen Lebens, wache Bereitschaft, ihnen zu entsprechen, und die Kraft, die richtigen Wege dazu zu finden und in eindrucksvoller Rede und überzeugenden Schriften aufzuzeigen.

Der trockenste Rechtsstoff begann in seinen Vorlesungen und Schriften Leben zu gewinnen, die Rechtsgeschichte wurde ein spannender Vorgang. Durch seine „Einführung in die Rechtswissenschaft" hat er viele Studenten für ein ernsthaftes Rechtsstudium erst wirklich gewonnen, nicht minder durch seine meisterhaften kurzen Lehrbücher über „Schuld- und Sachenrecht".

Denselben hohen Flug nehmen seine Vorlesungen und Werke über die Entwicklung des Privatrechts in den wichtigsten europäischen Kulturländern. Seine „Fortschritte des Zivilrechts im 19. Jahrhundert" werten gründlichste Quellenforschung in so fesselnder zukunftsweisender Art aus, daß ein Martin Wolff zugestand, er habe selten etwas mit so großem Genuß gelesen, wie die „Entwicklung des Bodenrechts von der Französischen Revolution bis zur Gegenwart". Auch die Ausbildung des Arbeits- und Wirtschaftsrechts hat sich dank seiner maßgebenden Mitwirkung angebahnt und vollzogen. Gleiches gilt für den Durchbruch der Persönlichkeitsrechte und die Anerkennung der Gleichberechtigung der Frau.

Kurz, es fällt schwer, ein Gebiet des Privatrechts zu nennen, das nicht durch seine Intuition erhellt und befruchtet worden wäre.

Mit diesem Scharfblick für die Entwicklungstendenzen des geltenden Rechts, mit der Erkenntnis seines „Werdens und Wachsens" verband sich eine seltene Darstellungskunst und eine ausgesprochene rednerische Begnadung. Glücklich, wer Hedemann auf dem Katheder und im Seminar erleben durfte. Gesichert war der Erfolg einer Veranstaltung, die ihn als Redner gewonnen hatte.

So vereinen sich heute mit den Kollegen, die ihm die nachfolgenden Studien widmen*), viele Freunde im In- und Ausland, Tausende von Schülern der Universitäten Breslau, Jena und Berlin und Lesern, die ihm aufrichtigen Herzens für sein Wirken im Dienste der Gerechtigkeit Dank wissen und einen recht glücklichen Lebensabend wünschen.

Heinrich Lehmann — Hans Carl Nipperdey

*) Professor Dr. Schmidt-Rimpler, Bad Godesberg, hatte ursprünglich beabsichtigt, sich mit einem Beitrag: „Gegenseitige Verträge mit einseitig bedingter Leistungspflicht" an der vorliegenden Festschrift zu beteiligen. Infolge Erkrankung ist Professor Schmidt-Rimpler nicht in der Lage, seinen geplanten Beitrag fertigzustellen. Er beabsichtigt jedoch, diesen gelegentlich an anderer Stelle zu Ehren Hedemann's zu veröffentlichen.

INHALTSVERZEICHNIS

SCHRIFTENVERZEICHNIS

1903 Der Vergleichsirrtum nach dem Recht des deutschen Reiches (Abhandlungen zum Privatrecht und Zivilprozeß des deutschen Reiches, herausgegeben von Otto Fischer, Band IX, 2). Jena 1903.

1904 Die Vermutung nach dem Recht des deutschen Reiches (Abhandlungen wie vorstehend, Bd. XI, 2). Jena 1904. — S. auch 1931.

1905 Die Fürsorge des Gutsherrn für sein Gesinde (Festgabe für Felix Dahn zu seinem fünfzigjährigen Doktorjubiläum, Teil I: Deutsche Rechtsgeschichte S. 167ff.).

1906 Verträge zwischen Gemeinde und Grundstückseigentümer zwecks Erwirkung des Baukonsenses (ArchBürgR. Bd. XXVII S. 152ff.).

1907 Moderne Bürgerpflichten. Vortrag. Jena 1907.

1908 Das bürgerliche Gesetzbuch der Schweiz (In: 50. Jahresbericht über die Wirksamkeit der Juristischen Gesellschaft zu Berlin S. 38ff.).

1909 Hommel, ein treuer Jurist (DJZ Bd. XIV S. 909ff.).

1910 Fortschritte des Zivilrechts im 19. Jahrhundert. Ein Überblick über die Entfaltung des Privatrechts in Deutschland, Österreich, Frankreich und der Schweiz. 1. Teil: Die Neuordnung des Verkehrslebens. Berlin 1910. — S. auch 1930, 1935.

1911 Bereicherung durch Strohmänner (auch in: Festgabe der Juristenfakultät Jena für August Thon). Jena 1911.

Über die Kunst, gute Gesetze zu machen (Festschrift für Otto Gierke zum 70. Geburtstag, S. 305ff.). Weimar 1911.

1912 Beitrag zum Kampf gegen die Güterschlächter (Recht und Wirtschaft Bd. I S. 165ff.).

1913 Werden und Wachsen im bürgerlichen Recht. Schriften des Vereins Recht und Wirtschaft III, 2. Berlin 1913.

Sittenwidrige Schädigung der Kartelle durch Gründung eines Außenwerks. Eine Studie auf der Grundlage des deutschen und des schweizerischen Rechts (Jherings J. Bd. LXIII S. 1ff.).

Die Hoffnung auf Rechtseinheit (Recht und Wirtschaft II S. 298ff.).

1914 Güterzertrümmerung (Recht Bd. 18 S. 255ff.).

Kreditnot (Recht und Wirtschaft Bd. 3 S. 97ff.).

1915 Die Verwendung von Denkformen des bürgerlichen Rechts in Politik und Völkerrecht (Blätter für Rechtspflege in Thüringen und Anhalt Bd. 62 S. 97ff.).

1916 Gedanken über Gerechtigkeit, politische Betrachtungen eines Juristen (Archiv für Rechts- und Wirtschaftsphilosophie Bd. 10 S. 160ff. und S. 297ff.).

A magyar tervezet és a német polgári törvénykönyv (Der Ungarische Entwurf und das deutsche Bürgerliche Gesetzbuch), (Jogállam Bd. 15 S. 536ff.). Budapest 1916.

1917 Bunte Bilder aus der Rechtswelt. Ein Lesebuch für die jungen Juristen im Felde. Berlin 1917.

Der Krieg als Lehrmeister auf dem Gebiete des Rechts (Vorträge der Gehe-Stiftung, Bd. 8, 4 S. 89ff.). Leipzig und Dresden 1917.

1919 Einführung in die Rechtswissenschaft (Grundriß der Rechtswissenschaft Bd. 9). Berlin und Leipzig 1919. — Vgl. auch 1921, 1924, 1927, 1931, 1949, 1950.

Das bürgerliche Recht und die neue Zeit (Rede). Jena 1919.

Zur Frage der Entlassung von Arbeitern und Angestellten (Recht und Wirtschaft Bd. 8, S. 188ff.).

Sechs Universitätsreden (Jenaer Universitätszeitung Bd. 1 S. 65, 72, 80, 86, 125, 131).

1920 Kontrolle der Arbeiterentlassung (Deutsche Juristenzeitung Jg. 25 S. 547ff.).

1921 Schuldrecht des bürgerlichen Gesetzbuches (Grundrisse der Rechtswissenschaft Bd. 2). Berlin und Leipzig 1921. — Vgl. 1919.

Richterliche Umgestaltung laufender Verträge (Schweizerische JZ, Jg. 17 S. 305ff.).

Bürokratismus und Kaufmannsgeist (Die Buchhaltung Bd. 1 S. 117ff.).

Der 100. Band der Entscheidungen des Reichsgerichts in Zivilsachen (DJZ Jg. 26 S. 387ff.).

1922 Kodifikation des Arbeitsrechts (Recht und Wirtschaft Jg. 9 S. 247ff.).

Die Umwandlung des Eigentumsbegriffs (ebd. S. 585ff.).

Wirtschaftsparlamente (Schweizerische JZ Jg. 18 S. 323ff.).

1923 Lohnzahlung bei Arbeitsverhinderung (auch in Festschrift für Eduard Rosenthal zum 70. Geburtstag). Jena 1923.

1924 Sachenrecht des bürgerlichen Gesetzbuches (Grundrisse der Rechtswissenschaft Bd. 3). Berlin u. Leipzig 1924. — Vgl. 1919.

Die Geldentwertung als encyklopädisches Problem (Themis, holländische Zeitschrift, Jg. 85 S. 20ff.).

1925 Das Bürgerliche Gesetzbuch nach 25 Jahren (DJZ Jg. 30 S. 3ff.).

De Kartelwetgeving in Duitschland (De Naamlooze Vennootschap Bd. 3 S. 327ff. und 353ff.).

Das freie Ermessen in der Gerichtsbarkeit. Vortrag. (Monatsschrift: Das Gewerbe- und Kaufmannsgericht Jg. 30 S. 210ff.).

Betriebsgemeinschaft als Rechtsproblem (In: Potthoff, Die sozialen Probleme des Betriebes, S. 17ff.).

1926 Die Kölner Juristenfakultät (DJZ Jg. 31 S. 1232ff.).

1927 Einführung in die Rechtswissenschaft (Grundrisse der Rechtswissenschaft Bd. 9, 2. Aufl.). Berlin u. Leipzig 1927. — Vgl. 1919.

1928 Die Entwicklung der Rechtswissenschaft (In: Zehn Jahre deutscher Geschichte 1918/1928, S. 413ff.). Berlin 1928.

1929 Reichsgericht und Wirtschaftsrecht. Ein Bild deutscher Praxis (Schriften des Instituts für Wirtschaftsrecht an der Universität Jena, Bd. 8).

1930 Die Fortschritte des Zivilrechts im 19. Jahrhundert. Ein Überblick über die Entfaltung des Privatrechts in Deutschland, Österreich, Frankreich und der Schweiz. II. Teil: Die Entwicklung des Bodenrechts von der französischen Revolution bis zur Gegenwart. 1. Hälfte: Das materielle Bodenrecht. Berlin 1930. — Vgl. auch 1910, 1935.

Aus dem Werk „Das Akademische Deutschland", Bd. 1: Die Universität Jena; Bd. 3: Die geistigen Strömungen in der heutigen deutschen Studentenschaft.

1931 Schuldrecht des bürgerlichen Gesetzbuchs (Grundrisse; vgl. 1921, 2. umgearbeitete Auflage). Berlin u. Leipzig 1931.

Jugend und Alter. Die Folge der Generationen. Ein Blick auf unsere Zeit (Jenaer Akademische Reden, Heft 12). Jena 1931.

Las Presunciones en el Derecho („Die Vermutung"; vgl. 1904), ins Spanische übertragen von Professor Luis Sancho Seral, Universität Saragoza. Madrid 1931.

1933 Die Flucht in die Generalklauseln. Eine Gefahr für Recht und Staat. Tübingen 1933.

Schuldnerschutz in Bulgarien, Schuldnerschutz in Japan (DJZ Jg. 38 S. 683ff. u. Jg. 38 S. 296).

1934 Die Reform des bürgerlichen Rechts (Jahrbuch der Akad. f. dt. Recht I S. 126ff.).

Das Gesetz zur Ordnung der nationalen Arbeit (DJZ Jg. 39 S. 161ff.).

Die Dreiteilung der Aufgaben. Bilden, Leiten, Zuteilen. (Zeitschr. d. Akad. f. dt. Recht Bd. I S. 61ff.).

1935 Die Fortschritte des Zivilrechts im 19. Jahrhundert. Ein Überblick über die Entfaltung des Privatrechts in Deutschland, Österreich, Frankreich und der Schweiz. II. Teil: Die Entwicklung des Bodenrechts von der französischen Revolution bis zur Gegenwart. 2. Hälfte: Die Entwicklung des formellen Bodenrechts. Berlin 1935. — Vgl. 1930, 1910.

Der Dresdner Entwurf von 1866. Ein Schritt auf dem Wege zur deutschen Rechtseinheit (Schrift. d. Akad. f. dt. Recht). Berlin 1935.

Privatrechtsgeschichte der Neuzeit. Ein Versuch (Festschrift für Rudolf Hübner, S. 5ff.). Jena 1935.

1936 Das Antlitz des Gesetzgebers (In: Beiträge zum Recht des neuen Deutschland, Festschrift für Franz Schlegelberger, S. 1ff.). Berlin 1936.

Deutschlands neues Patentgesetz (DJZ Jg. 41 S. 657ff.).

Der 150. Band der Reichsgerichtsentscheidungen (Zeitschr. d. Akad. f. dt. Recht Bd. 3 S. 689ff.).

1937 Recht und Wirtschaft (In: Probleme des deutschen Wirtschaftslebens, Festschrift für Hjalmar Schacht zum 60. Geburtstag, S. 791ff.). Berlin 1937.

Vom Industrierecht zum Wirtschaftsrecht (In: Festschrift für Heinrich Lehmann zum 60. Geburtstag, S. 195ff.). Berlin 1937.

Geschichte des Jenaer Instituts für Wirtschaftsrecht, Schlußheft der Mitteilungen des Jenaer Instituts für Wirtschaftsrecht (ab Heft 1 geleitet von J. W. Hedemann).

1938 Neun Thesen zum Vereinsrecht (Zeitschrift d. Akad. f. dt. Recht Bd. 5 S. 109ff.).

Das Reichswirtschaftsgericht, Geschichte und Neubau (ebd. S. 190ff.).

Der Zugang zur Wirtschaft (Jahrb. d. Akad. f. dt. Recht 1938 S. 153ff.).

1939 Deutsches Wirtschaftsrecht. Berlin 1939. — Vgl. 1943.

Der Vertrag und die veränderten Umstände (Deutsch-Italienische Studie; Zeitschrift f. Ausländisch. u. Internat. Privatrecht 12. Jg. S. 714).

Das Gesetz als Anruf (Festschrift für den Präsidenten des Reichsgerichts Erwin Bumke zum 65. Geburtstag).

Der Krieg und das bürgerliche Rechtsleben (Dt. Justiz 1939 S. 1516).

1940 Vertrag und Haftung (In: Sammelwerk Verwaltungsakademie, II. Auflage).

Eigentumsordnung (ebd.).

Der historische Wert der Studien Ernst Heymanns zum Recht der militärischen Kriegswirtschaft (Heymann-Festschrift Bd. II S. 1).

Der Aufstieg des Wirtschaftsrechts (Forschungen und Fortschritte 1940 Nr. 19/20. — Ins Spanische übersetzt in „Investigación y Progresö, anno XII, Heft 6, 1941).

Betrachtungen zu Ungarns Privatrechtsgesetzgebung (Dt. Justiz 1940 S. 1137).

1941 Der Großraum als Problem des Wirtschaftsrechts (Dt. Rechtswissenschaft Bd. 6 S. 180).

Das neue italienische Obligationenrecht (Zeitschr. d. Akad. f. dt. Recht S. 305).

1942 Das Recht als gestaltende Macht im europäischen Wirtschaftsraum (In: Sammelwerk „Europa", Handbuch der politischen, wirtschaftlichen und kulturellen Entwicklung des neuen Europa, herausgegeben vom Dt. Institut für außenpolitische Forschungen, 1943).

Grundzüge eines europäischen Wirtschaftsrechts. (Die dt. Volkswirtschaft Jg. 1942 Nr. 33).

1943 Deutsches Wirtschaftsrecht, 2. Auflage (vgl. 1939).

Wirtschaftsrecht in Frankreich (Zeitschr. f. Ausländ. u. Internat. Privatrecht 14. Jg. S. 116).

El Derecho económico, Un dominio fundamental de la vida juridica europea (Revista de Derecho Privado 1943 Nr. 314 S. 278; vorausgestellt ein Aufsatz über „El Profesor Justus Wilhelm Hedemann" von Antonio Polo).

1947 El derecho com superador de antagonismo (Moneda y Credito 23).

1948 Der Zwiespalt im Recht (Betriebs-Berater H. 29/30).

1949 Schuldrecht, 3. Auflage (vgl. 1931).

Das Unternehmerprofil (In: Der Arbeitgeber Nr. 7 S. 15).

1950 Sachenrecht, 2. Aufl. (vgl. 1924). Vgl. auch 1956.

50 Jahre Bürgerliches Gesetzbuch (JR H. 1 S. 1). Im gleichen Jahr Übersetzung ins Spanische (Revista de derecho privado).

Spruchpraxis des Obersten Gerichtshofes für die Britische Zone (JR H. 5 S. 129).

Ein Arbeitsvertragsgesetz? (Betriebs-Berater H. 35 S. 913).

Die Entwicklung der Betriebsräteorganisation (Sonderheft „50 Jahre Sozialpolitik" der Zeitschrift „Der Arbeitgeber", Nr. 24).

1951 Grundprobleme des Wohnungsrechts (Schriften des Instituts für Wohnungsrecht in Köln).

Gütertrennung (Dt. Notarzeitschrift H. 1 S. 6ff.).

Der Reichtum der Spruchpraxis (JR H. 14 S. 417).

50 Jahre deutsches Grundstücksrecht (Dt. Immobilien-Zeitung).

Der Wirtschaftsabgeordnete (Schriftenreihe „Ratgeber von Parlament und Regierung" des Frankfurter Instituts zur Förderung öffentlicher Angelegenheiten).

Die Juristischen Fakultäten (MDR).

La evolución del Derecho económico (Revista de Derecho Privado).

Die Rechtsprechung als Tugendspiegel (JR H. 24).

1952 Die Rechtsstellung der Frau, Vergangenheit und Zukunft. Berlin 1952.

Das Eigentum im Wandel (Dt. Notar-Zeitschrift H. 1 S. 6ff.).

Die künftige Rechtsstellung der unehelichen Kinder (MDR H. 8 S. 454).

Das Betriebsverfassungsgesetz (JR H. 10).

1953 Europäisches Wirtschaftsrecht (Betriebs-Berater H. 1 S. 2).
Der Arbeitsplatz als Rechtsgut (Recht der Arbeit H. 4 S. 121).
Was wird mit der Gleichberechtigung ? (JR H. 6).

1954 Das Recht auf Arbeit als Allgemeines Menschenrecht (Festschrift für Gustav Boehmer zum 70. Geburtstag).

1954 Das bürgerliche Recht im Spiegel der Zeit, Tagung der Zivilrechtler in Schlangenbad (JR H. 1 S. 18).
Zum 175. Geburtstag von Friedrich Karl v. Savigny (JR H. 4 S. 121).
Der Stand des Landwirtschaftsrechts (MDR H. 9 S. 513).

1955 Der Kontrahierungszwang, Erinnerung und Ausblick (Festschrift für Hans Carl Nipperdey zum 60. Geburtstag).
Die Nichtehelichen (Ehe und Familie H. 8/9 S. 226).
Das Personalvertretungsgesetz (JR H. 10 S. 363).
Sguardo retrospettivo sul Convegno Internazionale di Diritto agrario 1954 (Rivista di Diritto Agrario Bd. 4 S. 243ff.).

1956 Übersetzung des Sachenrechts (vgl. 1950) ins Spanische mit Einarbeitung des spanischen Rechtes (Tratado de Derecho Civil, Vol. II Derechos Reales).
Aus der Welt der Rechtssprichwörter (Festschrift für Heinrich Lehmann zum 80. Geburtstag).
Was ist sozial ? (Der Arbeitgeber S. 198ff.).
Dorpat im September 1918 (Baltische Sonderhefte, 3. Jg. H. 1 S. 6ff.).

1957 Wesen und Wandel der Gesetzgebungstechnik (Festschrift für Schmidt-Rimpler zum 70. Geburtstag).

DIE NEUGESTALTUNG DER ELTERLICHEN UNTERHALTSPFLICHT

Von Günther Beitzke, Göttingen

Zu den vielen Problemen, welche die Gleichberechtigung im Familienrecht aufgeworfen hat, gehört auch die Neugestaltung der elterlichen Unterhaltspflicht gegenüber Kindern. Das Gleichberechtigungsgesetz hat zwar diese Frage durch Neufassung des § 1606 BGB für die ehelichen Kinder geregelt. Aber diese Vorschrift läßt eine Reihe von Zweifelsfragen offen. So ist nicht in jederlei Hinsicht klar, was die sinngemäße Anwendung von § 1360 BGB auf den Unterhaltsanspruch der Kinder zu bedeuten hat. Ferner drängt sich die Frage auf, ob die Unterhaltspflicht beider Eltern lediglich eine anteilige oder eine Gesamtschuld ist.

Das Gleichberechtigungsgesetz hat zu dieser Frage nicht eindeutig Stellung genommen. Immerhin läßt der Wortlaut der Neufassung von § 1606 BGB erkennen, daß das Gesetz offenbar von der Annahme einer elterlichen Teilschuld ausgeht. Wenn jetzt § 1606 II zunächst bestimmt, daß unter Verwandten der aufsteigenden Linie mehrere gleichnahe zu gleichen Teilen haften, und anschließend in § 1606 III gesagt wird, die Haftung der Eltern bestimme sich nach ihren Erwerbs- und Vermögensverhältnissen, so ist auch diese letztere Bestimmung offenbar eine Regelung des Außenverhältnisses gegenüber dem Kind und nicht nur eine Regelung für den internen Ausgleich zwischen den Ehegatten selbst. Dafür spricht, daß der Regierungsentwurf I ausdrücklich eine gesamtschuldnerische Haftung beider Eltern vorgesehen hatte[1], diese Regelung aber in der endgültigen Fassung des Gesetzes nicht wiederkehrt.

Auch die Verweisung auf § 1360 BGB, welcher die Beiträge der beiden Ehegatten zum Familienunterhalt regelt, spricht dafür, daß jeder Elternteil nur zu einem Beitrag für den Kindesunterhalt verpflichtet sein soll. Endlich spricht für die Teilschuld, daß nach der

[1] In § 1606 Abs. III.

Begründung zum Entwurf des Gleichberechtigungsgesetzes die häufig nicht selbst verdienende und daher wirtschaftlich schwächere Frau vor der Inanspruchnahme auf den vollen Unterhalt geschützt werden sollte[2]. Daher wird im Schrifttum zum Gleichberechtigungsgesetz auch vielfach eine Teilschuld angenommen[3]. Demgegenüber hebt freilich der Referentenkommentar von *Maßfeller* und *Reinicke*[4] hervor, daß § 1606 Abs. III neuer Fassung nicht den Umfang der Unterhaltsverpflichtungen, sondern nur die Reihenfolge der Haftung der Eltern regele. Aber wenn hier zum Ausdruck gebracht wird, daß — im Gegensatz zu bisher — beide Eltern nebeneinander, also im gleichen Rang zu haften haben, so bedeutet der Hinweis auf die Haftung nach ihren Erwerbs- und Vermögensverhältnissen notwendig auch eine Regelung des Umfangs der Haftung. Ob hier nun echte Teilschulden vorliegen oder volle Unterhaltsschuld mit begrenzter Haftung, mag hier dahingestellt bleiben, weil hier nicht das Verhältnis von Schuld und Haftung neu aufgerollt werden soll. Festzuhalten bleibt, daß die Ehegatten jedenfalls im Regelfall jeder nur bis zu einer begrenzten Höhe nach dem Verhältnis ihres Einkommens und Vermögens in Anspruch genommen werden können.

I.

Diese Auslegung des Gesetzes nach Wortlaut, Sinnzusammenhang und Entstehungsgeschichte entbindet uns freilich nicht von der Prüfung, ob diese Regelung sachgerecht ist.

1. Zunächst will es befremdlich erscheinen, daß zwar beide Eltern gleichmäßig zur Sorge für das minderjährige Kind verpflichtet sind (§§ 1626, 1627 BGB) und jeder Elternteil, wenn der andere aus irgendeinem Grunde an der Sorge nicht teilnimmt, verpflichtet ist, dem Kinde die gesamte Sorge angedeihen zu

---

[2] Begründung zu Nr. 31 (§ 1606). Die Begründung ist auch abgedruckt im Kommentar von *Maßfeller-Reinicke*, Das Gleichberechtigungsgesetz 1958 (für hier: S. 516).

[3] *Bosch* FamRZ 1957,194; *Brühl* FamRZ 1957, 277; *Schultz* MDR 1954, 462; *Habscheid* Rpfl. 1957, 326; *Meyer* Rpfl. 1957, 288; *Palandt-Lauterbach* (17. Aufl.) Anm. 4 zu § 1606; *Krüger-Breetzke-Nowak*, Gleichberechtigungsgesetz Anm. 5 zu § 1606 (Teilhaftung); *Achilles-Greiff-Beitzke* (21. Aufl.) Anm. 8 zu § 1606; anders dagegen *Erman-Wagner* Anm. 3 zu § 1606 (Ergänzungsbd. GleichberGes.), wo dem Kind die Wahl gelassen wird, wie es die Eltern in Anspruch nehmen will.

[4] Anm. 1ff. zu § 1606.

lassen, während beim Unterhalt jeder Elternteil sich auf den ihn belastenden Teil des Unterhalts beschränken darf! Dies Phänomen wird man kaum ausreichend damit erklären können, daß nach allgemeinen Grundsätzen bei teilbaren Leistungen (Unterhalt) im Zweifel nur Teilverpflichtungen entstehen (§ 420 BGB), während nur bei unteilbaren Leistungen eine Gesamtschuld vorliege (§ 431 BGB), denn auch die Sorge für das Kind könnte wenigstens theoretisch geteilt werden. Ganz abgesehen von etwaigen Bedenken gegen die Verwertung schuldrechtlicher Kategorien im Familienrecht ist ferner im Schuldrecht die gesetzliche Regel dadurch abgeschwächt, ja nahezu umgekehrt, daß das Gesetz selbst bei teilbaren Leistungen in großem Umfang Gesamtschulden entstehen läßt, so daß auch bei teilbaren Leistungen die Gesamtschuld eher häufiger ist als die Teilschuld. Daher bedürfte eben die elterliche Teilschuld schon an sich einer besonderen Rechtfertigung; sie bedarf ihrer wegen des Gegensatzes zur gemeinsamen elterlichen Sorgepflicht erst recht. Mag es zwar für das volljährige Kind tragbar erscheinen, wenn es wie ein entfernterer Verwandter seinen Unterhaltsanspruch in Teilen gegen beide Eltern geltend machen muß, für das minderjährige Kind erscheint die neue Regelung nicht überzeugend.

2. Die neue Regelung führt ferner dazu, daß ein Elternteil das Kind mit einem Teil seines Unterhaltsbedarfs abfinden kann, um es dem Kind zu überlassen, ob es ihm gelingt, den anderen Teil des Unterhalts vom anderen Elternteil beizutreiben. Mir scheint dies eine merkwürdige Regelung zu sein. Man wende nicht ein, es werde schon nicht dahin kommen, daß ein Elternteil das Kind darben lasse. Allein die Tatsache, daß das Gesetz so etwas für rechtmäßig hält, muß schwere Bedenken erwecken. Man wende auch nicht ein, der andere Elternteil werde schnell genug belangt werden können, notfalls mit einer einstweiligen Verfügung[5]. Es kann durchaus vorkommen, daß der andere Elternteil sich der Unterhaltspflicht zu entziehen versucht und z. B. wegen unbekannter Anschrift nicht sofort belangt werden kann, ohne daß deshalb schon die Voraussetzungen des § 1607 BGB vorliegen müßten, unter denen der erste Elternteil auf den vollen Unterhalt haften müßte[6]. Von der öffentlichen Fürsorge ist in derartigen

[5] *Lang* NJW 1957, 385.

[6] Was *Lauterbach* bei *Palandt* Anm. 4 zu § 1606 mit Recht hervorhebt.

Fällen kaum etwas zu erwarten[7]. Erfahrungsgemäß wird die Unterstützung oft schon dann verweigert, wenn nur ein Verwandter vorhanden ist, der zwar rechtlich zum Unterhalt nicht verpflichtet, aber zur Unterhaltsleistung tatsächlich in der Lage ist[8] — womit von seiten des öffentlichen Rechts laufend versucht wird, die Unterhaltspflichten des BGB praktisch auszudehnen.

Bleibt aber das Kind mit dem Teil-Unterhalt auch nur zeitweise unterversorgt, so ist das neue Unterhaltsrecht zweifellos unbefriedigend. Wird die Schwierigkeit dadurch überbrückt, daß der zur Teilleistung verpflichtete eine Elternteil den ganzen Unterhalt gewährt, so wäre die neue Regelung nur dann tragbar, wenn diesem Elternteil ein Regreß gegen den anderen zweifelsfrei offen stünde. Für den Fall des § 1607 BGB ist der Regreß positivrechtlich geregelt. Unter Gesamtschuldnern wäre der Regreß schon nach § 426 BGB gesichert. Unter Teilschuldnern gibt es den Regreß nur dann, wenn die Voraussetzungen der §§ 677 oder 812ff. BGB gegeben sind, was regelmäßig nicht der Fall sein dürfte.

Ein Regreß gegen den anderen Elternteil aus dem Gesichtspunkt der Geschäftsführung setzt voraus, daß die Gewährung des vollen Unterhalts bewußt und gewollt als Führung eines fremden Geschäfts erfolgt (BGB § 687 I). An diesem Bewußtsein wird es aber häufig fehlen, weil mancher sich selbst für verpflichtet halten wird, für das Kind voll zu sorgen, oder jedenfalls spontan diese Sorge übernimmt, ohne sich darüber Gedanken zu manchen, ob er hier etwa ein fremdes Geschäft führt. Häufig wird auch unklar sein, in welcher genauen Höhe jeder von beiden Elternteilen zum Unterhalt verpflichtet ist. Daher wird es häufig auch mindestens für einen Teil des Unterhalts an dem Bewußtsein fehlen, ein fremdes Geschäft zu führen. Daran würde dann der Regreßanspruch scheitern.

Der Bereicherungsanspruch nach § 812 setzt voraus, daß die fremde Schuld *als solche* bezahlt worden ist; d. h. auch dem Empfänger gegenüber muß Klarheit darüber geschaffen sein, daß hier gemäß § 267 BGB ein Dritter fremde Schulden bezahlt.

[7] Anders *Lang* NJW 1957, 385.

[8] Die Fürsorgebehörden stützen sich hier auf ein angebliches Prinzip der „Familiennotgemeinschaft“, womit z. B. der Schwiegersohn für den Unterhalt der Schwiegermutter (OVG Münster JZ 1953, 565) oder der Stiefvater für den Unterhalt des Stiefkindes (vgl. dazu OVG Münster FamRZ 1954, 200; auch OVG Lüneburg FamRZ 1957, 30) herangezogen wird. Dies Prinzip würde sicherlich auch hier bemüht werden.

An dieser Klarheit fehlt es aber gerade bei Unterhaltsleistungen häufig. Das Gesetz setzt in § 685 II und § 1360 b voraus, daß häufig mehr Unterhalt geleistet wird, als das Geschuldete. Erhält ein Unterhaltsberechtigter von einem Unterhaltspflichtigen mehr Unterhalt, als dieser schuldet, so weiß er nicht, ob es sich um eine einfache Mehrleistung oder um eine Leistung auf einem geschuldeten fremden Unterhaltsbeitrag handelt. Selbst wenn man in Rechnung stellt, daß ein minderjähriges Kind als Unterhaltsempfänger solche Überlegungen vielleicht nicht anzustellen braucht, so müßte doch die entsprechende Klarheit bei seinem gesetzlichen Vertreter vorliegen und auch da wird es häufig an dieser Klarheit, fehlen. Es bliebe dann höchstens der Weg einer analogen Anwendung von §§ 1607, 1709 BGB, die aber ihrer Struktur nach für den Ausgleich zwischen einem Hauptschuldner und Zweitschuldner und nicht für den Ausgleich zwischen zwei Teilschuldnern gedacht sind.

3. Endlich bedeutet die Neuregelung eine prozessuale Erschwerung für das Kind. Es muß möglicherweise statt des einen Prozesses gegen einen Elternteil, mit dessen gesamtschuldnerischer Haftung es sich begnügen könnte, zwei Prozesse führen. Das Gleichberechtigungsgesetz gibt zwar mit dem neuen § 35 a ZPO die Möglichkeit, beide Eltern als Streitgenossen in einem einheitlichen Gerichtsstand zu verklagen und beseitigt damit auch die Kostennachteile, die sich daraus ergeben können, daß zwei Prozesse infolge der Kosten-Degression mehr kosten, als ein Prozeß, bei welchem die Streitwerte nach § 5 ZPO zusammengerechnet werden. Aber diese Hilfen nützen nur dann etwas, wenn wirklich beide Eltern gleichzeitig verklagt werden können[9]; sie bleiben dagegen erfolglos, wenn wegen äußerer Hindernisse die Eltern zeitlich getrennt verklagt werden müssen. Der § 35 a überbrückt auch nicht die Schwierigkeiten, welche sich für das Kind daraus ergeben, daß es die Anteile, zu welchen die Eltern nach § 1606 III BGB für den Unterhalt aufkommen müssen, im vorhinein richtig beziffern muß, wenn es nicht mit einem Teil seiner Ansprüche gegen den einen Elternteil abgewiesen werden soll, um dann gegenüber dem anderen Elternteil den Klaganspruch zu erhöhen oder gar in einem neuen Prozeß eine Nachforderung geltend machen

[9] Bei zeitlich getrennten Klagen gilt ZPO § 35a nicht, vgl. *Maßfeller-Reinicke*, Gleichberechtigungsgesetz Anm. 2 zu ZPO § 35a.

zu müssen. Jedenfalls wird das Kind mit einem unnötigen Kostenrisiko belastet, welches bei der Gesamtschuld nicht auftritt[10].

Es ist für das Kind auch auf alle Fälle vorteilhafter, wenn die Frage der Leistungsfähigkeit der Eltern in ihrem Verhältnis zueinander (welche das Kind im vorhinein häufig gar nicht ausreichend beurteilen kann), nicht bei seiner Unterhaltsklage geprüft zu werden braucht; seine Unterhaltsklage würde schneller zur Entscheidung reif sein. Ist aus äußeren Gründen nicht möglich, beide Eltern gleichzeitig zu belangen, so besteht auch die Gefahr, daß bei unterschiedlichem Wohnsitz der Eltern die Gerichte über das Verhältnis der Leistungsfähigkeit der Eltern zweimal Beweis erheben müssen und schließlich unterschiedlich entscheiden, so daß das Kind infolge unterschiedlicher Würdigung des Verhältnisses der elterlichen Leistungsfähigkeit entweder zu viel oder zu wenig an Unterhalt erhält. Endlich ist es auch für die Eltern besser, wenn über das Verhältnis ihrer Leistungsfähigkeit im Regreßprozeß zwischen ihnen und nicht im Prozeß des Kindes gegen den einen Elternteil allein entschieden wird. Es wird sonst möglicherweise über die Leistungsfähigkeit des anderen Elternteils mitentschieden, ohne daß dieser dazu gehört wird. Das ist nicht nur vielleicht für ihn selbst nachteilig, sondern für alle Beteiligten, denen dann die Grundlage für eine richtige Sachaufklärung fehlt.

Der Vorteil, daß bei elterlicher Teilschuld die Zahl der Prozesse vermindert werde, weil die Regreßstreitigkeiten zwischen den Eltern entfallen[11], ist m. E. demgegenüber theoretisch und gering zu veranschlagen. Es tritt nur eine Verschiebung im Prozeßinhalt ein. Bei Gesamtschuld wird jeder Elternteil angesichts seiner grundsätzlich vollen Unterhaltspflicht geneigt sein, zwar für das Kind zu sorgen; der Umfang seiner Unterhaltspflicht wird dann im Regreßprozeß gegen den anderen Ehegatten festgelegt; es findet hier meist nur der Regreßprozeß statt. Bei elterlicher Teilschuld wird jeder Ehegatte geneigt sein, sofort im Hinblick auf die angenommene hohe Mitverpflichtung des anderen Ehegatten möglichst wenig zu zahlen. Damit wird das Kind zur Klage genötigt, und zwar auch in solchen Fällen, in welchen es bei Gesamtschuld seinen Unterhalt vielleicht ohne Klage erhalten hätte. Die sonst nur im Regreßprozeß der Eltern ausgetragenen Fragen

---

[10] Auf dies Kostenrisiko weisen *Krüger-Breetzke-Nowak* Anm. 7 zu § 1606 mit Recht hin.

[11] Vgl. dazu *Lang*, NJW 1956, 1134 u. 1957, 384; *Meyer* Rpfl. 1957, 288.

werden hier dem Kind aufgelastet — für das Kind gewiß keine Besserstellung.

4. Alle diese Überlegungen lassen die Frage auftreten, ob das Gesetz nicht besser getan hätte, die elterliche Unterhaltspflicht als Gesamtschuld zu regeln.

Die hier geschilderten Bedenken und Schwierigkeiten, namentlich die verfahrensrechtlichen Probleme, treten nämlich in besonderer Weise auf, wenn das Kind bei keinem der beiden Eltern, sondern bei Dritten lebt. Hier ist das Erfordernis, allenfalls beide Eltern zu verklagen und dabei das Verhältnis ihrer Leistungsfähigkeit richtig zu beurteilen, besonders schwerwiegend, zumal in diesem Fall die sinngemäße Anwendung des § 1360 BGB offenbar praktisch nicht durchgreifen kann und beide Eltern Unterhalt in Geld schulden dürften[12].

Aber auch, wenn das Kind bei einem Elternteil lebt und von diesem Unterhalt erhält, können erhebliche Schwierigkeiten auftreten. Entweder der sorgende Elternteil gewährt dem Kind zu wenig; dann müssen möglicherweise beide Eltern verklagt werden, und es können alle dieselben Schwierigkeiten auftreten, wie wenn das Kind bei Dritten lebt. Oder der Elternteil, bei welchem das Kind lebt, gewährt dem Kind mehr, als es von ihm zu fordern hat, häufig den gesamten Unterhalt. Dann treten die schon dargestellten Regreßprobleme auf. Oder aber der Elternteil, bei welchem das Kind lebt, gibt dem Kind genau den ihm zukommenden Unterhaltsanteil; dann braucht zwar nur der andere Elternteil auf seinen Anteil belangt zu werden; aber es will nicht einleuchten, daß das Kind, bis der Unterhaltsanspruch auch insoweit durchgesetzt ist, vom sorgenden Elternteil mit dessen Unterhaltsanteil soll abgefunden werden dürfen[13]. Offenbar würde das Kind in jedem Falle besser fahren, wenn die Unterhaltsschuld der Eltern eine Gesamtschuld wäre.

Leben die Eltern zusammen und lebt das Kind bei beiden Eltern, so wird allerdings im allgemeinen kein Bedürfnis nach einer elterlichen Gesamtschuld bestehen. Der Unterhalt des Kindes

---

[12] *Schrade* FamRZ 1957, 348/349 hält gegenüber dem außerhalb der Familie lebenden Kind die Mutter auch nur zur Unterhaltsleistung durch Arbeitsleistungen wie z. B. Versorgung der Wäsche für verpflichtet. Das kann m. E. mindestens dann nicht gelten, wenn die Mutter kein Sorgerecht hat. — Wie *Schrade* auch *Lauterbach* bei *Palandt* Anm. 4 zu § 1606.

[13] Vgl. oben I 2.

wird in erster Linie dadurch sichergestellt, daß jeder Elternteil vom anderen nach §§ 1360ff. BGB den Beitrag zum Familienunterhalt und damit auch den Beitrag zum Unterhalt der Kinder verlangen kann. Einer unmittelbaren Unterhaltsklage von Kindern gegen die Eltern steht zunächst das Fehlen eines entsprechenden Prozeßvertreters im Wege, denn bei Zusammenleben beider Eltern ist jeder Elternteil gegenüber dem anderen an der Geltendmachung der Kindesrechte nach §§ 1630 a. F. = 1629 n. F., 1795 verhindert. Es müßte für eine Klage des Kindes ein Pfleger bestellt werden. Das liegt aber nicht außerhalb des Möglichen. Es wäre denkbar, daß es bei Zusammenleben der Eltern zu einem Zerwürfnis über Fragen der Kindererziehung kommt, und darüber der Unterhalt des Kindes vernachlässigt wird, so daß schließlich (insbesondere zufolge § 1666 BGB) ein Pfleger eingesetzt wird, welcher für den nötigen Unterhalt des Kindes zu sorgen hat. Auch hier wäre es wiederum dem Kinde nachteilig, wenn der Pfleger — ohne das Verhältnis der Leistungsfähigkeit beider Eltern voll übersehen zu können — beide Eltern auf Unterhaltsanteile verklagen müßte. Auch hier wäre es unerträglich, wenn ein Elternteil sich auf die Leistung seines Beitrages beschränken und im übrigen auf den Beitrag des anderen Elternteiles verweisen könnte, der vielleicht aus Böswilligkeit nicht ordnungsgemäß erbracht wird. Das Zerwürfnis der Eltern darf nicht auf dem Rücken der Kinder ausgetragen werden.

Allerdings ist im neueren Schrifttum nicht ganz unbestritten, in welchem Verhältnis die Beitragspflichten der Eltern zum Familienunterhalt zu den Unterhaltsansprüchen der Kinder stehen. So wird gelegentlich angenommen, das Kind könne nicht ohne weiteres auf Unterhaltsleistung an sich selbst klagen, habe aber dafür das Recht, auf den Beitrag des anderen Elternteils zum Familienunterhalt zu klagen; das Kind soll also ein Recht darauf haben, daß der Vater der Mutter Wirtschaftsgeld gibt[14]. Ich halte das nicht für zutreffend. Die Verweisung auf § 1360 BGB im § 1606 III ergibt das m. E. nicht. Der Anspruch auf den Beitrag zum Familienunterhalt steht nur dem anderen Ehegatten zu. Das Kind dagegen hat einen Anspruch gegen beide Eltern auf den vollen Unterhalt[15]. Dieser Anspruch erledigt sich nicht da-

---

[14] *Schrade* FamRZ 1957, 347.

[15] So richtig *Reinicke* NJW 1957, 934; *Fincke* MDR 1957, 452; *Lauterbach* bei *Palandt* Anm. 4 zu § 1606.

durch, daß ein Elternteil dem anderen gegenüber seinen Beitrag zum Familienunterhalt erbringt. Hat der Vater der Mutter ausreichendes Wirtschaftsgeld gegeben, die Mutter dieses aber nicht für die Kinder, sondern für eigene Luxusausgaben verwendet, so ist der Vater von seiner Unterhaltspflicht nicht frei geworden[16]. Es wäre schwer verständlich, wenn der Vater trotz der Fähigkeit, für den Unterhalt der Kinder zu sorgen, die Kinder auf das der Mutter gegebene und anderweitig verbrauchte Wirtschaftsgeld verweisen dürfte, zumal das Kind selber kein rechtliches Mittel hat, die Mutter zur sachgerechten Verwendung des Wirtschaftsgeldes anzuhalten. Auch hier erweist sich m. E., daß die Annahme einer elterlichen Gesamtschuld der Annahme einer Teilschuld weitaus überlegen ist.

Das in der Begründung zum Entwurf des Gleichberechtigungsgesetzes demgegenüber verwendete Hauptargument, die Gesamtschuld führe möglicherweise dazu, daß das Kind die Mutter ohne Rücksicht auf deren Vermögens- und Erwerbsverhältnissse wegen des vollen Unterhalts in Anspruch nehmen könne[17], scheint mir nicht durchschlagend zu sein. Lebt das Kind beim Vater und erhält es von diesem einen Teil des Unterhalts, so besteht ohnehin nur ein Rechtsschutzinteresse für einen Titel auf den fehlenden Rest[18]. Lebt das Kind bei Dritten, so wird der gesetzliche Vertreter schon aus Zweckmäßigkeitsgründen die Klage so einreichen und die Vollstreckung so anlegen, daß er möglichst leicht zum Ziel kommt, sich also an den Vater halten, wenn dieser der vermögendere oder besser verdienende Teil ist. Lebt das Kind aber bei der Mutter, so wird diese bei Ausbleiben der Unterhaltsleistung des Vaters dem Kinde meist schon den vollen Unterhalt von selbst gewähren, auch ohne daß sie ausdrücklich darauf in Anspruch genommen wird; hier ist die gesetzliche Einschränkung geradezu sachwidrig und besagt, die Mutter könne, statt das Kind selbst voll zu versorgen, es teilweise darben lassen[19]! Einen wirklichen Sinn hat die gesetzliche Regelung höchstens dann, wenn das Kind beim Vater lebt und nun gleichwohl die Mutter auf den

---

16 So richtig *Schrade* FamRZ 1957, 348 und *Lauterbach* bei *Palandt* Anm. 4 zu § 1606 gegen *Maßfeller* DNZ 1957, 364.

17 Dies Argument bringt schon Varrentrap NJW 1955, 218; zur Neuregelung insoweit auch *Meyer* Rpfl. 1957, 288.

18 Vgl. dazu unten III 3 am Ende.

19 Vgl. oben I 2 und bei Anm. 13.

vollen Unterhalt in Anspruch genommen würde. Solchen Fällen würde man aber wohl schon mit der exceptio doli begegnen können; lediglich ihretwegen wäre die Neuregelung wohl kaum erforderlich gewesen. Umgekehrt ist aber die volle Haftung auch der wirtschaftlich schwächeren Mutter erforderlich, wenn der Vater nicht gleich zu belangen ist. Die an verhältnismäßig strenge Voraussetzungen geknüpfte volle Haftung des einen Elternteils nach § 1607 II BGB genügt m. E. den Belangen des Kindes nicht.

II.

Die Bedenken gegen die Neuregelung des Gleichberechtigungsgesetzes nötigen zu einem Rückblick auf die letzte Entwicklung des Unterhaltsrechts.

1. Das BGB hatte bestimmt, daß zwar im Grundsatz die Unterhaltspflicht gleichnaher Verwandter nur eine Unterhaltspflicht nach Teilen sein solle. Dagegen war die Unterhaltspflicht der Eltern so geregelt, daß der Vater vor der Mutter auf den vollen Unterhalt und die Mutter ersatzweise nach ihm auch bis zum vollen Unterhalt zu haften hatte. Diese Regelung war aber schon bei Schaffung des Bürgerlichen Gesetzbuches umstritten[20]. Eine Minderheit hatte sich mit beachtlichen Gründen dafür eingesetzt, daß die Unterhaltsschuld gleichnaher Verwandter eine Gesamtschuld sein müsse und der Regreßanspruch unter den gleichnahen Verwandten sich nach dem Umfang ihrer Leistungsfähigkeit richten müsse. Die Mehrheit stützte dagegen die im BGB verankerte Regelung vor allem darauf, daß die gesamtschuldnerische Haftung auf den vollen Unterhalt für entferntere Verwandte eine Unbilligkeit darstelle und ein Regreß nach der Leistungsfähigkeit zu Schwierigkeiten führe, weshalb die anteilige Haftung als einfacher vorzuziehen sei.

Die Problematik, um welche es geht, ist also nicht neu, sondern schon früher erörtert worden. Aber auch wenn man sich der grundsätzlichen Lösung des BGB für die Teilschuld anschließen will, bleibt doch gerade das Problem übrig, ob die Teilschuld die richtige Lösung für die elterliche Unterhaltspflicht ist. Hinsichtlich der Haftung der Eltern gegenüber ihren Kindern hatten die Motive[21] erwogen, daß die Mehrzahl der bisherigen Rechte (so

---

[20] Vgl. die Protokolle IV 488ff.

[21] IV S. 691.

das gemeine Recht, das bayerische, preußische, österreichische, sächsische, weimarische und nassauische Recht) eine vorzugsweise Haftung des Vaters vorsah, während nur das württembergische Landrecht (IV 4 § 6—8) und der Code Civil (Artikel203) eine gleichmäßige Haftung der Eltern kannten. Eine lediglich anteilige Haftung der Eltern für den Unterhalt ehelicher Kinder wurde bei der Schaffung des BGB offenbar überhaupt nicht in Betracht gezogen. Schon das sollte sehr zu denken geben.

2. Unter den Rechten, welche eine gleichmäßige Haftung beider Eltern kennen, darf der französische Code Civil unser besonderes Interesse beanspruchen. Dort ist die Frage, ob die Eltern als Gesamtschuldner oder nur auf einen Teil nach ihrer Leistungsfähigkeit haften, umstritten. Die Ansicht, welche eine Gesamtschuldnerschaft der Eltern verneint, kann sich darauf stützen, daß nach Art. 1202 CC eine Gesamtschuld nicht zu vermuten ist, sondern nur vorliegt, wenn es gesetzlich angeordnet oder vertraglich vereinbart ist. Außerdem wird gegen die Gesamtschuld ins Feld geführt, daß die Eltern ja unterschiedlich hoch je nach ihrer Leistungsfähigkeit zu haften hätten[22]. Andererseits hat die Rechtsprechung sich immer wieder für eine Gesamtschuld beider Eltern eingesetzt[23], offenbar dem praktischen Bedürfnis folgend, einen Elternteil auf den gesamten Unterhalt haften zu lassen; zuletzt ist namentlich der Kassationshof dafür eingetreten[24]. Das Schrifttum ist dem weitgehend beigetreten[25], nicht zuletzt auch wegen der bei der Teilschuld auftretenden Schwierigkeiten für einen Regreß der Eltern untereinander[26]. Die theoretischen Bedenken, die sich aus einer unterschiedlichen Haftung beider Eltern und dem Art. 1202 CC ergeben, hat man damit überwunden, daß

[22] Vgl. dazu *Ripert-Boulanger*, Traité de Droit Civil Bd. I 1956 Nr. 2066; *Jolliot de la Morandière* bei *Colin-Capitant*, Cours élémantaire de Droit Civil Français 11. Aufl. 1947 Bd. I Nr. 614; *Fuzier-Hermann*, Code Civil annoté Paris 1935 Anm. 7 zu Art. 203; *Aubry* et *Rau*, Droit Civil Français Bd. 9., 5. Aufl. 1917 von *Bartin* § 553 S. 161 Anm. 18, und 6. Aufl. 1953 von *Esmein* § 553 S. 152 insbes. Anm. 18.

[23] Vgl. die Nachweisungen bei *Bartin* a. a. O.

[24] Urt. v. 27. 11. 1935 Dalloz Receuil périodique et critique mensuel 1936 1/26.

[25] Rouast in der Anm. zu dem genannten Urteil des Kassationshofs a. a. O. Vgl. ferner *Esmein* und *Fuzier-Hermann* a. a. O.

[26] So insbes. *Rouast* bei *Planiol-Ripert*, Traité pratique de droit civil français Bd. II 2. Aufl. 1952 Seite 46 Ziff. 57.

man annimmt, es liege keine echte Gesamtschuld vor, sondern eine besondere Haftung „in solidum“[27]. Diese Stellungsnahmen sind für uns deshalb besonders interessant, weil trotz der grundsätzlichen Teilhaftung der Eltern in einigen anderen romanischen Rechten[28] das französische Recht die Notwendigkeit einer Gesamthaftung anerkennt und dabei solche Bedenken überwindet, welche auch bei uns gegen die elterliche Gesamtschuld geltend gemacht worden sind.

3. Bei uns ist die Frage der elterlichen Gesamtschuld aufgetreten, als die bisherige Regelung der vorrangigen Haftung des Vaters mit dem Inkrafttreten von Art. 3 II GG am 1. 4. 1953 unstreitig entfiel. Beide Eltern mußten nunmehr in gleicher Weise zum Unterhalt verpflichtet sein[29]. Das Verhältnis der elterlichen Unterhaltspflichten zueinander ist aber streitig geblieben. Es haben sich dabei verschiedene Meinungen gebildet:

a) Eine Ansicht geht dahin, die Eltern hafteten für den Unterhalt ihrer Kinder als Teilschuldner je zur Hälfte[30]. Dafür werden nicht nur allgemeine Gesichtspunkte wie etwa der einer aus Art. 3 GG folgenden grundsätzlich gleichmäßigen Verpflichtung beider Eltern ins Feld geführt, sondern auch die normale Regelung der Unterhaltspflicht von Verwandten aufsteigender Linie nach § 1606 I 2. Das ist jedoch kaum überzeugend. Art. 3 GG ergibt jedenfalls nicht, daß die Unterhaltspflicht so schematisch geteilt werden muß. Fer-

[27] *Francois*, Distinction de l'obligation solidaire et de l'obligation in solidum, Thèse Paris 1936. Weitere Schrifttumsangaben bei *Rouast* a. a.O.

[28] Nach Art. 145 des spanischen Codigo Civil besteht eine Teilschuld, doch kann der Richter einem Elternteil auferlegen, vorschußweise den ganzen Unterhalt zu zahlen. Im italienischen Recht nach Art. 147, 433, 441 Teilhaftung nach Verhältnis der Leistungsfähigkeit.

[29] BGH NJW 1955, 1280; BGHZ 17, 360 = FamRZ 1955, 249; BGHZ 22, 51 = FamRZ 1957, 90 = MDR 1957, 155; OLG Oldenburg NJW 1953, 910; LG Berlin JR 1956, 421; LG Göttingen NJW 1953, 1105; LG Koblenz NJW 1955, 753; *Palandt-Lauterbach* Vorbem. zu § 1606 BGB; *Soergel-Siebert* Vorbem. 5 zu § 1601 BGB; *Siebert* NJW 1955, 753; *Lang* NJW 1956, 1134; *Varrentrap* NJW 1955, 1218. *A. M. Bosch* Rpfl. Sonderheft S. 25; FamRZ 1957, 90 u. 170; *Deisenhofer* EJF, A I e Nr. 1; Bay ObLG FamRZ 1957, 138; OLG Hamm FamRZ 1957, 357; *Arnold* JR 1953, 241; *Beitzke* in *Neumann-Nipperdey-Scheuner*, Die Grundrechte Bd. II S. 238; *Rosenthal* BGB 14. Aufl. § 1616 Anh. II 4; *Schlicht* NJW 1954, 140.

[30] Z. B. *Dölle* JZ 1953, 360; *Schlicht* NJW 1954, 140; LG Göttingen NJW 1953, 1105.

ner überzeugt es keineswegs, daß die für entferntere Verwandte getroffene Regelung auch für Eltern gelten soll, welche ganz allgemein zur Fürsorge jedenfalls für die minderjährigen Kinder verpflichtet sind. Endlich ergibt § 1603 BGB, daß die schematische Halbteilung der Unterhaltspflicht praktisch undurchführbar ist[31], da oft ein Elternteil zur Leistung seiner Hälfte gar nicht imstande ist, während der andere ohne Schwierigkeiten mehr als die Hälfte leisten kann. Wenn man im übrigen für zulässig hält, daß die Mutter ihre Unterhaltspflicht durch tatsächliche Fürsorge für das Kind erfüllt. so kann auch dieser Gesichtspunkt zu Schwierigkeiten hinsichtlich einer Halbteilung des Unterhalts führen. Die schematische Teilung der Unterhaltspflicht ist daher grundsätzlich abzulehnen; auch das Gleichberechtigungsgesetz ist dieser Ansicht nicht gefolgt.

b) Eine andere Ansicht will daher die Eltern anteilig nach Maßgabe ihrer Leistungsfähigkeit haften und die Mutter ihre Unterhaltspflicht durch tatsächliche Fürsorge erfüllen lassen[32]. Gegen diese Ansicht ist aber schon alsbald nach Inkrafttreten von Artikel 3 GG eine Reihe von Bedenken erhoben worden. So ist gesagt worden, der Unterhaltsanspruch des Kindes werde gefährdet, wenn es dem Kind nicht möglich sei, den gesamten Unterhalt von einem Elternteil zu verlangen[33]. Es könnten sich insbesondere Schwierigkeiten bei der Durchsetzung des Unterhaltsanspruches ergeben. Die Zahl der erforderlichen Unterhaltsprozesse werde unnütz dadurch vermehrt, daß das Kind gegebenenfalls beide Eltern (und noch dazu in verschiedenen Gerichtsständen) verklagen müsse. Das Kind stehe damit schlechter als vor Art. 3 GG, und es sei keinesfalls Sinn dieser Verfassungsbestimmung gewesen, die Stellung des Kindes zu verschlechtern. Art. 6 GG

---

[31] So insbes. *Siebert* NJW 1955, 753.

[32] *Lang* NJW 1956, 1134 u. 1957, 384; LG Tübingen MDR 1954, 613; OLG Hamm NJW 1954, 1164. Auch die Vertreter der grundsätzlichen Halbteilung der Unterhaltspflicht erkennen übrigens an, daß die Mutter ihren Unterhaltsbeitrag durch tatsächliche Fürsorge erbringen kann und daß — soweit die Haftung eines Elternteils nach § 1603 BGB ausfällt — der andere nach § 1607 einspringen muß.

[33] AG Regensburg NJW 1953, 789; *Arnold* JR 1953, 241; *Lüdtke* NJW 1954, 1163; *Varrentrap* NJW 1955, 1218; OLG Hamburg NJW 1955, 1729; BayObLG FamRZ 1957; 138; *Finke* NJW 1953, 612; BGHZ 22, 51.

würde im übrigen einer solchen Schlechterstellung des Kindes entgegenstehen. Die anteilige Haftung der Eltern stehe im Widerspruch zu der ethischen Forderung, daß die Eltern die volle Fürsorge für ihr Kind übernehmen müßten[34]; sie sei auch historisch und rechtsvergleichend nicht begründbar[35]. Es sind im wesentlichen die schon eingangs genannten Bedenken.

c) Angesichts dieser in der Tat schwerwiegenden Gesichtspunkte haben sich viele, so namentlich auch der BGH[36] dafür ausgesprochen, daß die Eltern als Gesamtschuldner für den vollen Unterhalt des Kindes haften[37]. Es ist freilich wenig überzeugend, wenn das kurzerhand aus dem Wesen der elterlichen Verbundenheit[38] oder aus § 1603 II[39] abgeleitet wird. Eher läßt sich sagen, daß die elterliche Gesamtschuld dem Wesen der Gleichberechtigung des Art. 3 GG entspreche und die bisherige aufeinanderfolgende volle Haftung jedes Elternteils für den Unterhalt in § 1606 II 2 zu einer nebeneinanderstehenden vollen Haftung beider Eltern umgewandelt worden sei. Allerdings wird gelegentlich eine solche Wirkung von Art. 3 GG bestritten und gesagt, das geltende Recht biete keinerliei Handhabe für einen solchen Schluß[40]. Aber es sollte sicher sein, daß Art. 3 GG nicht nur das ihm widersprechende Recht außer Kraft gesetzt hat, sondern daß auch die dadurch entstehenden Lücken aus dem übrigen System unseres Rechts heraus sinngemäß gefüllt werden mußten. In diesem Sinn hat z. B. der BGH die

---

[34] BayObLG FamRZ 1957, 138.

[35] *Varrentrap* NJW 1955, 1218.

[36] BGHZ 22, 51 = FamRZ 1957, 90.

[37] *Arnold* JR 1953, 241; *Beitzke* MDR 1957, 155 und JR 1956, 421; auch bei *Neumann-Nipperdey-Scheuner*, Die Grundrechte Bd. II S. 238; *Buchsbaum* NJW 1955, 1709; *Finke* NJW 1953, 606; *Hoffman* JR 1953, 199; *Lüdtke* NJW1954,1163; *Palandt-Lauterbach* Vorbem. zu § 1606; *Siebert* NJW 1955, 753; *Varrentrap* NJW 1955, 1218; *Krüger* NJW 1953, 1091; *Rosenthal* § 1616 BGB Anh. II 4; *Arnold* Angewandte Gleichberechtigung S. 75; BayObLG FamRZ 1957, 138; KG NJW 1954, 1544; LG Berlin JR 1956, 421; LG Kassel NJW 1953, 989 — MDR 1953, 493; LG Koblenz NJW 1955, 753; AG Regensburg NJW 1953, 789.

[38] So *Rosenthal* BGB § 1616 Anh. II 4.

[39] *Arnold* JR 1953, 241.

[40] LG Tübingen MDR 1954, 613; *Schlicht* NJW 1954, 140; *Lang* NJW 1957, 384; OLG Hamm NJW 1954, 1164.

Eigentumsvermutungen des § 1362 BGH zu zweiseitigen ausgestaltet[41]. Ebenso konnte daher die volle Unterhaltspflicht des Vaters einerseits und der Mutter nach dem Vater andererseits sicherlich zu einer gleichrangigen Gesamtschuld verändert werden. Dieser Schluß lag um so näher, als Art. 3 GG nicht nur gleiche Rechte, sondern auch gleiche Pflichten für die Frau bedeutet. Gegenüber einer solchermaßen aus Art. 3 GG gezogenen Folgerung kann auch das Argument nicht durchgreifen, daß sonst gleichnahe Verwandte nur anteilig haften. Das Eltern-Kindes-Verhältnis hat schon bisher mit Recht eine Sonderregelung erfahren, und es war nicht Sinn von Art. 3 GG, die Sonderregelung, daß ein Kind einen Elternteil auf den *vollen* Unterhalt in Anspruch nehmen könne, zu beseitigen. Die Sonderstellung des ehelichen Kindes unter den übrigen unterhaltsberechtigten Verwandten bedeutet keinen Verstoß gegen Art. 3 GG, weil das eheliche Kind seinen Eltern näher steht, als Unterhaltsberechtigte sonst gegenüber Verwandten der aufsteigenden Linie. Schwer verständlich ist es, wenn gelegentlich gesagt wird, die elterliche Gesamtschuld widerspreche dem Wesen des Eltern-Kindes-Verhältnisses[42]. Die Eltern sind doch auch im übrigen schon jeder für sich allein zur vollen Fürsorge für das Kind verpflichtet. Es ist nicht recht einzusehen, weshalb das beim Unterhalt anders sein sollte.

III.

Sprechen nach dem Gesagten wesentliche Gründe für die Annahme einer elterlichen Gesamtschuld — de lege lata für die Zeit vom 1. 4. 1953 bis zum 30. 6. 1958 und aus rechtspolitischen Gründen heraus auch für die Zukunft, so bedarf es einer näheren Prüfung aller derjenigen Argumenten, welche aus dem Wesen der Gesamtschuld heraus gegen eine elterliche Unterhalts-Gesamtschuld vorgebracht werden. Dabei spielt vor allem der auch im französischen Recht erörterte Gesichtspunkt eine Rolle, daß die Unterhaltsschuld für beide Eltern unterschiedlich hoch und deshalb keine Gesamtschuld sein könne.

---

[41] NJW 1955, 20.

[42] *Lang* NJW 1956, 1134 (der offenbar annimmt, eine Gesamtschuld komme nur bei der Geldschuld in Betracht).

1. Es ist wohl allgemeine Meinung, daß § 1603 BGB von Art. 3 GG unberührt geblieben ist[43]. Jeder Elternteil haftet auf Unterhalt nur im Rahmen seiner eigenen Leistungsfähigkeit. Daraus ergibt sich, daß die Höhe der Schuld der beiden Unterhaltsschuldner möglicherweise von Anfang an unterschiedlich ist[44]. Das ist aber dem Wesen der Gesamtschuld nicht abträglich. Solche Erscheinungen kommen z. B. auch dort vor, wo (wie in § 840 BGB) eine Gesamtschuld gesetzlich ausdrücklich angeordnet ist. Die Schuld zweier aus gemeinschaftlich begangener unerlaubter Handlung zum Schadensersatz verpflichteter Personen kann von Anfang an unterschiedlich hoch sein, weil der eine Beteiligte einen größeren Schaden verursacht hat als der andere[45], oder weil das mitwirkende Verschulden des Verletzten gegenüber dem einen Beteiligten eine größere Bedeutung hat als gegenüber dem anderen[46]. Immerhin ergibt sich aus § 1603 BGB, daß eine Gesamtschuld bei der elterlichen Unterhaltungspflicht nur insoweit vorliegen kann, als die Leistungsfähigkeit beider Eltern sich überschneidet. Solange dasjenige, was beide Eltern zusammen an Unterhalt zu leisten in der Lage sind, nur gerade eben den Bedarf des Kindes deckt, sind die Eltern nur Teilschuldner. Kann der Vater aber 70% des Unterhaltsbedarfs, die Mutter 50% leisten, so kann in Höhe von 20% des Unterhaltsbedarfs eine Gesamtschuld vorliegen[47].

2. Es wird ferner aus dem Wesen der Gesamtschuld heraus geltend gemacht, daß wegen Ungleichheit des Leistungsgegenstandes eine Gesamtschuld nicht vorliegen könne: der Vater schulde lediglich Geld, die Mutter könne aber ihrer Unterhaltspflicht durch tatsächliche Fürsorgeleistungen entsprechen[48]. Dieser Einwand kann überhaupt nur dann berechtigt sein, wenn die Mutter wirklich etwas anderes als der Vater *schuldet.* Schuldet die Mutter aber im Prinzip ebenso Unterhalt wie der Vater, hat sie aber lediglich das Recht, ihre Unterhaltsschuld durch tatsächliche

---

[43] Vgl. dazu oben Anm. 7.

[44] Das wird gegen die Gesamtschuld z. B. vorgebracht von OLG Hamburg NJW 1955, 1729.

[45] Vgl. dazu etwa die Fälle RGZ 159, 89; 82, 439; Warn. 1912 Nr. 64 u. 1913 Nr. 318.

[46] BGH BB 1957, 197.

[47] Dazu *Siebert* NJW 1955, 753; *Varrentrap* NJW 1955, 1219.

[48] OLG Hamburg NJW 1955, 1729; AG Husum SchlHA 1953, 292; *Lang* NJW 1956, 1134.

Fürsorge *abzulösen* (facultas alternativa), so würde der Schuldgegenstand der gleiche sein. Ich vermisse bei allen denjenigen, welche sich auf die Ungleichheit der elterlichen Unterhaltsschuld berufen haben, irgendeine Untersuchung darüber, ob bei der Mutter nicht lediglich eine facultas alternativa vorliege. Mindestens für den Rechtszustand vom 1. 4. 1953 bis 30. 6. 1958 ist eine solche facultas alternativa in Betracht zu ziehen. Nach der Neuregelung des Gleichberechtigungsgesetzes ist die Mutter zufolge § 1356 BGB grundsätzlich zur Haushaltsführung verpflichtet und hat daher nach § 1360 BGB ihren Beitrag zum Familienunterhalt und zufolge § 1606 III für den Unterhalt der Kinder auch in erster Linie durch Haushaltsführung und tatsächliche Fürsorge zu erbringen. Es sollte aber unzweifelhaft sein, daß die Mutter insbesondere bei eigener Berufstätigkeit sich in der Haushaltsführung und Fürsorge für die Kinder auf eine leitende und beaufsichtigende Position beschränken kann, so daß auch nach dem neuen Recht die Unterhaltsleistung durch tatsächliche Fürsorge keineswegs notwendig im Vordergrund steht. Es kann der Fall eintreten, daß auch sie in erster Linie Geld schuldet.

Man mag aber ruhig unterstellen, daß die tatsächliche Fürsorge als Unterhaltsleistung der Mutter Schuldgegenstand sei. Auch das würde einer elterlichen Unterhalts-Gesamtschuld nicht notwendig im Wege stehen. Allerdings ist das Wesen der Gesamtschuld nicht unstreitig, und manche stellen es tatsächlich darauf ab, ob der Schuldgegenstand von Anfang an derselbe ist[49]. Richtig dürfte aber mit *H. Lehmann*[50] anzunehmen sein, daß die Gesamtschuld in erster Linie durch den einheitlichen Zweck der Schuld gekennzeichnet ist, sowie dadurch, daß die Leistung des einen Schuldners dem anderen zugute kommt. Diesen Merkmalen entspricht aber die elterliche Unterhaltsschuld auch dann noch, wenn ein Elternteil in erster Linie tatsächliche Fürsorge, der andere in erster Linie Geld schuldet.

Abgesehen davon ist bei richtiger Sicht trotz der scheinbar unterschiedlichen Leistungsgegenstände (Geld und tätsächliche Fürsorge) die Schuld für beide Eltern grundsätzlich eine gleiche.

---

[49] Z. B. *Larenz,* Lehrbuch des Schuldrechts 2. Aufl. Bd. I § 33 I (S. 311—312); RGR-Komm. 10. Aufl. § 421 Anm. 1 b; *Titze,* Schuldrecht S. 39.

[50] *Enneccerus-Lehmann* § 90 II 2; § 91 II. Vgl. auch *Palandt-Danckelmann* § 421 Anm. 1.

Geschuldet ist Unterhalt, ohne Rücksicht darauf, wie die Unterhaltsleistung näher konkretisiert wird. Es liegt im Wesen der Unterhaltsschuld als einer Wertschuld, daß sie in verschiedenen Formen konkretisiert werden kann. Deswegen ist aber die Unterhaltsschuld noch nicht für eine Gesamtschuld untauglich. Auch bei der Schadensersatzpflicht (ebenfalls Wertschuld!) ist es möglich, daß da, wo zufolge § 840 BGB mehrere zum Schadensersatz verpflichtete Personen als Gesamtschuldner haften, nach §§ 249 bis 251 die eine Person Naturalherstellung, die andere aber Geldersatz schuldet. Damit wird am Bestand einer Gesamtschuld nichts geändert.

Bei der elterlichen Unterhaltsschuld ergibt sich freilich eine weitere Komplikation daraus, daß den Eltern gestattet ist, gegenüber unverheirateten Kindern die Art und Weise der Unterhaltsgewährung frei zu bestimmen (§ 1612 II). Dieses freie Bestimmungsrecht ist allerdings durch die allgemeine elterliche Fürsorgepflicht eingeschränkt[51]. Es liegt auf der Hand, daß der Säugling für seinen Unterhalt nicht einfach in Geld abgefunden werden kann[52]. Aber abgesehen von dieser Einschränkung ist auch die Mutter berechtigt zu bestimmen, daß sie ihren Unterhalt nicht durch tatsächliche Fürsorge, sondern durch Geld leisten will. Soweit der Vater und die Mutter[53] über die Art der Unterhaltsgewährung gleiche Bestimmungen treffen und die Unterhaltspflicht sich daher auf denselben Gegenstand konkretisiert, sollte überhaupt die Gesamtschuld unzweifelhaft sein. Sie besteht aber richtiger Ansicht nach auch dann, wenn jeder Elternteil hinsichtlich seiner Unterhaltspflicht eine andere Bestimmung darüber trifft, wie er sie zu erüllen gedenkt. Da das Wahlrecht hinsichtlich der Art der Erfüllung der Unterhaltsschuld den Eltern und nicht dem Kinde zusteht, können sich entscheidende Schwierigkeiten,

---

[51] Vgl. dazu auch *Schrade*, FamRZ 1957, 348.

[52] *Beitzke*, Familienrecht 5. Aufl. S. 13.

[53] Dem Kind gegenüber steht das Bestimmungsrecht jedem der beiden Eltern einzeln für seine Unterhaltsschuld zu, § 1612. Aber die Bestimmung muß sich im Rahmen der elterlichen Fürsorge halten, da der Unterhalt nur ein Teil davon ist. Die Eltern müssen sich also vorher darüber einigen, in welcher Form jeder von ihnen gegenüber dem Kind den Unterhalt leisten soll; notfalls muß der Vater bestimmen § 1628 n. F. Etwas abweichend anscheinend *Schrade* FamRZ 1957, 348 und *Krüger-Breehke-Nowak* Anm. 3—5 zu § 1612.

wie sie gelegentlich hervorgehoben worden sind[54], richtiger Ansicht nach nicht ergeben.

3. Allerdings ist wiederholt die Frage aufgeworfen worden, in welcher Form das Kind seinen Unterhaltsanspruch gegen beide Eltern als Gesamtschuldner geltend zu machen habe. Hier sind besondere Schwierigkeiten namentlich darin gesehen worden, daß das Kind von der Mutter tatsächliche Fürsorge, vom Vater aber Geld zu fordern habe und das Kind doch von beiden Eltern gleichzeitig den gesamten Unterhalt fordern dürfe[55]. M. E. entstehen hier sachliche Schwierigkeiten nicht; höchstens die Formulierung des Klagantrages kann im Einzelfall Schwierigkeiten bereiten. Im übrigen wird das Kind gegen beide Eltern als Gesamtschuldner gleichzeitig meist nur dann klagen, wenn es sich bei keinem der Elternteile aufhält; in diesem Fall wird der Klagantrag ohnehin häufig gegen beide Eltern gleichmäßig auf Geld gerichtet sein[56]. Befindet sich das Kind dagegen (wie es oft der Fall ist) bei einem Elternteil, so wird das Kind meist von diesem Elternteil die tatsächliche Fürsorge erhalten und gegen den anderen Elternteil lediglich einen Geldanspruch geltend machen. Dieser Geldanspruch wird nicht mehr auf den gesamten Unterhalt, sondern lediglich auf den Ergänzungsbeitrag des anderen Elternteils zu richten sein. Das wird freilich von Gegnern der Gesamtschuld bestritten und als mit der Gesamtschuld unverträglich abgelehnt[57]; gerade ein solcher Klagantrag wird als Argument für die elterliche Teilhaftung verwendet. Es wird gesagt, daß das Kind bei Gesamtschuldnerschaft beider Eltern sein Wahlrecht, an wen es sich wenden will, bis zur Erfüllung behalten müsse und nicht genötigt werden könne, auf sein Wahlrecht zu verzichten. Da ein Elternteil bei Leistung des Unterhalts einmal ausfallen könne, habe das Kind auch stets ein Interesse an einem Titel gegen beide Eltern. Ich halte das für unzutreffend. Ein gerechtfertigtes Interesse an einem Titel besteht so lange und insoweit nicht, als das Kind den Unterhalt regelmäßig erhält. Auch sein Wahlrecht, an welchen Elternteil es sich halten will, hat das Kind nicht unbegrenzt. Jeder Gläubiger einer Gesamtschuld muß bei Fälligkeit der Schuld die Leistung auch von einem solchen Schuld-

---

[54] *Lang*, NJW 1957, 384.
[55] *Dölle* JZ 1953, 360; *Lang* NJW 1957, 384 u. 1956.
[56] Vgl. oben bei Anm. 12.
[57] So vor allem *Lang*, NJW 1956, 1134 und 1957, 384.

ner annehmen, an welchen er sich nicht gewendet hat; anderenfalls gerät er in Annahmeverzug (§ 424 BGB). Wenn das Kind also bei einem Elternteil lebt und von diesem einen Teil des Unterhalts — sei es auch in Form der tatsächlichen Fürsorge — regelmäßig erhält, so wird damit die Unterhaltsschuld insoweit getilgt, und es besteht wegen der Regelmäßigkeit der Leistung auch kein Interesse an einem Titel gegen diesen Elternteil und in Höhe des empfangenen Unterhalts[58]. Aus diesem Grund ist trotz des grundsätzlichen Vorliegens einer Gesamtschuld nur ein Titel gegen den anderen Elternteil in Höhe des erforderlichen Restbeitrages zu erwirken.

4. Es wird in demselben Zusammenhang geltend gemacht, die Gesamthaftung der Eltern führe zu prozessualen Nachteilen: Vermehrung der Prozesse, Erhöhung der Prozeßkosten infolge höherer Streitwerte und Mißbrauch von Urteilen als Racheinstrument gegen den geschiedenen Ehegatten[59]. Ich halte das nicht für überzeugend. Daß auch die elterliche Teilschuld schwere verfahrensrechtliche und sachliche Nachteile für das Kind bringt, ist schon oben dargelegt worden. Die Gefahr eines Mißbrauchs eines Gesamtschuldtitels aus Rachsucht wird m. E. überbewertet, zumal — wie schon dargelegt — in dem Fall, wo das Kind sich bei einem Elternteil allein aufhält, nur ein Titel auf den von dem anderen Elternteil ohnehin zu leistenden Beitrag erwirkt werden kann.

5. Gegen die Gesamtschuld sind auch noch die Schwierigkeiten eines internen Ausgleichs zwischen den Eltern ins Feld geführt worden[60]. Ich glaube nicht, daß diese Bedenken durchschlagend sind. Der Ausgleich zwischen Gesamtschuldnern ist in § 426 BGB dahin geregelt, daß im Zweifel jeder Gesamtschuldner die Hälfte der Schuld trägt. Darüber, daß eine solche schematische Halbteilung der Unterhaltskosten zwischen beiden Eltern schon im Hinblick auf § 1603 BGB im Regelfall völlig ungerecht wäre, besteht weitgehende Einigkeit. Der Grundsatz des § 426 BGB gilt aber auch nur „soweit nicht ein anderes bestimmt ist". Ein anderes ergibt sich aber, sobald man die Leistungsfähigkeit beider Eltern in Verhältnis zueinander setzt und die Eltern auch im Verhältnis ihrer Leistungsfähigkeit ausgleichen läßt[61]. Wäre z. B. der Vater in der Lage, 90% des

[58] Vgl. dazu *Beitzke* JR 1956, 421.

[59] Vgl. Anm. 57.

[60] Vgl. z. B. *Varrentrap* NJW 1955, 1218; *Meyer* Rpfl. 1957, 288.

[61] Vgl. *Buchsbaum* NJW 1955, 1709; *Varrentrap* NJW 1955, 1709; *Siebert* NJW 1955, 753; *Soergel-Siebert* Vorbem. zu § 1606.

Kindesunterhalts zu zahlen, die Mutter 30%, so sind die Eltern in Höhe von 20% des Unterhalts Gesamtschuldner. In ihrem Verhältnis zueinander hätte der Vater 75% des Unterhalts, die Mutter 25% zu tragen. Hat der Vater bis zur Grenze seiner Leistungsfähigkeit gezahlt, so kann er bei der Mutter entsprechenden Regreß nehmen (15%); gleiches gilt für die Mutter und ihren Regreß (5%). Es ergibt sich also auch für den Ausgleich unter Gesamtschuldnern eine durchaus billige Lösung. Demgegenüber ist — wie schon oben dargelegt[62] — zweifelhaft, ob bei Zugrundelegung von elterlichen Teilschulden ein Regreß der Eltern gegeneinander verwirklicht werden kann.

6. Endlich werden Bedenken gegen die elterliche Gesamtschuld daraus hergeleitet, daß sie bei der Anwendung der Strafbestimmung wegen Vernachlässigung des Unterhalts (§ 170b StGB) zu Schwierigkeiten führe. Da eine Bestrafung wegen Unterhaltsverletzung voraussetzt, daß der Lebensbedarf ohne Hilfe *anderer* gefährdet wäre, ist gelegentlich entschieden worden, ein „anderer" sei nur ein Nichtschuldner und niemals ein zum Unterhalt mitverpflichteter Ehegatte; wenn also der Vater keinen Unterhaltsbeitrag leiste und die Mutter das Kind allein halten müsse, so könne der Vater bei Zugrundelegung einer elterlichen Gesamtschuld nicht bestraft werden[63]. Ich glaube nicht, daß diese Auslegung von § 170b StGB zutreffend ist; vielmehr liegt eine Unterhaltsverletzung auch dann vor, wenn einer der Unterhaltsgesamtschuldner den Unterhalt auf die Dauer allein leisten muß[64]. Es kann dafür auf die eingehenden Darlegungen von *Bruns* verwiesen werden[65]. Im übrigen könnte ein mangelhafter Strafschutz für den Unterhaltsanspruch kein ausreichender Grund sein, die richtige dogmatische Auffassung vom Wesen der elterlichen Unterhaltsschuld wieder aufzugeben. Notfalls müßte das Strafgesetzbuch der veränderten Rechtslage im Zivilrecht angepaßt werden[66].

---

[62] Vgl. oben I 2.

[63] So insbes. OLG Hamburg NJW 1955, 1729 und BayObLG FamRZ 1957, 138 u. 374.

[64] So richtig OLG Karlsruhe FamRZ 1958, 35.

[65] FamRZ 1957, 140ff.

[66] Neuere Entscheidungen entziehen sich der Gesamtschuldproblematik dadurch, daß sie eine Vorwirkung des Gleichberechtigungsgesetzes annehmen, so daß schon vor dem 1. 7. 1958 eine Teilschuld bestehe. So OLG Celle NJW 1958, 641 und OLG Frankfurt FamRZ 1958, 53.

IV.

Im ganzen ist also festzustellen, daß die elterliche Unterhaltsschuld eine Gesamtschuld ist. Ich halte es nicht für richtig, sie als eine durch Besonderheiten des Familienrechts modifizierte Gesamtschuld[67] zu kennzeichnen; denn die Besonderheiten, daß die Schuld für beide Gesamtschuldner möglicherweise von Anfang an nach näherem Inhalt und Höhe verschieden ist, können auch im Schadensersatzrecht vorkommen. Allerdings hat die Feststellung, daß die elterliche Unterhaltsschuld eine Gesamtschuld ist, nur insoweit Bedeutung, als die Leistungsfähigkeit beider Eltern zusammen den Unterhaltsbedarf des Kindes übersteigt. Der Charakter der Gesamtschuld kommt im übrigen auch nicht zur praktischen Auswirkung, wenn das Kind bei einem Elternteil lebt und von diesem bereits den geschuldeten Unterhaltsbeitrag erhält. Dagegen ist die elterliche Gesamtschuld u. a. stets da bedeutsam, wo das Kind bei Dritten lebt. Sie ist ferner insofern bedeutsam, als kein Elternteil das Kind bei seinem Unterhaltsanteil darben lassen kann mit der Begründung, den übrigen Teil des Unterhalts müsse der andere Elternteil leisten.

Diese Lösung ist mindestens gegenüber dem minderjährigen Kind, die beste Lösung. Die Eltern sind minderjährigen Kindern gegenüber kraft der elterlichen Gewalt zur vollen Fürsorge verpflichtet (§ 1626 n. F., § 1627 a. F.). Der Unterhalt ist nichts anderes als ein Teil der gesamten elterlichen Fürsorge. Besonders deutlich kommt dies außerhalb des die natürlichen Zusammenhänge zerreißenden Bürgerlichen Gesetzbuches (mit seiner Regelung des Kindesunterhalts bei der allgemeinen verwandtschaftlichen Unterhaltspflicht) in anderen Gesetzbüchern zum Ausdruck, etwa in §§ 139, 141, ö. a. BGB sowie in dem Zusammenhang von Art. 271 mit 272 Schweizer ZGB zum Ausdruck. Es wäre schwer verständlich, wenn die Eltern zwar im allgemeinen zur vollen Fürsorge für ihre Kinder verpflichtet wären, aber beim Unterhalt sich auf Teilleistungen beschränken und auf den Beitrag des anderen Elternteils verweisen könnten.

Das führt schließlich zu der Frage, ob man nicht auch für das geltende Recht schon eine elterliche Gesamtschuld annehmen darf. Zwar würde eine solche Annahme offenbar der Absicht der bei der Gesetzgebung mitwirkenden Stellen zuwiderlaufen. Aber die Mo-

---

[67] So aber *Siebert* NJW 1955, 753.

tive sind nicht bindend. Der Wortlaut des Gesetzes spricht die elterliche Teilschuld nicht ausdrücklich aus und läßt objektiv die Möglichkeit offen, daß die Haftung der Eltern nach ihrer Leistungsfähigkeit das Innenverhältnis der Eltern betrifft. Man sollte den Mut haben, in der Erkenntnis dessen, daß die Gesamtschuld die bessere Lösung ist, das Gesetz auch dementsprechend auszulegen. Die Folgerung aus der Teilschuld, daß ein Elternteil das Kind bei seinem geringen Unterhaltsbeitrag darben lassen darf und das Kind im übrigen auf den Unterhaltsbeitrag des anderen Elternteils verweisen kann, ist so ungeheuerlich, daß sie nicht Inhalt unseres Gesetzes sein kann.

EINIGE KRITISCHE GEDANKEN ZUM GLEICHBERECHTIGUNGSGESETZ

Von Gustav Boehmer, Freiburg i. Br.

Der verehrte Jubilar, dem diese Zeilen in aufrichtiger Verbundenheit gewidmet sind, hat in einem langen und reichen Gelehrtenleben seine wissenschaftliche Arbeit nie auf exegetische Zergliederung und systematische Komposition des gegebenen Rechtsstoffes beschränkt, sondern darüber hinaus als vornehmste Aufgabe des juristischen Theoretikers die rechtspolitische und reformerische Kritik, auf der Grundlage historischen Rückblicks und rechtsvergleichenden Umblicks, und die Messung des positiven Rechts an den Maßstäben des bonum et aequum betrachtet. Das trat mit besonderer Intensität auch bei seiner wertvollen Mitarbeit an der Reform des bürgerlichen Rechts sowohl in dem Erbrechtsausschuß wie in den beiden Ausschüssen der Akademie für Deutsches Recht, die mit der Neugestaltung des Familienrechts betraut waren, hervor. An diese gemeinsame Tätigkeit mögen ihn die folgenden — vorläufigen und aphoristischen — kritischen Gedanken erinnern: denn das Gleichberechtigungsgesetz beruht auch und nicht zuletzt auf den Vorarbeiten dieser Ausschüsse*.

A. Die minderjährige Ehefrau

I. Der Gleichberechtigungsgedanke des Art. 3 II GG verlangt nicht nur nicht, sondern verbietet eine rechtliche Bevorzugung der Frau — sofern sie nicht durch biologische oder soziologische Unterschiede begründet ist, die zu ignorieren das Grundgesetz sich nicht anmaßt. So war von jeher ein „Vorrecht" der Frau das *jüngere*

* Ich habe auf Bitte des Bundesjustizministeriums die Gesetzentwürfe und das protokollarische Verhandlungsmaterial des Familiengüterrechtsausschusses den Sachbearbeitern zur Verfügung gestellt und nach Erlaß des Gesetzes ein Dankschreiben des Ministeriums für unsere Mitarbeit erhalten.

Ehemündigkeitsalter. Es ist in der Bundesrepublik unangetastet geblieben, im Gegensatz zu der sog. DDR, deren Familiengesetz in § 5 die Ehemündigkeit beider Geschlechter auf 18 Jahre festsetzt. Aber unser Gesetzgeber hat sich nicht dazu entschließen können, an die formell und sachlich gültig zustande gekommene Ehe einer minderjährigen Frau die Folge zu knüpfen, daß sie dadurch „mündig" oder, in der schlechten deutschen Gesetzessprache, „volljährig" wird — wie es der schweizerische Gesetzgeber in dem lapidaren Satze des Art. 14 II ZGB „*Heirat macht mündig*" nach dem Vorbilde früherer deutscher sowie ausländischer Rechte ohne Bedenken getan hat. Gewiß ist das kein Postulat der Gleichberechtigung, wohl aber ein Gebot der Zweckmäßigkeit und Rechtssicherheit. Eine gewisse Konzession an diese macht freilich die neue Bestimmung des § 4 II n. F. BGB, daß nicht nur, wie bisher, eine minderjährige Witwe, sondern auch eine minderjährige Ehefrau zur Volljährigkeitserklärung nicht mehr der elterlichen Einwilligung bedarf. Das ist gewiß ein Fortschritt, aber kein ausreichender. Welche junge Ehefrau weiß das und macht davon Gebrauch — bei der bekannten Scheu des weiblichen Geschlechts (freilich z. T. auch des männlichen), mit „dem Gericht" in Berührung zu kommen? Und werden alle Vormundschaftsrichter so verständig sein, einzusehen, daß es für den reibungslosen Ablauf des hauswirtschaftlichen Lebens besser ist, wenn eine verheiratete Frau von der elterlichen Vormundschaft befreit wird? So werden auch künftig die weitaus meisten minderjährigen Ehefrauen bis zur Vollendung des 21. Lebensjahres minderjährig bleiben — mit allen sich daraus ergebenden peinlichen Konsequenzen, die das GlberG, wie wir sehen werden, noch vermehrt hat.

II. Schon das BGB hat zwar in §§ 1633 und 1661 die elterliche Gewalt über eine verheitatete Tochter in doppelter Hinsicht eingeschränkt.

1. Die Bestimmung des § 1661, nach der das *elterliche Nutznießungsrecht* am Vermögen des Kindes mit dessen Verheiratung endigt, ist mit der Aufhebung dieses Rechts durch das GlberG (die ich bereits in meiner Schrift „Die Vermögensverfassung des deutschen Hauses", 1943, S. 92 f., 97 gefordert hatte) gegenstandslos geworden und durch die Vorschrift des § 1649 II 2 n. F. ersetzt, daß die an seine Stelle tretende Befugnis der Eltern, überschüssige Einkünfte des Kindesvermögens für ihren eigenen Unter-

halt und den minderjähriger unverheirateter Geschwister zu verwenden (eine mittelbare geschwisterliche Unterhaltspflicht zwischen minderjährigen Kindern!), mit der Eheschließung erlischt. Das ist selbstverständlich, da der minderjährigen Tochter nunmehr eine bedingte Unterhaltspflicht gegenüber Mann und Kindern aus ihren Vermögenseinkünften nach §§ 1360, 1606 III n. F. obliegt.

2. Die Bestimmung des § 1633 ist bestehen geblieben. Sie entbindet die minderjährige Ehefrau zwar von der elterlichen *Erziehungsgewalt*, nicht dagegen von der *gesetzlichen Vertretungsmacht* sowohl in persönlichen wie in vermögensrechtlichen Angelegenheiten, die erfreulicherweise auch künftig nach § 1629 I n. F. grundsätzlich dem Vater zustehen soll. Dadurch ist sie aber nicht nur bei persönlichen Rechtsakten, soweit das Gesetz nicht ausdrücklich Ausnahmen macht wie z. B. in §§ 1729 III, 1748 II 2, ZPO § 612 I, FGG § 59, an die Zustimmung ihres gesetzlichen Vertreters gebunden, so z. B. wenn sie selbst ein Wahlkind annehmen will oder als solches angenommen werden soll (§ 1751) — das dürfte zu billigen sein —, sondern, was praktisch weit wichtiger ist, auch ihr gesamter wirtschaftlicher Rechtsverkehr steht unter dem Banne dieser elterlichen Sanktionsgewalt und ist dadurch gehemmt. Freilich werden bei *Bargeschäften* wohl in der Regel die Voraussetzungen des § 110 BGB vorliegen und die Zustimmung entbehrlich machen. Aber sowohl bei *Kreditgeschäften* wie bei *Verpflichtungs- und Verfügungsverträgen über ihr gehörige Gegenstände* muß sie ihren Vater oder ihre Mutter oder ihren Vormund, d. h. aber, wenn sie ein uneheliches Kind ist, das Jugendamt (!), um Zustimmung bitten. Und auf diese hat sie selbst bei grundloser Weigerung keinen Anspruch. Auch das Vormundschaftsgericht ist nicht befugt, den muntschaftlichen Konsens auf ihren Antrag zu ersetzen. Die elterliche Autorität erleidet hier nach dem alten patriarchalischen Recht des BGB noch keine Korrektur durch die Staatsmacht. Das gilt nicht nur bei so wichtigen personenrechtlichen Akten wie der Adoption, bei der, in auffallendem Gegensatze zu der von dem jüngeren Recht des Ehegesetzes „aufgelockerten“ Eheschließung (§ 3 III EheG), die elterliche Einwilligung unersetzbar ist (§ 1747), sondern auch bei den gewöhnlichen Geschäften des täglichen Lebens (§§ 107, 108). Nur wenn die Weigerung des Gewalthabers offenbar „schikanös“ i. S. des § 226 sein sollte, ist sie „unzulässig“ und daher gegenstandslos.

III. Soweit es sich um *Kreditgeschäfte* handelt, kommen praktisch in erster Linie *Haushaltsschulden* in Betracht, die die Ehefrau bei Kaufleuten, Handwerkern, Ärzten usw. eingeht.

1. Hier war nach *bisherigem* Recht ihre Minderjährigkeit unschädlich. § 1357 a. F. machte die Frau zum partiellen „*gesetzlichen Vertreter*" des Mannes. Daher stand ihre beschränkte Geschäftsfähigkeit nach § 165 den Vertretungswirkungen und damit der bis zum 1. 4. 53 ausschließlichen Alleinhaftung des Mannes nicht entgegen. § 1357 n. F. hat zwar die Ausdrücke „vertreten" und „im Namen des Mannes" vermieden. Aber wenn er den Mann nach wie vor aus solchen Geschäften „berechtigt und verpflichtet" werden läßt, so ist das eben nach unserer herkömmlichen Dogmatik eine Vertretungswirkung. Aus der amtlichen Begründung und den Verhandlungsprotokollen ergibt sich nichts Gegenteiliges. Daher dürfte auch künftig an der Anwenduug des § 165 kein Zweifel sein.

2. Kritischer ist die Frage der durch § 1357 I 2 Halbs. 2 neu eingeführten *subsidiären Mithaftung der Frau* (s. zu dieser Lösung und zu der Schlüsselgewalt i. allg. näher unter B). Soll diese auch eine minderjährige Ehefrau treffen, die Haushaltschulden ohne Zustimmung ihres gesetzlichen Vertreters gemacht hat, oder sollen für diese Wirkung ihres rechtsgeschäftlichen Handelns die §§ 107 ff. gelten ? Ich halte die letztere Auffassung für zutreffend. Ich folgere das in erster Linie aus dem allgemeinen Schutzzwecke des Minderjährigenrechts, der überall eine Eigenverantwortlichkeit aus rechtsgeschäftlichem oder geschäftsähnlichem Handeln ausschließt; daneben aber auch aus der Vorschrift des § 179 III 2. Soweit ein als Vertreter Handelnder selbst aus einem von ihm geschlossenen Geschäfte haftbar gemacht werden kann, nämlich im Falle der Vertretung ohne Vertretungsmacht, ist ein beschränkt Geschäftsfähiger, der ohne Zustimmung seines gesetzlichen Vertreters gehandelt hat, von der Haftung entbunden. Bei Schlüsselgewaltsgeschäften liegt zwar tatbestandlich eine Vertretungsmacht vor, und daher treffen auch die Rechtswirkungen in erster Linie den vertretenen Ehemann; aber auch hier handelt es sich um die Frage, ob die Haftung aus einem Vertretergeschäft auch den Vertreter selbst belasten kann: und das ist für beschränkt Geschäftsfähige zu verneinen.

3. Im praktischen Erfolge stehen wir damit freilich vor dem peinlichen Ergebnis, daß die subsidiäre Haftung der Ehefrau für

Haushaltsschulden, die sie im Rahmen ihrer Schlüsselgewalt kontrahiert hat, bei minderjährigen Frauen in der Regel *illusorisch* ist. Denn da eine Generaleinwilligung des elterlichen oder vormundschaftlichen Gewalthabers für alle Kreditgeschäfte der jungen Frau, die nur allzu oft leichtfertig und meist in der Form von Abzahlungsgeschäften geschlossen werden, kaum vorliegen wird, dürfte meist, zum Schutze der Tochter oder des Mündels, die Genehmigung verweigert werden. Im Geschäftsverkehr mit jugendlichen Hausfrauen ist daher nach wie vor Vorsicht geboten: *auf eine Mithaftung der schuldenmachenden Gattin kann der Geschäftsgegner nicht vertrauen.* Wie glücklich sind demgegenüber die Geschäftsleute, Handwerker und Ärzte der benachbarten Schweiz deren ZGB in Art. 207 II auch der minderjährigen Ehefrau eine subsidiäre Haftung auferlegt: denn nach Art. 14 II macht Heirat mündig! Auch der, m. E. verfehlte (s. dazu näher unter B III 1), Versuch, in gewissen Fällen, insbes. bei ärztlicher Behandlung, zu einer Mithaftung der Frau auf dem Wege zu gelangen, daß man die Tätigkeit des Geschäftsgegners, die dem Manne gegenüber Vertragserfüllung ist, zugleich als Geschäftsführung ohne Auftrag für die Frau auffaßt und sie so einer Ersatzpflicht nach § 683 unterwirft, würde hier nicht zum Erfolge führen. Bei beschränkt geschäftsfähigen „Geschäftsherren" ist nach allg. M. nicht ihr, sondern der Wille des gesetzlichen Vertreters für die Wirkungen des § 683 maßgebend. Daher wäre auch dann nur eine Bereicherungshaftung nach § 684 S. 1 möglich, deren Fragwürdigkeit hier keiner Erörterung bedarf. Eine Deliktshaftung aus § 826, die auch die minderjährige Frau treffen würde (§ 828 II), wird sehr selten vorliegen.

IV. Die rechtliche Situation wird nach dem GlberG noch komplizierter, wenn die minderjährige Ehefrau Geschäfte über *Haushaltsgegenstände* schließt.

1. Hier haben die Vorarbeiten des Familiengüterrechtsausschusses der Akademie für Deutsches Recht, über die ich z. T. schon im Jahrbuch der AkfDR 1939/40 S. 61 ff. und sodann eingehend in MDR 1950 S. 386 ff., 450 ff. berichtet habe, dazu geführt, daß der Zweite Regierungsentwurf, in Abweichung von dem Ersten, und mit ihm das GlberG nicht nur Verpflichtungs- und Verfügungsgeschäfte über das *Vermögen eines Ehegatten im ganzen*, sondern auch über ihm gehörende *Gegenstände des ehelichen Haushalts* der

Zustimmung des anderen Ehegatten unterworfen haben. Diese kann freilich, im Gegensatz zu der elterlichen Zustimmung, vom Vormundschaftsgericht ersetzt werden, wenn sie ohne ausreichenden Grund verweigert wird (§ 1369 n. F.). Die damit realisierte, an sich überaus begrüßenswerte „Vinkulierung" des Hausrats, mit der, wenn auch in engen Grenzen und in anderen Formen, schon § 170a StGB vorangegangen war (s. dazu meine „Grundlagen der bürgerlichen Rechtsordnung" I S. 84 f.), beruht auf den Vorschlägen des Familiengüterrechtsausschusses der AkfDR, über die ich in MDR 1950 S. 453 ff. eingehend referiert habe. Wir wollten damals sogar auch die Ehewohnung, Arbeitsgeräte der Ehegatten und Gebrauchsgegenstände der Kinder diesen Verpflichtungs- und Verfügungsbeschränkungen unterwerfen, aber, im Gegensatz zum GlberG, den guten Glauben des Geschäftsgegners in gewissem Umfange schützen (s. dazu MDR 1950 S. 456/57 unter IV 1 u. 3). Über Bedenken gegen diese Regelung des GlberG werde ich mich unter C näher äußern.

2. Eine minderjährige Ehefrau bedarf somit, wenn sie Kauf-, Tausch-, Sicherungsübereignungs-, Schenkungs- oder Pfandverträge (nicht auch Miet-, Pacht- und Leihverträge) über ihr gehörige Hausratsgegenstände schließt, *doppelter Zustimmung:* des *gesetzlichen Vertreters* wegen ihrer beschränkten Geschäftsfähigkeit und ihres *Ehemanns* wegen der den Ehegatten auferlegten Hausratsvinkulierung. Solche Beschränkungen einer Ehefrau sind zwar dem unter der Herrschaft des Güterstandes des BGB aufgewachsenen Juristen nichts Neues. Umfanglich gingen sie sogar über den Gegenstandsbereich des Hausrats weit hinaus, sachlich betrafen sie aber nur die Wirksamkeit von Verfügungen und den Haftungsumfang aus Verpflichtungsgeschäften (s. §§ 1395 ff., 1399 I, II, 1412 a. F.); in dem rigorosen Ausschluß des Gutglaubensschutzes gingen sie mit dem GlberG einig (§ 1404 a. F.). Auch schon nach BGB bedurfte daher eine minderjährige Ehefrau zu allen Verpflichtungs- und Verfügungsgeschäften, die Gegenstände ihres eingebrachten Gutes betrafen, sowohl der Zustimmung ihres gesetzlichen Vertreters, von der sogar die Wirksamkeit nicht nur der Verfügungs-, sondern auch der Verpflichtungsgeschäfte abhing, und der Zustimmung ihres Ehemanns, die zwar nicht zur Wirksamkeit der Verpflichtungsakte, aber zur Haftung des eingebrachten Gutes aus solchen und zur Wirksamkeit der erfüllenden Verfügungsakte

erforderlich war. Beide Zustimmungen waren unersetzbar. Demgegenüber besteht die „Gleichberechtigung“ der minderjährigen Frau jetzt darin, daß die Beschränkungen ihrer Geschäftsfähigkeit unverändert bestehen bleiben, die ihrer Verpflichtungs- und Verfügungsbefugnis aber, ebenso wie die des Ehemanns, auf die Haushaltsgegenstände beschränkt und der „Befreiung“ durch das Vormundschaftsgericht zugänglich gemacht worden sind.

3. Für die Praxis des Rechtslebens bleibt immerhin auch für die Zukunft diese doppelte Unsicherheit bestehen, sobald man von einer jugendlichen weiblichen Person etwas kauft oder tauscht oder zur Sicherung übereignet oder verpfändet erhält. Man muß sich der Zustimmung sowohl ihres elterlichen oder vormundschaftlichen Gewalthabers wie ihres Ehemanns versichern, um überhaupt Vertragsansprüche gegen sie zu haben. Selbst wenn der Mann damit einverstanden ist, daß der alte wertvolle Schrank, den die Frau als Aussteuer mitgebracht hat, verkauft wird, um „nützlichere“ Sachen dafür zu erwerben, kann die Gültigkeit an dem Widerspruche des Vaters oder Vormunds, dem das „alte Familienstück“ zu schade zum Verkauf ist, unheilbar scheitern. Hat der gutgläubige Käufer voreilig bezahlt, so ist er auch hier auf einen Bereicherungsanspruch gegen die „pietätlose“ junge Frau angewiesen, der freilich, da auch Minderjährige in entsprechender Anwendung des § 828 II bösgläubig sein können, nach §§ 819 i. V. m. 818 IV u. 279 nicht dem Schicksal des § 818 III zu verfallen braucht, oder auf einen beweisschwierigen Deliktsanspruch aus § 823 II i.V. m. § 263 StGB oder § 826. Haben sowohl der Ehemann, ohne durch das Vormundschaftsgericht korrigiert zu werden, wie der gesetzliche Vertreter die Zustimmung verweigert, so haben wir einen neuen „hübschen“ Fall doppelter Nichtigkeit vor uns: macht der Käufer die Frau dann wegen Abschlusses eines nach § 1369 verbotenen Rechtsgeschäfts aus §§ 309 i. V. m. 307 auf den Vertrauensschaden haftbar (s. dazu näher unter C IV 4), so könnte sie diese Ersatzpflicht dadurch abwenden, daß sie sich auf die Nichtigkeit aus §§ 107, 108 zurückzieht, die eine solche Haftung des Minderjährigen nicht kennen: Problem der negativen Doppelwirkungen im Privatrecht!

4. Aber auch wenn der *Ehemann* seinerseits ihm gehörige Haushaltsgegenstände verkaufen will, hängt die Gültigkeit sowohl des Kaufvertrages wie der Übereignung nicht von dem Einverständnis

seiner minderjährigen Frau (§ 1369), sondern von dem ihres gesetzlichen Vertreters ab: denn ihre Zustimmungserklärung bedarf nach § 107 der Einwilligung ihres Muntwaltes. Selbst wenn sie ihrerseits dem Verkauf zustimmt, kann dieser ihn verhindern und muß der Mann das Vormundschaftsgericht anrufen. Andererseits kann er, wenn seine Frau nicht zustimmt, an deren gesetzlichen Vertreter appellieren und seine eigene Gattin von dessen Entscheidung überspielen lassen. Ist das alles sehr erfreulich und für das Verkehrsleben praktikabel? Das legitimierte „Hineinreden" des Vaters oder Vormunds (bei unehelichen Frauen des Jugendamts!) in das wirtschaftliche Eheleben der Tochter oder des Mündels dürfte oft Anlaß zu Trübungen des Familienfriedens geben.

B. Die Schlüsselgewalt

I. Sowohl der Erste wie der Zweite Regierungsentwurf wollten die Schlüsselgewalt in sehr vernünftiger Weise *umgestalten*. Es sollte nicht mehr darauf ankommen, ob das „für den laufenden Unterhalt der Familie" (E I) oder „für die laufenden Bedürfnisse des Haushalts" (E II) geschlossene Geschäft von dem *Manne* oder der *Frau* getätigt war. In der richtigen Erkenntnis, daß es eine Zufallsfrage ist, ob der Mann oder die Frau für den Haushalt einkauft, einen Handwerker bestellt, einen Arzt konsultiert usw., sollte nur der objektive Charakter des Geschäfts als „*Haushaltsgeschäft*" für die Anwendung des § 1357 entscheidend sein. Das ist deshalb von erheblicher praktischer Bedeutung, weil beide Entwürfe eine *Mithaftung der Frau* statuierten, der erste eine gesamtschuldnerische, die seit dem 1. 4. 1953 sowohl in der Literatur wie in der Judikatur vielfach als Postulat der Gleichberechtigung gefordert wurde, der zweite eine nur subsidiäre, bei der aber der Beweis für die Zahlungsfähigkeit des Mannes der Frau auferlegt war, während das GlberG umgekehrt dem Geschäftspartner den Beweis der Zahlungsunfähigkeit des Mannes aufbürdet (s. dazu näher unter III). So oder so sollte aber die Mithaftung der Frau auch dann eintreten, wenn der *Mann Kontrahent* des Geschäfts gewesen war.

II. Diese Regelung entspricht allein dem deutschrechtlichen Ursprung der sog. Schlüsselgewalt. Ich habe dazu in meinem Aufsatz „Aus der Arbeit des Ausschusses für eheliches Güterrecht" im Jahrbuch der AkfDR 1939/40 S. 76 ff. Folgendes ausgeführt:

„1. So sehr die Schlüsselgewalt ihrer geschichtlichen Entstehung nach deutschrechtlichen Ursprungs ist (*Stobbe* D. Pr. R. IV § 291) und, im Gegensatz zu den Rechtsordnungen des romanischen und anglo-amerikanischen Rechtskreises, aber auch des öst. ABGB, nicht auf vermuteter oder stillschweigender Ermächtigung oder Vollmacht des Ehemannes (dem nach österreichischem und englischem Rechte sogar als Haushaltungsvorstand grundsätzlich die Hausleitungsgewalt zusteht, s. ABGB §§ 91, 92 und den Überblick bei *Kaden* im RvglHWB VI S. 197 ff. über Schlüsselgewalt), sondern aus eigenem ursprünglichem Recht der Frau zur Vertretung der ‚ehelichen Genossenschaft' neben dem Ehemann beruht, so ist dieser Charakter doch im BGB unter dem Einfluß individualistischen Rechtsdenkens denaturiert worden. Der deutschrechtliche Grundgedanke, daß, ‚in gewissem Umfange jeder Gatte für sich zum Träger der Gemeinschaft berufen ist' (*O. Gierke* Genossenschaftsrecht II S. 931 f.), hätte zu der Konsequenz führen müssen, daß Haushaltsgeschäfte sowohl des Mannes wie der Frau nicht ihren persönlichen Rechtsbereich betreffen, sondern in Vertretung der ‚ehelichen Gemeinschaft' vorgenommen sind (so heute schweiz. ZGB Art. 163, s. *Egger* Bem. 4 ff. zu Art. 159), und daß daher entsprechend der inneren Lastenverteilung auch beide Ehegatten dafür die finanzielle Verantwortung tragen müssen. Aber die Ehe ist eben nach romanistischer Auffassung, die das BGB, ungeachtet aller gegenteiligen Versicherungen in den Motiven, beherrschte, keine überpersönliche Rechtsgemeinschaft mehr, sondern ein interindividuelles Rechtsverhältnis zwischen zwei Einzelpersonen, und dieser Anschauungswandel hat notwendig auch zu einer anderen ‚Konstruktion' der Schlüsselgewalt geführt. Die Rechtsstellung der Frau, die kraft ihres häuslichen Wirkungskreises in erster Linie mit dem Abschluß der Haushaltsgeschäfte betraut ist, trägt in der Tat alle Züge einer rein zwischenpersönlichen Rechtsbeziehung zum Ehemann: im Innenverhältnis gilt, wenn auch nicht mehr ausdrücklich wie im E I § 1278, so doch kraft Analogie Auftragsrecht (*Prot.* IV S. 107, *Planck* 5 zu § 1357), im Außenverhältnis Vertretungsrecht — also im Endergebnis nichts anderes als bei den Rechtsordnungen, die die Schlüsselgewalt auf vermutete Bevollmächtigung durch den Ehemann gründen (s. dazu den Überblick bei *Kaden* a. a. O. S. 201, 204 f.; bemerkenswert ist, daß einige Rechte des romanischen Kreises trotz der Vollmachtkonstruktion Vertretung der ehelichen Gemeinschaft und Mithaftung der Frau annehmen, s. S. 202, 205). Die wichtigste Folge dieser Auffassung ist die *alleinige Haftung des Mannes* aus dem Haushaltsgeschäften der Frau: § 1357 unterscheidet sich im Ergebnis nicht von §§ 92 i. V. m. 1017 ABGB.

2. Diese Gestaltung entspricht nicht mehr unserem heutigen Bestreben, mit der deutschrechtlichen Idee der ehelichen Rechtsgemeinschaft, die auf qualitativ gegliederter Gleichberechtigung und genossenschaftlicher Funktionenverteilung beruht, wieder Ernst zu machen. Ebenso wie sich für das Innenverhältnis der Ehegatten daraus die Konsequenz ergibt, daß die finanziellen Lasten des Familienunterhalts nicht ausschließlich den Ehemann treffen dürfen, sondern daß die Ehefrau entsprechend ihren Vermögenskräften und ihrer Erwerbsfähigkeit einen angemessenen Anteil zu übernehmen hat, wenn auch erst hinter dem Manne, so muß sie auch nach außen hin an der Verantwortlichkeit für die im Interesse des Familienunterhalts eingegangenen Verbindlichkeiten in der gleichen Rangordnung teilnehmen. Die heutige schematische Rollenverteilung zwischen Haushaltsführung der Frau im inneren und Haushaltsvertretung des Mannes nach außen ist mit dem genossenschaftlichen Eheprinzip nicht vereinbar. Eine konsequente Durchführung dieser Idee verlangt, daß beide Ehegatten die ‚eheliche Gemeinschaft' im Rechtsverkehr vertreten und aus den innerhalb des häuslichen Lebensbereichs getätigten Geschäften in angemessener Lastenverteilung haften. Es kommt hinzu, daß auch die Sicherheit des *Verkehrslebens* eine Mitbelastung der Frau gebietet. Welche Mißstände sich aus der ausschließlichen Haftung des Mannes ergeben haben und mit welchen mehr oder weniger mißglückten oder gekünstelten Mitteln sowohl die Praxis des Rechtslebens wie die wissenschaftliche Lehre Abhilfe zu schaffen sich bemüht haben, ist bekannt*.
Daß dieser ebenso unbefriedigende wie unsichere Rechtszustand nicht so bleiben kann, ist, wie schon die Verhandlungen auf dem 33. Juristentag gezeigt haben (s. S. 327, 333, 343, 351 f.), fast allgemeine Überzeugung.

3. Es kann sich also nur um die Frage handeln, ob man die Mithaftung der Frau aus solchen Geschäften, gleichgültig ob diese im Einzelfalle von ihr selbst oder vom Manne vorgenommen sind,

---

* S. dazu näher unter III 1—3.

als *gesamtschuldnerische* oder als *subsidiäre* gestaltet. Während nach BGB eine Heranziehung des Frauenvermögens nur bei den Gütergemeinschaften auf dem mittelbaren Wege der Haftung des Gesamtgutes für alle Verbindlichkeiten des Mannes möglich ist (§§ 1459 I, 1530 I, 1549), haben in neuester Zeit eine Reihe von Auslandsrechten eine von dem jeweiligen Güterstand unabhängige gesamtschuldnerische Haftung der Frau entwickelt: so neben einigen Gesetzen südamerikanischer Staaten (Argentinien, Brasilien, Guatemala) insbes. die Ehegesetze der nordischen Länder: schwed. Eheges. v. 1920 Kap. 5 § 12, norw. v. 1927 §§ 7, 30 ff., dän. v. 1925 §§ 11, 25 ff., finn. v. 1929 §§ 52 ff., wenn auch z. T. mit einigen Milderungen bei der Verjährung, beim Konkurs der Frau und bei der Auflösung des Güterstandes. Dagegen hat den Mittelweg der *subsidiären* Haftung besonders das *schweiz.* Recht eingeschlagen, nach dem die Haftung der Frau für Haushaltsschulden erst bei Zahlungsunfähigkeit des Mannes bzw. des Gesamtgutes eintritt (ZGB Art. 207 II, 220 II, 243 III). Das haben die Türkei und China nachgeahmt. Aber auch Spanien, Portugal und einige mittel- und südamerikanische Staaten haben diese Regelung angenommen. Eine *dritte* Lösung wurde auf dem 33. Juristentag (*Kipp* S. 327, 352) vorgeschlagen: primäre Haftung der Frau, wenn sie selbst, subsidiäre, wenn der Mann das Geschäft abgeschlossen hat. Diese Kompromißlösung scheidet nach Ansicht des Ausschusses schon aus dem Grunde aus, weil sie die praktisch ungemein wichtige Frage von dem zufälligen Umstande abhängig macht, ob im Einzelfalle den Wareneinkauf, die Bestellung des Handwerkers, die Annahme der Hausangestellten, die Beschaffung ärztlicher Hilfe usw. der Mann oder die Frau besorgt hat. Vielmehr wird u. E. allein die *subsidiäre* Haftung der Frau (nach dem Muster der selbstschuldnerischen Bürgschaft, BGB § 773 I Ziff. 4) der Lastenverteilung gerecht, die das Innenverhältnis der Ehegatten beherrscht: wie hier die Aufbringung des Familienunterhalts im praktischen Ergebnis in erster Linie auf den Schultern des Mannes ruht, so fällt ihm auch im Außenverhältnis zu dem Geschäftspartner die primäre Verantwortlichkeit zu."

III. Nachdem das GlberG sich erfreulicherweise für eine *subsidiäre* Mithaftung der Frau entschieden hat, haben die obigen Überlegungen nur noch für eine Frage Bedeutung: nämlich dafür, ob diese Haftung auch dann stattfinden soll, wenn der *Ehemann* das fragliche Haushaltsgeschäft geschlossen hat. Nach der jetzigen Gestaltung des § 1357, mit der der Gesetzgeber, entgegen den beiden Regierungsentwürfen, leider wieder in die oben gekennzeichnete individualistische Vorstellung zurückgefallen ist, ist diese Frage grundsätzlich zu *verneinen*. Die Schlüsselgewalt ist auf die Frau beschränkt. Haushaltsgeschäfte des Mannes fallen daher nicht unter § 1357, ziehen also auch nicht die subsidiäre Haftung der Frau nach sich. Die amtliche Begründung für diesen Fehlgriff ist auffallend dürftig. Sie beschränkt sich darauf zu sagen, daß die Frau den Haushalt führe, daher auch ihr allein die Schlüsselgewalt zukomme. Daß damit ihre Mithaftung für Haushaltsschulden, die der Mann kontrahiert hat, ausgeschlossen ist, wird mit keinem Worte erwähnt. Man tröstet sich offenbar entweder damit, daß sich oft „aus den Umständen etwas anderes ergeben" werde (§ 1357 n. F.), oder daß die Frau neben dem Manne aus Geschäftsführung ohne Auftrag hafte, besonders bei ärztlichen Leistungen zu ihren Gunsten, oder daß der Mann bei Abschluß von Haushaltsgeschäften als „Bote" oder „Vertreter" der Frau gehandelt habe. Die erste Lösung ist eine vage Hoffnung, die zweite m. E. juristisch verfehlt, die dritte geradezu absurd.

1. Die Frage, ob jemand mit derselben Tätigkeit zugleich seine Vertragspflicht gegenüber A erfüllen und für B als *Geschäftsführer ohne Auftrag* handeln könne, ist seit langem ein viel behandeltes juristisches Diskussionsobjekt und neuerdings wieder mit gesteigerter Lebhaftigkeit erörtert worden (s. letzlich bes. die ausgezeichnete Studie von *Hans Stoll* „Außenwirkungen der Geschäftsführung ohne Auftrag im französischen Recht" in Z. ausl. intern. PrR 1957 S. 457 ff, in der die Frage auch nach deutschem Recht behandelt wird). Ich halte eine solche „Konstruktion" für unmöglich. Sie übersieht m. E. einen entscheidenden Punkt. Der Schuldner — man denkt dabei vornehmlich an Ärzte —, der auf Grund eines mit dem Manne geschlossenen Vertrages für die Frau tätig wird, ist dem Manne ex contractu zu sorgfältiger Leistung, zu Auskunfterteilung und Rechenschaft über seine Tätigkeit verpflichtet. Er ist ihm dafür verantwortlich und haftet ihm für schuldhafte Fehlleistung. Die Frau spielt in dem Vertragskonnex nur die Rolle eines „Dritten" i. S. des § 328, so daß für etwaige eigene Schädigungen ihrer Person der Schuldner auch ihr haftet. Aber das ist auch alles. Ihr daneben noch die Stellung eines do-

minus negotii ex negotiorum gestione des Schuldners zu geben, ist m. E. undurchführbar. Es entstände hieraus eine *unlösliche Kollision zweier Gläubigerschaften.* Der Mann könnte ex contractu, die Frau ex negotiorum gestione nach §§ 681 S. 2 i. V. m. 666 Auskunft und Rechenschaft verlangen, beide, Mann und Frau, hätten die sog. Weisungsgewalt, die dem Gläubiger sowohl bei Dienstvertrag wie bei Geschäftsführung ohne Auftrag zukommt. Wessen Wille soll entscheiden? Der Schuldner befände sich in einem unheilbaren Dilemma und müßte befürchten, bei Abweichung von den Weisungen des Vertragsgläubigers diesem, bei Abweichung von dem Willen des Geschäftsherrn diesem haftbar zu werden. Eine solche Gesamtgläubigerschaft auf dieselbe Leistung, die bei § 328 nicht vorliegt, ist praktisch ein Unding.

2. Noch abwegiger ist die ab und zu geäußerte Auffassung, daß eine Mithaftung der Frau auf dem Wege zu erreichen sei, daß man den Haushaltsgeschäfte besorgenden Mann als *Boten* oder *Stellvertreter* der Frau betrachte.

a) *Juristisch-konstruktionell* wäre das ein geradezu skurriles unicum. Die Frau ist in der Haushaltsführung „nach außen" Vertreterin des Mannes (s. oben A III 1). Bei Ausübung dieser Funktion soll sie nun denselben Mann als Boten oder Vertreter für Rechtsgeschäfte benutzen, die sie selbst als seine Vertreterin abschließt: der Mann wäre also in Personalunion Bote oder Untervertreter des Vertreters und Vertretener! Ich beglückwünsche den juristischen Begriffshimmel zu dieser neuen Bereicherung seines Raritätenkabinetts.

b) Aber entspricht denn diese Rollenverteilung der *soziologischen Wirklichkeit?* Gewiß soll die Frau künftig nach dem „bereinigten" § 1356 den Haushalt „in eigener Verantwortung" führen. Aber soll damit dem Manne, der für die Haushaltsschulden primär und in praxi meist allein haftet, und dem die Frau doch wohl trotz aller „Gleichberechtigung" auch künftig für pflichtmäßige Haushaltsführung verantwortlich ist, jedes Mitbestimmungsrecht über die Gestaltung des Haushalts entzogen sein? Soll er nunmehr, wenn er für *seinen* Haushalt auf Kredit einkauft, Werk- und Dienstverträge abschließt, dies in der inferioren Rolle eines unselbständigen Boten oder eines weisungsunterworfenen Vertreters seiner Frau tun, den zu Hause ein Donnerwetter erwartet, wenn er den Direktiven der „Hausherrin" nicht gehorcht hat? Das alles ist so absurd, daß selbst die fanatischste Frauenrechtlerin es nur als Scherz betrachten wird.

3. Um auch künftig eine Mithaftung der Frau aus Haushaltsgeschäften des Mannes zu begründen, gibt es daher m. E. nur zwei Wege.

a) Entweder muß der Geschäftsgegner dafür sorgen, daß „*sich aus den Umständen etwas anderes ergibt*" (§ 1357), gerade auch dann, wenn der Mann in casu Kontrahent ist. Die Wohnungsvermieter und Abzahlungsverkäufer tuen das seit langem und lassen die Frau mitunterschreiben. Künftig ist auch Ärzten, Zahnärzten, Architekten, Handwerkern usw. dringend zu raten, in solchen Fällen die Mithaftung der Frau auszubedingen.

b) Sonst bleibt nur in gewissen extremen Fällen der bekannte Umweg übrig, auf den man schon immer eine Mithaftung der Frau zu erreichen versucht hat. Liegt z. B., um einen bekannten Rechtsfall aus dem Anfang des Jahrhunderts aufzugreifen, der von dem völlig vermögenslosen Manne einer schwerreichen Frau ohne deren Mitwirkung mit einem sehr teueren Arzte geschlossene Vertrag, durch den dieser die Behandlung der Frau übernahm, zwar im Rahmen des auf die Vermögensverhältnisse der Frau zugeschnittenen Hausstandes, überschreitet er aber den Umfang der *Unterhaltspflicht des Mannes*, so kann man wohl auch fürderhin mit der „Konstruktion" operieren, daß der allein ex contractu verpflichtete Mann von der Frau *Befreiung* von seiner Verbindlichkeit verlangen kann, und daß dieser, sonst höchstpersönliche und unpfändbare, Befreiungsanspruch von dem Arzte, von dessen Forderung ja die Frau den Mann befreien soll, gepfändet werden kann. Gewiß ist auch das eine reichlich gekünstelte Konstruktion, aber sie führt jedenfalls zu einem billigen und gerechten Ergebnis — zu dem auf einfacherem Wege zu gelangen, der Gesetzgeber des GlberG uns leider dadurch unmöglich gemacht hat, daß er die vernünftige Lösung der beiden Regierungsentwürfe fallen ließ und zu der alten Auffassung der Schlüsselgewalt als interindividuelles Vertretungsverhältnis zurückkehrte.

C. Die „Vinkulierung" des Hausrats

I. Welchen Zweck hat der Gesetzgeber mit den schon oben unter A IV erwähnten Verpflichtungs- und Verfügungsbeschränkungen des § 1369 n. F. verfolgt? Darüber ist bereits in der Literatur heftiger Streit entstanden.

1. Die einen sagen, er habe damit lediglich oder doch hauptsächlich die für die wirtschaftliche Existenz der Familie *wichtigsten und oft unentbehrlichen Gegenstände* vor heimlicher Veräußerung, Sicherungsübereignung oder Verpfändung durch den Eigentümer-Ehegatten schützen wollen —, eine Auslegung, die dem unbefangenen Leser des Gesetzes einleuchtet und durch § 170a StGB gestützt wird (s. oben A IV 1). Es soll einem Ehemann, der oft und lange beruflich von Hause abwesend ist, nicht passieren, daß die Frau inzwischen von ihr in die Ehe gebrachte oder in der Ehe erworbene Einrichtungsgegenstände verkauft, weil „sie ein neues Kleid oder einen Pelz braucht". Und ebensowenig soll die Frau dadurch überrascht werden, daß der Mann ein Sofa oder einen Schrank, der ihm gehört, aber der Familie dient, hinter ihrem Rücken veräußert oder verpfändet. Ob übrigens die verkauften Sachen in casu dem Manne oder der Frau gehören, wird im Regelfalle für die Hauptfrage, ob der Käufer in seinem guten Glauben geschützt wird, gleichgültig sein: nicht nur § 1369 schließt den Gutglaubensschutz aus, sondern auch § 935, der fast immer zur Anwendung kommen wird, da die Ehegatten an den Hausratsgegenständen nach jetzt wohl herrschender Ansicht regelmäßig Mitbesitz haben. Nur für die Wirksamkeit des schuldrechtlichen Vertrages macht es einen Unterschied: verkauft der Ehegatte ohne Zustimmung des anderen eigene Sachen, ist auch der Kaufvertrag nichtig, verkauft er Sachen des Ehepartners, so ist der Kaufvertrag gültig, sofern nicht bei Bösgläubigkeit des Dritten ein Fall des § 134 oder 138 vorliegt.

2. Die anderen sagen, die Vinkulierungsvorschriften nicht nur der §§ 1365 ff., sondern auch des § 1369 dienten ausschließlich oder doch überwiegend dem Zwecke, den etwaigen künftigen *Gewinnausgleichsanspruch* der §§ 1372 ff. gegen Entwertung zu sichern. Denn der Ehegatte könne durch Verschleuderung von Haushaltsgegenständen, die er erst nach dem 1. 7. 1958 erworben habe, sein Endvermögen (§ 1375) verringern und dadurch die Ausgleichsforderung des anderen (§ 1378) vermindern; die Schutzvorschriften des § 1375 II seien dazu nicht ausreichend.

Wer hat Recht?

II. 1. Für die zweite Auffassung spricht sicherlich die Tatsache, daß der Gesetzgeber die Vinkulierung (leider! s. zu III) auf den Fall beschränkt hat, daß die Ehegatten im Güterstande der *Zu-*

gewinngemeinschaft leben. Leben sie in voller Gütertrennung, was künftig voraussichtlich oft der Fall sein wird, finden die Vorschriften der §§ 1365—1370 keine Anwendung. Leben sie in Gütergemeinschaft, sorgen zwar die Bestimmungen der §§ 1423 ff., 1450 ff.n. F. für einen noch umfangreicheren Schutz des Gesamtgutes gegen eigenwillige Verfügungen eines Ehegatten; aber gerade für den Hausrat versagt dieser in der Regel, da es sich um entgeltliche Verfügungen über Mobilien handelt. Auch hier kann also der verwaltende Ehegatte ohne Zustimmung des anderen Haushaltsgegenstände entgeltlich veräußern (s. §§ 1424, 1425). Nur bei gemeinsamer Verwaltung verschließt die Vorschrift des § 1453 n. F. jedem der Ehegatten die heimliche Verfügung über alle zum Gesamtgut gehörenden Gegenstände, also auch über den Hausrat.

2. Gegen diese Auffassung sind aber andererseits gewichtige Gründe ins Feld zu führen.

a) Einmal wäre es, wenn Schutz des Ausgleichsanspruchs wesentlicher Zweck auch des § 1369 wäre, nicht ohne weiteres verständlich, daß auch *entgeltliche* Verfügungen unter die Schutzvorschrift fallen. Gegen unentgeltliche schützt ja schon die Bestimmung des § 1375 II Ziff. 1. Denn bei entgeltlichen tritt wertmäßig die Gegenleistung an die Stelle des veräußerten Gegenstandes, so daß eine Wertminderung des Zugewinns dadurch nicht eintritt. Aber das ist eine sehr theoretische Erwägung. Die Gegenleistung besteht in aller Regel in Geld, und selbst wenn man, wie es sonst zur Bestandserhaltung von Rechts- und Sachgesamtheiten häufig geschieht, dingliche Surrogation angeordnet hätte, so entzieht sich Geld praktisch einer solchen: sein Verbrauch läßt nur Bereicherungs- oder Schadensersatzansprüche übrig. Immerhin wäre für sachliche Gegenleistungen die Surrogation durchführbar gewesen.

b) Weit wichtiger ist der zweite Einwand. Ist Vinkulierung des *Hausrats* in praxi wirklich ein wirksamer Schutz gegen Verminderung des auszugleichenden Zugewinns? Gewiß wird es gerade in der heutigen Zeit immer mehr vorkommen, daß die Ehegatten den Hausrat erst während der Ehe allmählich erwerben, so daß der Überschuß des Endvermögens über das Anfangsvermögen auch aus Vermehrung des Hausrats herrühren kann. Aber ein wesentlicher Zugewinn, den durch solche Vorschriften vor gewillkürter Minderung zu schützen es sich lohnen würde, dürfte nur recht selten in Haushaltsgegenständen seinen Sitz haben. Dieser liegt nicht in Möbeln, Teppichen und Bildern, sondern in Kapitalvermehrungen und Unternehmergewinnen. Wäre der alleinige Zweck des § 1369 Schutz des Gewinnausgleichsanspruchs, so hätte man, wie es mehrfach vorgeschlagen war und z. T. auch in den skandinavischen Güterrechten ein Vorbild findet, die Vinkulierung auf solche Werte, namentlich gewerbliches Immobiliarvermögen, Wertpapiere und Sparguthaben, erstrecken müssen. Das ist aber von dem deutschen Gesetzgeber ausdrücklich abgelehnt worden.

III. Aber auch der ersten Auffassung, für die die Beschränkung der Vinkulierung auf den Hausrat spricht, steht das wichtige Argument entgegen, daß sie *nur beim gesetzlichen Güterstande der Zugewinngemeinschaft* stattfindet. Bei der reinen Gütertrennung und der Gütergemeinschaft, jedenfalls in dem Normalfalle, daß nur ein Ehegatte das Gesamtgut verwaltet, versagen die Beschränkungen des § 1369 (s. oben II 1). Eine Schutzvorschrift, die die wichtigste Familienhabe gegen Leichtsinn, Unerfahrenheit oder Pflichtwidrigkeit eines Ehegatten „abschirmen“ soll, darf aber nicht von der mehr oder weniger zufälligen Gestaltung des ehelichen Güterstandes abhängig gemacht werden — um so weniger, als der Eintritt der Zugewinngemeinschaft bei am 21. 6. 57 schon bestehenden Ehen nach Art. 8 I Ziff. 3 u. 4 Abs. GlberG bis zum 1. 7. 1958 sogar durch einseitige Erklärung *eines* Ehegatten verhindert werden konnte. Das ist m. E. ein ebenso bedauerlicher Fehlgriff, wie wir ihn für die Frage der Unterhaltspflicht gegenüber *Stiefkindern* schon nach bisherigem Rechte erlebt haben und auch nach neuem Rechte weiter erleben werden. Auch diese war durch die jeweilige Struktur des Güterstandes bedingt und wird es auch weiter sein. Nur bei der Gütergemeinschaft waren auch die einseitigen Unterhaltspflichten der Ehegatten Gesamtgutsverbindlichkeiten (§ 1459 a. F.), und für diese haftete der Ehemann als Verwalter des Gesamtguts auch persönlich (§ 1459 II a. F.). Das wird auch weiter so bleiben (§§ 1437, 1459 n. F.). Bei dem bis zum 1. 4. 1953 gesetzlichen Güterstande der Nutzverwaltung des Mannes war dieser nach §§ 1386, 1388 a. F. Gesamtschuldner aller Unterhaltspflichten der Frau, soweit diese auf den Einkünften ihres eingebrachten Gutes, die dem Manne zuflossen, nicht auch auf ihren Vorbehaltsgute, d. h. auf ihren Arbeits- und Erwerbseinkünften, beruhten. Daraus ergab sich dann freilich die sittlich unerträgliche Folge, daß der Mann einer „reichen“ Frau seine Stiefkinder unterhalten mußte, der Mann einer „armen“ Frau nicht. Bei der Gütertrennung, bei der solch ein materialistisches Tauschgeschäft nicht möglich ist, entfiel jede accessorische Unterhaltspflicht des Stiefvaters. Ich darf dafür auf meine Schrift „Die Rechtsstellung des Stiefkindes nach heutigem und künftigem Recht“ 1941 verweisen. Künftig herrscht bis zur Eheauflösung volle Gütertrennung, und damit ist die materielle Basis für eine angelehnte Unterhaltspflicht des Stiefkindes zerstört. Der Zweite Regierungsentwurf wollte daher in § 1360c eine bedingte subsidiäre Unterhaltspflicht einführen, stieß aber damit auf energischen Widerstand, weil er den Bogen überspannte und sie auch gegenüber Schwiegereltern statuieren wollte; daher verfiel der Vorschlag der Ablehnung (s. dazu meinen Aufsatz in FamRZ 1955 S. 125 ff.)*. Wie kann man aber sittliche (Stiefkind) oder wirtschaftliche (Hausrat) Grundfragen des Familienrechts der wechselnden Struktur des ehelichen Güterstandes unterwerfen? Dadurch wird der Schutzzweck solcher Vorschriften ins Unsichere gestellt.

IV. Das deprimierende Ergebnis dieser Überlegungen geht also dahin, daß weder der Schutz der Familienhabe noch der des Gewinnausgleichsanspruchs durch die Vinkulierung des Hausrats mit teleologischer Konsequenz durchgeführt worden ist.

V. Die Vorschrift des § 1369 wird, fürchte ich, auch sonst auf mannigfache materiell- und prozeßrechtliche Schwierigkeiten stoßen, von denen ich hier nur einige andeuten kann.

1. Der rigorose *Ausschluß des Gutglaubensschutzes*, der die viel kritisierte Vorschrift des § 1404 a. F. auf Verfügungen *beider* Ehegatten ausdehnt, kann schon im Falle des § 1365 dann zu seltsamen Konsequenzen führen, wenn das Gesamtvermögen eines Ehegatten hauptsächlich aus einem *Grundstück* besteht. Auch wenn man sich hier in dem für die Auslegung des § 419 bekannten Meinungsstreit für die sog. „subjektive Theorie“ entscheiden sollte, was m. E. allein richtig ist, so bleibt doch die peinliche Folge, daß man im Rechtsverkehr nicht mehr auf die Verfügungsbefugnis eines durch das Grundbuch ausgewiesenen wirklichen Alleineigentümers vertrauen kann, sondern sich vergewissern muß, einmal ob er

* Auf die allgemeine leidige Stiefkindfrage, besonders angesichts der neuen Vorschrift des § 1371 IV n. F., die Stiefkinder sozusagen zu Kindern von Todes wegen macht, näher einzugehen, muß ich mir an dieser Stelle versagen.

Ehegatte ist, und ferner ob das Grundstück den wesentlichen Teil seines Vermögens ausmacht. Bei der Gütergemeinschaft hat das Gesetz eine solche Durchbrechung des grundbuchlichen Publizitätsprinzips vermieden: selbst wenn nur der eine Ehegatte im Grundbuch eingetragen ist, kann der gutgläubige Dritte, obwohl hier das Grundbuch unrichtig ist, auf die Eintragung vertrauen.

2. Bei *beweglichen Haushaltsgegenständen* wirkt die Versagung des Gutglaubenschutzes besonders alarmierend in den vielleicht nicht seltenen Fällen, in denen der Ehegatte nicht persönlich, sondern durch einen *Bevollmächtigten* oder einen *Kommissionär* solche Gegenstände verkauft. Man denke sich folgenden Fall: Die Ehefrau möchte bei längerer Abwesenheit des Mannes einen wertvollen ihr gehörigen Perserteppich verkaufen, der im gemeinsamen Wohnzimmer liegt, also Hausrat ist. Sie wagt nicht, als Selbstkontrahentin aufzutreten, und gibt daher den Teppich einem Kunsthändler in Kommission. Dieser verkauft ihn in eigenem Namen einem Dritten, der von der Provenienz des Teppichs nichts ahnt. Der zurückgekehrte Ehemann verweigert die Genehmigung, der Appell der Frau an den Vormundschaftsrichter bleibt erfolglos. Da der Kunsthändler durch die Übergabe des Teppichs an den Käufer als Nichteigentümer über ihn verfügt hat, beruht seine Verfügungsbefugnis auf der in dem Verkaufsauftrag enthaltenen Einwilligung der Frau (§ 185). Mit dieser hat sie aber über den Teppich „verfügt“, nur kraft ihrer Einwilligung wäre die Übereignung wirksam, wenn § 1369 nicht existierte: daher liegt in dieser Einwilligung die durch § 1369 verbotene Verfügung des Ehegatten. Die Unkenntnis des Käufers davon, daß der Teppich der Ehefrau gehört und Hausrat ist, wird aber nicht geschützt. Daher ist auch in diesem Falle, obwohl der Kunsthändler dem Käufer gegenüber im eigenen Namen gehandelt hat, die Übereignung nichtig, da sie auf der verfügenden Einwilligung der Frau beruht. Der ahnungslose Käufer muß also den Teppich herausgeben und kann sich wegen seiner Schadensersatzforderung aus §§ 440 I, II i. V. m. 325 oder 326 nur an den Kunsthändler halten. Denn der Kaufvertrag mit diesem war gültig. Hätte er im Namen der Frau gehandelt, verfiele auch der Schuldvertrag der Nichtigkeit. Stärker kann die Verkehrssicherheit nicht untergraben werden.

3. Da nach § 1369 auch der zustimmungslose Kausalvertrag als gesetzlich verboten nach § 134 nichtig ist, kann der gutgläubige

Dritte von dem Ehegatten, der verbotswidrig verkauft hat, *weder Erfüllung noch Schadensersatz wegen Nichterfüllung* verlangen (was er früher bei Verpflichtungsgeschäften der Ehefrau über eingebrachtes Gut nach § 1399 I a. F. konnte). Er kann lediglich seine schon bewirkte Gegenleistung wegen *ungerechtfertigter Bereicherung* von dem Ehegatten zurückfordern. Ob er wegen dieses Anspruchs den gekauften Gegenstand nach § 273 *retinieren* kann, ist bestritten, die herrschende Ansicht verneint es. Dann aber ist er gezwungen, vorbehaltlos herauszugeben und sein Glück mit einer selbständigen Bereicherungsklage zu versuchen. Dasselbe soll gelten, wenn der andere Ehegatte das Revokations- (oder Retrakt-) recht des § 1368 geltend macht. Ob er hierbei aus eigenem Rechte klagt oder nur als „Prozeßstandschafter" den Anspruch seines Ehepartners geltend macht, ist unklar. Auf alle Fälle scheint mir die Versagung eines Rückbehaltungsrechts in beiden Fällen jeder rechtlichen Begründung zu entbehren.

4. Neben dem Bereicherungsanspruche steht aber dem Vertragsgegner nicht nur, wie die bisherige Literatur zu meinen scheint, ein eventueller *Deliktsanspruch* aus § 826 oder gegebenenfalls aus § 823 II i. V. m. § 263 StGB oder auch ein Schadensersatzanspruch aus *culpa in contrahendo* zu, sondern nach der positiven Vorschrift der §§ 309 i. V. m. 307, die bislang anscheinend ganz übersehen worden ist, ein Anspruch auf Ersatz des *Vertrauensschadens*. Das ist aber auch alles!

5. Aber, so muß man fragen, hat denn überhaupt der zustimmungslos handelnde Ehegatte einen Rückforderungsanspruch? Würde er ihn auf ungerechtfertigte Bereicherung stützen und die *condictio possessionis* erheben, so stände ihm zweifellos der Einwand der *par turpitudo* aus § 817 S. 2 entgegen. Denn die Vorschriften der §§ 1365 und 1369 sind bedingte gesetzliche Verbote, die bei endgültiger Versagung der Genehmigung unbedingt werden und daher das Rechtsgeschäft nach § 134 nichtig machen. Darüber herrscht Einigkeit. Durch die Leistung des Haushaltsgegenstandes soll also ein gesetzlich verbotenes Verpflichtungsgeschäft erfüllt werden, daher *verstößt der Leistungszweck gegen ein gesetzliches Verbot*. Daß dieser Verstoß dem leistenden Ehegatten zur Last fällt, dürfte außer Zweifel sein. Das genügt aber nach h. A. zum Ausschluß der condictio, selbst wenn dem Leistungsempfänger ein solcher Verstoß nicht vorgeworfen werden könnte.

Gegen diese Argumentation wird man freilich einwenden, daß der Rückforderungsanspruch infolge der Nichtigkeit der erfüllenden Verfügung ein *dinglicher*, meist aus § 985, ist. Ob auch für diesen der Satz „in pari turpitudine melior est condicio possidentis" gilt ist bekanntlich bestritten. Eine leider immer noch verbreitete Ansicht, der sich auch der BGH in dem Urteil v. 14. 6. 1951 (NJW 51, 643) angeschlossen hat, verneint es. Ich habe im Verein mit anderen Wissenschaftlern diese m. E. formalistische Ansicht schon lange bekämpft (s. dazu „Grundlagen der bürgerlichen Rechtsordnung" I S. 52 ff., II 1 S. 213 N. 2, II, 2 S. 18, 19, „Einführung in das bürgerliche Recht" S. 51, 52). Es ist mir unverständlich, daß ein allgemeiner, auf sittlicher Grundlage ruhender Rechtsgrundsatz, wie es sicherlich der des § 817 S. 2 ist, an der zufälligen juristischen Struktur des Rückforderungsanspruchs scheitern soll. Warum soll, wenn der Verstoß so stark ist, daß er sogar das Verfügungsgeschäft ergreift, der Leistende der „Strafe" des Verlustes seines Wiederherstellungsanspruches überhoben sein ? Schließt man sich aber dieser Auffassung an, so ergäbe sich das erschütternde Resultat, daß weder der kontrahierende Ehegatte selbst noch der Ehepartner, dessen Legitimation aus § 1368 die Existenz eines Anspruchs des anderen Ehegatten voraussetzt, überhaupt einen Rückforderungsanspruch geltend machen könnten! Ich überlasse dieses — sehr vorläufige — Bedenken, das vermutlich wie eine Bombe einschlagen wird, wenn auch vielleicht als „Fehlzünder", der Nachprüfung der Rechtswissenschaft und Rechtsprechung.

6. Auf die vielfachen *prozessualen* Fragen, die die Revokationsansprüche aufwerfen werden, kann ich hier aus Raummangel nicht mehr eingehen. Aber ich fürchte, daß das übermäßig komplizierte Rechtsbild, das uns aus dem ehelichen Güterrecht der Nutzverwaltung in peinlicher Erinnerung ist, und das wir mit dem 1. 4. 1953 zu Grabe tragen zu können hofften — obwohl es sicherlich ein Glanzstück für juridico-logische Exerzitien war —, wieder zum Leben erwachen wird. Ebenso muß ich es mir aus diesem Grunde versagen, dem verdienstvollen Mitarbeiter des Erbrechtsausschusses der AkfDR noch einige kritische Gedanken zu der sog. *erbrechtlichen Lösung des § 1371*, die m. E. gleichfalls z. T. arg mißglückt und unklar ist, auf den Geburtstagstisch zu legen. Ich muß ihn bitten, meinen Aufsatz in der NJW 1958 S. 524 ff. über diese Fragen als Bestandteil meiner bescheidenen Gabe zu betrachten.

Aber ich möchte am Schlusse dieses Beitrages den Zweifel nicht unterdrücken, ob der Jubilar als Verfasser des alarmierenden Feuriorufes vom Frühjahr 1933 „Die Flucht in die Generalklauseln eine Gefahr für Recht und Staat“ bei der eigenen kritischen Wertung dieser solange ersehnten und mit soviel Fleiß und Hingebung vorbereiteten und erarbeiteten gesetzlichen Schöpfung nicht resigniert sagen wird, daß seine Warnung vergeblich gewesen ist. Mit einer so reichhaltigen Fülle von Generalklauseln hat kaum ein bisheriges Gesetz die Richtermacht überschütten — ich sage nicht „überfordern“ — zu können geglaubt (s. dazu die Zusammenstellung bei *Bosch* FamRZ 1957 S. 191 ff.). Hoffen wir, daß Einheitlichkeit und Stabilität der Rechtshandhabung darunter nicht leiden werden!

VOM KARTELLRECHT DER RÖMER

Von Johann Heinrich v. Brunn, Frankfurt a. Main

Als einen „bedeutsamen Teil der europäischen Kultur" hat *Koschaker*[1] das römische Recht bezeichnet. Gerade in dem Teil Europas, der sich jetzt auf zunächst nur wirtschaftlicher Basis einigen will, hat das römische Recht die werdenden Rechtsordnungen tiefgehend beeinflußt. Es ist deshalb reizvoll, den römischen Vorfahren eines der modernsten und aktuellsten Kinder unserer Rechtsordnung nachzugehen. Vielleicht wird es manchen wegen der Aktualität der Materie zunächst überraschen, daß es auf dem Gebiete des Kartellrechts schon Vorläufer im römischen Recht gegeben hat.

Freilich darf man nicht erwarten, daß die Römer sich mit volkswirtschaftlichen Theorien auseinandergesetzt hätten, wie sie heute bei der Gesetzgebung über Kartellfragen eine entscheidende Rolle spielen. Das Interessante an den römischen Vorgängen liegt nicht in den wirtschaftstheoretischen Grundlagen. Es beginnt aber schon damit, daß das Eingehen des römischen Rechts auf Kartelle diese Erscheinungsform wirtschaftlicher Cooperation als weit älter ausweist, als heute wohl im allgemeinen vermutet wird.

Die Beschäftigung mit der Antike und ihrem Recht ist heute selten geworden. Sie begegnet vielfach schon sprachlichen Schwierigkeiten, die es zu Beginn unseres Jahrhunderts noch nicht gab. Dafür ist heute die Heranziehung anderer moderner Rechte von großer Bedeutung geworden, wie gerade die Beziehungen zwischen dem neuesten deutschen Kartellrecht und dem amerikanischen Antitrustrecht zeigen. Damit muß sich auch sprachlich der moderne Jurist so stark der Neuzeit zuwenden, daß die Antike mehr und mehr zurücktritt. Das zeigt sich besonders bei der jüngsten Generation. Die üblich gewordene Arbeitsüberlastung

[1] *Koschaker*, Europa und das Römische Recht. 1947. S. 348.

gestattet vor allem dem Praktiker kaum einmal, den Blick besinnlich in die Vergangenheit zu lenken. Ein solcher Blick ist aber doch stets wertvoll. Er ergibt bezüglich des Kartellrechts, daß es im alten Rom ebenso wie in den letzten Jahrzehnten in engem Zusammenhang mit dem Preisrecht entstanden ist. Es lag in der Natur der römischen Verhältnisse, daß es sich damals im wesentlichen um Strafrecht handeln mußte. Eine Kontroverse, wie die modernen Auseinandersetzungen über die Richtigkeit einer Mißbrauchsgesetzgebung oder einer Verbotsgesetzgebung konnte es bei der Eigenart der antiken Verwaltung nicht geben.

Man darf sich das Wirtschaftsleben im kaiserlichen Rom keineswegs primitiv vorstellen. Die Versorgung der Bevölkerung großer und größter Städte warf ebenso modern anmutende Fragen auf, wie die Versorgung und Ausrüstung einer großen Armee[2]. Daß es landwirtschaftliche Betriebe größten Ausmaßes gab — die berühmten Latifundien — ist bekannt, aber es hat auch im gewerblichen Sektor große Unternehmen gegeben, z. B. in der Herstellung von Töpferwaren, Waffen und literarischen Erzeugnissen.

Das hochentwickelte Wirtschaftsleben im kaiserlichen Rom konnte ebensowenig ohne Verbände auskommen, wie es in der modernen Wirtschaft der Fall ist. Die Verbände waren vom Staat nicht anerkannt. Der Staat arbeitete aber mit ihnen zusammen[3]. Ein Bedürfnis zur Schaffung eines Verbandsrechtes für diese Organisationen ist offenbar nicht in Erscheinung getreten. Wir kennen die Zusammenhänge deshalb weniger aus den überkommenen rechtlichen Bestimmungen, als aus anderen antiken Quellen[4].

Am wichtigsten waren anscheinend die Zusammenschlüsse auf dem Gebiete des Getreidehandels und der Schiffahrt. Ohne solche verbandsmäßige Organisation der Unternehmen wäre

---

[2] Diese war allerdings kleiner, als man vielleicht vermuten mag. Das römische Kaiserreich kam auch in der Zeit seiner größten Ausdehnung mit einem Heer von 250000 Mann aus (während die Einwohnerzahl der Hauptstadt in der Zeit der beiden ersten Jahrhunderte n. Chr. auf etwa 1 Million geschätzt wird).

[3] *Rostovzeff*, Gesellschaft und Wirtschaft im Römischen Kaiserreich, Bd. I, S. 133.

[4] Die ausführlichste Zusammenstellung dieses Quellenmaterials befindet sich bei *Heichelheim*, Wirtschaftsgeschichte des Altertums, 1938, Bd. II, S. 1150f.

die Versorgung der Stadt Rom und die Zusammenarbeit der Behörden mit den Unternehmen auf diesen Gebieten offenbar überhaupt kaum mehr möglich gewesen[5]. Man muß dabei bedenken, daß in Rom die Bevölkerung zum großen Teil durch Gratislieferungen versorgt wurde[6] („panem et circenses"). Die kaiserlichen Behörden, die das zur Verteilung kommende Getreide aufzukaufen hatten und für die Heranschaffung verantwortlich waren, stellten Einkaufsapparate größten Ausmaßes dar. Es war nur natürlich, daß der Staat ein großes Interesse daran hatte, wie sich die Preisbildung für die von ihm aufgekauften Warenmengen vollzog. Dieser Zusammenhang darf bei dem Aufkommen einer Beschäftigung der Rechtsordnung sowohl mit den Preisen, wie auch mit etwaigen Absprachen der Anbieter nicht übersehen werden.

Der Charakter der Wirtschaftsverbände war nicht nur ein wirtschaftlicher. Gesellschaftliche, soziale, politische und religiöse Gemeinsamkeiten und ihre Pflege spielten eine nicht unbedeutende Rolle[7]. Es müssen aber auch bedeutende organisatorische Leistungen vollbracht worden sein, die weniger der Arbeit der heutigen Verbände auf dem Gebiete der Interessenvertretung entsprachen, als mit den Leistungen der Organisationen in der Kriegswirtschaft vergleichbar sind, etwa wenn es sich um die reibungslose Bewältigung des Transportes der in Betracht kommenden ungeheuren Warenmengen durch Schiffe einer großen Zahl von Einzelunternehmen handelte.

Es wäre überaus reizvoll, sich in die Fülle der sich hier anbietenden historischen Parallelen zu vertiefen, was jedoch im vorliegenden Rahmen nicht möglich ist. Es sei nur angedeutet, daß es Verbände nicht nur bei den Unternehmern, sondern auch bei den Arbeitern gegeben hat[8]. Wie es ja übrigens überhaupt falsch ist, anzunehmen, daß die Arbeit in der entwickelten kapitalistischen Wirtschaft des Roms der Kaiserzeit etwa ausschließlich von Sklaven durchgeführt worden wäre. Die Volksmassen, die mit Hilfe der großen öffentlichen Lieferungen versorgt wurden, waren keine Sklaven. Für diese hatten vielmehr ihre Herren aufzukommen. Zu versorgen waren die großen Mengen der kleinen

---

[5] *Heichelheim*, a. a. O., Bd. I, S. 710f.
[6] *Rostovzeff*, a. a. O., Bd. I, S. 132f.
[7] *Heichelheim*, a. a. O., Bd. I, S. 710f.
[8] *Rostovzeff*, a. a. O., Bd. I, S. 147.

Handwerker und Arbeiter. Die großen Lebensmittelverteilungen aus unentgeltlichen öffentlichen Lieferungen ließen schon damals die gleichen Probleme entstehen, wie sie heute der Wohlfahrtsstaat bietet[9].

Das ältere römische Recht hatte sich wenig um den Preis gekümmert, zu dem ein Kaufvertrag zustande gekommen war. Noch *Pomponius*, der zu Zeiten Hadrians (117—138) lebte[10], schrieb, daß es beim Kauf „naturaliter licere contrahentibus, se circumvenire“[11]. Es galt „natürlich“ als erlaubt, daß die Vertragschließenden sich hintergingen. Circumvenire heißt nicht nur räumlich jemanden „umgehen“, sondern es hat auch die übertragene Bedeutung des Hintergehens, wie das an der gleichen Stelle alsbald folgende Wort circumventio geradezu Betrug bedeutet[12].

Bei dieser Auffassung ist man aber nicht stehen geblieben. Vom zivilrechtlichen Standpunkt ist von besonderer Wichtigkeit der von *Diocletian* (284—305) geschaffene Rechtsbehelf für den Fall der sogenannten laesio enormis[13]. Es handelt sich dabei um einen ursprünglich dem Verkäufer gewährten Rechtsbehelf für den Fall, daß er einen Gegenstand zu einem Preise verkauft hatte, der unter der Hälfte des wirklichen Wertes lag. Der Verkäufer hatte in diesen Fällen ein Rücktrittsrecht. Der Käufer konnte dem jedoch durch Angebot der Zahlung des vollen Wertes begegnen. *Diocletian* hatte dabei vor allem an Verkäufe aus Not gedacht. Das ergibt sich daraus, daß der Kaiser seine Entscheidung selbst damit einleitete, daß er sagte „humanum est“, es ist menschlich, daß dem Verkäufer geholfen werde[14].

---

[9] Vgl. z. B. *Ed. Meyer*, Jahrb. f. Nationalökonomie und Statistik, 1895, S. 737f.

[10] Wir wissen nur, daß er *Sextus Pomponius* hieß und wahrscheinlich zur Schule der Sabinianer gehörte, vgl. *Kipp*, Geschichte der Quellen des römischen Rechts, 1919, S. 125.

[11] L 16 § 4 D 4, 4.

[12] Bei den Übersetzungen wird im wesentlichen *Heumann*, Handlexikon zu den Quellen des römischen Rechts, 7. Aufl. 1891, gefolgt.

[13] L 2 C 4, 44.

[14] Vgl. hierzu *Dernburg*, Pandekten, 1897, 5. Aufl. Bd. 2, S. 284. Erst im Mittelalter hat man anders argumentiert und einen vermuteten dolus des Käufers als Grund für die Einräumung des Rücktrittsrechtes angenommen. Man hat dann geschlossen, daß dem Käufer eine ähnliche Vermutung zur Seite stehen müsse, wenn er mehr als den doppelten Wert der Kaufsache geboten habe (vgl. *Dernburg*, a. a. O.). Wegen dieser nicht

Diocletian ging aber noch weiter. Er beschäftigte sich auch generell mit der Höhe der zulässigen Preise. Seine im Jahre 301 geschaffene sogenannte Taxordnung stellt ein Höchstpreissystem dar, das schon auf der Linie moderner preisrechtlicher Gedankengänge liegt, die sich bei Warenmangel und Preissteigerungen immer wieder einstellen werden[15].

Diese Preisgesetzgebung mag freilich teilweise dadurch bedingt gewesen sein, daß der Aufkauf der wichtigsten Lebensmittel mit Rücksicht auf die bereits erwähnten kostenlosen Verteilungen in größtem Umfang in Händen kaiserlicher Amtsstellen lag. Es wurde aber doch auch in weitem Maße dem einzelnen Bürger als Käufer der Waren geholfen. Es ist deshalb sicher nicht richtig, wenn *v. Pöhlmann*[16] im Anschluß an eine gelegentliche Bemerkung von *Pernice*[17] meint, es habe den römischen Juristen nicht gelegen, kleinen Leuten Rechtsschutz angedeihen zu lassen.

Wir wissen seit den gründlichen Untersuchungen von *Heichelheim*[18] über die Entwicklung der Preise im Altertum verhältnismäßig viel. Die Schwankungen sind in der späteren Kaiserzeit noch größer gewesen, als früher. Zeitweilig machten sich regelrechte inflationistische Entwertungen des Geldes bemerkbar. Der Geldverkehr ging damals sehr stark zurück[19]. Wir haben es inzwischen selbst erlebt, wie schnell eine Verschlechterung des Geldwertes zu einer Rückkehr zur Tauschwirtschaft führt.

Es wird allgemein angenommen, daß den Maßnahmen, die *Diocletian* mit seiner Taxordnung ergriffen hatte, kein dauernder Erfolg beschieden war. Es ist nicht ohne Reiz zu sehen, wie sich von den verschiedenartigen Standpunkten der Betrachter aus die

---

dem klassischen römischen Recht angehörenden Auffassung wird die laesio enormis dann später meist bei den kaufrechtlichen Rechtsbehelfen des Käufers behandelt.

[15] Vgl. dazu eingehend *Bücher*, „Die Diocletianische Taxordnung von 301", Zeitschrift für die gesamte Staatswissenschaft, 1894, S. 193f.

[16] *v. Pöhlmann*, Geschichte der sozialen Frage und des Sozialismus in der antiken Welt, Bd. 2, 1912, S. 438.

[17] *Pernice*, Labeo, Bd. I, 1873, S. 467.

[18] *Heichelheim*, Wirtschaftliche Schwankungen der Zeit von Alexander bis Augustus, 1930. Dort sind für einige besonders wichtige Güter sogar Tabellen zusammengestellt, welche die Preise in den einzelnen Jahren enthalten.

[19] Vgl. *Ed. Meyer*, Die wirtschaftliche Entwicklung des Altertums, 1895, S. 62 u. Jahrbuch für Nationalökonomie und Statistik, 1895, S. 742; *Lehnich*, Kartelle und Staat, 1928, S. 10.

Ursachen dieser Mißerfolge unterschiedlich darstellen. *Eduard Meyer*[20] nahm an, daß es sich um eine Folgeerscheinung des allgemeinen kulturellen Verfalles der antiken Welt in der späten Kaiserzeit handele. *Brentano*[21] sieht dagegen nur wirtschaftliche Zusammenhänge und meint, daß geordnete wirtschaftliche Verhältnisse im römischen Weltreich nicht mehr zu erhalten gewesen seien, seit die Eroberung reicher Länder aufgehört habe.

Es ist klar, daß jede allgemeine Preisregelung durch Gesetz zugleich einen Eingriff in Preisabsprachen darstellt, die etwa von privater Seite getroffen wurden. Daß es solche Abmachungen schon im Altertum gegeben hat, scheint lange Zeit ebenso nahezu vergessen gewesen sein, wie die Tatsache, daß sich die Rechtsordnung mit ihnen zu beschäftigen hatte. Im Zusammenhang mit dem in den Pandekten enthaltenen Preisrecht wird das Recht des Wuchers vielfach behandelt, jedoch der Tatsache anscheinend keine große Bedeutung beigemessen, daß man dabei die Bildung von „Gesellschaften" (societates) zur Herbeiführung erhöhter Preise besonders erwähnt hatte.

Als erster hat *Menzel* in der modernen Literatur darauf hingewiesen, daß sich aus der Erwähnung solcher gesellschaftlicher Zusammenschlüsse im römischen Recht der Schluß rechtfertigt, es habe im antiken Rom Kartelle gegeben[22]. Dann hat *Steinbach* in einem im Jahre 1902 vor der Wiener Juristischen Gesellschaft gehaltenen Vortrag[23] den gleichen Schluß aus einem Vers der Komödie „captivi" des *Plautus*[24] gezogen. Der Sprecher will dort diejenigen verklagen, „qui consilium iniere" (die sich verabredet haben), das Leben zu verteuern. Uns ist aus jener Zeit — die etwa ein halbes Jahrtausend vor *Diocletian* liegt — kein Gesetz bekannt, auf das man eine solche Klage hätte gründen können. Die oben angeführte Stelle bei *Pomponius*[25] spricht vielmehr dafür, daß es im republikanischen Recht keine Möglichkeit gegeben hat, aus dem Vorliegen einer Absprache der Lieferanten irgendwelche Rechtsfolgen abzuleiten. Man würde andernfalls auch in die Schwierigkeiten geraten sein, denen sich das

---

[20] *Ed. Meyer*, Jahrb. für Nationalökonomie und Statistik, 1895, S. 734.
[21] *Brentano*, Wirtschaftsleben der antiken Welt, 1929, S. 185f.
[22] *Menzel*, Schriften des Vereins für Sozialpolitik, 1894, Bd. 61, S. 32.
[23] *Steinbach*, Der Staat und die modernen Privatmonopole, 1903, S. 18.
[24] Etwa 250 – 184 v. Chr.
[25] Vgl. oben, Anm. 10.

moderne Kartellrecht gegenübersieht, wenn man die Frage aufwirft, ob es in einem behördlichen oder gerichtlichen Verfahren möglich ist, den Preis festzustellen, der sich aus Angebot und Nachfrage gebildet haben würde, wenn es eine den Preis beeinflussende Abrede nicht gegeben hätte[26].

Am eingehendsten hat sich *Strieder*[27] mit altem Recht der wirtschaftlichen Zusammenschlüsse beschäftigt und auch das antike Recht behandelt. Kurz erwähnt werden die römischen Vorschriften auch von *Lehnich*[28] und *Isay*[29]. Das Überraschende bei einer geschichtlichen Betrachtung der römischen Vorschriften ist die Tatsache, daß die Materie in den alten Darstellungen des römischen und des Pandektenrechts in seiner modernen Anwendung nicht behandelt wird. Nach den umfangreichen und gründlichen Untersuchungen von *Strieder*[30], *Stieda*[31] und Anderen ist anzunehmen, daß es Kartelle immer — das heißt sicher seit der wiedergegebenen Erwähnung durch *Plautus* — gegeben hat. Die Betätigung dieser Kartelle ist aber anscheinend bis in das letzte Quartal des neunzehnten Jahrhunderts mehrere Jahrhunderte lang nicht so aufgefallen, also wohl nicht so nachteilig gewesen, daß Rechtswissenschaft, Rechtsprechung oder Gesetzgebung sich damit hätten befassen müssen[32].

Es sind drei Stellen des Corpus Juris, auf die es hier ankommt, und zwar zwei Stellen der Digesten und eine Stelle des Codex. Es handelt sich um die Lex Julia de annona[33], eine Ausdehnung

[26] Vgl. dazu über das moderne deutsche Recht, *Flume*, WuW 1956, S. 468f.

[27] *Strieder*, Studien zur Geschichte kapitalistischer Organisationsformen, 2. Aufl. 1925, bes. S. 158f.

[28] *Lehnich*, Kartelle und Staat, 1928, S. 7f.

[29] *Isay*, Die Geschichte der Kartellgesetzgebungen, 1955, S. 78f.

[30] A. a. O.

[31] *Stieda*, „Ältere Deutsche Kartelle" in Schmollers Jahrbuch, 1913, S. 725f.

[32] Das RG hat bei seiner ersten Untersuchung der Frage des Einflusses der Gewerbeordnung auf die Kartellbildung in RGZ 38, S. 155, erklärt, es habe bei der Schaffung der GewO bereits Kartelle gegeben, und die Nichterwähnung beruhe deshalb darauf, daß der Gesetzgeber gegen die Kartelle nichts zu erinnern gehabt habe. *Kestner*, Der Organisationszwang, 1912, S. 318 (und ebenso in der zweiten Auflage *Kestner-Lehnich*, Der Organisationszwang, 1927, S. 199, sowie nahezu gleichlautend *Lehnich*, Die Wettbewerbsbeschränkung, 1956, S. 239) meint dagegen, der Gesetzgeber von 1869 habe keine Kartelle gekannt. Nach der langen Geschichte der Kartelle wird man der Auffassung des RG den Vorzug zu geben haben.

[33] L 2 D 48, 12.

ihres Inhalts[34], und ein Gesetz des Kaisers *Zeno* aus dem Jahre 483[35]. *Isay*[36] hat die beiden Stellen teilweise und *Lehnich*[37] hat die letzte Stelle ganz in lateinischer Sprache wiedergegeben. Mit Rücksicht auf den heutigen Stand der Kenntnis der lateinischen Sprache werden die Stellen hier in deutscher Übersetzung angeführt[38]. Hinzu kommt eine weitere Stelle, eine Verordnung des Kaisers Leo aus dem Jahre 473. Diese Stelle ist jedoch in den überlieferten Texten des Corpus Juri nicht enthalten. Sie wurde erst im vergangenen Jahrhundert entdeckt, ist aber nur bruchstückweise erhalten[39]. Sie handelt von Monopolen. Da aber am Schluß des erhaltenen Bruchstückes von Verträgen, soweit sie noch nicht untersagt seien, gesprochen wird, liegt die Vermutung nahe, daß in dem fehlenden Teil von Verträgen die Rede war, die wir zu den Kartellen rechnen würden.

Wenn man von der Lex Julia de annona spricht, so muß zunächst gesagt werden, daß das Gesetz selbst uns unbekannt ist. Wir wissen nicht einmal, von wem es stammt. Es kann auf Julius Caesar oder auch auf Augustus zurückgehen[40]. Die angezogene Digestenstelle über die Lex Julia de annona enthält nicht das Gesetz selbst, sondern ein Zitat nach *Ulpian*, in dem er den Inhalt des Gesetzes wiedergibt. Das Zitat ist enthalten im libro nono de officio proconsulis, also im neunten Buch einer Arbeit des *Ulpian* über die Pflichten eines Prokonsuls. Es lautet:

> „Durch das Julische Gesetz über den Vor- und Aufkauf wird wider denjenigen eine Strafe verhängt, der eine kornwucherische Handlung begangen oder eine Gesellschaft eingegangen ist, um das Korn teurer zu machen. In demselben Gesetz ist gesagt, es solle niemand ein Schiff oder einen Schiffer zurückhalten oder arglistigerweise bewirken, daß dies geschehe. Es wird eine Strafe von 20 Goldstücken bestimmt."

Das Gesetz heißt „de annona", weil es sich mit der annona, dem

---

[34] L 6 D 47, 11.

[35] C IV Tit. 59, 2.

[36] A. a. O.

[37] *Lehnich*, Kartelle und Staat, 1928, S. 11, Anm. 1.

[38] Es wird dabei zurückgegriffen auf die Übersetzung des gesamten Corpus Juris von *Otto-Schilling-Sintenis*, Leipzig 1832. Beim Zurückgreifen auf eine solche alte Übersetzung entgeht man der Gefahr, durch zu weitgehende Verwendung moderner Begriffe die Übertragung allzu frei zu gestalten.

[39] Die Stelle ist nur in griechischer Sprache erhalten. In der *Krüger*schen Textausgabe ist eine lateinische Übersetzung enthalten (5. Aufl. 1892).

[40] *v. Liszt*, Lehrbuch des deutschen Strafrechts, 7. Aufl. 1896, S. 476.

Getreidepreis, beschäftigt[41]. Das Getreide war das wichtigste Lebensmittel. Es lag nahe, daß man sich in erster Linie mit seinen Preisen beschäftigte. Für die kartellrechtliche Betrachtung ist es wichtig, daß man die Eingehung einer Gesellschaft als strafbar ansah, deren Zweck es war, den Getreidepreis hinaufzutreiben. Eine solche Gesellschaft mag eine Gelegenheitsgesellschaft gewesen sein, die nur für eine vorübergehende Spekulation eingegangen wurde[42]. Es können aber auch langfristige Preiskartelle oder syndikatähnliche Bindungen gemeint sein. Solche langfristigen Bindungen lagen besonders nahe, weil die Stadt Rom in großem Umfange durch Lieferungen aus Sizilien, Kleinasien und Ägypten versorgt werden mußte und die Lieferanten sich wahrscheinlich bei der Dauer der Transporte und deren relativer technischer Unsicherheit gegen Preisschwankungen schützen wollten. Das von der Stelle gebrauchte Wort societas betrifft sowohl Gelegenheitsgesellschaften, wie dauernd arbeitende Verbindungen[43].

Neben der Manipulierung des Getreidepreises stellt die Lex Julia den Tatbestand heraus, daß ein Schiff zurückgehalten oder arglistig bewirkt wird, daß dies geschieht. Es wird zwar nicht besonders gesagt, daß auch diese Handlungen nicht zum Inhalt eines Zusammenschlusses gemacht werden dürfen, aber die Erwähnung der societas im ersten Satz genügt, um auch hier an die Möglichkeit eines gemeinsamen Vorgehens mehrerer Unternehmer zu denken, vor allem im Hinblick auf das oben über die Bedeutung der Verbände bei der Organisation der großen Verschiffungen Gesagte[44]. Die Zurückhaltung von Schiffen in den Liefergebieten,

---

[41] Annona heißt eigentlich das Getreide. Es bedeutet aber auch soviel wie Getreidepreis oder Marktpreis und hat an der hier behandelten Stelle diese Bedeutung (*Heumann*, a. a. O.). *Otto-Schilling-Sintenis* meinen bei der Übersetzung der Stelle in Anm. 121, das Wort bedeute an dieser Stelle allen Lebensbedarf, wie man auch im Deutschen alle Nahrungsmittel meine, wenn man vom Getreide spreche. Diese Auffassung ist sicher nicht richtig, da man Jahrhunderte lang offenbar die Stelle nur auf das Getreide bezogen und die Erweiterung auf andere Waren in der anschließend zu behandelnden Stelle L 6 D 47, 11 erblickt hat.

[42] *Isay*, a. a. O., S. 78, denkt hier in erster Linie an die Organisationsformen, die man in der frühen deutschen Kartelliteratur als corners oder Ringe bezeichnete.

[43] *Windscheid*, Lehrbuch des Pandektenrechts, 7. Aufl., Bd. 2, 1891, S. 477.

[44] Vgl. oben, bei Anm. 5.

die für die Versorgung Roms wichtig waren, konnte leicht zu Versorgungsschwierigkeiten und damit zu Preissteigerungen in der Hauptstadt führen. Die Gegenüberstellung einer societas zur Erhöhung der Getreidepreise und einer arglistigen Herbeiführung des Nichtauslaufens von Schiffen legt den Gedanken nahe, daß dem Gesetzgeber ein römisches Getreidekartell vorgeschwebt hat, das die Anlandung billigerer Ware durch Außenseiter zu verhindern sucht.

Die Ausdehnung der Bestimmungen über das Getreide auf andere Waren erfolgt durch L 6 D 47, 11. Auch hier handelt es sich um das Zitat einer Stelle aus *Ulpian*, und zwar wiederum aus seiner Schrift über die Pflichten des Prokonsuls, diesmal aus dem achten Buche. Diese Stelle hat folgenden Wortlaut:

> „In der Regel pflegen besonders die Aufkäufer Getreide aufzukaufen und es teurer zu machen; diesem Wunsche ist sowohl durch Mandate als Constitutionen vorgebeugt worden. Durch Mandate ist folgendes verordnet: Außerdem hast Du Obacht zu nehmen, daß keine Aufkäufer irgend einer Art von Waren ihr Wesen treiben, damit nicht denen, die aufgekaufte Waren liegen lassen, oder von Reicheren, die ihre Früchte nicht zu billigen Preisen verkaufen wollen, während sie auf Mißernten warten, das Getreide verteuert werde. Die Strafe wider dieselben wird verschiedentlich verhängt. Sind sie Negotianten, so wird ihnen meistens bloß ihr Geschäftsbetrieb untersagt, zuweilen werden sie auch verwiesen. Leute niederer Klasse werden zu öffentlicher Arbeit verurteilt."

Im vorliegenden Zusammenhange ist an dieser Stelle nur interessant, daß von „irgend einer Art von Waren" gesprochen wird. Es handelt sich also um die Ausdehnung der zunächst nur auf das Getreide bezogenen Lex Julia auf alle übrigen Gegenstände. In dieser auf alle Waren erweiterten Form wird die Vorschrift im gemeinen Recht als „Dardanariat" bezeichnet, nach Dardanarius, einem berüchtigten römischen Getreidespekulanten, dessen Geschäftspraxis auf einen Verkauf des Getreides zu Wucherpreisen abgestellt war.

Unter dem Namen „Dardanariat" ist die Lex Julia in das Gemeine Deutsche Strafrecht eingegangen und Ausgangspunkt der Wucherstrafgesetzgebung geworden. Im Gemeinen Recht wurde noch in der ersten Hälfte des vergangenen Jahrhunderts nach diesem Recht gestraft[45, 46, 47].

---

[45] *Feuerbach*, Lehrbuch des gemeinen in Deutschalnd gültigen peinlichen Rechts, 2. Aufl. 1803, S. 406.

[46] Es wurde allerdings bekräftigt durch Reichstagsbeschlüsse des Heiligen Römischen Reiches Deutscher Nation (Reichsabschiede), so von 1512

Anscheinend hat man aber bei der Behandlung des Römischen Rechts durch die historische Schule bei der Untersuchung des Themas stets nur an die den klassischen Wucher betreffenden Formulierungen gedacht und sich nicht mit der „Eingehung einer Gesellschaft“ beschäftigt, deren Zweck es ist, eine Ware „teurer zu machen“. Als man das Römische Recht in die Reichspolizeiordnungen des Alten Reiches übertrug, war man sich jedoch offenbar wohl bewußt, daß gesellschaftliche, also in unserem Sprachgebrauch kartellmäßige Zusammenschlüsse bei der Anwendung der Vorschriften eine Rolle spielten, denn es wird in der Reichspolizeiordnung von 1577 ausdrücklich betont, daß „ehrliche Compagnieen“ durch das Verbot keineswegs behindert werden sollen[48]. Der Hinweis auf die Freistellung der „ehrlichen“ Zusammenschlüsse stellt in gewissem Sinne einen eigenartigen Ansatz zu einer der rule of reason des amerikanischen Rechtes entsprechenden Entwicklung dar.

An eine wirtschaftliche Prüfung der Frage, wann eigentlich eine Gesellschaft geeignet ist, eine Ware „teurer zu machen“[49], hat man früher offenbar nicht gedacht. Eine Untersuchung der Frage, wann der Tatbestand des „teurer machen“ (carior fieri) gegeben ist, würde auf den modernen Begriff der Marktbeeinflussung geführt haben. Man hätte sich dann wahrscheinlich mit dem aus der Auslegung der Kartellverordnung von 1923 bekannten Problem auseinandersetzen müssen, ob es auf die Absicht der Marktbeeinflussung bei den Beteiligten oder auf die Erreichung des Zwecks durch die Verwirklichung einer Einflußnahme auf den Marktpreis ankommt[50].

Noch eindeutiger als beim Dardanariat wird in der Constitutio des Kaisers *Zeno* vom Jahre 483[51] die Frage der Kartelle aufgegriffen. Hier sind wir nicht auf die Aussprüche eines der alten römischen Juristen angewiesen, sondern der Wortlaut der Constitutio liegt uns selbst vor. Die Stelle heißt:

(§ 16), 1524 (§ 27), 1529 (§ 34), sowie durch die Reichspolizeiordnungen von 1548 (Tit. 18) und 1577 (Tit. 18), vgl. *Feuerbach*, a. a. O., S. 407.

[47] Mit weiteren Einzelheiten und mit dem Verfahren beschäftigen sich noch mehrere Stellen der Digesten, vgl. *Mommsen*, Römisches Strafrecht, Neudruck, 1955, S. 852.

[48] Vgl. *Menzel*, a. a. O., S. 32.

[49] Vgl. dazu oben, bei Anm. 26.

[50] Vgl. dazu *v. Brunn*, Grundzüge des Kartellrechts, 1938, S. 23.

[51] C IV Tit. 59, 2.

„Wir verordnen, daß niemand in Gewändern irgendeiner Art oder in Fischen oder etwa in Kämmen oder Seeigeln oder in irgendeiner anderen zur Speise dienenden Ware oder irgendeinem Stoff, sei es aus eigener Macht oder vermöge eines bereits ausgewirkten oder noch auszubringenden kaiserlichen Rescripts oder pragmatischen Sanction oder zu unserer eigenen Huld geschehenen schriftlichen Bemerkung, einen Alleinhandel auszuüben sich unterfangen, auch niemand in unerlaubten Zusammenkünften sich verschwören oder verabreden soll, die Waren in gewissen Handelsartikeln nicht wohlfeiler, als man übereingekommen, zu verkaufen. Auch den Baumeistern und Bauunternehmern und denen, die andere verschiedentliche Arbeiten betreiben und den Badern soll gänzlich verboten sein, Verabredungen unter sich zu treffen, daß keiner von ihnen eine einem anderen übertragene Arbeit vollende und keiner eine andere obgelegene Besorgung demselben wegnehme; vielmehr soll einem jeden freistehen, eine von einem anderen angefangene und verlassene Arbeit ohne Furcht irgend eines Nachteiles zu vollenden und jedes derartige Beginnen ohne Scheu anzuzeigen, auch ohne gerichtliche Kosten. Wer sich aber unterstehen sollte, einen Alleinhandel auszuüben, der soll seines Vermögens beraubt und zu ewiger Verbannung verurteilt werden. Die Vorsteher der Handwerker aber sollen, wenn sie in Zukunft entweder zur Festsetzung der Warenpreise oder sonst zu unerlaubten Verabredungen zusammenkommen sollten und mit dergleichen Verträgen sich zu verpflichten unterfangen sollten, mit 40 Pfund Goldes Buße belegt werden. Auch soll Deine Präfectur in eine Strafe von fünfzig Pfund verurteilt werden, wenn sie in Betreff des verbotenen Alleinhandels und der untersagten Verabredungen der Zünfte, die nach Befinden verwirkten Verurteilungen, wie in Unserer heilsamen Verfügung enthalten, bisweilen aus Bestechlichkeit oder aus Falschheit oder aus irgendeiner anderen Pflichtwidrigkeit nicht gehörig vollstrecken sollte."

Hier werden die Kartelltatbestände weit deutlicher angesprochen, als es in dem kurzen Hinweis auf die Eingehung preissteigernder Gesellschaften in der Lex Julia geschehen war. Es werden zwei Tatbestände unterschieden, nämlich das Monopol und das Kartell. Das „monopolium" ist der „Alleinhandel" der hier benutzten Übersetzung. Es gab also keine Verleihung von Monopolen, sondern es wurde gerade bestimmt, daß keinerlei Verleihung irgendwelcher Art zu einer Monopolstellung führen dürfte.

Es lag nahe, daß diese Bestimmungen über die Monopole im Mittelalter und in der frühen Neuzeit wenig Beachtung finden konnten. Der Gedanke an die Verleihung von Privilegien ist in jenen Jahrhunderten zu selbstverständlich gewesen. Das Monopolverbot hat sich gegenüber der anders gearteten frühen deutschrechtlichen Betrachtungsweise sicher nicht durchsetzen können[52].

---

[52] Vgl. dazu *Enneccerus-Nipperdey*, Allgemeiner Teil, S. 127.

Bei der Schilderung der Kartelltatbestände wird mit dem „Verschwören" begonnen. Dieses „conjurare" steht in einer auffälligen sprachlichen Beziehung zu der „conspiracy" des amerikanischen Antitrustrechtes[53]. Schon in dieser Formulierung liegt eine Verurteilung eines entsprechenden Verhaltens. Andererseits wird man aus der Diktion aber wohl auch entnehmen können, daß man nur an krasse Fälle dachte[54]. Die Constitutio beschreibt das Preiskartell, indem gesagt wird, die Verabredung dürfe nicht dahin gehen, daß verboten wird, Waren billiger zu verkaufen, als man übereingekommen war. Schon Dionysius *Gothofredus* (1549 bis 1622) hat sich auf den Standpunkt gestellt, daß solche Verabredungen nichts Anderes als besondere Formen des Monopols seien[55]. Wenn mehrere Unternehmen zu verabredeten gleichen Preisen verkaufen, soll das also als das Gleiche betrachtet werden, wie wenn sie sich ein Monopol angemaßt hätten.

Die besondere Herausstellung des Baugewerbes scheint zu beweisen, daß es in diesem Wirtschaftszweig schon immer ausgeprägte Neigungen zu Absprachen gegeben hat. Hier ist nicht nur von Preisabsprachen die Rede, sondern auch von Vereinbarungen darüber, daß von einem Unternehmer angefangene Arbeiten nicht von einem anderen Unternehmer fortgesetzt werden sollen. Wenn ausgesprochen wird, daß andere Unternehmer solche Arbeiten ohne Furcht vor Nachteilen vollenden können, so können nur Nachteile gemeint sein, die von Seiten der verabredeten Konkurrenten drohen könnten. Es muß also schon irgendwelche Androhungen von Nachteilen in den Verabredungen gegeben haben, vielleicht Vertragsstrafen oder gewisse Formen des Boykotts.

Daß gegen Ende der Vorschrift, soweit sie sich an die Unternehmer und nicht an die Beamten, die das Gesetz anzuwenden haben, richtet, den Vorstehern der Handwerker (professionum

[53] § 1 des Sherman-Act von 1890.

[54] Eine derartige Erwägung darüber, daß der Gesetzgeber vor allem an ein irgendwie als verwerflich zu charakterisierendes Verhalten gedacht habe, hätte aber nicht dazu führen können, dem strengen römischen Recht eine Art rule of reason zu unterstellen, wie sie das amerikanische Antitrustrecht beherrscht. Ein solches generelles Ausweichen vor den Konsequenzen eines Gesetzes würde den Römern nicht gelegen haben.

[55] „Monopolii forma haec est" sagt *Gothofredus* in einer Anmerkung zu dem Satz, in dem das Verschwören und Verabreden verboten wird (zitiert nach der Ausgabe von *Modius*, 1688).

primates) das Festsetzen von Preisen verboten wird, kann vielleicht eine weitere Erklärung dafür bieten, daß die Vorschrift geradezu in Vergessenheit geriet. Daß es „primates" unter den Handwerkern gab, ist ein Beweis für das Vorhandensein von Organisationen, die den Zünften oder Innungen entsprachen. Demgemäß wird auch in der Schlußbestimmung, die sich an die das Gesetz anwendenden Beamten richtet, noch einmal von den „corpora" gesprochen, in deren Kreis mit Absprachen besonders zu rechnen ist, und die außer mit „Zunft" auch mit jeder anderen Form einer „Corporation" übersetzt werden könnten. Für *Otto-Schilling-Sintenis*[56] lag es am nächsten, in diesem Zusammenhange an die Zünfte zu denken, als sie die Stelle vor annähernd 130 Jahren übersetzten. Vom heutigen Standpunkt und insbesondere unserer Kenntnis des römischen Wirtschaftslebens aus würde man vielleicht geradezu an eine Übersetzung mit dem Wort „Kartell" denken können[57]. In den Zünften und Innungen war es gerade in den Zeiten, in denen die Anwendung des Römischen Rechtes in Blüte stand, durchaus üblich gewesen, die Preise festzulegen. Man darf dabei allerdings auf der anderen Seite auch nicht vergessen, daß das rezipierte römische Recht jedenfalls der Theorie nach nur subsidiär galt. Anders lautende Territorialrechte konnten also vorgehen. Auf ihnen beruhten die Befugnisse der Innungen und Zünfte.

An der Rezeption der Stelle mit der Constitutio des *Zeno* ist nicht zu zweifeln, wenn sie auch z. B. von *Mommsen* bei der Behandlung des römischen Strafrechtes nicht behandelt wird[58]. In der Zeit der Humanisten war sie keineswegs in Vergessenheit geraten. Sie wurde von *Peutinger* in einem in der Augsburger Stadtbibliothek befindlichen Gutachten aus dem Jahre 1530[59] erwähnt und sogar übersetzt. *Peutinger* übertrug den bedeutungsvollen Satz über das Verbot des Verschwörens und Verabredens so:

> „Mit anderen sich nit zu vertragen ainich war und Kaufmannsgut dermaßen und nit anderst zu verkaufen, dann laut ihres Vertrages Satzung zu tun."

---

[56] Vgl. oben, Anm. 38.

[57] Nicht zu übersehen ist in diesem Zusammenhang die vom Preußischen Allgemeinen Landrecht bei der Regelung des Zunftwesens in § 199 II 8 ausdrücklich getroffene Bestimmung, daß die Zünfte „keinen Preis der von den Zunftgenossen zu verfertigenden Arbeiten bestimmen" dürften.

[58] *Mommsen*, Römisches Strafrecht, Neudruck 1955.

[59] Cod. 2 Aug. 398 Bl. 193, vgl. *Strieder*, a. a. O.

Damit ist die Stelle ziemlich klar als maßgeblich für Tatbestände aufgefaßt, die wir heute als Kartelle ansprechen würden, nämlich Verträge (Satzung darf man nicht im heutigen Sinne gebrauchen), die ihren Partnern nicht gestatten, bestimmte Preise zu unterschreiten. Es ist also nicht richtig, wenn man meint, die Stelle betreffe nur „formell" auch Kartelle und richte sich in Wirklichkeit gegen Ausnutzung der Unsicherheit der Preisbildung und Preistreiberei bei Warenknappheit[60]. Diese preisrechtliche Seite hatte bei der Lex Julia noch im Vordergrunde gestanden. Hier ist aber gerade deshalb der kartellmäßige Tatbestand das Wichtige, weil nicht nur von der Verabredung zur Einhaltung von Preisen die Rede ist, sondern auch vom Eintritt in die Aufträge, deren Erfüllung von anderen Unternehmern zwar begonnen, aber nicht zu Ende geführt worden ist, und von der Befreiung von Nachteilen, die aus einem absprachewidrigen Verhalten drohen könnten.

Die am Schluß der Constitutio ausgesprochene Strafdrohung gegen die Präfectur für den Fall der Nichtbeachtung der „heilsamen Verfügung" („Verordnung" würden wir heute sagen, da derartige Verfügungen einen allgemeingültigen Charakter hatten) ist keineswegs bei derartigen Constitutionen üblich gewesen, Man kann aus der Einfügung dieser Strafdrohung schließen, daß die kartellfeindliche Gesetzgebung damals selbst bei den für ihre Anwendung zuständigen Beamten wenig populär gewesen sein muß. Übrigens sagt auch die Reichspolizeiordnung von 1577, daß man den bisher erlassenen Vorschriften[61] „anher gar nicht nachgekommen" sei.

---

[60] So *Lehnich*, Kartelle und Staat, 1928, S. 11.

[61] Gemeint sind die oben in Anm. 46 angeführten Reichsabschiede und die vorangegangene Reichspolizeiordnung von 1548.

DIE WISSENSCHAFT. UNIVERSITÄTEN. PROFESSOREN.

Von Hans Fehr, Bern

Manch Älteren, Jüngeren und Jüngsten mag es fesseln, von einem alten Manne, der ein bewegtes, reiches Leben hinter sich hat, einiges zu erfahren, über Wissenschaft, über Universitäten und Professoren. Es sind überwiegend persönliche Eindrücke, die ich verzeichne.

1.

In Berlin (1896—1897) trat ich mit großem Enthusiasmus an die zwei Germanisten *Otto Gierke* und *Heinrich Brunner* heran. Denn schon in frühen Semestern hatte mich die Liebe zur Rechtsgeschichte gepackt. Doch erinnere ich mich noch gut, wie enttäuschend die berühmten Männer auf mich wirkten. Sie lasen ihr gut disponiertes Kolleg vor ihrer Hörerschaft ab, Brunner ungeheuer sachlich, Gierke mit wohltönendem Pathos, besonders wenn er auf die Genossenschaft zu sprechen kam. Man hatte das Gefühl: Die Vorlesung ist für sie ein Übel, das rasch überwunden werden muß. Die ganze Kraft sollte der wissenschaftlichen Arbeit gewidmet sein. Vielleicht hatten sie im Grunde Recht. Vielleicht wären ihre tiefgründigen, gewaltigen Werke sonst nie zu Ende geführt worden. Denn nach einem plastisch gestalteten, frei formulierten Vortrag ist man erschöpft.

Joseph Kohler bildete das Gegenstück. Ich hörte bei ihm die peinliche Gerichtsordnung Karls V., mit weiten Ausblicken nach vorwärts und rückwärts. Wie blühte seine Sprache, wie blitzten seine Augen! Er wollte das Recht der ganzen Welt erfassen und so scheute er sich nicht, von den Gebräuchen eines afrikanischen Stammes zur CCC hinüberzuschwenken, wenn er z. B. von Tortur und Geständnis sprach. Er muß treffliche Mitarbeiter in Fülle zur Verfügung gehabt haben, sonst hätte er nie diese ungeheure Spannweite erreicht. Vom Strafrecht, Strafprozeß, vom Recht der primitiven Völker griff er mühelos hinüber zum Patentrecht, dessen Handbuch 1900 erschien, deutsches, österreichisches, englisches und französisches Recht umfassend.

Dernburg war sehr klug und sehr nüchtern. In seinem Seminar mitzukommen, war schwierig. Aber der Student war von der Richtigkeit seiner Darlegungen so fest überzeugt und das römische Recht wurde so klar ausgebreitet, daß man einen ganzen Sack voll Wissen mit nach Hause trug. Man wußte, wie die Römer dachten und schrieben.

2.

In Bern stand an der Spitze aller Dozenten *Eugen Huber*. Ich bin keinem zweiten Lehrer begegnet, der wissenschaftliche Erkenntnisse und praktisches Rechtsleben so trefflich zu verbinden wußte. Das war zu einer Zeit, in welcher die konstruktive Erfassung der Rechtswelt obenan stand. Die Begriffe triumphierten. Was man begrifflich nicht scharf fassen konnte, war nebensächlich. Das Leben glitt neben dem Rechte dahin. Wie sperrten wir Studenten Mund und Nase auf, als Huber immer wieder das frische, pulsierende Leben des Tages ins Feld führte und uns mahnte, nie den Kontakt mit der Wirklichkeit zu verlieren. Diese Weisheit befähigte den großen Mann das schweizerische Zivilrecht so lebensvoll zusammenzufassen, daß das Gesetzbuch heute noch (1958) in Saft und Kraft geblieben ist. Unser Jubilar gestand mir dann auch wiederholt, daß er in seinem großen Werke: „Die Fortschritte des Zivilrechts im 19. Jahrhundert" vieles von den Gedanken dieses Gelehrten verwertet habe. *Andreas Heusler* in Basel war sein Gegner. Er lehnte eine Kodifikation für die Schweiz ab; war er doch der Meinung, das Recht sei so eng mit der Bevölkerung der einzelnen Kantone verwachsen, daß man bei den kantonalen Rechten verharren solle, verharren müsse. Aber die neue Entwicklung ging über Heusler hinweg.

Das strafrechtliche Seminar von *Xaver Gretener* bestand vornehmlich in einer scharfen Polemik gegen seinen Kollegen Stoss, der nach Wien berufen worden war. Er haßte dessen wissenschaftliche Auffassung und suchte auf Schritt und Tritt nachzuweisen, daß er (Gretener) auf dem Boden der wahren Erkenntnis stehe. Bei ihm habe ich gelernt, wie man ein Seminar, auf welchen Gebieten es immer sei, nicht in dieser Weise anpacken dürfe. Reine Polemik führt nicht zum Guten. *Hilty* lehrte das Staatsrecht, war als Schriftsteller gut, als Dozent langweilig. Er trug die Würde eines Universitätsprofessors schon äußerlich zur Schau, indem er sich immer einen Zylinderhut aufsetzte und sich schwarz kleidete. Seine hagere, lange Gestalt, strömte olympische Ruhe aus. Ich erinnere mich, daß der Professor nur einmal durch stürmischen Beifall unterbrochen wurde. Von einem eben erschienenen Werke sagte er: „Es hat vier Bände, einen ersten Band, einen zweiten Band, einen dritten Band und einen vierten Band." Das war denn doch zu viel, und wir wagten zu scharren. Verärgert darüber bemerkte er würdevoll: „Meine Herren, Sie brauchen sich nicht zu entrüsten. Es gibt nämlich Werke, welche einen ersten, einen zweiten und einen vierten Band aufweisen. Der dritte Band indessen fehlt. Er erscheint nie." Darauf ein lebhaftes, zustimmendes Getrampel im ganzen Hörsaal. — Als rechtsgeschichtlich Interessierter machte ich die germanistischen Übungen von Professor *Zeerleder* mit. Er, ein alter Berner, vertrat die echt bernische Solidität und nahm nur auf, was schwarz auf weiß verbrieft war. Mit der Arbeit: Staat und Kirche im Kanton St. Gallen (der Kanton meiner Heimat) doktorierte ich bei ihm im Jahre 1899.

Bern war eine kleine, intime Universität. Man saß in engen Sälen auf harten Bänken, und über 30 Hörer waren selten anwesend. Vom Werkstudententum wußte man nichts. Ruhig betrieb man seine Studien und jeder hatte sein gesichertes Auskommen.

Meine Studienzeit war zu Ende, mein Pariser Aufenthalt umfaßte nur zwei Jahre, und dann setzte ich mich aufs neue auf die Schulbank, in Leipzig. Ich hatte von der dortigen Juristenfakultät viel Rühmliches gehört, und sie hat mich nicht enttäuscht. Bei mir stand fest, daß ich die Gelehrtenlaufbahn ergreifen wolle, und daher erschien mir äußerst wichtig, die Technik des Dozierens zu erlernen. Ich durfte mich an der besten Quelle erlaben, die es in Deutschland gab. Welche Anschaulichkeit des Vortrages, welche Mannigfaltigkeit der wissenschaftlichen Auffassung traten mir entgegen. *Rudolph Sohm* (bei dem ich mich 1904 habilitierte) zog mich am stärksten an. Der blasse, große Mensch und Dozent mit dem gütigen, hell leuchtenden Auge fesselte mich von der ersten Stunde an. Mit Eifer und mit innerlicher Bewegtheit stand er an seinem Pult, und vieles habe ich ihm zu verdanken. Ich hörte nicht nur historische Vorlesungen; ich hörte auch bürgerliches Recht bei ihm und weiß noch gut, wie er das dicke BGB auf das Pult legte, mit seiner Faust darauf klopfte und leicht lächelnd, aber voll Überzeugung ausrief: „Meine Herren, was da drin steht, weiß kein Mensch.“

Wie einfach war es in jener Epoche, verfassungsgeschichtliche Bücher von großer Spannweite zu schreiben! Ich denke z. B. an sein Buch: Die Entstehung des deutschen Städtewesens (1890). Ein Kunstwerk, gemeißelt aus Stein, mit weitem Blick in das ganze Stoffgebiet. Aber im 20. Jahrhundert setzte die große Skepsis ein. Die Forschung wurde auf die Verschiedenheit der Landschaften, der Städte, der Stadtbildungen und der Stadtverfassungen aufmerksam, und niemand kann es heute wagen, in kurzen, markanten Linien, wie es Sohm getan, in solcher Kürze ein Gesamtbild zu entwerfen. Die klassische Lehre der Verfassungsgeschichte muß heute in erster Linie unterstützt werden durch sorgfältige Einzelforschung, das Ergebnis oft langjähriger, mühevoller Arbeit. Selbst ein so sorgfältig gearbeitetes Werk, wie das von Hans Planitz, Die deutsche Stadt im Mittelalter (1954 mit über 500 Seiten) kann sich nicht mehr in allen Punkten Geltung verschaffen.

Sohm war schwerhörig und konnte keine Seminarien mehr abhalten. Daher besuchte ich die Übungen des Verfassungshistorikers *Gerhard Seeliger*, eines sehr subtilen Forschers, der eben sein bedeutendes Werk: Die soziale und politische Bedeutung der Grundherrschaft im früheren Mittelalter vollendet hatte (1903). Er führte uns geschickt und sicher in die Quellen ein, und besonders seine Darlegungen über das Wesen der Immunität sind mir in bester Erinnerung. Er war es, der mir das Thema: Die Entstehung der Landeshoheit im Breisgau vorschlug, das Sohm bereitwillig als Habilitationsarbeit annahm. Seeliger meinte: „Man kann nicht ein Buch über die Landeshoheit im allgemeinen schreiben. Man muß jedes einzelne Gebiet mit seinem ganzen Quellenreichtum durchforschen. Packen Sie eine einzelne Landschaft an. Nehmen Sie den Breisgau, für den Ihnen die treffliche Zeitschrift für die Geschichte des Oberrheins zur Verfügung steht und das gut geordnete Generallandesarchiv in Karlsruhe.“ Der Rat war gut und ich befolgte ihn.

Am engsten schloß ich mich an *Karl Binding* an. Seit seinen Studien über das burgundisch-romanische Königreich (von 442—532, schon 1868 erschienen) bekundete er das größte Interesse für historische Forschungen und förderte jeden Studenten, der mit Eifer Geschichte trieb. Mit der ganzen Kraft seiner scharfen Dialektik trat er für die klassische Lehre im Strafrecht ein, und im

Staatsrecht (das ich hörte) baute er auf Ordnung, auf Zucht, auf strenge Gliederung und Einordnung des Bürgers in den Staatsmechanismus auf. Er führte den Hörern ein glanzvolles Gebäude der fürstlichen Staaten Deutschlands vor Augen, juristisch streng disponiert und immer voll eigener, bisweilen eigenwilliger Gedanken. Fast unerträglich wurde der große Mann, wenn man von seinem Gegner *von Liszt* sprach. Dessen ganze Lehre sah er als verderbliches Unkraut an, das mit Stumpf und Stiel auszurotten sei. Ihm stand die Tat (nicht der Täter) im Vordergrund. Sie allein war wissenschaftlicher Behandlung würdig und zugänglich. Sie allein sollte von Geschworenen, Richtern und Anwälten gewertet werden. Es war für ihn eine schmerzliche Enttäuschung, als sein eleganter und verträglicher Kollege *Adolph Wach* in die Kommission für die Reform des Strafgesetzes berufen wurde. Wäre er dort mit seinem Widersacher von Liszt zusammengestoßen, kein Kitt hätte die Kommission zusammenhalten können.

Das Kirchenrecht bei *Emil Friedberg* war getragen vom reichsten Wissen, aber allzu sachlich für Studenten und von lederner Trockenheit. Er war bekannt für seinen Sarkasmus, und ich habe im Sprechzimmer manch bissiges Wort aus seinem Munde vernommen, z. B. über Sohm, dessen genialen Vortrag er nicht leiden konnte. Eines Abends war ich zu einer solennen Einladung gebeten. Man wartete und wartete. Endlich erschien eine Botin ihrer Exzellenz der Frau Geheimrat Windscheid. „Die gnädige Frau könnte leider nicht kommen, sie hätte sich eine kleine Blutvergiftung zugezogen.“ „So, so“, sagte Friedberg, „dann hat sie sich wahrscheinlich auf die Zunge gebissen.“

Ludwig Mitteis hörte ich selten. Aber in seinem Hause war ich freundlichst aufgenommen und lernte dort den jungen Heinrich kennen. Noch heute klingt mir in den Ohren, als der große Gelehrte zu mir sagte, er, der eben den reichen Schatz der Papyri zu durchforschen begonnen hatte: „Mir wäre es eine große Freude, wenn Heinrich dereinst auch die wissenschaftliche Laufbahn einschlagen würde. Aber ich möchte ihn nicht auf das römische Recht hinlenken. Sie, glückliche Germanisten, haben einen Quellenreichtum ohnegleichen zur Verfügung, immens, unerschöpflich. Wir drehen die spärlichen römischen Überlieferungen hin und her, und jeder versucht aus dem gleichen Stoff etwas Neues hervorzuzaubern. Ist Heinrich fähig ein Gelehrter zu werden, so soll er das germanisch-deutsche Rechtsgebiet beackern.“ Die Weitsicht des

Vaters führte den Sohn in die Sphäre hinein, der später sein ganzes Leben gehörte und in der er so viel Großes und Umfassendes geschaffen hat.

Am 8. Juli 1914 durfte Sohm sein Goldenes Doktorjubiläum feiern. In Verehrung und Dankbarkeit hatte ich Freunde, Schüler und Verehrer zu einer Festgabe aufgerufen, die pünktlich zur Feier erschien. Im Vorwort heißt es u. a. „Die deutsche Rechtswissenschaft jubelt einem Gelehrten zu, der sein wissenschaftliches Leben einsetzt für die Idee, dem Staat zu geben, was des Staates ist, und der Kirche zu geben, was der Kirche ist, um letzten Endes dem Recht zuzuweisen, was des Rechtes ist." Zwölf Mitarbeiter aus allen Gebieten setzten sich für den Jubilar ein, auch sein eigener Sohn mit der Studie: Die Pfändung durch den Gläubiger im langobardischen und im fränkischen Recht, eine Abspaltung der Fehde.

Ach, schon drei Jahre später ergriff den Jubilar das unerbittliche Schicksal, im gleichen Jahre wie unseren Altmeister Richard Schröder. Ich durfte ihm den Nachruf in der Savigny-Zeitschrift schreiben, den ich mit den Worten schloß: „Er war das Urbild des Lehrers. Aber Form und Wissen machen allein den Lehrer nicht aus. Sie sind Zutaten, die durch das Feuer eines edlen Geistes geläutert werden müssen."

3.

Als mich im Jahre 1907 die juristische Fakultät nach Jena berief, zögerte ich, dem Rufe zu folgen. Die großen Männer von Leipzig hielten mich wissenschaftlich gefangen, wie mit Ketten. Ich eilte zu meinem Berater Binding, und dieser meinte: „Sie müssen Jena annehmen; denn ein junger Mann, wie Sie, muß in Umlauf kommen." So trat ich mit Vergnügen in den neuen Lehrkörper ein und dort, in der damals noch idyllischen Musenstadt, wurde der enge Freundschaftsbund mit *Justus Wilhelm Hedemann* geschlossen. Wir wohnten nahe beisammen, hatten gute Gespräche und machten manchen schönen Bummel hinauf zum Napoleon-Stein (Denkmal an die Schlacht bei Jena). Wir waren ein aufgeschlossenes munteres Völklein junger Dozenten in engem Kontakt mit Lehre und Wissenschaft. Das Verbindungsleben blühte. Die bunten Mützen beherrschten die Straßen. Auf dem Marktplatz wurden Feste mit viel Wein und frohen Liedern gefeiert, und bei manchen traten die Studien stark in den Hintergrund. Ich verstand mich mit Hedemann wissenschaftlich so gut, daß wir beschlossen, gemeinsame Übungen abzuhalten. Wir wählten ein ansprechendes Thema: Die römische patria potestas und die deutschrechtliche munt. Der Wurf glückte, und der Zuspruch war äußerst lebhaft. Auch zu *Heinrich Gerland*, dem Dritten in unserem Bunde, hatte ich engste Beziehungen, und auch mit ihm kam ein gemeinsames Seminar zustande. Wir verglichen alte, neuere und neuste Strafsysteme.

Hedemann war zunächst zu einseitig wissenschaftlich eingestellt. Ich hatte die Freude, ihn dem musikalischen Leben (das in Jena unter Fritz Stein sehr gepflegt wurde) näherzubringen und ihn mit meinem Freunde, dem Maler und Graphiker Emil Nolde bekanntzumachen. In seiner aufgeschlossenen Art verspürte er alsbald den großen Künstler (damals noch völlig unbekannt) und erwarb sich von ihm einige schöne Werke. Diese Verbindung mit der Kunst schmiedete uns noch enger zusammen, trug doch Hedemann selbst viel Künstlerisches in sich. Die deutsch-nationale Politik hielt er hoch. Wenn es galt, für die Partei einzuspringen, war er immer zur Stelle und setzte in seiner feurigen Art den ganzen Mann ein. Wie oft reiste er hinaus aufs Land und entflammte mit seinen patriotischen Gedanken Alt und Jung.

Gerland, im Kolleg sehr sachlich, war im Grunde eine poetische Natur. Er dichtete unaufhörlich, und man erzählte, er habe seine reizvolle Frau Eva hauptsächlich durch seine charmante Liebespoesie erobert. Zu meiner Zeit schrieb er an einem großen Drama „Der Gonzar“, das leider nie aufgeführt wurde. An mehreren Abenden las er uns das eindrucksvolle Stück vor.

Unsere Fakultät war sehr gespalten, aber wir vertrugen uns gut. *August Thon* stand vor uns als alter, bedächtiger Mann, dessen Tochter, eine sehr gesellschaftliche Dame, die größere Rolle spielte als der Vater. *Richard Loening* vertrat das Strafrecht mit größter Gelehrsamkeit. Er stieg immer tiefer in die Geschichte hinein und endete schließlich bei Aristoteles, dessen Gerechtigkeitsbegriff ihm viel zu schaffen machte. Ob schließlich ein Buch daraus entstand, weiß ich nicht. Sein Gegenstück war *Erich Danz*. Dieser hatte — seiner eigenen Ansicht nach — eine große Entdeckung gemacht: Die Verkehrssitte. Alle Geschäfte des täglichen Lebens seien von ihr beherrscht. In seinem Buche über die Auslegung der Verträge sticht überall die Verkehrssitte hervor, und wenn ein Student im Examen dieses Zauberwort ins Feld führte, konnte er einer guten Note sicher sein. Er war eine joviale Natur, mit der man sich gern unterhielt, immer Dutzende von sprechenden Beispielen humorvoll anbringend.

Eduard Rosenthal, mein engerer Fachgenosse, dessen Geschichte des Gerichtswesens und der Verwaltungsorganisation Baierns (1. Bd. 1889, 2. Bd. 1906) heute noch aufschlußreich ist, glänzte durch zwei Dinge: Einmal durch geschmackvolle Feste, die er und seine Gemahlin in ihrem prachtvoll gelegenen Heimwesen, etwas außerhalb der Stadt, gaben und durch seine geschickte finanzielle Hilfe, die er der Universität zu geben wußte. Er war Mitglied des Kuratoriums der Zeiss-Werke. Zeigte sich irgendwo ein geldliches Loch und galt es, dieses auszustopfen, so gelangte man an den gewandten Professor und konnte mit großer Sicherheit eine erhebliche Unterstützung erwarten. Denn die Alma mater war nicht reich, und die drei „Erhalter-Staaten" hatten bisweilen Mühe, die großen Kosten zu decken. Unsere Gehälter waren bescheiden. Aber das tägliche Leben war billig und der Student kam mit kleinerem Beutel aus, als z. B. in Berlin und Bonn. Das zog viele an und sicherlich hat keiner bereut, in Jena Student gewesen zu sein.

4.

Schweren Herzens löste ich mich von Jena. Wäre nicht neben der offiziellen Berufung nach Halle ein freundschaftlich gehaltener Brief Rudolf Stammlers eingetroffen, ich hätte die thüringische Universität nicht verlassen. *Paul Rehme* (noch heute bekannt durch seine Geschichte des Handelsrechts) war verfeindet mit *Langheinecke*, und daher wurden die Fakultätssitzungen immerfort peinlich. Meldete sich der Kollege zum Wort, so legte Rehme seine Hörtrompete ostentativ beiseite und bat den Dekan, alles zu wiederholen.

Und noch eine andere Mißstimmung muß ich verzeichnen. Die juristische Fakultät wurde stark an die Wand gedrückt durch den klugen und gewandten Repetitor *Pabst*. Dieser hatte einen solchen Zulauf von „verbummelten" Studenten, die rasch für das Examen vorbereitet werden wollten, daß man beinahe von einer „Neben-universität" sprechen konnte. Das gefiel mir nicht. Ein Einpauker darf nicht zum Ersatz der Vorlesungen werden. Ich fuhr nach Berlin, besprach die Sache im Ministerium und erhielt sofort einen beträchtlichen Zuschuß, um billige Repetitionskurse an der Universität einzurichten. Wir wollten repetieren, nicht einpauken! Mit drei umsichtigen Kollegen, u. a. mit *Leo Raape*, brachte ich die Neuerung in Schwung, und die Studenten waren dankbar. Aber ach! Die Professoren, welche nicht zu diesem Kurse aufgefordert wurden, boykottierten die Repetitionskurse scharf und unerbittlich, so daß das gut Begonnene schon nach einem Semester aufgegeben werden mußte. Der Einpauker Pabst triumphierte, wir trauerten. Als ich im Jahre 1912 mit Kaiser Wilhelm II. in der Schweiz zusammentraf und ihm von diesen Mißhelligkeiten in Halle kurz berichtete, meinte er: „Ich werde diesem Unfug ein Ende machen". Aber es geschah nichts, und es konnte bei der bestehenden Handels- und Gewerbefreiheit nichts geschehen.

Am meisten zog mich *Stammler* an. Ich lernte durch ihn historische und begrifflich-philosophische Auffassung des Rechts klar voneinander zu scheiden. Als wir einst lange über Freiheit und Unfreiheit der Menschen disputierten und er die Unfreiheit auch in der Frühzeit als „unrichtiges Recht" kennzeichnete, wußte ich, daß unsere beiden Weltanschauungen auseinanderfallen mußten. Aber jeder ehrte im anderen dessen wissenschaftliche Auffassung.

Es dauerte nicht lange, so kam ich mit *Hedemann* wieder zusammen. Der Bewegungskrieg war zum Stellungskrieg geworden, und für die im Schützengraben liegenden, monatelang fast untätigen Studenten, mußte etwas getan werden. Die Wehrmacht griff ein und rief Dozenten zu einem Kriegshochschulkurs auf. Etwa ihrer 20 folgten dem Rufe: Theologen, Philologen, Nationalökonomen und Juristen. In Conflans bei Metz trafen wir uns. Meine Jenenser Freunde Hedemann und Gerland begrüßte ich voll Begeisterung. Die Mischung der Wissenschafter war ausgezeichnet. Wir aßen zusammen, hörten gegenseitig die Vorträge an und bildeten eine kleine Universitas im vollen Sinne des Wortes. Selbst mit ganz anders gerichteten Herren verstand man sich, wie etwa mit dem eigenwilligen, höchst originellen Theologen Schlatter aus Tübingen, der mir gleich zu Anfang sagte: „Die Juristen mag ich nicht."

Am besten wirkte *Hedemann*. Er verstand es, voll Schwung, in einfachster Formgebung die Musensöhne in seine Gedankengänge hineinzuziehen, während andere (z. B. Zitelmann) nicht vermochten, in die Geistesart der verwilderten Musensöhne hinabzusteigen. Jeglicher komplizierte Aufbau blieb ohne Verständnis.

Dieser Kriegshochschulkurs zeitigte eine schöne literarische Blüte. Wir Juristen beschlossen (Stier-Somlo war auch dabei) einfach gehaltene „Grundrisse der Rechtswissenschaft" herauszugeben, jeder sein Stoffgebiet bearbeitend. Das geschah, und wir hatten den erhofften Erfolg. Der Verlag Walter de Gruyter in Berlin griff unseren Plan bereitwillig auf. Leider schritten dann einige Bearbeiter über das einst gesteckte Ziel hinaus. Sie schrieben dicke Bücher, so daß der Titel geändert werden mußte. Die Sammlung heißt heute: „Lehrbücher und Grundrisse der Rechtswissenschaft". *Hedemann* bearbeitete das bürgerliche Recht, *Gerland* das Strafrecht und ich die Rechtsgeschichte.

Noch muß ich einer heiteren Episode gedenken, die sich in den letzten Jahren unseres Kurses abspielte. Gleichsam zur Belohnung unserer Tätigkeit wurde uns angeboten, unter Leitung eines Offiziers die Front zu besuchen. Als aber die Bemerkung fiel, wegen der Beschießung der deutschen Schützengräben müßten wir schon um 5 Uhr morgens aufstehen, und als darauf gar der Befehl kam, jeder sollte sich in den Stinkraum begeben, um dort seine Gasmaske anzupassen, wich einer nach dem anderen zurück. In der Frühe standen schließlich dem führenden Offizier nur noch vier Mann zur Seite: Zitelmann, Sombart, Hedemann und ich. Die Expedition glückte aufs beste, und gegen Abend befanden wir uns unversehrt und reich belehrt wieder unter unseren Kollegen. Aber wir waren müde, sehr müde; hatten wir doch viele Verhaue und Gräben überspringen müssen. Selbst Sombart, der immer arbeitete, griff in dieser Nacht nicht zur Feder!

Einige Monate später wurde ein zweiter Kurs zusammengerufen, und wir Freunde trafen uns wieder, diesmal in Belgien, bei Mons. *Hedemanns* Vorträge stachen wiederum durch Lebendigkeit und Lebensnähe hervor und scheuchten die müden Studenten aus ihrem Halbschlaf auf. Wahrhaftig, es wahr nicht leicht, sie wachzuhalten.

Gern erinnere ich mich der Tage, da wir in Kösen zusammenkamen. Die Universitäten Leipzig, Jena und Halle versammelten sich einmal im Jahre im lieblichen Kösen, hörten die lateinische Rede des Rektors von Schulpforta, pokulierten und schwärmten in der Gegend umher. Immer war der Gedankenaustausch mit dem Jubilar rege, immer flogen die wissenschaftlichen und freundschaftlichen Gedanken hin und her. Uns beide hat der Krieg verschont, aber uns beide hat er für viele Jahre auseinandergetrieben. *Hedemann* landete schließlich in Berlin, ich in Heidelberg, später in Bern.

Diesen kurzen Einblick in mein, in unser Leben, will ich schließen mit einem Brief von mir an den Freund und mit einem Brief von *Hedemann* an mich.

Im November 1919 schrieb ich:

„Eben habe ich Deine Preisrede gelesen. Prachtvoll und von hoher Warte sind die großen, treibenden Kräfte herausgehoben. Was Du vom Übermaß an Zutrauen zur Kraft gesetzlicher Regulierung sagst, entspricht durchaus meinem Empfinden. Und am meisten interessierte mich der Gedanke, daß vielleicht doch die allzu scharfe Zweiteilung in öffentliches und bürgerliches Recht einmal schwinden müsse. Wir kämen dann aufs neue in das System hinein, in welchem öffentliches und privates Recht kaum geschieden waren. Das Volksbewußtsein weiß von solcher Trennung wenig oder nichts. Diese Scheidung ist Juristen-Werk. — Gerne, sehr gerne lese ich Deine Sachen." *Hedemann* hat in seinem ganzen Leben die Worte *Eugen Hubers* hochgehalten: „Die Gesetzgebung darf sich nur als Werkzeug betrachten, in welchem dasjenige zur Durchführung gebracht wird, das ohnehin im Volke bereits lebt. Das Gesetz muß aus den Gedanken des Volkes heraus gesprochen sein."

Im Februar 1957 schrieb mir der Freund:

„Du sprachst im Novemberbrief (1956) davon, daß wir wohl beide die Kriegshochschulkurse des ersten Weltkrieges in unseren Erinnerungen behandeln würden. So sende ich Dir mein Erinnerungsbild von Conflans-Jarny. Den nächsten Kursus (im belgischen Bereich) lasse ich beiseite. Mein nächstes Bild ist dann gleich: „Als Truppenredner in Mazedonien". Und Du Kamerad und Freund? Ist Deine Niederschrift über die Kriegshochschulkurse schon aus der Feder geflossen? Würdest Du mir Einblick gestatten? Meine Skizze bitte ich zurück, nicht eilig. Wollen wir auch weiter hie und da einen solchen Austausch ins Auge fassen?"

Wir taten es, und so verbinden uns lebhafte, liebe Erinnerungen über Zeit und Raum hinweg. Auch in den „bösen Zeiten" wurde der freundschaftliche Faden nie zerschnitten. Seit den Jenenser Tagen, seit 1907, halten wir zusammen, 50 ereignisvolle Jahre.

Sei gegrüßt mein Freund!

DIE PERSONALHANDELSGESELLSCHAFT IM PROZESS

Von Robert Fischer, Karlsruhe

I. Es will scheinen, als ob der unerfreuliche Streit um die Rechtsnatur der Personalhandelsgesellschaft aus der Zeit um die Jahrhundertwende heute noch immer für die Stellung der Personalhandelsgesellschaft im Prozeß von entscheidender Bedeutung ist. Für das materielle Recht hat sich längst die Erkenntnis durchgesetzt, daß das harte Entweder — Oder, das für diesen Streit kennzeichnend war, nämlich die Alternative, entweder juristische Person oder Gesamthandsgemeinschaft, nicht geeignet ist, der besonderen Eigenart der Personalhandelsgesellschaft in allen sachlichrechtlichen Fragen gerecht zu werden. Man weiß, daß die Personalhandelsgesellschaft, namentlich in ihrer Stellung nach außen auch durch die starke Verbundenheit der Gesellschafter gekennzeichnet ist, und daß sie sich in dieser Hinsicht in manchem der juristischen Person stark nähert. Man zögert daher auch nicht, auf solche Rechtsbeziehungen, für die die geschlossene Einheit der Gesellschaft und nicht die Vielheit der Gesellschafter maßgeblich ist, Grundsätze aus dem Recht der juristischen Person anzuwenden. Namentlich hält man es heute nicht mehr für vertretbar, die Entscheidung zweifelhafter Rechtsfragen auf dem Gebiet des materiellen Rechts einfach und allein aus der begrifflichen Einordnung der Personalhandelsgesellschaft abzuleiten. In dieser Beurteilung kommt der zutreffende Gedanke zum Ausdruck, daß die Personalhandelsgesellschaft in mancher Hinsicht als Vielheit (der Gesellschafter) und in mancher Hinsicht als Einheit (der Gesellschaft) gestaltet ist. Dieser heute im Schrifttum vorherrschenden Ansicht[1] hat sich inzwischen auch der Bundesgerichtshof angeschlossen[2].

---

[1] Vgl. dazu namentlich *Hueck* Das Recht der offenen Handelsgesellschaft § 3 IV.

[2] BGHZ 23, 305; vgl. dazu auch meine Anm. bei LM Nr. 4 zu § 128 HGB.

Im Prozeßrecht ist das ganz anders. Hier herrscht, soweit es sich um die Rechtsprechung des Reichsgerichts und um das handelsrechtliche Schrifttum handelt, noch völlig die Auffassung vor, daß aus der Rechtsnatur der Personalhandelsgesellschaft sich zwanglos die Beantwortung aller Rechtsfragen ableiten läßt, die sich im einzelnen für die Stellung der Personalhandelsgesellschaft im Prozeß ergeben. Dabei wird allein auf die Frage der Parteifähigkeit der Personalhandelsgesellschaft abgestellt und diese mit dem einfachen Hinweis verneint, daß die Parteifähigkeit die Existenz eines Rechtssubjekts voraussetze[3], die Personalhandelsgesellschaft jedoch ein selbständiges Rechtssubjekt nicht sei, „die unter der Gesellschaftsfirma erhobene Klage deshalb nicht die Klage einer von den Gesellschaftern verschiedenen Rechtspersönlichkeit" sei, „vielmehr Träger der Parteirechte im Prozess die Gesellschafter selbst in ihrer Zusammenfassung zur Gesellschaft" seien[4]. Damit ist der von der Rechtsprechung immer wieder verwertete Rechtssatz gewonnen, daß die Gesellschafter in ihrer Zusammenfassung Prozeßpartei seien[5] oder daß die Gemeinschaft der Gesellschafter die eigentliche (!) Partei sei[6]. Das ist dann auch die Formel, mit der das Reichsgericht bei zweifelhaften Fragen des Gesellschaftsprozesses die Gesellschaft kurzer Hand beiseite schiebt und auf die einzelnen Gesellschafter als die Träger der Parteirechte zurückgreift[7].

Es ist das Verdienst einiger namhafter Zivilprozessualisten[8], immer wieder auf die Bedenken hingewiesen zu haben, die gegen diese Rechtsprechung des Reichsgerichts bestehen. Ausgangspunkt für diese Angriffe ist freilich ebenfalls die Frage nach der Parteifähigkeit der Personalhandelsgesellschaft. Es mag nach den

[3] RGZ 32, 175.

[4] RGZ 141, 280; vgl. auch RGZ 49, 343: „Die oHG ist keine juristische Person. Daraus folgt prozeßrechtlich, daß wenn eine oHG klagt oder verklagt wird, Prozeßpartei auf der klagenden oder verklagten Seite nur die Gesellschafter sind."

[5] vgl. RG JW 1901, 226; RGZ 127, 100.

[6] RG WarnRspr. 1914 Nr. 129; DR 1944, 665.

[7] Mit dieser Auffassung stehen allerdings einige Entscheidungen des Reichstgerichts in Widerspruch; so wird in RGZ 14, 20; 85, 65; 102, 302/03 von der Parteifähigkeit der oHG gesprochen. Aber diese Entscheidungen sind aufs Ganze gesehen ohne Einfluß auf die Rechtsprechung des Reichsgerichts geblieben.

[8] Vgl. etwa *Jaeger* Die offene Handelsgesellschaft im Zivilprozeß, Festgabe für Sohm; *de Boor* Zur Lehre vom Parteiwechsel S. 69ff; *Jonas* Kommentar zur ZPO § 50 Anm. II, 5.

Erfahrungen, die auf dem Gebiet des materiellen Rechts mit einer solchen rechtlichen Beurteilung gemacht worden sind, zweifelhaft sein, ob dieser Ausgangspunkt glücklich gewählt ist und ob er nicht ebenfalls die Gefahr einer bedenklichen Einseitigkeit in sich schließt. Jedenfalls sollte man sich nach meinem Eindruck in diesem Zusammenhang — genau wie auf dem Gebiet des Privatrechts — davor hüten, aus einer so oder so gewählten Prämisse — die Personalhandelsgesellschaft ist parteifähig oder sie ist es nicht — Rechtssätze für Einzelfragen „abzuleiten".

Ich möchte daher im folgenden bei der Erörterung der in diesem Zusammenhang in Betracht kommenden Probleme die Frage nach der Parteifähigkeit der Personalhandelsgesellschaft im Zivilprozeß zurückstellen und einfach an die Rechtstatsachen anknüpfen, wie sie sich aus der Gestaltung des Gesellschaftsprozesses und des Gesellschafterprozesses ergeben. Die Annahme einer vorhandenen oder fehlenden Parteifähigkeit soll dabei nicht als Begründung für die Beantwortung der einen oder der anderen Frage herangezogen werden.

II. Solange eine Personalhandelsgesellschaft besteht, können Ansprüche gegen die Gesellschaft und gegen die Gesellschafter wegen ihrer persönlichen Haftung in verschiedenen Prozessen geltend gemacht werden. Der eine Prozeß schließt den anderen Prozeß nicht aus. Beide Prozesse können miteinander verbunden oder voneinander getrennt durchgeführt werden. Demzufolge ist es nicht möglich, daß nach Einleitung eines Prozesses gegen die Gesellschaft ein einzelner Gesellschafter, der wegen seiner persönlichen Haftung nun ebenfalls von dem Gesellschaftsgläubiger in Anspruch genommen wird, die Einrede der Rechtshängigkeit geltend macht. Es fehlt insoweit an der „Vollidentität der Sache"[9]. Das ist heute allgemein anerkannt[10].

Worin liegt der sachliche Grund für diese Auffassung? Die Beantwortung dieser Frage ist nicht schwer, liegt jedenfalls bei Prozessen gegen die Gesellschaft und gegen ihre Gesellschafter auf der Hand. Der gegen eine Personalhandelsgesellschaft geltend gemachte Anspruch ist nicht identisch mit dem Anspruch gegen die einzelnen Gesellschafter. Die beiden Ansprüche mögen sich viel-

---

[9] *Jaeger* a. a. O. S. 66.

[10] Vgl. *Hueck* a. a. O. § 21 IV 1 c m. w. N.; die gegenteilige Auffassung in RGZ 49, 341 ist heute längst überholt.

leicht in ihrem Inhalt decken[11], sie unterscheiden sich jedenfalls sachlichrechtlich durch den verschiedenen Haftungsgegenstand. Ein Urteil gegen die Personalhandelsgesellschaft ist erforderlich, um die Vollstreckung in das Gesellschaftsvermögen zu ermöglichen (§ 124 Abs. 2 HGB); ein Urteil gegen einzelne oder gegen alle Gesellschafter läßt einen solchen Zugriff auf das Gesellschaftsvermögen nicht zu. Andererseits kann mit einem Urteil gegen die Gesellschaft nur Zugriff auf das Gesellschaftsvermögen genommen werden. Diese Verschiedenheit des Haftungsgegenstands bei Klagen gegen die Gesellschaft und bei Klagen gegen die Gesellschafter ist der Grund für die Möglichkeit, aber auch für die Notwendigkeit verschiedener Klagen gegen die Gesellschaft und gegen die Gesellschafter. Entsprechendes gilt für die Klagen, die die Gesellschaft selbst erhebt, und für Klagen, bei denen die Gesellschafter als Kläger auftreten. Auch hier handelt es sich um verschiedene Ansprüche, um den Anspruch der Personalhandelsgesellschaft, für den diese regelmäßig allein legitimiert ist, sowie um den etwaigen Anspruch des einzelnen Gesellschafters, der sich in einigen Fällen auf den Gesellschaftsvertrag gründen kann (actio pro socio).

Aus dieser Beurteilung ergeben sich eine Reihe praktischer Folgerungen.

1. Im Schrifttum wird die Ansicht vertreten, daß die Bestimmung des § 124 Abs. 1 HGB, wonach die Personalhandelsgesellschaft unter ihrer Firma klagen und verklagt werden kann, entbehrlich sei, weil sie nur eine überflüssige Wiederholung der Vorschrift des § 17 Abs. 2 HGB darstelle[12]. Das ist m. E. nicht richtig und beruht auf einer Verkennung der Vorschrift des § 124 Abs. 1 HGB. Gegen einen Einzelkaufmann kann man unter dessen bürgerlichen oder unter dessen kaufmännischen Namen (seiner Firma) eine Klage erheben, ohne daß das einen sachlichrechtlichen oder prozessualen Unterschied ausmacht. Die Wahl der Bezeichnung steht dem Kläger offen, wie auch umgekehrt ein Einzelkaufmann nach seiner Wahl unter seinem bürgerlichen Namen oder unter seiner Firma eine Klage erheben kann. Bei einer Personalhandelsgesellschaft ist das anders. Sie *muß* unter ihrer Firma

[11] Das ist allerdings sehr streitig, vgl. dazu BGHZ 23, 302 m. w. N. Ich selbst würde diese Frage nicht allgemein bejahen.

[12] *Düringer-Hachenburg* § 124 Anm. 6; ähnlich auch *Weipert* RGRK HGB § 124 Anm. 7.

klagen, und sie *muß* unter ihrer Firma verklagt werden. Die Firmenbezeichnung der offenen Handelsgesellschaft ist eine notwendige Bezeichnung für die Gesellschaft. Das wird deutlich, wenn in der Klage nicht die Personalhandelsgesellschaft als Klägerin oder Beklagte, sondern wenn die hinter ihr stehenden Gesellschafter als solche bezeichnet werden. Eine solche Bezeichnung stellt einen sachlichen Unterschied gegenüber der Firmenbezeichnung der Gesellschaft dar, weil es sich dann nicht um einen Gesellschafts-, sondern um einen Gesellschafterprozeß handelt. Die Klage der Personalhandelsgesellschaft ist nicht die Klage der einzelnen Gesellschafter, wie auch die Klage gegen die Personalhandelsgesellschaft nicht die Klage gegen die einzelnen Gesellschafter ist.

Die besondere Bedeutung der Vorschrift, wonach die Personalhandelsgesellschaft unter ihrer Firma klagen und verklagt werden kann, zeigt sich auch darin, daß der Eintritt neuer Gesellschafter und das Ausscheiden bisheriger Gesellschafter während des Prozesses einer Personalhandelsgesellschaft dazu führt, daß die neu eingetretenen Gesellschafter nunmehr an dem Prozeß ebenfalls beteiligt sind und die ausgeschiedenen Gesellschafter mit dem Prozeß nichts mehr zu tun haben. Um einen Parteiwechsel auf seiten der Gesellschaft handelt es sich dabei nicht; die Stellung der Gesellschaft im Prozeß wird dadurch nicht berührt. Insoweit ist die Rechtslage ähnlich wie bei dem Prozeß einer juristischen Person. Andererseits führt bei der Klage einzelner Gesellschafter oder bei einer Klage gegen die einzelnen Gesellschafter ein Wechsel im Mitgliederbestand der Gesellschaft nicht dazu, daß die neu eingetretenen Gesellschafter nun ebenfalls ohne weiteres Prozeßbeteiligte werden und die ausgeschiedenen Gesellschafter ohne weiteres aus dem Prozeß ausscheiden. Das kann nur durch eine subjektive Klagänderung nach Maßgabe der dafür geltenden Vorschriften geschehen[13].

2. Der Unterschied zwischen dem Prozeß der Gesellschaft und dem Prozeß der einzelnen Gesellschafter erweist sich auch darin, daß der einzelne Gesellschafter in einem Prozeß gegen die Gesellschaft dieser als Nebenintervenient beitreten kann[14]. Er ist als Einzelperson im Prozeß gegen die Gesellschaft Dritter und als solcher nicht selbst Beklagter. Auf derselben Auffassung be-

[13] Auf den Unterschied zwischen § 17 Abs. 2 HGB und § 124 Abs. 1 HGB hat bereits *Jaeger* a. a. O. S. 11 hingewiesen.

[14] So schon RGZ 5, 70/71; heute allgemeine Ansicht.

ruht es, wenn einem einzelnen Gesellschafter die Drittwiderspruchsklage des § 771 ZPO gewährt wird, falls in der Zwangsvollstreckung gegen die Gesellschaft (Gesellschaftsvermögen) Zugriff auf einen Vermögensgegenstand genommen wird, der diesem Gesellschafter allein gehört. Denn der einzelne Gesellschafter ist in einem solchen Fall nicht Vollstreckungsschuldner, sondern Dritter. Das gleiche gilt, wenn es sich dabei um einen Vermögensgegenstand handelt, der zwar allen Gesellschaftern, zu Bruchteilen oder zur gesamten Hand, gemeinsam gehört, aber nicht Teil des Gesellschaftsvermögens ist. Denn auch die einzelnen Gesellschafter sind nicht Vollstreckungsschuldner, auch nicht in einer Verbindung, die zwischen ihnen außerhalb ihrer Personalhandelsgesellschaft noch besteht.

3. Die Verschiedenheit von Gesellschaftsprozeß und Gesellschafterprozeß bedingt, daß der Übergang von dem einen Prozeß zu dem anderen Prozeß eine subjektive Klagänderung ist[15]. Sie ist nur unter den Voraussetzungen des § 264 ZPO zulässig. Es kann daher ein Gesellschaftsgläubiger nicht ohne weiteres dazu übergehen, an Stelle der von ihm zunächst verklagten Personalhandelsgesellschaft einzelne oder auch alle Gesellschafter persönlich in den Prozeß zu ziehen. Denn die von ihm zunächst erhobene Klage ist mit der Klage gegen die einzelnen Gesellschafter nicht identisch. Diese sind in dem Gesellschaftsprozeß nicht selbst Prozeßpartei. In dieser Hinsicht wird, worauf auch die Entscheidung BGHZ 17, 342 hinweist, der Unterschied zwischen der Personalhandelsgesellschaft und der Gesellschaft bürgerlichen Rechts offenbar, ein Unterschied, der auf der besonderen Stellung der Personalhandelsgesellschaft im Prozeß beruht.

4. Diese besondere Stellung der Personalhandelsgesellschaft ermöglicht es, daß auch ein Gesellschafter einen Prozeß gegen seine Personalhandelsgesellschaft führen kann. Eine teilweise Identität der klagenden und der beklagten Partei liegt in einem solchen Fall nicht vor, weil auf seiten der Personalhandelsgesellschaft nicht die einzelnen Gesellschafter die Prozeßpartei sind. Das ist heute allgemein anerkannt. Auch in dieser Hinsicht ist ein grundlegender Unterschied zu der bürgerlichrechtlichen Gesellschaft gegeben; denn in ihr kann der einzelne Gesellschafter bei der gerichtlichen

---

[15] RGZ 36, 141; BGHZ 17, 342; *Jaeger* a. a. O. S. 20; *Düringer-Hachenburg* § 124 Anm. 14; *Weipert* § 124 Anm. 34.

Geltendmachung von Forderungen „gegen seine Gesellschaft" nur die übrigen Gesellschafter verklagen.

Noch deutlicher tritt die besondere Stellung der Personalhandelsgesellschaft im Prozeß zutage, wenn eine offene Handelsgesellschaft gegen eine personengleiche andere offene Handelsgesellschaft einen Prozeß anstrengt. Auch das ist rechtlich möglich, wenn es auch praktisch nur selten vorkommen wird. Entscheidend ist insoweit ebenfalls die geschlossene Stellung einer jeden Handelsgesellschaft ohne Rücksicht auf die hinter ihr stehenden Mitglieder. In dieser Hinsicht liegt es ganz ähnlich, wie wenn zwei personengleiche Personalhandelsgesellschaften in rechtsgeschäftliche Beziehungen zueinander treten.

5. Bedeutsam ist die Stellung der Personalhandelsgesellschaft im Prozeß auch für die Frage, ob in dem Gesellschaftsprozeß nur ihre vertretungsberechtigten Gesellschafter oder alle Gesellschafter als Partei zu vernehmen sind.

a) Das Reichsgericht hat zu dieser Frage nur nach dem früheren Prozeßrecht Stellung genommen, als es die Parteivernehmung in der heutigen Ausgestaltung noch nicht gab, sondern an deren Stelle noch die Vorschriften über den zugeschobenen Parteieid galten. Dabei ist das Reichsgericht zu dem Ergebnis gelangt, daß nur den vertretungsberechtigten Gesellschaftern der Parteieid zugeschoben werden könne, weil es sich bei der Eideszuschiebung nicht nur um ein Beweismittel, sondern zugleich auch um einen Akt der Prozeßführung handele, der nur von den zur Prozeßführung befugten Gesellschaftern vorgenommen werden könne[16]. Eine Vernehmung der nicht vertretungsberechtigten Gesellschafter als Zeugen hat das Reichsgericht jedoch auch nicht gestattet, und zwar deshalb nicht, weil diese in ihrer Verbindung als Gesellschafter die Prozeßpartei bildeten und insoweit ein entscheidender Unterschied zur juristischen Person obwalte[17]. Daß diese Rechtsprechung die vielfach getadelt worden ist[18], nicht haltbar ist, liegt auf der Hand; denn so oder so muß ein Weg gefunden werden, um die Tatsachenkenntnis der nicht vertretungsberechtigten Gesellschafter im Wege des Beweises verwerten zu können[19].

[16] RG *Gruch* 42, 1198; 48, 102.

[17] RGZ 82, 133; LZ 1910, 150.

[18] Vgl. etwa *Jaeger* a. a. O. S. 35; LZ 1910, 152; *Düringer-Hachenburg* § 124 Anm. 10; *Weipert* § 124 Anm. 17.

[19] Vgl. dazu auch schon die Bedenken in RG LZ 1910, 150.

b) Die Begründung des Reichsgerichts, mit der es die Vernehmung der nicht vertretungsberechtigten Gesellschafter als Zeugen verneint hat, findet auch heute im Schrifttum noch vielfach Anklang, nur daß die Vertreter dieser Ansicht daraus die Folgerung ziehen, daß auch die nicht vertretungsberechtigten Gesellschafter als Partei vernommen werden müssen[20]. Allein diese Begründung erweckt Bedenken. Es wird nämlich hierbei die Summe der einzelnen Gesellschafter ohne weiteres mit der Personalhandelsgesellschaft gleichgestellt und jedem einzelnen Gesellschafter die Stellung beigelegt, die nur der Personalhandelsgesellschaft als solcher, der Gemeinschaft der jeweiligen Gesellschafter zukommt. Damit wird der Unterschied aufgehoben, der für die Unterscheidung zwischen dem Gesellschaftsprozeß und dem Gesellschafterprozeß maßgeblich ist, und der die Grundlage dafür bildet, daß neben der Gesellschaft auch die einzelnen Gesellschafter als solche verklagt werden können. Der einzelne Gesellschafter erhält auf diese Weise im Gesellschaftsprozeß die gleiche Stellung, wie er sie in dem gegen ihn gerichteten Gesellschafterprozeß hat. Das aber kann nicht richtig sein.

Diese Begründung führt — und das kann nicht verwunderlich sein — zu unauflösbaren Schwierigkeiten, wenn man prozessuale Tatbestände heranzieht, deren rechtliche Behandlung gerade und allein auf der Unterscheidung zwischen dem Gesellschaftsprozeß und dem Gesellschafterprozeß beruht. In einem Prozeß, den ein Gesellschafter gegen seine Gesellschaft führt, müßte der verklagten Gesellschaft vom Standpunkt dieser Meinung aus das Recht verwehrt sein, sich nach § 445 ZPO auf die Parteivernehmung des Klägers zu berufen, weil das zugleich (!) ein Antrag auf die eigene Parteivernehmung wäre. In einem Prozeß zwischen zwei personengleichen Handelsgesellschaften ließe sich ein Antrag auf Vernehmung eines nicht vertretungsberechtigten Gesellschafters nach § 445 ZPO überhaupt nicht ermöglichen. Auch die Parteivernehmung von Amts wegen würde in diesen Fällen, soweit der Tatbestand des § 448 ZPO in Betracht kommt, auf ähnliche Schwierigkeiten stoßen.

c) Angesichts dieser Bedenken hat man im Schrifttum die Notwendigkeit, auch die nicht vertretungsberechtigten Gesellschafter

[20] *Düringer-Hachenburg* § 124 Anm. 10; *Ritter* § 124 Anm. a g; *Schlegelberger-Geßler* § 124 Anm. 18; *Wieczorek* Komm ZPO § 373 Anm. B II a 2; anders freilich § 50 Anm. B III c 6.

im Gesellschaftsprozeß als Partei zu vernehmen, mit einer anderen Begründung zu rechtfertigen gesucht. Es wird darauf hingewiesen, daß die Gesellschafter materiellrechtlich die Träger der Rechte und Pflichten sind, um die im Gesellschaftsprozeß gestritten wird, und daß es deshalb sachgerecht ist, alle Gesellschafter in einem solchen Prozeß als Partei und nicht als Zeugen zu vernehmen[21]. Allein dieser Gesichtspunkt führt im Grunde genommen auch wieder nur auf die Frage nach der Rechtsnatur der Personalhandelsgesellschaft zurück, wobei lediglich das entscheidende Gewicht von dem prozeßrechtlichen Gebiet auf das materiellrechtliche Gebiet verlagert wird. Das ergeben m. E. vor allem die Ausführungen von *Hueck* deutlich, der seine Entscheidung letzten Endes in dieser Frage auf den Unterschied zwischen der Gesamthandsgemeinschaft und der juristischen Person gründet[22]. Ich habe den Eindruck, daß damit auf eine Begründung zurückgegriffen wird, gegen die gerade *Hueck* in einem anderen Zusammenhang mit Recht entscheidende Bedenken geltend gemacht hat[23].

d) Nach meiner Ansicht sollte man bei der Beantwortung der Frage, ob der nicht vertretungsberechtigte Gesellschafter im Gesellschaftsprozeß als Zeuge oder als Partei zu vernehmen ist, allein auf die Besonderheiten und Unterschiede der Zeugen- und der Parteivernehmung im heutigen Prozeßrecht abstellen und prüfen, welche dieser beiden Beweismittel nach ihrer prozessualen Ausgestaltung den besonderen Verhältnissen bei einer Personalhandelsgesellschaft insoweit am meisten gerecht wird.

Bei einer solchen Prüfung erscheint es sachgerecht, zunächst von der sog. Anhörung der Parteien nach § 141 ZPO auszugehen. Diese Anhörung liefert — darüber besteht Einmütigkeit[24] — keinen Beweisstoff. Sie dient dazu, Lücken, Unklarheiten und Widersprüche im Parteivortrag zu beseitigen, sie soll den Partei-

---

[21] So *Hueck* a. a. O. § 22 III; ähnlich auch *de Boor* a. a. O. S. 71.

[22] Hierbei handelt es sich im Grunde um einen sehr formalen Gesichtspunkt. Das wird deutlich, wenn man die Verhältnisse bei einer personalistisch ausgestalteten GmbH und bei einer kapitalistisch gestalteten Kommanditgesellschaft miteinander vergleicht. Wenn *Hueck* daneben auch noch auf die persönliche Haftung der Gesellschafter verweist, so versagt dieser Gesichtspunkt — im wirtschaftlichen Ergebnis — bei der Kommanditgesellschaft.

[23] Vgl. a. a. O. § 3 IV.

[24] Vgl. *Rosenberg* Lehrbuch des Deutschen Zivilprozeßrechts 7. Aufl. § 62 II 3a β; vgl. auch BGH LM Nr. 2 zu § 141 ZPO.

vortrag ergänzen und gegebenenfalls eine Klarstellung darüber herbeiführen, inwieweit gegnerische Behauptungen zugestanden oder bestritten werden. Für eine solche Parteianhörung kommen nur die vertretungsberechtigten Gesellschafter in Betracht; denn bei ihr handelt es sich um einen Akt der Prozeßführung, der allein den vertretungsberechtigten Gesellschaftern zusteht. Die nicht vertretungsberechtigten Gesellschafter haben nicht das Recht, Einfluß auf die Führung eines Gesellschaftsprozesses zu nehmen, den Parteivortrag der Gesellschaft zu ergänzen und gegebenenfalls neuen Streitstoff in den Prozeß einzuführen. Diese Auslegung des § 141 ZPO legt den Schluß nahe, daß auch für die Parteivernehmung nach den §§ 445ff ZPO nur die vertretungsberechtigten Gesellschafter in Betracht kommen, da es ein merkwürdiges Ergebnis sein würde, daß bei der Auslegung des § 141 ZPO und der §§ 445ff. ZPO insoweit ein verschiedener Maßstab angelegt werden müßte.

Diese Schlußfolgerung findet ihre Bestätigung, wenn man die wesentlichen Unterschiede zwischen der Parteivernehmung und der Zeugenvernehmung entsprechend berücksichtigt. Im Unterschied zu den Zeugen ist die Partei nicht zur Aussage verpflichtet, ja sie kann nicht einmal gezwungen werden, in dem zu ihrer Vernehmung angesetzten Termin zu erscheinen. Insoweit ist die Parteivernehmung nicht nur ein Beweismittel, sondern für die Partei zugleich auch „ein prozessualer Dispositionsakt“[25], der für die Prozeßführung unter Umständen von weittragender Bedeutung sein kann (vgl. § 446 ZPO). Es ist m. E. nicht möglich, diesen prozessualen Dispositionsakt auch den nicht vertretungsberechtigten Gesellschaftern anzuvertrauen und ihnen damit einen Einfluß auf die Prozeßführung einzuräumen, weil im Gesellschaftsprozeß die Aufgabe der Prozeßführung allein den vertretungsberechtigten Gesellschaftern obliegt. Auch die weitere rechtliche Ausgestaltung der Parteivernehmung läßt ihren engen Zusammenhang mit der Prozeßführungsbefugnis der Partei erkennen und nötigt m. E. ebenfalls dazu, die Parteivernehmung im Gesellschaftsprozeß auf die prozeßführungsbefugten, also auf die vertretungsberechtigten Gesellschafter zu beschränken. Der Umstand, daß die falsche uneidliche Parteiaussage nicht unter einer strafrechtlichen Sanktion steht[26], ist allein aus diesem Zusammenhang heraus zu verstehen.

---

[25] *Gerland* Judicium 3, 314.

[26] Vgl. dazu *Mezger* Lpz. Komm. § 153 Anm. 4.

Das gleiche gilt für die Regelung, daß die Parteivernehmung im Unterschied zur Zeugenvernehmung nur ein subsidiäres Beweismittel ist, und daß ein Antrag auf Parteivernehmung unberücksichtigt bleiben kann, wenn er Tatsachen betrifft, deren Gegenteil das Gericht für erwiesen erachtet. Denn auch diese Regelung findet ihre innere Rechtfertigung nur dann, wenn man die Stellung der Partei in ihrer Einwirkungsmöglichkeit auf die Prozeßgestaltung entsprechend berücksichtigt. Schließlich mag noch hervorgehoben werden, daß die gegenteilige Auffassung im Urkundenprozeß zu höchst unerfreulichen Ergebnissen führen kann, nämlich wenn es sich bei der Personalhandelsgesellschaft um eine Gesellschaft mit einer großen Mitgliederzahl handelt. Hier könnte der Prozeßgegner der Gesellschaft auf dem Wege über § 595 Abs. 2 ZPO eine umfangreiche Beweisaufnahme notwendig machen, wenn er sich für seine Einwendungen auf die Vernehmung zahlreicher Kommanditisten berufen würde. Eine solche Möglichkeit würde ganz sicherlich mit dem besonderen Zweck des Urkundenprozesses nicht im Einklang stehen.

Auf Grund dieser Erwägungen halte ich es nicht für richtig, auch die nicht vertretungsberechtigten Gesellschafter im Gesellschaftsprozeß als Partei zu vernehmen; sie müssen vielmehr als Zeugen vernommen werden[27, 28].

III. Die m. E. schwierigsten Fragen über die Stellung der Personalhandelsgesellschaft im Prozeß treten auf, wenn es während des Gesellschaftsprozesses zur Vollbeendigung der Gesellschaft kommt. Die Ansichten im Schrifttum gehen hierbei weit auseinander.

1. Verhältnismäßig einfach läßt sich in einem solchen Fall die Frage nach der weiteren Gestaltung des Prozesses noch beantworten, wenn ein Gesellschaftsgläubiger die Gesellschaft *und* sämtliche Gesellschafter einzeln auf Zahlung einer Gesellschaftsverbindlichkeit gerichtlich in Anspruch genommen hat. In einem solchen Fall kann ein Urteil gegen die Gesellschaft nicht mehr ergehen, weil sie nicht mehr vorhanden ist. Durch den Wegfall der Gesell-

---

[27] Im Ergebnis ebenso *Jaeger* a. a. O. S. 35; *Stein-Jonas* Anm. I 2 vor § 373; *Weipert* § 124 Anm. 17.

[28] Das entspricht nach meinen Beobachtungen heute auch der meist üblichen Praxis der Instanzgerichte. Der Bundesgerichtshof hat zu dieser Frage noch keine Stellung genommen, weil eine Verfahrensrüge gegen diese Praxis bisher vor dem Revisionsgericht noch nicht erhoben worden ist.

schaft findet das Verfahren gegen sie seine Erledigung. Es bleibt dann nur noch die Möglichkeit, diese Erledigung durch eine übereinstimmende Parteierklärung oder durch einen Urteilsspruch auszusprechen. Dabei ist diese Erledigung des Verfahrens gegen die Gesellschaft auf den Fortgang des Prozesses gegen die Gesellschafter ohne jeden Einfluß. Diese bleiben weiterhin, und zwar ein jeder für seine Person, die Beklagten in dem Prozeß, nur daß die zunächst ebenfalls verklagte Gesellschaft als Prozeßbeteiligte ausgeschieden ist.

2. Es liegt nahe, eine völlig entsprechende Regelung dann eingreifen zu lassen, wenn die Gesellschaft allein als Klägerin oder als Beklagte aufgetreten ist und während des Prozesses durch ihre Vollbeendigung fortfällt. Das aber ist weder die Ansicht des Reichsgerichts noch die Ansicht der vielfältigen Meinungen im heutigen Schrifttum. Der Grund hierfür beruht auf der praktisch durchaus einleuchtenden Erwägung, daß ein solches Ergebnis so unbefriedigend wäre, daß man es aus diesem Grunde nicht hinnehmen möchte.

Das Reichsgericht hat sich bei der Entscheidung der hier in Betracht kommenden Frage die Sache m. E. recht leicht gemacht. Es geht von dem Satz aus, daß ,,im Prozeß der Gesellschaft die Gesellschafter (als Gesamtheit, in ihrer Zusammenfassung unter der Firma der Gesellschaft) Prozeßpartei" seien[29]. Daran schließt das Reichsgericht den weiteren Satz, daß mit der Beendigung der Gesellschaft ohne weiteres alle einzelnen Gesellschafter Prozeßpartei werden, ,,weil sie eben in Wahrheit bisher schon immer die Prozeßpartei, nur allerdings unter einer gewissen, jetzt mit Notwendigkeit wegfallenden Modalität, waren"[30]. Dabei ist die Formulierung im einzelnen nicht immer widerspruchsfrei. Während es in RGZ 46, 41 heißt ,,daß mit dem Aufhören der Gesellschaft deren Parteirolle auf die sämtlichen früheren Gesellschafter *übergeht*", und es in RGZ 124, 150 heißt, daß ,,mit der Auflösung der Gesellschaft *an deren Stelle* ohne weiteres die Gesellschafter" treten, wird das in RGZ 141, 281 — im Sinn der reichsgerichtlichen Rechtsprechung wohl richtiger — dahin ausgedrückt, daß die Gesellschafter nach Beendigung der Gesellschaft auch weiterhin Partei ,,bleiben", nur daß sie nicht mehr durch das Band der Gesellschaft zusammengefaßt sind[31]. Mit dieser

[29] RGZ 46, 41.

[30] RGZ 64, 78.

[31] Ähnlich auch RGZ 127, 100; BayObLG NJW 1957, 28: ,,Mit der Auflösung der Gesellschaft werden die Gesellschafter ohne weiteres Partei oder genauer ihre bisher verdeckte Parteirolle tritt offen hervor."

Begründung gab das Reichsgericht in ständiger Rechtsprechung[32] den Weg für die Fortführung des Prozesses durch oder gegen die bisherigen Gesellschafter frei.

Diese Begründung hält jedoch m. E. einer kritischen Nachprüfung nicht stand, abgesehen davon, daß sie in manchen Fällen zu außerordentlich unbilligen Ergebnissen führt. Der Übergang vom Prozeß der Gesellschaft zum Prozeß gegen die Gesellschafter stellt, solange diese noch besteht, eine Klagänderung dar. Das aber kann nicht anders sein, wenn die Gesellschaft während des gegen sie gerichteten Prozesses ihr Ende findet. Alles, was für die Klagänderung während bestehender Gesellschaft spricht, gilt im gleichen Maß, wenn die Gesellschaft beendet wird. Denn auch in diesem Fall bedeutet die Fortführung des Prozesses gegen die einzelnen Gesellschafter, daß damit ein anderer Anspruch mit einem anderen Haftungsgegenstand in den Prozeß eingeführt wird. An die Stelle des Anspruchs gegen die Gesellschaft, zu deren Befriedigung das Gesellschaftsvermögen dient, tritt nunmehr der Anspruch gegen die einzelnen Gesellschafter, für deren Befriedigung der Zugriff auf das Privatvermögen offen steht. Bei dieser Rechtslage ist die Auffassung unvertretbar, daß die Gesellschafter nach Beendigung der Gesellschaft auch weiterhin Partei *bleiben*, nur daß sie nicht mehr durch das Band der Gesellschaft zusammengefaßt sind. Denn sie sind vorher gerade nicht jeder für sich Partei des Prozesses gewesen; auch war der gegen sie persönlich bestehende Haftungsanspruch (§§ 128, 171, HGB) nicht Gegenstand dieses Prozesses.

Das Reichsgericht ist — von seinem Standpunkt folgerichtig — aber noch einen Schritt weitergegangen. Es ist der Meinung, daß das Gericht nach Vollbeendigung der Gesellschaft das Rubrum der Klage von Amts wegen zu berichtigen hat, nämlich dahin, daß nunmehr die einzelnen Gesellschafter als Kläger oder Beklagte aufzuführen sind[33]. Und das Reichsgericht fügt dann noch hinzu, daß sachliche Folgen mit einer solchen Berichtigung nicht verbunden seien. Dieser Satz ist dahin zu verstehen, daß auch ohne eine solche Berichtigung ein gegen die Gesellschaft ergehendes Urteil unmittelbare Wirkung gegen die einzelnen Gesellschafter hat, wenn die Gesellschaft vorher ihr Ende gefunden hat. Damit verlieren die einzelnen Gesellschafter ihre persönlichen Einwendungen (§ 129 HGB); denn das

[32] Zuletzt RG DR 1944, 665.

[33] RGZ 124, 151; DR 1944, 665; vgl. auch OLG Hamburg LZ 1924, 48.

gegen die Gesellschaft ergangene Urteil ist in Wirklichkeit ein Urteil gegen die einzelnen Gesellschafter[34]. Die folgerichtige Fortführung dieser Auffassung bedeutet, daß nunmehr in entsprechender Anwendung der §§ 727ff. ZPO auch das auf den Namen der Gesellschaft lautende Urteil auf den Namen der Gesellschafter umgestellt werden kann und daß damit ohne weiteres die Zwangsvollstreckung in das Privatvermögen der Gesellschafter ermöglicht wird[35]. Mit dieser Folgerung ist der allgemein anerkannte Grundsatz von der Verschiedenheit der Klage gegen die Personalhandelsgesellschaft und der Klage gegen die einzelnen Gesellschafter auch für das Zwangsvollstreckungsverfahren aufgegeben. Daß dieses Ergebnis offenbar unbillig und sachlich nicht gerechtfertigt ist, kann m. E. nicht zweifelhaft sein. Denn es läßt sich kein irgendwie verständlicher sachlicher Grund dafür anführen, warum die einzelnen Gesellschafter den unter Umständen folgeschweren Verlust ihrer persönlichen Einwendungen hinnehmen müssen. Sie werden, wie ich meine, bei dieser rechtlichen Beurteilung einfach das Opfer einer begrifflichen Deduktion.

Das Bedenkliche dieser Auffassung tritt im Schrifttum, soweit es dem Reichsgericht folgt, noch deutlicher hervor, weil hier in den Formulierungen der innere Widerspruch noch klarer hervortritt. So erkennen *Düringer-Hachenburg*[36] richtig, daß die Klage gegen die Gesellschafter mit der ursprünglich erhobenen Klage gegen die Gesellschaft nicht identisch ist, daß sie eine Erweiterung und insofern eine neue Klage darstellt, sie halten es jedoch gleichwohl für möglich, daß nach der Vollbeendigung der Gesellschaft das Rubrum der Klage von Amts wegen auf den Namen der Gesellschafter umgestellt werde, und daß selbst ohne eine solche Berichtigung des Rubrums das Urteil gegen die Gesellschafter als Einzelpersonen wirke[37]. Für einen derartigen Widerspruch vermag ich eine Erklärung nicht mehr zu finden. Eine Berichtigung des Rubrums von Amts wegen, die inhaltlich eine Klagänderung herbeiführt, kennen wir nicht; sie ist ein unauflösbarer Widerspruch in sich selbst. Denn nur eine Änderung der Parteibezeichnung, nicht aber eine Änderung des subjektiven Klaggrundes kann Gegenstand einer Berichtigung

[34] RGZ 64, 80; 124, 150.

[35] So auch *Düringer-Hachenburg* § 124 Anm. 17; *Sänger* JW 1929, 1578; vgl. dazu auch RG DR 1944, 665; *Schlegelberger-Geßler* § 124 Anm. 27.

[36] § 124 Anm. 15.

[37] § 124 Anm. 17; ähnlich auch *Schlegelberger-Geßler* § 124 Anm. 27.

des Klagrubrums sein. Auch ist eine Klagänderung ohne einen entsprechenden neuen Klagantrag nicht denkbar.

Gegenüber der Rechtsauffassung, wie sie der Rechtsprechung des Reichsgerichts zugrunde liegt, ist aber noch auf einige weitere Bedenken hinzuweisen. Es bleibt bei dieser Auffassung unklar, was aus einem Prozeß wird, der gleichzeitig, womöglich an einem anderen Gericht, gegen einzelne Gesellschafter wegen derselben Gesellschaftsverbindlichkeit anhängig ist. Auch stößt die folgerichtige Durchführung der reichsgerichtlichen Auffassung zu unauflöslichen Schwierigkeiten, wenn es sich um einen Prozeß eines Gesellschafters gegen seine Gesellschaft handelt[38]. Darüber hinaus sieht sich das Reichsgericht zu der sachlich ebenfalls nicht vertretbaren Folgerung veranlaßt, daß die namens der Gesellschaft erteilte Prozeßvollmacht nunmehr auch gegen die einzelnen Gesellschafter fortwirkt[39]. Das bedeutet, daß die von dem vertretungsberechtigten Gesellschafter erteilte Vollmacht nunmehr die einzelnen Gesellschafter persönlich bindet und daß damit die gesellschaftsrechtliche Vertretungsmacht (§ 125 HGB) über die Sphäre der Gesellschaft hinausgreift. Die insoweit zur Begründung herangezogene Bestimmung des § 86 ZPO gibt hierfür keine ausreichende Rechtfertigung, zumal sie einen Fall der subjektiven Klagänderung nicht mitumfaßt.

3. Diese Bedenken gegen die Rechtsprechung des Reichsgerichts und gegen die wohl noch immer herrschende Auffassung im Schrifttum nötigen m. E. dazu, die Möglichkeit einer einfachen Fortsetzung des gegen die Gesellschaft eingeleiteten Prozesses gegen die einzelnen Gesellschafter im Fall einer Vollbeendigung der Gesellschaft zu verneinen. Ähnlich wie in dem Fall, in dem die Gesellschaft und die einzelnen Gesellschafter persönlich verklagt werden, führt auch hier die Vollbeendigung der Gesellschaft zu einer Erledigung in der Hauptsache. Denn auch eine Fortführung des Prozesses gegen die Gesellschaft ist nicht mehr möglich, da sie nicht mehr vorhanden ist[40].

---

[38] Hierauf haben schon *Jaeger* a. a. O. S. 56 und *de Boor* a. a. O. S. 73 aufmerksam gemacht.

[39] RGZ 124, 150; DR 1944, 665; ebenso OLG Hamburg OLGE 17, 182; *Düringer-Hachenburg* § 124 Anm. 14; *Weipert* § 124 Anm. 33; *Schlegelberger-Geßler* § 124 Anm. 27; a. M. *Ritter* § 124 Anm. 4 m.

[40] Die von *Jaeger* a. a. O. S. 57 für möglich gehaltene Fiktion ihres Fortbestehens zum Zweck der Durchführung des Prozesses findet m. E. weder im materiellen Recht noch im Prozeßrecht eine irgendwie geeignete und ausreichende Grundlage. Eine solche Fiktion ist nur dann möglich, wenn

Es ist nicht zu verkennen, daß diese Beurteilung zu einem praktisch unbefriedigenden Ergebnis führen würde, wenn der Gesellschaftsgläubiger dadurch gezwungen würde, nunmehr einen neuen Prozeß gegen die einzelnen Gesellschafter anzustrengen, und wenn damit die Beweiserhebungen des bisherigen Prozesses gegenstandslos würden. Diese Folgerung ist jedoch m. E. nicht zwingend. Die Bedenken, die sich gegen die Rechtsprechung des Reichsgerichts richten, beruhen im wesentlichen auf der Tatsache, daß der Übergang vom Gesellschaftsprozeß zum Gesellschafterprozeß eine Klagänderung darstellt und daß er sich deshalb auch bei einer Vollbeendigung der Gesellschaft nicht ipso iure vollziehen kann. Damit ist aber nicht gesagt, daß diese Klagänderung nach Vollbeendigung der Gesellschaft nicht durch eine entsprechende prozessuale Erklärung des Klägers vorgenommen werden könnte. Eine solche Klagänderung setzt nur einen entsprechenden Antrag des Klägers voraus. Für ihre Zulassung wird es im allgemeinen ohne entscheidende Bedeutung sein, ob man in ihr eine solche im Sinn des § 268 Nr. 3 ZPO erblickt[41] oder nicht. Denn auch dann, wenn man das verneint, wird das Prozeßgericht eine dahingehende Klagänderung im Regelfall als sachdienlich ansehen und trotz eines etwaigen Widerspruchs des Prozeßgegners zulassen müssen. Bei einer solchen Klagänderung ist es dem Kläger auch möglich, den Prozeß nur gegen einzelne der bisherigen Gesellschafter fortzuführen, wenn er das mit Rücksicht auf die voraussichtliche Realisierung seines Anspruchs in der Zwangsvollstreckung oder mit Rücksicht auf etwaige persönliche Einwendungen einzelner Gesellschafter für richtig hält[42]. Damit wird den schutzwerten Belangen des Klägers (Gesellschaftsgläubigers) in ausreichendem Umfang Rechnung getragen. Andererseits werden auf diesem Wege auch die schutzwerten Belange der einzelnen Gesellschafter hinreichend gewahrt, da sie nunmehr die Möglichkeit haben, ihre persönlichen Einwendungen gegenüber den Gesellschaftsgläubigern vorzubringen und damit gegebenenfalls ihre persönliche Inanspruchnahme wegen der Gesellschaftsverbindlichlichkeit zu verhindern.

---

der Streit der Parteien die Frage betrifft, ob die Vollbeendigung der Gesellschaft eingetreten und diese deshalb nicht mehr vorhanden ist (vgl. dazu BGH WM 1957, 708).

[41] So *Düringer-Hachenburg* § 124 Anm. 14; *Ritter* § 124 Anm. 4 m; *Schlegelberger-Geßler* § 124 Anm. 27.

[42] Vgl. dazu auch *de Boor* a. a. O. S. 74ff.

Zweifel könnten sich bei dieser Lösung nur ergeben, wenn die Beendigung der Gesellschaft nach der letzten mündlichen Verhandlung vor dem Berufungsgericht eingetreten ist und nun die Frage auftaucht, wie in einem solchen Fall vor dem Revisionsgericht zu verfahren ist. Denn für eine Klagänderung vor dem Revisionsgericht ist dann kein Raum mehr[43]. Andererseits kann aber auch eine Sachentscheidung zugunsten oder zu Lasten der Gesellschaft nicht mehr ergehen, weil die Gesellschaft nicht mehr besteht und diese neue Tatsache auch in der Revisionsinstanz Berücksichtigung finden muß. Um diesen Unzuträglichkeiten zu entgehen, die sich aus den Besonderheiten des Revisionsverfahrens ergeben, sollte das Revisionsgericht in einem solchen Fall, das Berufungsurteil aufheben — denn es kann mit der Sachentscheidung für oder gegen die Gesellschaft nicht bestätigt werden — und die Sache an das Berufungsgericht zurückverweisen, damit die nunmehr notwendig gewordenen neuen (sachdienlichen) Anträge gestellt werden können. Ein solches Verfahren vor dem Revisionsgericht wird auch in anderen Fällen aus rein praktischen Gründen hingenommen. Die Berücksichtigung eines Wiederaufnahmegrundes[44] oder die Berücksichtigung einer Gesetzesänderung[45] in der Revisionsinstanz, die zur Aufhebung des Berufungsurteils und zur Feststellung neuer Tatsachen nötigt, ist im Grunde genommen nichts anderes. Auch hier wird es aus prozeßökonomischen Gründen für notwendig erachtet, durch eine entsprechende Entscheidung des Revisionsgerichts eine sachgerechte Beendigung des anhängigen Prozeßverfahrens zu ermöglichen und diese nicht an einer überspitzten Berücksichtigung der Besonderheiten des Revisionsverfahrens scheitern zu lassen. Deshalb halte ich es auch für möglich, im Fall einer Beendigung der Gesellschaft nach der letzten mündlichen Verhandlung vor dem Berufungsgericht durch eine entsprechende Entscheidung des Revisionsgerichts noch die Möglichkeit für eine Klagänderung vor dem Berufungsgericht zu gewähren[46].

4. Einige Besonderheiten, die sich aus der Art der Beendigung der Personalhandelsgesellschaft ergeben, bedürfen hier noch der Erörterung. Findet die Gesellschaft dadurch ihr Ende, daß im Liquidationsverfahren das Handelsgeschäft mit Aktiven und Passiven

---

[43] BGHZ 26, 37 m. w. N.

[44] BGHZ 3, 65; 18, 59.

[45] BGHZ 9 101 m. w. N.

[46] Im Ergebnis ebenso *de Boor* a. a. O. S. 75.

an einen Dritten (Gesellschafter) veräußert wird, so kann für einen solchen Fall nichts Abweichendes gelten. Insbesondere tritt der Erwerber des Handelsgeschäfts nicht ohne weiteres als Rechtsnachfolger der Gesellschaft in den Prozeß ein. Es handelt sich hierbei um einen Sachverhalt, wie er in § 265 ZPO geregelt ist. Die Tatsache, daß bei einer solchen Veräußerung das ganze Vermögen der Gesellschaft den Gegenstand des Rechtserwerbs bildet, kann hieran nichts ändern. Es gilt insoweit das gleiche, wie wenn eine Einzelperson durch Rechtsgeschäft unter Lebenden ihr ganzes Vermögen auf einen Dritten überträgt. Das bedeutet, daß der Erwerber des Handelsgeschäfts nur mit Zustimmung des Prozeßgegners in den Prozeß eintreten kann. Das entspricht auch der Rechtsprechung des Reichsgerichts und der wohl einhelligen Ansicht im Schrifttum.

Anders ist es dagegen, wenn das Handelsgeschäft mit Aktiven und Passiven auf den zuletzt verbleibenden Gesellschafter gemäß § 142 HGB übergeht. Das ist freilich außerordentlich umstritten. Das Reichsgericht wendet auch in diesem Fall den § 265 ZPO an[47]. Diese Auffassung erweckt aber schon vom materiellrechtlichen Standpunkt aus Bedenken. Für das Anwendungsgebiet des § 142 HGB gilt in gleicher Weise wie für das Ausscheiden einzelner Gesellschafter das Anwachsungsprinzip. Demzufolge vollzieht sich auch bei der Übernahme der Rechtsübergang von selbst und durch einen einheitlichen Akt, ohne daß es dazu im einzelnen irgendwelcher Übertragungsakte bedarf[48]. Schon dieser Umstand legt es nahe, für das Gebiet des Prozeßrechts auch die Grundsätze anzuwenden, die bei dem Ausscheiden einzelner Gesellschafter gelten. Denn es erscheint innerlich nicht gerechtfertigt, beim Ausscheiden einzelner Gesellschafter einem Prozeß gegen die Gesellschaft in der Weise Fortgang zu geben, daß er sich weiterhin nur gegen das Gesellschaftsvermögen (oder die jeweiligen Träger des Gesellschaftsvermögens) richtet, beim Ausscheiden des vorletzten Gesellschafters (Übernahmetatbestand) aber auf einmal andere Gesichtspunkte eingreifen zu lassen. Auch hier sollte mit Rücksicht auf das Anwachsungsprinzip der Grundsatz Anerkennung finden, daß der Gesellschaftsprozeß ohne weiteres mit Wirkung für und gegen den nunmehrigen (alleinigen) Träger des Gesellschaftsvermögens Fortgang nimmt.

---

[47] RG WarnRspr. 1915 Nr. 35; RGZ 141, 282.
[48] RGZ 65, 237; 68, 414; 136, 99.

Dieser Auffassung entspricht auch die Regelung der Zivilprozeßordnung. Die Vorschrift des § 265 ZPO erfaßt nicht den Tatbestand der Übernahme gemäß § 142 HGB. Mag man auch mit der Rechtsprechung den Begriff der Rechtsnachfolge im Sinn des § 265 ZPO recht weit fassen[49] und ihn nicht auf den Fall der rechtsgeschäftlichen Übertragung des Streitgegenstandes beschränken, so kann nach dem Sinn dieser Vorschrift jedenfalls eine Gesamtrechtsnachfolge darunter nicht verstanden werden[50]. Die Vorschrift des § 265 ZPO setzt voraus, daß der Streitgegenstand von einem Vermögen in ein anderes hinüberwechselt, erfaßt jedoch nicht auch den Fall, daß ein Vermögen im Wege der Gesamtnachfolge in ein anderes aufgeht. Das ist für die Erbfolge kanz klar, gilt aber auch für die Auflösung einer juristischen Person, sofern ihr Vermögen im Wege der Gesamtnachfolge auf ein anderes Rechtssubjekt übergeht[51]. Für die Personalhandelsgesellschaft kann im Fall des § 142 HGB nichts anderes gelten. Oder sollte es dieser Hinsicht einen Unterschied begründen, ob dem verbleibenden Gesellschafter das Handelsgeschäft auf Grund eines rechtskräftigen Urteils nach § 142 HGB zufällt oder ob er als Erbe seines Mitgesellschafters nunmehr das Gesellschaftsvermögen zu Alleineigentum erwirbt?[52] Auch die Übernahme gemäß § 142 HGB führt als Gesamtsrechtsnachfolge wie die Erbfolge und die Fusion juristischer Personen einen Parteiwechsel herbei, wie er in den §§ 239 ff. ZPO vorausgesetzt ist[53]. Das bedeutet, daß in den Gesellschaftsprozeß nunmehr der Übernehmer als Rechtsnachfolger eintritt. Das Klagrubrum ist — von Amts wegen — entsprechend zu berichtigen. Ein unbilliger Nachteil erwächst dem Übernehmer dadurch nicht. Persönliche Einwendungen, die er vor der Beendigung der Gesellschaft gehabt haben mag, sind infolge der Übernahme des Geschäfts mit Aktiven und Passiven gegenstandslos geworden; der Übernehmer hat die Gesellschaftsschuld nunmehr als eine persönliche Schuld zu begleichen.

---

[49] RGZ 109, 48; 121, 381.

[50] Vgl. RG JW 1927, 3006; *Rosenberg* a. a. O. § 101 II 3; *de Boor* JZ 1951, 451.

[51] RGZ 56, 332; JW 1932, 175.

[52] *Jaeger* a. a. O. S. 51 unterscheidet insoweit, indem er den ersten Tatbestand als Rechtsnachfolge im Sinn des § 265 ZPO, den zweiten als einen Parteiwechsel nach §§ 239, 246 ZPO behandelt.

[53] Richtig *Wieland* Handelsrecht I S. 823; *de Boor* a. a. O. S. 72; *Rosenberg* a. a. O. § 42 III 2 a.

Der hier vertretenen Auffassung kann m. E. auch nicht entgegengehalten werden, daß sie den Prozeßgegner der Gesellschaft unbillig belastet, indem sie ihm den Übernehmer als Prozeßgegner aufzwingt. Denn sein Prozeßgegner ist nach wie vor der Träger des Gesellschaftsvermögens. Insoweit ist kein grundlegender Unterschied zu dem Fall gegeben, in dem während eines Gesellschaftsprozesses einzelne Gesellschafter aus der Gesellschaft ausscheiden und andere in sie eintreten. Auch das kann der Prozeßgegner der Gesellschaft in einem Gesellschaftsprozeß niemals verhindern, mag sich dadurch auch — etwa für die Frage der Partei — oder Zeugenvernehmung — manches für die Fortführung des Prozesses grundlegend ändern. Auch kostenrechtliche Bedenken lassen sich hier nicht geltend machen. Wie bei jeder Gesamtnachfolge wird durch den dadurch herbeigeführten Parteiwechsel die etwaige Haftung für die Prozeßkosten nicht verkürzt. Für sie steht dem Prozeßgegner nach wie vor das Gesellschaftsvermögen, nunmehr sogar zusammen mit dem Privatvermögen des Übernehmers, zur Verfügung. Auch in dieser Hinsicht wird der offenbare Unterschied zu dem Tatbestand der Einzelrechtsnachfolge (§ 265 ZPO) deutlich.

LEITUNGEN AUF FREMDEN GRUNDSTÜCKEN

Von Paul Gieseke, Bonn

Anfangs handelte es sich nur um *Wasserleitungen* zwecks Entwässerung und Bewässerung. Schon Plato hat mit Bezug auf sie von den „alten trefflichen Gesetzen" gesprochen, die nicht verdienten, in Vergessenheit zu geraten und hat dabei wohl die Bestimmungen des attischen Rechts im Auge gehabt[1]. Noch wichtiger war das Recht solcher Leitungen natürlich in Mesopotamien, in Ägypten und anderen tropischen und subtropischen Ländern. Die Wasserleitungen für die Versorgung der Städte kamen später hinzu. Wasser — rein oder verunreinigt — war in der Vergangenheit der einzige Stoff, der sich fortleiten ließ. Das ist *mit der Entwicklung der Technik anders geworden.* Fernmeldeleitungen durchziehen Stadt und Land. Für die Versorgung mit Gas und Elektrizität gibt es heute Leitungen und Leitungsnetze, deren Längen — viele Tausende von Kilometern — diejenigen der Wasserleitungen bei weitem übertreffen. Ihnen gegenüber treten Be- und Entwässerungsleitungen an Größe noch mehr in den Hintergrund. In neuester Zeit haben auch die Leitungen für Heizwärme und Dampf größere Bedeutung bekommen. Ölleitungen befördern das Öl vom Gewinnungsort zum Hafen oder vom Hafen zum Platz seiner Verarbeitung; auch in Deutschland sind bekanntlich solche Leitungen im Bau oder projektiert. Dazu kommen schließlich Leitungen für Sonderzwecke (Druckluft, Wasserstoff und andere gasförmige oder flüssige Stoffe), die zwar keine so unübersehbare Zahl von Grundstücken in Anspruch nehmen wie die zuerst erwähnten, aber gleichfalls vielfach „auf fremden Grundstücken" bestehen.

Ein Rechtsinstitut, das einer typischen Interessenlage entsprungen ist, kann für eine völlig andere weder Wert noch Geltung

[1] Gesetze, 8. Buch, 844a, dazu *Apelt*, Platon Gesetze, 2. Bd. S. 531 Anm. 49.

beanspruchen, mag der äußere Tatbestand auch in beiden Fällen ähnlich sein. Bei der abstrakten Formulierung unserer deutschen Gesetze besteht die Gefahr, daß das manchmal übersehen wird. Bei „Leitungen auf fremden Grundstücken" denkt man nur zu leicht allein an eine *Dienstbarkeit* (Grunddienstbarkeit oder beschränkte persönliche Dienstbarkeit), die darauf gerichtet ist, diese Grundstücke für die Durchleitung eines Stoffes oder der elektrischen Energie zu benutzen und zu diesem Zweck eine „Anlage" darauf zu unterhalten. Die folgenden Ausführungen sollen *an einer Reihe von Beispielen zeigen, in welchen mancherlei Rechtsformen, die meist von der einer Dienstbarkeit abweichen, solche Durchleitungsrechte heute vorkommen, welche besonderen Probleme bei ihnen auftauchen und wie man sie zu lösen versucht hat.* Sie sollen einen Blick in die Entwicklung des Zivilrechts eröffnen. *Justus Wilhelm Hedemann*, dem diese Festschrift gewidmet ist, hat sich mit ihr immer wieder beschäftigt, und so mag dieser Beitrag, wenn er auch nur ein eng begrenztes Gebiet behandelt, ihm zu seinem 80. Gebutrstag dargebracht werden.

I

Bei der Schaffung des BürgerlichenGesetzbuchs dürfte man davon ausgegangen sein, daß die *Grunddienstbarkeit* die geeignetste Rechtsform für ein Durchleitungsrecht sei. Heute übliche Dienstbarkeiten umfassen drei Hauptgruppen von Rechten: das Recht, auf dem belasteten Grundstück eine Leitung bestimmter Art zu legen, zu betreiben und zu unterhalten, das Recht, das belastete Grundstück zur Überwachung der Leitung jederzeit betreten zu lassen, die Verpflichtung, auf einem Schutzstreifen bestimmter Breite über oder unter der Leitung keine Gebäude zu errichten, keine Bäume zu pflanzen, keine andere als landwirtschaftliche Nutzung zu treiben, keine Einwirkungen vorzunehmen, die den Bestand der Leitung gefährden usw. — Natürlich war und ist es nicht ausgeschlossen, ein solches Recht in die Form einer *beschränkten persönlichen Dienstbarkeit* zu kleiden. Da sich deren Umfang nur im Zweifel nach dem persönlichen Bedürfnis des Berechtigten bestimmt (§ 1091), kann er auch anders, z. B. nach dem für ein Unternehmen Erforderlichen, bestimmt werden. Aber eine persönliche Dienstbarkeit erlischt mit dem Tod des Berechtigten (§ 1090 Abs. 2 mit § 1061) und ist unübertragbar (§ 1092 Abs. 1). Letzteres galt zunächst auch für juristische Personen ausnahmslos; es ist erst 1935 geändert worden (jetzt § 1092 Abs. 2 mit §§ 1059 a—d). — Schließlich war und ist es auch möglich, durch bloßen *schuldrechtlichen Vertrag* ein Durchleitungsrecht mit dem oben angegebenen Inhalt zu begründen. Ein solcher Vertrag fällt zwar unter keinen der im Recht der Schuldverhältnisse behandelten Typen; aber in diesem besteht ja Typenfreiheit. Höchstens kann zweifelhat sein, ob nicht das für die Miete nach 30 Jahren bestehende Kündigungsrecht (§ 567) auch hier gilt.

In allen diesen Fällen (Grunddienstbarkeit, beschränkte persönliche Dienstbarkeit, schuldrechtliches Verhältnis) entstehen die Benutzungsrechte *auf der Grundlage der Abschlußfreiheit*. Der Gedanke eines *Kontrahierungszwangs* ist dem BGB hier fremd. Eine Sonderstellung nahmen schon nach dem Telegraphenwegegesetz vom 18. 12. 1899 (RGBl. 705) die Fernmeldeleitungen ein. Nicht nur Verkehrswege können auf Grund des Gesetzes für sie benutzt werden (§ 1), sondern auch andere Grundstücke, diese allerdings nur im Luftraum (§ 12). Ein Bedürfnis, Grundstückseigentümer zur Duldung von Leitungen zu zwingen, stellte sich aber auch in verschiedenen anderen Fällen heraus. Teils kann ihm nur dadurch abgeholfen werden, daß im Wege der Enteignung Dienstbarkeiten begründet werden, teils gibt es gewisse Sondermöglichkeiten, die im folgenden ausführlicher zu erörtern sind.

Ehe darauf eingegangen wird, wie sich die Verwendung der hiernach zur Verfügung stehenden privatrechtlichen Rechtsinstitute in der Praxis gestaltet, muß die grundsätzliche Frage beantwortet werden, ob es *wirklich in allen Fällen ein privatrechtlicher Akt* ist, wenn die Benutzung eines Grundstücks zur Durchleitung zugelassen wird. Sie betrifft vor allem die im Eigentum öffentlich-rechtlicher Körperschaften stehenden öffentlichen Sachen (Straßen, Gewässer, Eisenbahnen), und zwar hier sowohl Kreuzung wie Längsverlegung.

Es ist hier nicht möglich, die Probleme des Rechts der öffentlichen Sachen und insbesondere des Wegerechts im einzelnen zu erörtern; das würde den Rahmen dieses Beitrags sprengen. Es soll nur über einige Gestaltungen und Regelungen von allgemeiner Bedeutung referiert werden, die die Mannigfaltigkeit des ganzen Leitungsrechts zeigen. Vor allem muß ich darauf verzichten zu zeigen, wie sich Rechtsprechung und Schrifttum allmählich entwickelt haben.

Das bekannteste Beispiel für die privatrechtliche Auffassung von Verträgen über die Verlegung von Leitungen bilden wohl die als „*Konzessionsverträge*" bezeichneten Wegebenutzungsverträge von Gebietskörperschaften mit Energieversorgungsunternehmen. Die in ihnen enthaltenen Bestimmungen über ausschließliche Benutzung, Konzessionsabgaben usw. haben entscheidende Bedeutung für die Struktur der heutigen deutschen Energiewirtschaft gehabt. Sie waren nur möglich durch die Anwendung des das Privatrecht beherrschenden Grundsatzes der Vertragsfreiheit. Ihre dauernde große Bedeutung für die Energiewirtschaft geht auch daraus hervor, daß § 103 Nr. 2 des Gesetzes gegen Wettbewerbsbeschränkungen Wegebenutzungsverträge mit Ausschließlichkeitsklauseln nicht verbietet, sondern nur der Mißbrauchsaufsicht der Kartellbehörden unterstellt.

Für *Bundesautobahnen und Bundesstraßen* ist eine gesetzliche Regelung in § 8 des Bundesfernstraßengesetzes vom 6. 8. 1953 (BGBl. I 903) enthalten. Er behandelt ihre Benutzung unter zweierlei Gesichtspunkten: Wenn ein über den Gemeingebrauch hinausgehender Gebrauch (Sondernutzung) den Gemeingebrauch nicht beeinträchtigt, richtet sich die Einräumung des Rechts dazu nach bürgerlichem Recht (Abs. 10), dabei bleibt eine Beeinträchtigung von nur kurzer Dauer für Zwecke der öffentlichen Versorgung außer Betracht. Es genügt also ein Benutzungsvertrag mit dem Eigentümer. In allen anderen Fällen bedarf eine Sondernutzung dagegen der (öffentlich-rechtlichen) Erlaubnis der Straßenbaubehörde, in Ortsdurchfahrten der Gemeinde (Abs. 1). Zu den Benutzungen, die den Gemeingebrauch nicht beeinträchtigen, gehören Leitungen im Straßenkörper[2]; ihre Zulassung ist daher privatrechtlich. Bei Freileitungen hängt es von der Höhe ab, ob sie den Gemeingebrauch, d. h. den Verkehr (§ 7 Abs. 1) nicht beeinträchtigen, und deshalb nur bürgerlichem Recht unterliegen. Die Vorschriften über Sondernutzungen gelten für die vor Inkrafttreten des Gesetzes durch bürgerlich-rechtliche Verträge vereinbarten von dem Zeitpunkt ab, zu dem die Verträge erstmals nach dem Inkrafttreten des Gesetzes kündbar sind (§ 24 Abs. 12).

Die Regelung im Bundesfernstraßengesetz hat derjenigen des *Bayerischen Straßen- und Wegegesetzes* vom 11. 7. 1958 (BayerGVBl. S. 147) als Vorbild gedient; doch enthält diese einige be-

---

[2] Allg. Runderl. Straßenbau Nr. 8/58, *Eiser-Riederer*, Energiewirtschaftsrecht V S. 18f.

merkenswerte Abweichungen. Die Sonderbenutzung der Straßen bedarf hier der Erlaubnis des Trägers der Straßenbaulast, wenn durch sie der Gemeingebrauch beeinträchtigt werden *kann* (Art. 18 Abs. 1). Liegt diese Voraussetzung nicht vor, so „richtet sich die Einräumung von Rechten zur Benutzung . . . nach bürgerlichem Recht" (Art. 22 Abs. 1). Ausdrücklich ist bestimmt, daß die Benutzung der Straßen für Zwecke der öffentlichen Versorgung sich stets nach bürgerlichem Recht regelt, es sei denn, daß der Gemeingebrauch nicht nur für kurze Dauer beeinträchtigt wird (Art. 22 Abs.2). Die Übergangsvorschrift des Art. 69 Abs. 2 stimmt mit § 24 Abs. 12 FStrG überein.

Für Leitungen, die *Bundesbahngelände* kreuzen, bestehen verschiedene „Richtlinien" der Deutschen Bundesbahn. In denjenigen über Kreuzungen der Starkstromleitungen von Elektrizitätsversorgungsunternehmen mit Bundesbahngelände von 1956[3] ist eine Wandlung von öffentlich-rechtlicher zu privatrechtlicher Auffassung erkennbar. Bis zu diesem Zeitpunkt erteilte die Bundesbahn das Recht zur Durchführung einer Leitung durch eine „Verleihungsurkunde" oder schloß darüber einen hoheitlichen „Gestattungsvertrag" ab. Demgegenüber betonen die 1956 von ihr mit der Vereinigung Deutscher Elektrizitätswerke vereinbarten Richtlinien, daß . . . „nicht mehr von dem Gesichtspunkt hoheitlicher Verleihung oder Gestattung, sondern von dem Grundsatz der Gleichberechtigung beider Parteien ausgegangen" werde[4]. Es wird damit begründet, daß die Stromversorgung der Allgemeinheit inzwischen eine öffentliche Bedeutung erlangt habe, die bei der Abgrenzung der Rechte und Pflichten der Vertragspartner habe berücksichtigt werden müssen. Das hätte allerdings wohl eher die Rechtsfigur eines öffentlich-rechtlichen Vertrages gerechtfertigt. (Übrigens pflegen die Elektrizitäts-Versorgungsunternehmen sonst meist keinen besonderen Wert darauf zu legen, daß ihre Tätigkeit als Daseinsvorsorge und Erfüllung einer öffentlichen Aufgabe bezeichnet wird[5].) Es fragt sich nun, wie künftig die Kreuzung von Bahngelände durch Starkstromleitungen der industriellen Eigenversorgung behandelt wird. — Die *Gaskreuzungs-*

[3] Abgedruckt bei *Sachs*, Stromkreuzungs-Richtlinien 1956, ElWirtsch.1958 S. 383.

[4] EinfBest. Nr. 2 Satz 2.

[5] Siehe zu dieser Frage: *Fischerhof*, Öffentliche Versorgung mit Wasser, Gas, Elektrizität u. öffentliche Verwaltung, DÖV 1957 S. 305.

richtlinien von 1948[6], die nicht nur für Gasleitungen der öffentlichen Versorgung gelten, waren in der Konstruktion eines „Kreuzungsvertrages" schon vorausgegangen. Beide Richtlinien sehen bei Streitigkeiten aus dem Kreuzungsvertrag den ordentlichen Rechtsweg vor (§ 30 StarkstrR, § 16 GasR).

Nicht zweifelsfrei ist die Rechtslage bei der Gestattung von Kreuzungen der *Bundeswasserstraßen.* Nach einer Auffassung, die der gegenwärtigen Rechtslage wohl mehr entspricht, über deren Richtigkeit de lege ferenda man aber zweifeln kann, wird dafür nebeneinander ein privatrechtlicher Vertrag über die Benutzung des dem Bund zustehenden Eigentums abgeschlossen und eine ordnungsbehördliche Erlaubnis gemäß den Landeswassergesetzen erteilt[7]. Nach der anderen Auffassung ist auch die Genehmigung zur Eigentumsbenutzung hoheitsrechtlich. Die von der Reichswasserstraßenverwaltung als innerdienstliche Verwaltungsvorschriften erlassenen Wasserstraßen-Kreuzungsvorschriften für fremde Starkstromanlagen[8] und für fremde Rohrleitungen[9], die auch heute noch gelten, nehmen nicht ganz eindeutig Stellung. Der Ausdruck „Vertrag" wird bei der Gestattung einer Kreuzung der Wasserstraße sorgfältig vermieden (für die Benutzung anderen Geländes der Wasserstraßenverwaltung sind dagegen Pacht- und Mietverträge ausdrücklich vorgesehen, § 12 Abs. 3 RohrkrKV). Die Wasserstraßenverwaltung erteilt vielmehr auf Grund der ihr eingereichten „Unterlagen" eine jederzeit widerrufliche „Genehmigung", auf die der Inhaber jederzeit verzichten kann, und stellt darüber eine „Genehmigungsurkunde" aus. Die Richtlinien arbeiten also mit Begriffen, die dem Privatrecht völlig fremd sind. Auf der anderen Seite bezeichnet § 3 Abs. 4 RohrkrKV diese Genehmigung als „privatrechtlich" zum Unterschied von der für die Kreuzung auch erforderlichen „polizeilichen". Schließlich regeln § 13 StarkstrKV, § 14 RohrkrKV die örtliche Zuständigkeit der Gerichte, „soweit (!) auf Grund der erteilten Genehmigung im ordentlichen Rechtsweg Ansprüche geltend gemacht werden

[6] *Eiser-Riederer* V S. 70.

[7] So *Eiser-Riederer* V S. 81 ff. Darüber, daß das Eigentum des Bundes privatrechtlich aufzufassen ist, siehe *Gieseke-Scheuner,* Die Zuständigkeit zur Verwaltung der Bundeswasserstraßen (Das Recht der Wasserwirtschaft, Heft 3) S. 16.

[8] *Eiser-Riederer* V S. 86 ff.

[9] *Eiser-Riederer* V S. 97 a ff.

können". Im ganzen scheint also die hoheitsrechtliche Auffassung zu überwiegen. Die Rechtsprechung ist nicht einheitlich. Ein Urteil des Landgerichts Heilbronn vom 18. 10. 1956 hat eine Klage auf Zahlung von Anerkennungsgebühren für Überquerung einer Bundeswasserstraße durch eine Rohrleitung als im ordentlichen Rechtsweg unzulässig abgewiesen[10]. Dagegen haben ein unveröffentlichtes Urteil des Landgerichts Essen vom 20. 12. 1957, 1 S 185/57, und ein Urteil des Landgerichts Stuttgart vom 11. 7. 1957[11] den privatrechtlichen Charakter derartiger Ansprüche bejaht.

Auf eine dingliche Sicherung kommt es nicht an, wenn damit zu rechnen ist, daß der Eigentümer des benutzten Grundstücks nicht wechseln wird. Das spielt praktisch besonders für die lokalen Versorgungsleitungen eine große Rolle, werden sie doch, soweit es sich nicht um die Hausanschlüsse handelt, normalerweise in den Straßen verlegt. Zwischen Gemeinde und Versorgungsunternehmen werden über deren Benutzung nur schuldrechtliche Verträge abgeschlossen. Ebenso sind die Verträge über Kreuzungen von Leitungen mit Bundesbahnlinien, Bundeswasserstraßen, Autobahnen, wenn sie dem Privatrecht angehören, nur schuldrechtlicher Natur. Die schon erwähnten Richtlinien für die Kreuzung von Bundesbahngelände mit Starkstrom- und Gasleitungen bieten interessante Beispiele, für welche Fälle eine nur schuldrechtliche Vereinbarung nicht als ausreichend angesehen wird. In ihnen wird ausdrücklich vereinbart, daß die Deutsche Bundesbahn für die Leitung keine Dienstbarkeit bestellt. Will sie aber das Eigentum an einem für die Leitung in Anspruch genommenen Grundstück einem Dritten übertragen, muß sie vorher für das Versorgungsunternehmen eine beschränkte persönliche Dienstbarkeit bestellen. Ähnlich ist die Regelung in Abschn. I 4 der formularmäßigen Vereinbarungen, die der Zweckverband Bodenseewasserversorgung über seine Fernwasserleitung Bodensee—Stuttgart mit Gemeinden geschlossen hat. (Dagegen hat er sich von privaten Grundstückseigentümern eine persönliche Dienstbarkeit bestellen lassen.) — Schließlich ist in zahlreichen Fällen das *Interesse des Grundstückseigentümers an dem Vorhandensein der Leitung* so groß, daß kein Erwerber des Grundstücks daran denken würde, nicht in den Vertrag über die Leitung einzutreten (Anschlüsse an das Netz der Versor-

[10] DÖV 1958 S. 230 mit Anmerkung von *Fonk* (ablehnend).
[11] DÖV 1958 S. 637 mit Anmerkung von *Fonk* (zustimmend).

gungsleitungen). Hier wäre die Bestellung einer Dienstbarkeit unnötig. — Das Hauptanwendungsgebiet der Dienstbarkeiten sind danach *die großen querfeldein geführten Fernleitungen über die Grundstücke privater Eigentümer* (Elektrizität, Wasser, Gas, Öl usw.). Hier hat wohl, mindestens seitdem 1935 in gewissen Fällen eine Übertragung zugelassen wurde, die persönliche Dienstbarkeit, die für eine juristische Person bestellt wird, die Anwendung der Grunddienstbarkeit zurückgedrängt. (Bei letzterer kann übrigens bezweifelt werden, ob herrschendes Grundstück auch dasjenige sein kann, auf dem sich der Sitz des Unternehmens befindet, also nicht nur das Betriebsgrundstück, von dem die Leitung ausgeht oder zu dem sie hinführt. Gereicht ihm die Durchleitung durch ein Grundstück zum Vorteil im Sinne des § 1019 ?).

Die Dienstbarkeiten müssen natürlich unter den Belastungen des dienenden Grundstücks den *ersten Rang* haben. Das gilt vor allem gegenüber Hypotheken und Grundschulden, wenn ihr Bestehen nicht durch die Möglichkeit einer Zwangsversteigerung gefährdet sein soll. Andererseits verlangen die Kreditgeber erststellige Hypotheken. Da aber vorgehende Leitungsduldungsrechte nur in seltenen Fällen eine Wertminderung für die Rechte der Kreditinstitute bedeuten, hat der Bundesverband des privaten Bankgewerbes seinen Mitgliedern empfohlen, ihren Rangrücktritt im allgemeinen nicht zu verlangen[12]. — Dingliche und schuldrechtliche Durchleitungsrechte unterscheiden sich natürlich auch dadurch, daß der *Inhalt* der ersteren weitgehend durch das Gesetz selbst bestimmt wird, während er bei letzteren sich grundsätzlich nach dem Parteiwillen richtet. Die Bindung an die gesetzlichen Bestimmungen äußert sich z. B. darin, daß es nicht zum *Inhalt einer Dienstbarkeit*, sondern nur zu dem des auf ihre Begründung gerichteten schuldrechtlichen Vertrages gehören kann, daß für die Benutzung eine Vergütung zu zahlen ist, daß Vereinbarungen über die Unterhaltung der Leitung, die von den §§ 1020, 1021 abweichen, nicht dinglich wirken usw. Wie mannigfach der Inhalt *schuldrechtlicher Verträge* über die Duldung von Leitungen sein kann, hat sich vor allem bei den Konzessionsverträgen gezeigt (siehe V).

Es liegt in der Natur der Sache, daß die Verträge über Bestellung einer Durchleitungs-Dienstbarkeit und über ein schuld-

---

[12] ElWirtsch. 1958 S. 24.

rechtliches Durchleitungsrecht heute ihren Individualcharakter meist verloren haben. Wenn *Formularverträge* an die Stelle von Individualverträgen treten, pflegen sie von demjenigen Partner entworfen zu sein, der solche Verträge häufig abzuschließen hat. Das ist auch hier der Fall[13]. Dazu gehören vor allem die Wegebenutzungsverträge der Versorgungsunternehmen und die Allgemeinen Wasserversorgungsbedingungen[14]. Dagegen haben die Allgemeinen Versorgungsbedingungen für elektrische Arbeit[15] und für Gas[16], in denen sich gleichfalls Vorschriften über die Duldung von Leitungen durch Grundstückseigentümer finden, auf Grund ihrer Verbindlicherklärung durch den Generalinspektor für Wasser und Energie vom 27. 1. 1942 (RA Nr. 39 und Nr. 46) Rechtsnormcharakter.

Auch die Kreuzungs-Richtlinien und -Vorschriften der Bundesbahn und der Bundeswasserstraßenverwaltung sowie die Vorschriften der Länder über die Benutzung der ihnen gehörigen Straßen und Wasserläufe sind grundsätzlich keine Rechtsverordnungen; sie sind Verwaltungsvorschriften für die zuständigen Behörden. Dritten gegenüber ähneln sie äußerlich Geschäftsbedingungen für den Abschluß von Verträgen. Daß sie von den zuständigen Zentralbehörden erlassen worden sind, schließt es aber wohl aus, auf sie die von der Rechtsprechung entwickelten Sätze über Auslegung und Grenzen der allgemeinen Geschäftsbedingungen oder Formulare privater Unternehmen anzuwenden.

Interessante Fälle *zweiseitiger Rahmenregelungen* sind das schon erwähnte Abkommen zwischen der Deutschen Bundesbahn und der Vereinigung Deutscher Elektrizitätswerke über Kreuzungen des Bahngeländes mit Starkstromleitungen von 1956[16a] und der Vertrag zwischen der Nord-West-Ölleitung GmbH und dem Rheinischen und dem Westfälisch-Lippischen Landwirtschaftsverband vom 12. 11. 1957 über den allgemeinen Wertausgleich wegen des Rechtsverlustes bzw. der Rechtsbeeinträchtigung durch die persönliche Dienstbarkeit für den Bau der Ölleitung. Hier kann aber nicht näher darauf eingegangen werden.

---

[13] Anders, wenn in Bayern für die Konzessionsverträge die vom EVU mit dem Staat abgeschlossenen sog. „Staatsverträge" maßgebend sind. Vgl. *Eiser-Riederer* VIII S. 146f.

[14] Abgedruckt bei *Riederer-Sieder*, Bayerisches Wassergesetz Anh. V Anm. 57, S. 1389ff.

[15] *Eiser-Riederer* IV, S. 6.

[16] *Eiser-Riederer* IV, S. 67.

[16a] Siehe Anm. 3.

II

Die Duldung einer Wasser- oder Abwasserleitung kann im größten Teil der Bundesrepublik auf Grund der Wassergesetze der Länder erzwungen werden. Ein solches *Zwangsrecht* sieht jede der wasserrechtlichen Kodifikationen aus der Jahrhundertwende vor[17]. (Das Wasserhaushaltsgesetz trifft keine Bestimmungen über Zwangsrechte.) Die folgende Darstellung geht vom preußischen Wassergesetz aus, berücksichtigt aber auch die wichtigeren Regelungen in den drei anderen Gesetzen.

Zu dulden ist sowohl *oberirdische wie unterirdische Durchleitung* (§ 332 Abs. 1). Die von unreinem Wasser darf in der Regel nur verlangt werden, wenn sie in geschlossenen, wasserdichten Leitungen erfolgt (Abs. 2). Dasselbe gilt, wenn Wasser durch Parkanlagen, Hofräume oder Gärten geleitet werden soll. Durchleitung durch Gebäude kann überhaupt nicht verlangt werden (§ 335). Ähnlich ist die Regelung im württembergischen Gesetz (Art. 60 Abs. 2). Im badischen und bayerischen Gesetz sind auch Hof- und Gartengrundstücke dem Zwangsrecht nicht oder nicht immer unterworfen (§§ 30 Abs. 2, 35 Abs. 2 BadWG, Art. 160 Nr. 4 BayerWG).

Nach dem preußischen Gesetz besteht das Zwangsrecht zugunsten von „Unternehmen"[18], die die *Ent- oder Bewässerung, die Wasserbeschaffung für häusliche oder gewerbliche Zwecke oder die Abwasserbeseitigung* bezwecken (§ 332 Abs. 1). Ähnlich ist die badische Regelung (§§ 30 Abs. 1, 31, 35 Abs. 1), jedoch ist, wenn es sich um Wasserversorgung oder Abwasserbeseitigung handelt, außerdem nötig, daß das Unternehmen dem öffentlichen Interesse oder einem überwiegenden Interesse der Landeskultur oder der Industrie dient (§ 35 Abs. 1). Im bayerischen und im württembergischen Recht ist der Kreis der Zwecke, für die das Zwangsrecht besteht, teilweise anders umgrenzt. Nach Art. 160 BayerWG

[17] BadWasserG §§ 30, 31, 35; BayerWasserG Art. 160; PrWasserG §§ 332, 340; WürttWasserG Art. 60. Das Hessische BachG enthält dieses Zwangsrecht nicht, auch nicht in seiner neuen Fassung, ebensowenig die übrigen (älteren) Wassergesetze.

[18] „Unternehmen" bedeutet im Preußischen Wassergesetz nicht, wie nach heutigem Sprachgebrauch, eine wirtschaftliche Einheit, sondern ist „im weitesten Sinne zu verstehen" (*Holtz-Kreutz-Schlegelberger*, Kommentar zum preußischen Wassergesetz Anm. 1 zu § 331, Anm. 1 zu § 48), hat also nur den Sinn eines (vorhandenen oder auch nur geplanten)Vorhabens für einen bestimmten Zweck.

besteht es für Be- und Entwässerung, Teichwirtschaft, Stau- und Triebwerksanlagen, vorausgesetzt, daß ein öffentliches Bedürfnis besteht oder ein erheblicher Nutzen für Landeskultur oder Industrie mit hoher Wahrscheinlichkeit zu erwarten ist. Art. 60 Abs. 1 WürttWG gibt das Zwangsrecht, wenn für ein Grundstück, das nicht Ufergrundstück ist, eine besondere Wassernutzung (Art. 31), d. h. Benutzung von Wasser für ein Triebwerk, zur Bewässerung oder zu einer anderen dauernden Wasserentnahme, ausgeübt werden oder daraus Flüssigkeiten in ein öffentliches Gewässer eingeleitet werden sollen; das Unternehmen muß aber geeignet sein, einen dauernden wirtschaftlichen oder gesundheitlichen Nutzen zu vermitteln.

Das Durchleitungszwangsrecht gehört zusammen mit andern Rechten zu einer dem Wasserrecht eigentümlichen Gruppe, den *Zwangsrechten* (Preußen, Bayern), *Zwangsbefugnissen* (Baden), *Zwangsverpflichtungen* (Württemberg). Wie der Name, so ist auch der Kreis der in Betracht kommenden Rechte in den Gesetzen verschieden. Außer im Bergrecht gibt es nur wenige Parallelen auf andern Rechtsgebieten (z. B. § 917 BGB). Die Rechtsnatur der Zwangsrechte ist daher verhältnismäßig wenig erforscht. Sie verdienen unter dem Gesichtspunkt der Sozialbindungen des Grundstückseigentums stärkere Beachtung.

Ob die Begründung eines Zwangsrechts *Enteignung* ist, wird, wenn man von hier nicht interessierenden Sonderfällen (Art. 153—156 BayerWG) absieht, in keinem der einschlägigen Wassergesetze ausdrücklich gesagt. Für das bayerische Wasserrecht nimmt der Kommentar von *Riederer-Sieder* es allgemein an, ebenso v. *Bayer-Ehrenberg* für das badische Wasserrecht, soweit es sich um § 35 handelt (also nicht in den Fällen der §§ 30, 31 ?)[19]. In § 340 Abs. Abs. 4 PrWG ist bestimmt, daß für die bei der Begründung eines Zwangsrechts festzusetzende Entschädigung . . . „die bei der Enteignung maßgebenden Vorschriften gelten". *Holtz-Kreutz-Schlegelberger*[20] stellt dazu fest, daß das Wassergesetz bei den Zwangsrechten, „da deren Begründung in ihrer Wirkung der Beschränkung des Grundeigentums im Wege der Enteignung gleichkommt", auf das Enteignungsgesetz zurückgreife, sich aber damit begnüge, die Entschädigungsvorschriften dieses

[19] *Riederer-Sieder*, Anm. 1ff. zu Art. 157; *v. Bayer-Ehrenberg*, Badisches Wasserrecht, S. 65.

Gesetzes in Bausch und Bogen für anwendbar zu erklären[20]. § 340 Abs. 4 braucht keineswegs eine *Rechtsgrundverweisung* zu sein; es kann sich ebensogut um eine *Rechtsfolgenverweisung* handeln. Gegen die Annahme, daß der Gesetzgeber die Begründung der Zwangsrechte als Enteignung angesehen hat, spricht m. E. entscheidend, daß beide völlig verschiedene Voraussetzungen haben. Eine Enteignung erforderte schon nach damaligem preußischen Recht, daß die Entziehung oder Beschränkung des Grundeigentums aus Gründen des öffentlichen Wohls nötig war[21]. Die Begründung von Zwangsrechten, die nach näherer Maßgabe der §§ 330ff. den Grundstückseigentümern die Benutzung von Gewässern oder die Verhütung der durch Gewässer entstehenden Schäden ermöglichen oder erleichtern sollen, darf dagegen nur aus den im Gesetz bezeichneten Gründen versagt werden. Das öffentliche Wohl hat dabei keine positive, sondern eine negative Funktion: Soweit überwiegende Gründe des öffentlichen Wohls entgegenstehen, ist die Begründung zu versagen oder nur unter Bedingungen zu erteilen, durch welche diese Rücksichten gewahrt werden (§ 340 Abs. 5 mit § 49 Abs. 1 Satz 1). Für das hier in Frage stehende Durchleitungsrecht ist das dahin verschärft, daß der Anspruch auf die Duldung der Durchleitung zurückgewiesen werden *kann*, wenn durch das Unternehmen[18] wichtige öffentliche Interessen geschädigt werden würden (§ 332 Abs. 3). Für die Verlängerung sind Rücksichten von überwiegender wirtschaftlicher Bedeutung den überwiegenden Gründen des öffentlichen Wohls insofern gleichgestellt, als die Verlängerung nur unter den dadurch erforderlich gewordenen Veränderungen beansprucht werden kann (§ 340 Abs. 5 mit § 47 Abs. 1, 4).

Die Zwangsrechte des preußischen Rechts dienen also der Befriedigung *privater* Bedürfnisse. Sie sind (grundsätzlich) aktiv und passiv mit dem Grundstückseigentum verbunden. Der von einem Gewässer zu erzielende Nutzen soll möglichst vielen in seinem Bereich befindlichen Grundstücken zugute kommen, der davon drohende Schaden gemäß den Bodenverhältnissen nach Möglichkeit verhindert werden. Daß Grundstücke solchen Zwangsrechten unterliegen, ist eine *bei bestimmter örtlicher Lage aus dem nachbarlichen Verhältnis sich ergebende Sozialbindung des Eigen-*

[20] Anm. 9 zu § 340.
[21] § 1 EnteignG v. 11. 6. 1874.

tums[22], die durch die „Feststellung" des Zwangsrechts für den Einzelfall konkretisiert wird. Sollte das nicht auch für die Zwangsrechte der übrigen Wassergesetze gelten? Auch für das bayerische Recht scheint es mir trotz der Autorität von *Riederer-Sieder* der Nachprüfung zu bedürfen[23]. Auch in diesen Gesetzen handelt es sich ja um nachbarliche Pflichten im Interesse der Erschließung des Wasserschatzes für andere Grundstücke oder ihres Schutzes gegen das Wasser, die freilich dadurch weiter eingeschränkt werden, daß sie nur bei bestimmten besonders wichtigen Interessenlagen (siehe oben) bestehen.

Ich beschränke mich im folgenden wieder auf das Durchleitungsrecht. Der Sozialbindung den richtigen Inhalt zu geben, hat man sich in den Bestimmungen der Wassergesetze sorgfältig bemüht. Nicht nur dadurch, daß die Erzwingung der Durchleitung nur für bestimmte Zwecke zulässig ist und auch bei diesen mehrfach die Einschränkung gemacht ist, daß ein öffentliches Bedürfnis oder allgemeines Interesse bestehen muß. Vor allem hat eine Abwägung der Interessen des Grundstückseigentümers und desjenigen, der durchleiten will, stattzufinden. Nach dem preußischen Wassergesetz ist erforderlich, daß „das Unternehmen anders nicht zweckmäßig oder nur mit erheblichen Mehrkosten durchgeführt werden kann und der davon zu erwartende Nutzen den Schaden des Betroffenen erheblich übersteigt" (§ 331 Abs. 1.) Im badischen und im württembergischen Wassergesetz finden sich sehr ähnliche Abwägungsformeln[24] (BadWG § 30 Abs. 2, WürttWG Art. 60 Abs. 1 Satz 2, 3). In Bayern wird dagegen — abgesehen davon, daß die Anlage in anderer Weise nicht zweckmäßig durchgeführt werden könnte — darauf abgestellt, daß dem Grundstücksbesitzer kein „wesentlicher" Nachteil verursacht wird (Art. 160 Nr. 2, 3).

Nach allen in Betracht kommenden Gesetzen ist die Begründung eines Zwangsrechts nur gegen *Entschädigung* zulässig (PrWG §§ 332 Abs. 1, 337; BadWG §§ 30 Abs. 1, 35 Abs. 1; BayerWG Art. 160 Nr. 5; WürttWG Art. 60 Abs. 1). Das spricht nicht für

[22] Siehe dazu *Gieseke*, Sozialbindungen des Eigentums im Wasserrecht (Festschrift für Heinrich *Lehmann* z. 80. Geburtstag S. 308).

[23] Das Ergebnis von *Riederer-Sieder* (Anm. 4 zu Art. 157), daß seit Inkrafttreten des Art. 14 GG neben den besonderen Voraussetzungen der Art. 157 ff. für die Begründung von Zwangsrechten auch ein Interesse des Gemeinwohls vorliegen müsse, scheint mir wenig praktikabel.

[24] Siehe dazu *Gieseke*, a. a. O. S. 318, 326.

Enteignungscharakter und gegen Sozialbindung; auch im Falle des § 917 BGB besteht die Duldungspflicht nur gegen Entschädigung. In zwei Gesetzen (Bayern, Württemberg) wird „volle“ Entschädigung angeordnet; das preußische Wassergesetz verlangt, daß „jedes Interesse des Geschädigten“ berücksichtigt wird. Soweit es sich nach dem oben Gesagten nicht um eine Enteignung handelt, sondern um eine nachbarrechtliche Sozialgebundenheit des Eigentums, brauchen für die Bemessung der Höhe der Entschädigung auch heute die „Interessen der Allgemeinheit“ (Art. 14 Abs. 3 Satz 3 GG) nicht berücksichtigt zu werden. Nur um einen Ausgleich der Interessen des aktiv und des passiv Beteiligten handelt es sich.

Über den Anspruch aus § 332 PrWG entschied ursprünglich der Bezirksausschuß (§ 340 Abs. 1 Satz 1), an seine Stelle sind überall andere Verwaltungsbehörden getreten (in Nordrhein-Westfalen der Regierungspräsident). § 340 Abs. 7 bezeichnet diese Entscheidung als *„Feststellung“ des Benutzungsrechts.* Für das Verfahren gelten die Vorschriften über die Verleihung von Rechten an Wasserläufen, allerdings mit nicht wenigen Ausnahmen[25]; darauf kann hier aber nicht eingegangen werden. Auch nach den anderen hier behandelten Gesetzen sind Verwaltungsbehörden für die Begründung der Zwangsrechte zuständig (§§ 29ff. BadVollzVO, §§ 263ff. BayerVollzBek, Art. 64 WürttWG, §§ 147ff. WürttVollzVfg). Nach preußischem Recht *kann* das Zwangsrecht mit dem Eigentum an einem Grundstück verbunden und dauernd oder auf Zeit beschränkt erteilt werden (§ 340 Abs. 5 mit § 46 Abs. 3, § 47 Abs. 2). Es hat *nicht die rechtliche Natur einer bürgerlichrechtlichen Dienstbarkeit,* sondern ist ein „besonderes, nach landesrechtlicher Vorschrift auf öffentlichrechtlichem Titel beruhendes Recht“[26]. Das zeigt sich insbesondere in seiner untrennbaren Verbindung mit dem „Unternehmen“ (§ 340 Abs. 5 mit § 81 Abs. 1 Satz 3), ferner darin, daß es zur Erhaltung der Wirksamkeit gegenüber dem öffentlichen Glauben des Grundbuchs nicht der Eintragung bedarf (§ 340 Abs. 7 Satz 2). Doch hat die Behörde, die das Zwangsrecht feststellt, ausgenommen den seltenen Fall der Durchleitung durch einen Wasserlauf, das Grundbuchamt unverzüglich um die Eintragung zu ersuchen (§ 340 Abs. 7 Satz 3, 5). Von einer Zwangsversteigerung des belasteten Grundstücks bleibt das Zwangsrecht un-

[25] Vgl. im einzelnen: *Holtz-Kreutz-Schlegelberger,* Anm. 10 zu § 340.

[26] *Holtz-Kreutz-Schlegelberger,* Vorbem. A zu § 340.

berührt, gilt daher auch dem Erstehen gegenüber fort[27]. Der zur Duldung Verpflichtete kann dazu im Verwaltungszwangsverfahren angehalten werden[28]. Doch ist das Benutzungsrecht auch im Rechtswege, und zwar nach den für die Eigentumsansprüche geltenden Vorschriften verfolgbar (§ 340 Abs. 5 mit § 81 Abs. 1 Satz 1, 2). — Die drei anderen Wassergesetze enthalten keine oder doch nicht so ausführlichen Vorschriften über den Rechtscharakter des Zwangsrechts. Im bayerischen Recht ist das Zwangsrecht hinsichtlich seines Rechtscharakters weitgehend ebenso aufzufassen wie im preußischen[29]. Dasselbe dürfte für das badische Recht gelten. In § 164 Abs. 1 WürttVollzBek. wird gesagt, der Berechtigte erlange durch das Inkrafttreten der Zwangsverpflichtung das dingliche Recht, das in Betracht kommende Grundstück zu benutzen. Das und die Feststellung, das Recht trage einen öffentlichrechtlichen Charakter, soweit es sich um die Benutzung öffentlichen Wassers handle, ist unbedenklich. Wenn dagegen in der Vollzugsbekanntmachung für die Benutzung eines Grundstücks ein privatrechtliches Dienstbarkeitsverhältnis angenommen wird mit der Wirkung, daß darauf die allgemeinen Grundsätze über die Ausübung der Dienstbarkeitsrechte zu entsprechender (!) Anwendung zu bringen seien, so ist das ziemlich ungenau.

Über den Anspruch des zur Duldung der Leitung Verpflichteten auf Verlegung der Leitung an eine andere Stelle siehe VI, über seinen Anspruch auf Gestattung der Mitbenutzung siehe VII.

Ob die *Begründung von Leitungsrechten in der Form von Zwangsrechten sich praktisch bewährt hat*, ist schwer zu sagen. Es scheint, daß nicht sehr oft davon Gebrauch gemacht worden ist. Daß öffentliche Wege, die für Leitungen größerer Wasserversorgungsunternehmen in erster Linie in Betracht kommen, auf Grund des § 340 PrWG (oder der entsprechenden Vorschrift eines anderen Wassergesetzes) dafür in Anspruch genommen werden[30], dürfte heute nur selten der Fall sein. Das läßt sich aber dadurch erklären, daß in der Regel die Gemeinde, die das Wasserversorgungsunternehmen betreibt, zugleich Wegeeigentümer ist. Daraus, daß die Vorarbeiten und die Begründung zum Bundesbaugesetz (siehe IV) das Durchleitungszwangsrecht nicht erwähnen, ist für seine

[27] *Holtz-Kreutz-Schlegelberger*, Anm. 18 zu § 340.
[28] *Holtz-Kreutz-Schlegelberger*, Vorbem. D zu § 340.
[29] *Riederer-Sieder*, Anm. 10 zu Art. 160.
[30] *Holtz-Kreutz-Schlegelberger*, Anm. 7 zu § 332.

praktische Bedeutung nichts zu entnehmen, werden doch auch die im folgenden zu behandelnden Benutzungsrechte für Energieleitungen darin mit Stillschweigen übergangen.

III

Die 1942 erlassenen *Allgemeinen Versorgungsbedingungen für elektrische Arbeit und Gas*[31] enthalten in III 3 für den Abnehmer folgende Verpflichtung (AVBGas in Klammern):

> Der Abnehmer ist verpflichtet, falls er zugleich Grundstückseigentümer ist, die Zu- und Fortleitung elektrischer Arbeit über (von Gas durch) seine Grundstücke sowie die Anbringung von Leitungen, Leitungsträgern und Zubehör (die Verlegung von Rohrleitungen und den Einbau von Verteilungsanlagen) für die Zwecke örtlicher Versorgung — für das Niederspannungsnetz (Niederdrucknetz) ohne besonderes Entgelt — zuzulassen und die Durchführung nach Kräften zu erleichtern, ... die vom Werk erstellten Anlagen nach Wahl des EW (Gaswerks) nach Aufhören des Gebrauchs elektrischer Arbeit aus dem Netz (der Gasabnahme aus dem Rohrnetz) noch fünf Jahre zu belassen oder ihre Entfernung zu gestatten und diese sämtlichen Verpflichtungen auf seinen Rechtsnachfolger zu übertragen.

Im Ergebnis bedeuten diese Bestimmungen: Für die Grundstückseigentümer innerhalb des örtlichen Versorgungsgebiets eines Elektrizitäts- oder Gasversorgungsunternehmens besteht die Pflicht, nach Bestimmung des Unternehmens auf ihren Grundstücken Leitungen (und gewisse andere Anlagen) des Unternehmens zu dulden, auch solche, die nicht ihrer Versorgung dienen. Soweit es sich um das Niederspannungs- oder Niederdrucknetz handelt, kann dafür keine Entschädigung (kein „besonderes Entgelt") beansprucht werden. Die Duldungspflicht entsteht erst, aber dann ohne weiteres, wenn ein Grundstückseigentümer mit dem Unternehmen irgendeinen Energieversorgungsvertrag abschließt, der mit den Grundstücken gar nichts zu tun zu haben braucht. Auch über die Dauer des Versorgungsverhältnisses hinaus soll die Duldungspflicht fortbestehen. Bei Veräußerung eines in Betracht kommenden Grundstücks soll der Veräußerer dem Rechtsnachfolger auferlegen, diese Verpflichtungen zu übernehmen.

[31] Siehe Anm. 15, 16.

Gesetzestechnisch (diese Allgemeinen Vorsorgungsbedingungen — AVB — sind auf Grund des § 7 EWG erlassene Rechtsnormen) ist das eine *seltsame Regelung*. Sie erklärt sich natürlich daraus, daß die AVB aus den privaten Geschäftsbedingungen der Energieversorgungsunternehmen hervorgegangen sind, die den Abschluß von Versorgungsverträgen dazu benutzt hatten, ihren Abnehmern Leitungsduldungspflichten aufzuerlegen, und diese Praxis in ihren Geschäftsbedingungen („Versorgungsbedingungen") allgemein festlegten. Das ist zwar in verschiedenen Prozessen als sittenwidrig angegriffen worden, die Gerichte haben diesen Einwand aber durchweg zurückgewiesen[32]. Ob § 7 EWG es deckt, daß die Leitungsduldungspflicht in den AVB festgesetzt wurde, ist nicht zweifelsfrei. Er hat die allgemeinen Bedingungen und allgemeinen Tarifpreise der Energieversorgungsunternehmen im Sinne des § 6 Abs. 1 zum Gegenstand, d. h. diejenigen, zu denen jedermann an das Versorgungsnetz anzuschließen und zu versorgen ist. In erster Linie bezieht er sich also auf Anschluß und Versorgung als solche. In wenig präziser Formulierung wird aber gesagt, daß die Bedingungen und Preise „wirtschaftlich gestaltet" werden können. Kann die Benutzung von Grundstücken, und zwar diejenige für Zwecke der örtlichen Versorgung ohne Entgelt, gefordert werden, so ermöglicht das eine billigere Versorgung aller Abnehmer. Es läßt sich also auch für diese Regelung wohl ein Zusammenhang mit der wirtschaftlichen Gestaltung der Preise und Bedingungen konstruieren. Daß § 7 EWG eine ausreichende Rechtsgrundlage bietet, scheint bisher nicht bezweifelt zu sein.

Viel schwerer wirken die Bedenken gegen die *Vereinbarkeit der der in Abschn. III, 3 getroffenen Regelung mit dem Grundgesetz*. Das Landgericht in Stuttgart[33] hatte deswegen 1952 eine Entscheidung des Bundesverfassungsgerichts herbeiführen wollen; dieses hat den Antrag aber als unzulässig abgewiesen, weil seine Prüfungszuständigkeit (Art. 100 Abs. 1 GG) das vor Inkrafttreten des Grundgesetzes gesetzte Recht nicht umfasse[34]. Der Bundesgerichtshof hatte in einem Gutachten vom 6. 10. 1952[35], in dem er zu dem Antrag des Landgerichts Stellung nahm, ausgeführt, in den in Abschn. III, 3 vorgesehenen Maßnahmen sei, soweit der Stromabnehmer sie *„ohne besonderes Entgelt" auf Grundstücken dulden solle, auf denen er den*

[32] Siehe die bei *Eiser-Riederer* IV S. 21 zitierten Entscheidungen.
[33] ElWirtsch. RBeil, 1953 S. 83. [34] ElWirtsch. RBeil. 1953 S. 79.
[35] BGHZ 9 Anh. S. 390, 399, ElWirtsch. RBeil 1953 S. 80; BB 1953 S. 371.

Strom nicht abnehme, die auch in keinem wirtschaftlichen Zusammenhang mit solchen Grundstücken ständen, eine dem Art. 14 Abs. 3 GG zuwiderlaufende *entschädigungslose Enteignung* zu finden. Denn unter den Stromabnehmern würden dadurch nur diejenigen betroffen, die zufällig im Besitz von Grundstücken seien, über die das Versorgungsunternehmen seine allgemeinen Leitungen führe. Ihnen würde also ein Sonderopfer aufgenötigt — der typische Fall der Enteignung. Zugleich liege darin, daß auch der Gleichheitsgrundsatz (Art. 3 Abs. 1 GG) verletzt sei. Der Bundesgerichtshof hat also die Frage offen gelassen, ob die entschädigungslose Führung von Leitungen über andere Grundstücke des Abnehmers gleichfalls als Enteignung anzusehen ist. Ein Urteil des Oberlandesgerichts Stuttgart vom 19.2. 1958[36] hat die Gültigkeit des Abschn. III, 3 für diejenigen Grundstücke des Abnehmers, die mit seiner Stromversorgung im wirtschaftlichen Zusammenhang stehen, bejaht, allerdings ohne nähere Begründung.

Den Ausführungen des Bundesgerichtshofs und dem Ergebnis, zu dem das Oberlandesgericht Stuttgart gelangt ist, wird man *zustimmen* können. Soweit es sich um Grundstücke handelt, die mit Strom oder Gas versorgt werden, oder mit solchen Grundstücken wirtschaftlich zusammengehören, enthält die Auferlegung der Pflicht zur Duldung von Leitungen usw. kein unzumutbares Sonderopfer.

Die ursprünglich sehr weitgehende Pflicht zur Duldung von Energieleitungen nach Abschn. III, 3 AVB besteht also seit dem Inkrafttreten des Grundgesetzes *nur noch in beschränktem Umfang*. Mit dem Energiebezug des Abnehmers steht sie jetzt in sozusagen räumlichem Zusammenhang. Daß es sich bei ihr um eine schuldrechtliche Duldungspflicht handelt, bedarf keiner Ausführung. Nur eine quasi-dingliche Sicherung ist es, „daß der Energieabnehmer seine Verpflichtungen dem Rechtsnachfolger übertragen" soll. Dabei ist wohl an eine Schuldübernahme, nicht eine bloße Erfüllungsübernahme gedacht. Da der Rechtsnachfolger wahrscheinlich selbst Energie bezieht, wird sich übrigens schon daraus seine Pflicht zur Duldung von Leitungen ergeben.

Für Grundstücke, die mit Strom oder Gas versorgt werden oder mit ihnen in wirtschaftlichem Zusammenhang stehen, für die die Duldungspflicht nach dem Gesagten also anzuerkennen ist, besteht sie nach dem Wortlaut der AVB unbeschränkt. Es

[36] ElWirtsch. RBeil. 1958 S. 28.

kann aber keinem Zweifel unterliegen, daß die allgemeinen Grundsätze des Schuldrechts auch auf diese Verpflichtung Anwendung finden. Aus § 242 BGB kann sich daher im Einzelfall ergeben, daß das Versorgungsunternehmen auf Belange des Grundstückseigentümers bei der Führung der Leitung Rücksicht nehmen muß.

Mit Abschn. III 3 der AVB stimmt § 3 Abs. 3 der *Allgemeinen Wasserversorgungsbedingungen*[36a], soweit er hier interessiert, inhaltlich überein. Aber er ist nicht Rechtsnorm, sondern wird bei Abschluß eines Versorgungsvertrages als dessen Inhalt vereinbart. Er enthält daher keine Enteignung[36b]. Mit den schon erwähnten Entscheidungen wird er auch nicht als sittenwidrig anzusehen sein. Auch für die Verpflichtung zur Duldung von Wasserleitungen gilt aber § 242 BGB.

IV

Die Bedeutung, die Leitungen für Elektrizität, Gas und Wasser und Abwasserleitungen für den heutigen Städtebau haben, hat dazu geführt, daß Vorschriften darüber auch in die verschiedenen Entwürfe eines *Bundesbaugesetzes* aufgenommen worden sind. Die „Duldung von Leitungen“ erscheint in ihnen als ein Fall des „baulichen Nachbarrechts“. Die Vorschläge gehen kurz gesagt dahin, zu ermöglichen, daß *für den Anschluß an einen Hauptstrang von Versorgungs- oder Abwasserleitungen fremde Grundstücke in Anspruch genommen* werden können. In welchem Umfang und in welcher Rechtsform das möglich sein soll, ist in den Entwürfen verschieden geregelt. Hier muß es genügen, nur die Grundgedanken festzustellen, das um so mehr, als nach dem Stande der parlamentarischen Arbeiten noch nicht sicher ist, ob eine solche Regelung wirklich Gesetz werden wird. Ein vollständiger Überblick über die in den Entwürfen vorgesehenen Regelungen ist also nicht beabsichtigt. In erster Linie werden § 230 des Entwurfs der Hauptkommission für die Baugesetzgebung von 1956[37] und § 174 des dem jetzigen Bundestag vorgelegten Entwurfs[38] behandelt.

Die früheren Entwürfe hatten für die Begründung einer Leitungsduldungspflicht einen Weg vorgesehen, der gewisse Ähnlichkeit

---

[36a] Siehe Anm. 14.

[36b] Ebenso *Riederer-Sieder* Anh. V Anm. 26, S. 1377.

[37] Bauliches Nachbarrecht Bd. 7

[38] Deutscher Bundestag, 3. Wahlperiode, Drucksache 336.

mit der „Feststellung" wasserrechtlicher Zwangsrechte hatte. Unter gewissen Voraussetzungen sollte *die Baubehörde dem Eigentümer eines Grundstücks auferlegen* können, dessen Benutzung für die Verlegung von Anschlußleitungen zu dulden, die für die Versorgung oder Abwasserbeseitigung eines Grundstücks notwendig waren und nicht anders verlegt werden konnten. (So noch § 230 Entw. 1956; Einzelheiten s. unten.) Dabei gingen die Ansichten allerdings auseinander, ob auf das Ermessen der Baubehörde abgestellt werden sollte oder ob der Eigentümer des „begünstigten" Grundstücks ein subjektives Recht auf eine solche Anordnung der Baubehörde haben sollte[39]. Durch die Anordnung der Baubehörde sollte ein Privatrechtsverhältnis zwischen den beiden Grundstückseigentümern entstehen. *Diese Konstruktion ist in der Bundestagsvorlage verlassen worden.* Nach ihrem § 174 soll kraft Gesetzes der Eigentümer eines „fremden" Grundstücks verpflichtet sein, beim Vorliegen der Voraussetzungen die Herstellung und Unterhaltung von Anschlußleitungen auf seinem Grundstück zu dulden, — eine rein privatrechtliche Verpflichtung. Dieser Entwurf fußt — mit gewissen Abweichungen — auf dem in der 2. Wahlperiode vorgelegten (Drucksache 3028). (§ 174 der jetzigen Vorlage war damals § 190.) Weshalb man die frühere Lösung, für die sicher manche Gründe sprechen[40], aufgegeben hat, ist aus der Begründung der Bundestagsvorlage nicht ersichtlich. Schon der in der 2. Wahlperiode vorgelegte Entwurf enthält die jetzt vorgeschlagene Regelung; sie geht also nicht auf damals von den Bundesratsausschüssen gemachte und bei der Neufassung des Entwurfs berücksichtigte Änderungsvorschläge zurück. Hat man etwa die Einschaltung der Baubehörde als zum Bauordnungsrecht (Baupolizeirecht) gehörig angesehen, das nach dem Gutachten des Bundesverfassungsgerichts vom 16. 6. 1954[41] nicht unter die Gesetzgebungszuständigkeit des Bundes fällt? Aber in dem Gutachten ist diese Zuständigkeit nur für „das Baupolizeirecht im bisher gebräuchlichen Sinne" verneint worden, und dazu würde

[39] Siehe einerseits *Westermann*, Nachbarrechtliche Vorschriften in einem Bundesbaugesetz S. 26f, andererseits *Liermann*, Zur Reform des baulichen Nachbarrechts S. 97f. (Beide Aufsätze in: Bauliches Nachbarrecht Bd. 4 S. 9ff. 45ff.)

[40] *Westermann* a.a.O. S. 26. Auch *Mühl*, Baurecht u. Privatrechtsordnung, NJW 1958, S. 772, hat gegen sie keine Bedenken; er regt nur an, die Duldungspflicht schärfer in die Form einer Grunddienstbarkeit zu fassen.

[41] BVerfGE 3 S. 407.

eine rechtsgestaltende Tätigkeit der Baubehörde bei Schaffung nachbarlicher Rechtsverhältnisse nicht gehören, da sie etwas durchaus Neues wäre. Es bleibt also wohl nur die Annahme übrig, daß die Bundesregierung sich aus allgemeinen Erwägungen davor gescheut hat, ein privates Recht durch Verwaltungsakt begründen zu lassen. Aber angesichts dessen Anfechtbarkeit im Verwaltungsstreitverfahren bestehen dagegen keine rechtsstaatlichen Bedenken. Es dürfte nur eine Frage der zweckmäßigen Gestaltung sein. Das Verfahren vor der (sachkundigeren) Baubehörde dürfte geeigneter sein als der Zivilprozeß, der, wenn Art und Richtung des Anschlusses streitig sind, gleichfalls mit einer konstitutiven Entscheidung endet.

Die Begründung des Entwurfs sagt nichts über das für die vorgesehene Regelung bestehende *Bedürfnis*. Ich habe bereits darauf hingewiesen, daß die Möglichkeit eines wasserrechtlichen Durchleitungs-Zwangsrechts in ihr nicht erwähnt (und bei dem Gesetzentwurf offenbar nicht berücksichtigt) ist. Dasselbe gilt für die Rechte, die auf Grund der Allgemeinen Versorgungsbedingungen bestehen. Noch mehr dürfte ins Gewicht fallen, daß Rechtsprechung und Schrifttum heute völlig dahin übereinstimmen, daß § 917 BGB (Notwegrecht) auch das Legen der zur ordnungsmäßigen Benutzung eines Grundstücks notwendigen Kabel, Gas-, Wasser- und Abwasserleitungen umfaßt[42]. Zugegeben, daß § 174 Entw. in minutiöser Weise die Belange der Eigentümer des begünstigten und des „fremden“ Grundstücks abzuwägen und die dafür bestehenden technischen Möglichkeiten zu berücksichtigen sucht —, dafür ist aber kein Gesetz nötig. Man sollte es dem Richter überlassen. § 917 BGB genügt dafür.

Die grundlegende Bestimmung des § 174 Abs. 1 Satz 1 Entw. enthält einen Formulierungsfehler. Gemeint ist offenbar, daß die *Durchführung* einer Leitung durch ein fremdes Grundstück zur Herstellung eines Anschlusses verlangt werden kann. Gesagt ist, daß die *Benutzung des Grundstücks* dazu zu dulden ist. Das würde bedeuten, daß auf dem fremden Grundstück, z. B. in dem Straßenkörper, in dem der Hauptstrang liegt, auch die Herstellung des *Anschlusses* verlangt werden kann! Darüber gibt es aber im Energierecht schon eine Bestimmung! § 6 EWG spricht die Anschluß- und Versorgungspflicht aus, aber nur zugunsten der

[42] So alle neueren Kommentare und Lehrbücher und die in ihnen zitierten Entscheidungen.

Tarifabnehmer, während § 174 in seiner jetzigen Fassung darüber hinaus eine Anschlußpflicht zugunsten jedes Grundstückseigentümers begründen könnte. Ein solcher Einbruch in das Energierecht würde unübersehbare Auswirkungen haben. Er ist wohl sicher nicht beabsichtigt.

Nach dem schon einleitend Bemerkten bezwecken die Bestimmungen der Entwürfe, den Anschluß an einen Hauptstrang von Versorgungs- oder Abwasserleitungen zu ermöglichen. In der jetzigen Bundestagsvorlage ist das dahin ergänzt worden, daß auch für den *unterirdischen Anschluß an einen Vorfluter* die Benutzung fremder Grundstücke verlangt werden kann (doch wohl nur zur Abwassereinleitung ?). Gegen diesen Einbruch in das Wasserrecht dürften mit Rücksicht auf Art. 75 Nr. 4 GG vielleicht auch verfassungsrechtliche Bedenken bestehen. — Sowohl für Wasser wie für Abwasser ist offenbar nur an Rohrleitungen gedacht; Probleme, die bei den wasserrechtlichen Zwangsrechten bestehen, fallen also weg. Ob die Duldungspflicht für Freileitungen oder für Kabel besteht, ergibt sich daraus, was zur Herstellung eines Anschlusses unter Berücksichtigung der Kosten und der technischen Zulänglichkeit notwendig ist (§ 174 Abs. 1 Satz 1). Daß die Durchleitung durch überbaute Grundstücksteile (grundsätzlich) nicht verlangt werden kann, entspricht der Regelung bei den Zwangsrechten. Es ist aber dahin erweitert, daß auch solche Grundstücksteile, deren Bebauung nach den baurechtlichen Vorschriften zulässig (!) ist, grundsätzlich nicht in Anspruch genommen werden können. Die Vorschrift ist aber elastisch: die erwähnten Grundstücksteile unterliegen der Pflicht zur Duldung von Leitungen dann, wenn der Anschluß ohne ihre Benutzung[43] nicht in technisch zureichender Weise möglich ist.

Die Pflicht zur Duldung von Leitungen wird von der Begründung zum Entwurf[44] als *Ausfluß des nachbarrechtlichen Gemeinschaftsverhältnisses* angesehen, also als Sozialbindung des Eigentums an dem in Anspruch zu nehmenden oder genommenen Grundstück. Dieser Ansicht ist zuzustimmen. Sie steht dem nicht im Wege, daß der Eigentümer des betroffenen Grundstücks Anspruch auf *Schadensersatz* hat (§ 174 Abs. 3 Satz 1). Dieser umfaßt nicht nur den Schaden, der durch die Benutzung für die Leitung

[43] Die im Entwurf hier folgenden Worte „oder (die) eines anderen Grundstücks“ sind wohl ein Redaktionsversehen.

[44] S. 111.

und eine Beschränkung der Nutzung des betroffenen Grundstückseigentümers entsteht, sondern auch den „durch die Leitung entstehenden Schaden“. Darauf ist unter VIII zurückzukommen. Als nachbarrechtliche Beschränkung kraft Gesetzes soll die Duldungspflicht für Leitungen anscheinend ebenso wie die Pflicht zur Duldung eines Notwegs zur Erhaltung gegenüber dem öffentlichen Glauben des Grundbuchs keiner Eintragung bedürfen.

Über den Anspruch des zur Duldung der Leitung Verpflichteten auf Verlegung der Leitung an eine andere Stelle siehe VI, über seinen Anspruch auf Mitbenutzung siehe VII. Auf weitere Einzelheiten, die der Entwurf regelt, kann hier nicht eingegangen werden.

V

Es wäre ein *vergebliches Bemühen, die verschiedenen Arten von Leistungen,* die ein zur Verlegung und Unterhaltung von Leitungen auf einem fremden Grundstück Berechtigter dafür zu erbringen hat, *auf einen gemeinsamen Nenner zu bringen.* Sie sind je nach Lage des Falles öffentlichrechtlich (Enteignungsentschädigungen, Sondernutzungsgebühren) oder privatrechtlich (Vergütungen, Entgelte, Schadensersatz) oder von nicht sicherer Rechtsnatur (Entschädigungen bei den wassergesetzlichen Zwangsrechten, „Anerkennungsgebühren“), bald an die Begründung der Berechtigung, bald an die Benutzung als solche geknüpft, einmalig oder (manchmal auch wahlweise stattdessen) wiederkehrend, ihrer Höhe nach frei festsetzbar bzw. vereinbar, nur den Schaden des Betroffenen oder daneben auch die Vorteile des andern Teils umfassend. Da die mancherlei Leitungen auf fremden Grundstücken schließlich doch manches Gemeinsame haben, ist das ein geradezu chaotischer Zustand. Ein Wuchern von üppigster Fülle hat es besonders bei den verschiedenen Formen der „Konzessionsabgaben“ für die Benutzung kommunaler Wege gegeben, bis die Anordnung über die Zulässigkeit von Konzessionsabgaben vom 4. 3. 1941 (RA Nr. 57, 120) Beschränkungen einführte. Hervorhebung verdient übrigens, daß die Konzessionsabgaben (aber wohl auch andere Leistungen) keineswegs nur als Entgelt für die Benutzung des Wegekörpers oder -Luftraums betrachtet werden müssen[45].

Über die *Höhe der Entschädigungen,* die bei einer durch *Enteignung* erfolgenden Begründung von Durchleitungs-Dienstbar-

[45] Vgl. *Ballerstedt,* Grundprobleme des Rechtes der Konzessionsabgaben, BB 1958 S. 125.

keiten (Starkstrom-, Gas-, Wasser-, Ölfernleitungen) festzusetzen sind, herrscht zur Zeit lebhafter Streit. (Die Frage ist natürlich auch von Bedeutung für Entschädigungen, die durch *Vereinbarung* in Anlehnung an Enteignungen in andern Fällen festgesetzt werden.) Aus Raummangel kann hier nicht darauf eingegangen werden, welche Vorschriften die Enteignungsgesetze der einzelnen Länder darüber enthalten. Die allgemeine Formel, mit der neuere Bundesgesetze (z. B. BaulandbeschaffungsG, LandbeschaffungsG) die zu leistende Entschädigung umreißen und die sich wohl allgemein durchsetzen dürfte[46], geht dahin, daß einmal für den durch die Enteignung eintretenden Rechtsverlust und zweitens für andere durch die Enteignung eintretende Vermögensnachteile Entschädigung zu leisten ist. Sie mag hier zugrunde gelegt werden, wenn sie auch noch nicht für Leitungen gilt. Hinsichtlich des Rechtsverlustes ist sie nicht ganz genau, soweit es sich um die Begründung von Dienstbarkeiten handelt. Gemeint sein kann nur die durch die Rechtsbeeinträchtigung infolge der Belastung mit einer Dienstbarkeit erfolgende Wertminderung des Grundstücks für den Eigentümer[47]. Manches ist natürlich unstreitig, so, daß Flur- und Ernteschäden und sonstige *Ausfallschäden* infolge Anlegung der Leitungen zu entschädigen sind. Auf der andern Seite wird von den Gerichten anscheinend durchweg anerkannt, daß die Überspannung eines Grundstücks mit einer Freileitung *nicht die Bewirtschaftung behindert und nicht den Ertrag vermindert.* Zweifelhafter ist, ob Eigentumsbeschränkungen, nach denen für einen *Schutzstreifen* die Bebauung oder die Bepflanzung mit Bäumen verboten ist, Wertminderungen bewirken; das ist zu verneinen, wenn mit solchen Maßnahmen in absehbarer Zeit vernünftigerweise nicht zu rechnen ist. Das Recht des Leitungsinhabers, zur Kontrolle der Leitung *das Grundstück jederzeit zu*

---

[46] Vgl. den Initiativgesetzentwurf über die Entschädigung für die Enteignung von Grundstücken usw., Deutscher Bundestag, 3. Wahlperiode, Drucksache 436, § 2.

[47] Vgl. zum folgenden: *Nordalm,* Die Überspannung von landwirtschaftlichen Grundstücken mit Leitungsdrähten, RdL 1958, 113. Wertvolles Material enthält ein (wohl bisher nicht veröffentlichtes) Schiedsgutachten von *Wiefels* in einem Verfahren zwischen der Nord-West-Ölleitung GmbH und dem Rheinischen und dem Westfälisch-Lippischen Landwirtschaftsverband, das sich allerdings mit einer speziellen Auslegungsfrage zu befassen hatte. Eingehende Regelung der Entschädigung auch in den Formularverträgen des Zweckverbandes Bodenseewasserversorgung.

betreten, vermindert dagegen den Wert der Grundstücksnutzung. Daß die Eintragung der Dienstbarkeit die *Beleihungsfähigkeit* des Grundstücks nicht beeinträchtigt, ist von Kreditinstituten mehrfach bestätigt worden. Die darin liegende „Verunzierung" des Grundbuchs ist kein realer Faktor für eine Wertminderung. Dafür, daß für Parzellen, die außerhalb des Ausübungsbereichs der Dienstbarkeit liegen, im Fall ihrer *Veräußerung* die Berichtigung des Grundbuchs herbeizuführen ist (vgl. § 1026 BGB), dürfte dann das gleiche gelten, wenn damit in absehbarer Zeit nicht zu rechnen ist. — Das bisher Erwähnte betrifft den *Nutzungswert* des Grundstücks. Die Tatsache, daß der *Verkehrswert* landwirtschaftlicher Grundstücke in manchen Teilen der Bundesrepublik erheblich höher ist, darf aber nicht übersehen werden. Für seine etwaige Minderung können auch Gefühlsmomente in Betracht kommen, die bei einem solchen Grundstück die Nachfrage vermindern: daß die für seinen Erwerb in Betracht kommenden Bevölkerungskreise das Vorhandensein einer Leitung in nicht allzu großer Tiefe unter der Oberfläche als Beeinträchtigung des Eigentums empfinden, daß — etwa bei einer neuartigen Leitung — mit Schäden und sich anschließenden Prozessen gerechnet wird usw. Auch für die Minderung des Verkehrswertes gilt aber das schon Gesagte, daß die Wahrscheinlichkeit einer Veräußerung bei ihrer Bemessung zu berücksichtigen ist. — Als *sonstiger durch die Enteignung eintretender Vermögensnachteil* kommt z. B. in Betracht, daß der Grundstückseigentümer durch die Verhandlungen über die Begründung der Dienstbarkeit und solche über Ausfallschäden bei der Anlegung der Leitung *persönlich in Anspruch genommen* wird, und dadurch Zeitverluste erleidet.

Die Gerichte bemühen sich, die Entschädigungen für die Wertminderungen und Vermögensnachteile bis ins einzelne — in Pfennigbeträgen für den in Anspruch genommenen Quadratmeter — zu ermitteln, müssen dann aber doch vielfach zu Schätzungen, Pauschalierungen, Festsetzungen von unklaren „Anerkennungsgebühren" ihre Zuflucht nehmen. Jeder Perfektionismus muß sich hier selbst ad absurdum führen.

VI

Nach §§ 1023, 1090 BGB hat der Eigentümer eines mit einer Dienstbarkeit belasteten Grundstücks das unabdingbare Recht, wenn sich die Ausübung der Dienstbarkeit auf einen Teil des belasteten Grundstücks beschränkt, ihre *Verlegung auf eine andere für den Berechtigten ebenso geeignete Stelle* zu verlangen, falls die Ausübung an der bisherigen Stelle für ihn besonders beschwerlich ist. Das betrifft auch Dienstbarkeiten auf Duldung von Leitungen. Es muß auch gelten, wenn die Dienstbarkeit durch Enteignung begründet ist. Die Kosten der Verlegung hat der Grundstückseigentümer zu tragen.

Man sollte meinen, daß eine solche Bestimmung auch für diejenigen Fälle am Platze sei, in denen eine *Leitungsduldungspflicht auf Grund der Wassergesetze* besteht. Aber nur § 30 Abs. 4 BadWG (der auch für die Fälle der §§ 31, 35 gilt) sieht vor, daß der betroffene Grundstückseigentümer diese Verlegung verlangen kann, erweitert es sogar dahin, daß es genügt, wenn er den bisher belasteten Grundstücksteil mit erheblich größeren Vorteilen zu verwenden oder zu verwerten in der Lage ist. An der Tragung der Kosten der Verlegung, die auch hier grundsätzlich den Grundstückseigentümer trifft, hat der andere entsprechend teilzunehmen, wenn die Verlegung auch für ihn Vorteile bietet (Abs. 4 Satz 2). Unter gewissen Voraussetzungen kann der Grundstückseigentümer in einem solchen Fall sogar die Aufhebung der Belastung verlangen (Abs. 5). Weder das preußische, noch das bayerische, noch das württembergische Wassergesetz enthalten entsprechende Vorschriften. Auch die summarischen Regelungen in den *Allgemeinen Versorgungsbedingungen für Elektrizität und Gas* lassen eine solche Rücksichtnahme auf Belange des Grundstückseigentümers vermissen. In allen diesen Fällen dürfte aber eine analoge Anwendung der §§ 1023, 1090 oder der Grundsatz des § 242 BGB dazu führen, daß der Grundstückseigentümer die Verlegung einer für ihn besonders lästigen Leitung an eine andere ebenso geeignete Stelle auf seine Kosten verlangen kann.

In § 174 Abs. 2 des Entwurfs des *Bundesbaugesetzes* ist bestimmt, daß der Eigentümer des „fremden“ Grundstücks von dem Eigentümer des begünstigten Grundstücks bei unzumutbaren Beeinträchtigungen eine anderweitige Verlegung der Leitung, auch eine solche auf ein anderes Grundstück, verlangen kann. Voraussetzung ist, daß sich die Beeinträchtigungen erst nach der Verlegung der Leitung ergeben haben. An Stelle der anderweitigen Verlegung der Leitung können auch sonstige geeigneteVorkehrungen verlangt werden, die die Beeinträchtigung mindern oder beseitigen. Dabei ist wohl eine Herabminderung auf ein zumutbares Maß gemeint.

(Es müßte auch vorgesehen werden, daß der Eigentümer des begünstigten Grundstücks den Verlegungsanspruch durch solche Vorkehrungen abwehren kann.) Die Kosten der Verlegung an eine andere Stelle soll der Eigentümer des begünstigten Grundstücks tragen.

Änderungen von Leitungen, die der Berechtigte vornimmt, können zur Folge haben, daß *der Grundstückseigentümer ihm gehörige Anlagen oder die Benutzung seines Grundstücks ändern muß*. Ob er sich solche Änderungen der Leitung gefallen lassen muß, läßt sich nicht allgemein sagen. Nach bürgerlichem Recht kommt es auf den Inhalt der Dienstbarkeit an. Im Wasserrecht ist entsprechend die Frage zu stellen, mit welchem Inhalt das Zwangsrecht festgestellt ist; gegebenenfalls muß der Berechtigte eine erneute Feststellung mit anderem Inhalt betreiben. Nach dem Entwurf des Bundesbaugesetzes würde es für die Leitungsänderung darauf ankommen, ob sie zur Herstellung und Unterhaltung des Anschlusses im Sinne des § 174 Abs. 1 notwendig ist. Die Regelung der Allgemeinen Versorgungsbedingungen fällt auch hier insofern aus dem allgemeinen Rahmen heraus, als die Duldungspflicht des Grundstückseigentümers unbeschränkt besteht. Ob wegen der zu duldenden Änderungen eine Entschädigung oder Schadensersatz zu leisten ist, richtet sich, soweit nicht die folgenden Ausführungen Platz greifen nach dem schon früher Gesagten.

Im *Verhältnis von Leitungen zu Wegen und anderen Anlagen* (z. B. Eisenbahnen, anderen Leitungen), die sie kreuzen oder auf denen sie laufen, haben sich hinsichtlich der Kosten erforderlich werdender Änderungen gewisse allgemeine Grundsätze herausgebildet. Schon 1904 hat das Reichsgericht den Anspruch auf Erstattung von Kosten anerkannt, die einem Gaswerk an seinen Leitungen infolge einer Änderung der benutzten Straße entstanden waren[48]. Es hatte es aus einem „allgemein geltenden Grundsatz" abgeleitet: „Wenn bei einem Rechtsverhältnis, das den einen Teil zu fortlaufenden Leistungen verpflichtet, der andere Teil aus einem vom Gegner nicht zu vertretenden Grunde die Änderung der Leistung verlangt, so hat er die dadurch entstehenden Kosten zu tragen". Allgemeiner ausgedrückt: Wer durch Änderung seiner Anlagen dem andern Partner Kosten verursacht, hat sie ihm zu er-

[48] Recht 1904 Nr. 638, ElWirtsch. 29. 469.

setzen. Dieses „*Veranlassungsprinzip*"[49] gilt infolge der im Schuldrecht bestehenden Vertragsfreiheit natürlich nur, wenn nichts anderes vereinbart ist. Das ist in manchen Wegebenutzungsverträgen, („Konzessionsverträgen") der Gemeinden geschehen, hauptsächlich in solchen, die nicht nach Formular eines Energieversorgungsunternehmens abgeschlossen worden sind. Gesetzlich ist das Veranlassungsprinzip in § 23 FernmeldeanlagenG vom 14. 1. 1928 (RGBl I 8) als maßgebend anerkannt: „Elektrische Anlagen sind, wenn eine Störung des Betriebes der einen Leitung durch die andere eingetreten oder zu befürchten ist, auf Kosten desjenigen Teiles, welcher durch eine spätere Anlage oder durch eine später eintretende Änderung seiner bestehenden Anlage diese Störung oder die Gefahr derselben veranlaßt, nach Möglichkeit so auszuführen, daß sie sich nicht störend beeinflussen."

Nach den Richtlinien der *Deutschen Bundesbahn* für Kreuzungen durch Starkstromleitungen und Gasleitungen gilt das Prinzip, wenn Grundstücke der Bundesbahn außerhalb des „Bahngeländes" gebraucht werden. (§ 13 GasR: Ändert einer der Beteiligten den bestehenden Zustand, so hat er die gesamten, auch die etwa dem andern Beteiligten erwachsenden Kosten zu tragen"; ebenso § 10 Abs. 1 StarkstrR). Werden dagegen Grundflächen, die Betriebs- oder Verkehrsanlagen der Bundesbahn tragen, oder solche unter Eisenbahnüberführungen gekreuzt, und macht hier die Änderung der Anlagen eines Beteiligten auch eine Änderung der Anlagen des andern erforderlich, so sind die Kosten hierfür von beiden Beteiligten je zur Hälfte zu tragen (§ 12 Abs. 2 GasR § 9 Abs. 2 (StarkstrR). — Bei den *Bundeswasserstraßen* ist die Tragung solcher Kosten nach der Seite der Leitungen verschoben. Änderungen von Starkstromanlagen, die infolge von Änderungen, Erweiterungen oder Instandhaltungen der Wasserstraße erforderlich werden, sind nach den Bedürfnissen der Bundeswasserstraßen auszuführen, ohne daß dem Unternehmer gegen sie ein Entschädigungsanspruch zusteht (§ 8 Abs. 2 StarkstrKV). Noch weiter gehen die Rohrkreuzungsvorschriften (§ 9 Abs. 2), indem sie dasselbe für Änderungen der Anlage bestimmen, die nach dem Ermessen der Bundeswasserstraßenverwaltung „zur Wahrung der von ihr vertretenen öffentlichen Interessen an der Wasserstraße"

[49] Das Veranlassungsprinzip stammt aus dem Wegerecht (Kreuzungen von Wegen, Eisenbahnen usw.), siehe z. B. § 12 Abs. 1 FernstrG, ferner § 5 Abs. 1 KreuzungsG v. 4. 7. 1939 (RGBl. I 1211).

erforderlich werden. In beiden Kreuzungsvorschriften ist bestimmt, daß der Unternehmer bei einer etwa wegen Ausbaues der Wasserstraße notwendig werdenden Neuerrichtung an anderer Stelle Ansprüche (z. B. auf Grund der §§ 156, 157 PrWG) nicht geltend machen kann. Der hoheitliche Standpunkt der Bundeswasserstraßenverwaltung kommt wohl auch darin zum Ausdruck.

VII

Mitbenutzung fremder Leitungen spielt für nicht wenige Zwecke eine Rolle. Es handelt sich teils darum, ob der *Eigentümer des Grundstücks*, auf oder in dem sie sich befinden, ein Recht dazu hat, teils um *allgemeinere Mitbenutzungsbefugnisse*[49a]). Ersteren Fall erwähnt das *BGB* bei den Dienstbarkeiten (§§ 1021 Abs. 1 Satz 2, 1090 Abs. 2), aber ohne ihn zu regeln, es knüpft nur eine Bestimmung über die mögliche Regelung der Unterhaltungspflicht daran. In den *Wassergesetzen* ist die Regelung nicht einheitlich. Nach § 339 Abs. 2 PrWG kann für Bewässerungsanlagen, nach Art. 61 WürttWG für Wasser-Zu- oder -Ableitungen den Eigentümern der Grundstücke, über die sie geführt werden, von der zuständigen Behörde ein Mitbenutzungsrecht eingeräumt werden. §§ 30 Abs. 3, 31 Satz 2, 35 Abs. 2 BadWG sehen diese Möglichkeit sogar nur zugunsten von Eigentümern vor, die gemäß diesen Bestimmungen in Anspruch genommen sind[50]. Weitergehend verpflichtet § 339 Abs. 1 PrWG die Unternehmer von Anlagen zur Entwässerung von Grundstücken oder zur Beseitigung von Abwässern, deren Mitbenutzung unter gewissen Voraussetzungen „einem andern" zu gestatten; damit ist jeder gemeint, der sie sich nutzbar machen kann[51]. — Die *Gesichtspunkte*, unter denen die Mitbenutzungsrechte geregelt werden, sind also *verschieden*: im einen Fall folgt die Mitbenutzung aus der Benutzung von fremden Grundstücken, im andern ist das Interesse der Landeskultur und der Abwasserbeseitigung der gesetzgeberische Grund. Daraus er-

[49a] Über die Mitbenutzung von Ölleitungen als verkehrspolitisches Problem s. Handelsblatt Nr. 79 v 9. 7. 1958, S. 3.

[50] Auch § 339 Abs. 2 PrWG gibt das Mitbenutzungsrecht nur zugunsten von Grundstücken, die zur Herstellung der Anlagen „in Anspruch genommen" sind. Nach *Holtz-Kreutz-Schlegelberger* Anm. 14 zu § 339, dem zuzustimmen ist, fallen darunter aber auch solche, die auf Grund gütlicher Übereinkunft benutzt werden.

[51] Das bayerische Wassergesetz enthält nur Bestimmungen über die Mitbenutzung von Stauanlagen und Wasser-Aus- und Einleitungsanlagen, die aber hier nicht interessieren (Art. 162).

gibt sich eine Verschiedenheit der Voraussetzungen, unter denen im Einzelfall die Mitbenutzung zu gestatten ist. Nach badischem und württembergischen Recht besteht der Anspruch darauf schlechthin (im württembergischen Gesetz ist nur die Einschränkung gemacht, daß die Mitbenutzung ohne Beeinträchtigung des Zweckes möglich ist, dem die Leitungen zunächst dienen). Nach preußischem Recht hat dagegen eine Abwägung der beiderseitigen Interessen zu erfolgen. (Näheres in § 339 Abs. 1 Satz 1.) Das gilt — wohl nicht ganz konsequent — auch bei der Mitbenutzung von Bewässerungsanlagen durch die Eigentümer der dafür benutzten Grundstücke. In allen Fällen haben die Mitbenutzenden einen verhältnismäßigen Teil der Herstellungs- und Unterhaltungskosten der Leitungen sowie die Kosten einer durch ihre Mitbenutzung erforderlichen Änderung zu tragen, schließlich für die aus der Mitbenutzung etwa erwachsenden Nachteile Entschädigung zu leisten.

Die Mitbenutzung von Versorgungs- und Abwasserleitungen ist auch in § 174 des *Bundesbaugesetzes* vorgesehen[52]. Einmal kann der Eigentümer des ,,fremden" Grundstücks bis zur Erteilung der Baugenehmigung für die Leitung verlangen, daß sie so verlegt und hergestellt wird, wie es erforderlich ist, um sein Grundstück ebenfalls anzuschließen; die durch sein Verlangen entstehenden Kosten hat er aber zu tragen (Abs. 4). Außerdem darf er Leitungen, die auf seinem Grundstück liegen, mitbenutzen (Abs. 5 Satz 1). Trotz der allgemeinen Fassung bezieht sich das wohl nur auf Leitungen, die unter Abs. 1 Satz 1 fallen. Die Pflicht, einen angemessenen Teil der Herstellungs- und Unterhaltungskosten zu tragen, besteht auch hier (Abs. 5 Satz 2, 3, Abs. 6). Von einem Entschädigungsanspruch wegen der durch die Mitbenutzung entstehenden Nachteile ist dagegen nichts gesagt. Auch für das Mitbenutzungsrecht des Bundesbaugesetzes taucht die Frage auf, wie es sich zu den Vorschriften des Energiewirtschaftsgesetzes über Anschluß- und Versorgungspflicht verhält.

VIII

Die *Haftung für Schäden, die aus dem Zustand oder dem Betrieb einer Leitung entstehen,* ist im geltenden Recht sehr verschieden gestaltet. Sie ist hier auch insofern zu behandeln, als es sich nicht

[52] Siehe über ihn IV. Der unterirdische Anschluß an einen Vorfluter wird in diesem Zusammenhang nicht erwähnt.

um Leitungen auf fremden Grundstücken handelt, vielmehr überhaupt andere, insbesondere die Eigentümer benachbarter Grundstücke, geschädigt werden. Folgende Haftungsgrundlagen kommen in Betracht:

1. *Verursachungshaftung. § 1a Abs. 1 Satz 1 HaftpflG* läßt den Inhaber einer Anlage zur Fortleitung oder Abgabe von Elektrizität oder Gas ohne Nachweis eines Verschuldens haften, wenn durch Wirkungen der davon ausgehenden Energie ein Unfall verursacht ist, der den Tod oder die Gesundheitsschädigung eines Menschen oder eine Sachbeschädigung herbeigeführt hat. Die Haftung ist ausgeschlossen, wenn der Schaden innerhalb eines Gebäudes durch die darin befindliche Anlage oder innerhalb eines im Besitz des Inhabers der Anlage stehenden befriedeten Grundstücks entstanden (Abs. 3 Nr. 1) oder durch höhere Gewalt (ausgenommen Herabfallen von Leitungsdrähten) verursacht worden ist (Abs. 3 Nr. 3). Eine analoge Anwendung des § 1a Abs. 1 Satz 1 auf Wasserleitungen wird von der Rechtsprechung mit Recht abgelehnt[53].

Es bestehen aber Bestrebungen, diese Bestimmung des Haftpflichtgesetzes durch eine Novelle auch auf *Wasserleitungen* auszudehnen. Die Gründe für die Ausdehnung der Haftung liegen offenbar in Billigkeitserwägungen, darin, daß der durch einen Wasserrohrbruch oder die Undichtigkeit eines Wasserrohrs Geschädigte nicht schlechter gestellt sein dürfe als ein durch Undichtwerden eines Gasrohres oder Reißen einer Elektrizitätsleitung Geschädigter. Gegen die Ausdehnung der „Gefährdungs"-Haftung wird eingewandt, daß eine Wasserleitung nicht so „gefährlich" sei wie eine Starkstrom- oder Gasleitung. Aber bei der Gefahr darf nicht nur an die für Leben und Gesundheit gedacht werden. Es fragt sich vielmehr in erster Linie, ob Sachschäden durch Bruch oder Undichtwerden bei größeren Leitungen für Wasser wegen ihrer Häufigkeit als typische Gefahren anzusehen sind. Nicht ohne Bedeutung ist, daß die Einführung einer bloßen Verursachungshaftung bewirken würde, daß der Vorwurf eines Verschuldens von den Gerichten nicht mehr erörtert zu werden braucht[54]. Dadurch würde auch die Ausweitung des Verschuldens-

[53] S. neuestens BGH 24.1.1958, VI ZR 291/56, auszugsweise abgedruckt GWF 1958 S. 1031.

[54] Solche Erwägungen haben schon beim Erlaß des Gesetzes v. 15. 8. 1943 (RGBl I 489), das § 1a in das Haftpflichtgesetz einfügte, eine Rolle gespielt; die amtliche Begründung (DJ 1943 S. 430) erwähnt sie allerdings nicht.

begriffs vermieden werden[55]. Ob es eine unzumutbare wirtschaftliche Belastung der Wasserversorgungsunternehmen bedeuten würde, wenn die Haftpflicht auf unverschuldete Schäden ausgedehnt wird, bedarf natürlich gleichfalls der Prüfung (Haftpflichtversicherung).

Einen weiteren hier interessierenden Fall der Verursachungshaftung enthält *§ 22 Abs. 2 WasserhaushaltsG.* Danach haftet der Inhaber einer Anlage, die bestimmt ist, Stoffe „zu befördern oder wegzuleiten", wenn derartige Stoffe in ein *Gewässer* gelangen, für den dadurch einem andern entstehenden Schaden. Das betrifft vor allem Ölleitungen und Gasleitungen, aber auch Abwasserleitungen. Grenze der Haftung ist auch hier „höhere Gewalt", wobei es aber nicht ausgeschlossen wird, ein Brechen oder Undichtwerden der Leitung (das dem oben erwähnten Herabfallen von Leitungsdrähten wohl an die Seite zu stellen wäre) als einen Fall der höheren Gewalt anzusehen.

2. *Haftung ohne Verschulden gegenüber dem Eigentümer des Grundstücks,* auf dem sich die Leitung befindet, *auf Grund seiner „Aufopferung"*. In den Fällen, in denen durch *Enteignung* eine Dienstbarkeit auf Leitungsduldung begründet wird, scheint keine solche Haftung zu bestehen. Nur für die Rechtsbeeinträchtigung des Eigentümers und andere „durch die Enteignung" eintretende Vermögensnachteile ist vorweg eine Entschädigung festzusetzen. Daß der Betrieb der Leitung, z. B. durch ein Undichtwerden, dem Grundstückseigentümer nicht vorhersehbare Schäden verursachen kann, ist dabei nicht berücksichtigt. Es erscheint aber unbillig, dafür nur die allgemeinen Vorschriften über Schadensersatz bei unerlaubten Handlungen (Verschuldenshaftung) gelten zu lassen. Ein „Aufopferungsanspruch" sollte ihm auch in diesen Fällen zugebilligt werden.

Bei den *wassergesetzlichen Zwangsrechten* sind in der Regel keine Ansprüche wegen nicht voraussehbarer nachteiliger Wirkungen vorgesehen. Insbesondere verweist § 340 Abs. 5 PrWG, der zahlreiche Bestimmungen über die „Verleihung" auf die Feststellung von Zwangsrechten für anwendbar erklärt, nicht auf den einschlägigen § 82. Eine Ausnahme macht Art. 60 Abs. 4 WürttWG,

---

[55] S. dazu *Esser*, Schadensersatzpflichten bei der Wasserversorgung (Erste Vortragsveranstaltung d. Instituts f. d. Recht d. Wasserwirtschaft, S. 45, 55ff.); *Esser*, Die Zweispurigkeit unseres Haftpflichtrechts, JZ 1953, S. 129.

der — ohne Verschulden — eine Ersatzleistung wegen nicht vorgesehener, erst später sich geltendmachender schädlicher Einwirkungen zugunsten des Eigentümers anordnet.

§ 174 Abs. 3 EntwBundesbauG bestimmt, daß der Eigentümer des „begünstigten" Grundstücks dem des „fremden", d. h. desjenigen, auf dem die Leitung verlegt wird bzw. ist, nicht nur den Schaden zu ersetzen hat, der durch ihre Herstellung und Unterhaltung und durch Beschränkungen der Nutzung entsteht, sondern auch den „durch die Leitung entstehenden Schaden". Damit ist für diesen Schaden eine Haftung vorgesehen, die nicht von Verschulden abhängig ist. Als ihr Rechtsgrund ist offenbar die Duldungspflicht des Eigentümers des benutzten Grundstücks gedacht, der keinen Unterlassungsanspruch wegen der Leitung hat, also ein „Opfer" zu bringen hat[55a]. Dem steht nicht entgegen, daß dieses Opfer auf Grund des nachbarlichen Gemeinschaftsverhältnisses gebracht werden muß, also zum Inhalt des Eigentums gehört. Richtiger ist es aber wohl, hier von einer Ausgleichungspflicht zu sprechen.

Ob bei *Wasserrohrbrüchen* ein Aufopferungsanspruch gegen das Versorgungsunternehmen besteht, ist in den letzten Jahren lebhaft umstritten gewesen. Einzelne Gerichte haben einen solchen Anspruch bejaht[56]. Die neuere Rechtsprechung geht aber dahin, ihn zu verneinen[57]. Dem ist zuzustimmen; eine nähere Erörterung ist hier nicht möglich; Aufopferungsanspruch und Gefährdungshaftung werde ich demnächst an anderer Stelle erörtern.

3. *Verursachungshaftung bei nicht ordnungsmäßigem Zustand der Leitung.* Sie besteht nach dem Haftpflichtgesetz bei Elektrizitäts- und Gasleitungen in den oben geschilderten Fällen, wenn der Schaden, ohne auf den Wirkungen der Elektrizität oder des Gases zu beruhen, auf das Vorhandensein einer solchen Anlage zurückzuführen ist. Die Beweislast für ordnungsmäßigen Zustand trifft den Inhaber der Anlage. Ordnungsmäßig ist eine Anlage, solange sie den anerkannten Regeln der Technik entspricht und unver-

---

[55a] So auch *Westermann* a. a. O. S. 29 (allerdings zu der durch Entscheidung der Baubehörde entstehenden Duldungspflicht).

[56] Vgl. Das Recht der Wasserwirtschaft, Heft 5 Nr. II 137, 138, Heft 6 Nr. II 67, 69—73. S. dazu *Abt*, Zur Haftung bei Wasserrohrbrüchen, GWF 1957, S. 1252. Über Entscheidungen nordamerikanischer Gerichte s. *Murdoch* Journ. Am. Waterworks Ass. 1957, 1025.

[57] OLG Neustadt, MdR 1958, 427; OLG Oldenburg, NJW 1958, 1096 = JR 1958, 222, dazu *Schack*, JR 1958, 207.

sehrt ist (§ 1a Abs. 1 Satz 2, 3). Auch hier ist die Ersatzpflicht ausgeschlossen, wenn der Schaden durch höhere Gewalt verursacht worden ist, ausgenommen bei Herabfallen von Leitungsdrähten (§ 1a Abs. 3 Nr. 3).

4. *Verschuldenshaftung mit Umkehrung der Beweislast hinsichtlich des Verschuldens.* Die Anwendung des § 836 Abs. 1 BGB (Ablösung von Teilen eines Werkes) auf Rohrbrüche ist in der Rechtsprechung anerkannt[58]. Dagegen ist die Beurteilung der Gerichte, ob die Ablösung im einzelnen Fall die Folge fehlerhafter Errichtung oder mangelhafter Unterhaltung ist und welche Anforderungen an den Entlastungsbeweis hinsichtlich des Verschuldens zu stellen sind, sehr zwiespältig[59]. — Bei Gas- und Elektrizitätsleitungen spielt § 836 wegen der weitergehenden Haftung aus dem Haftpflichtgesetz praktisch keine Rolle.

5. Über die *Verschuldenshaftung nach allgemeinem bürgerlichen Recht* braucht hier nichts gesagt zu werden.

6. *Freizeichnungsklauseln.* Die Haftung nach dem Haftpflichtgesetz kann nicht im voraus ausgeschlossen oder beschränkt werden (§ 5 HaftpflG). Für die übrigen hier erörterten Haftungen gilt das nicht. Das ist unbedenklich, da ein Überhandnehmen solcher Freizeichnungen nicht zu befürchten ist, im Einzelfall aber ein Bedürfnis danach bestehen kann. Für § 22 WasserhaushaltsG überrascht das Fehlen einer dem § 5 HaftpflG entsprechenden Bestimmung allerdings zunächst. Denn die verschärfte Haftung aus § 22 soll nach der Begründung auch dem Zweck dienen, im Allgemeininteresse der Verunreinigung der Gewässer entgegenzuwirken. Für § 22 kommen aber so viele „andere" als Geschädigte in Betracht, daß ein vertraglicher Verzicht auf alle künftigen Schadensersatzansprüche praktisch überhaupt nicht möglich ist.

IX

Die *dingliche Rechtslage der Leitungen* weist keine Probleme auf, die näher erörtert werden müssen. Ihre Verlegung wird als eine nur zu einem „vorübergehenden" Zweck erfolgende Verbindung mit dem Grund und Boden angesehen. Sie sind deshalb nicht Bestandteile des Grundstücks, in das sie eingefügt sind (§ 95

---

[58] S. die bei *Abt*, a. a. O. S. 1253 angeführten Entscheidungen des Reichsgerichts und neuestens BGH a. a. O.

[59] Vgl. Das Recht der Wasserwirtschaft, Heft 6 Nr. I 69—72; über die Anforderungen, die an die Unterhaltung zu stellen sind, s. BGH a. a. O.

Abs. 1 BGB). § 93 BGB steht daher nicht im Wege, sie weiter als Eigentum des Inhabers der Leitung anzusehen. Sie sind dann Zubehör des Grundstücks, „dem sie zu dienen bestimmt sind", insbesondere desjenigen, auf dem sich das Elektrizitäts-, Gas- oder Wasserwerk befindet (§ 97). Als Zubehör werden sie von einer hypothekarischen Belastung dieses Grundstücks mit erfaßt (§ 1120). Eine mehr theoretisch als praktisch interessante Frage ist die, wo die örtliche Grenze zwischen dem Zubehör des Werks und dem Zubehör des Abnehmers verläuft. Sie ist in den Allgemeinen Versorgungsbedingungen für Elektrizität und Gas näher geregelt: der „Hausanschluß" gehört noch zu den Betriebsanlagen des Werks, „von seinem Ende" ab beginnt die Anlage des Abnehmers (Abschnitte IV und V beider AVB). Ähnliche Bestimmungen enthalten die Allgemeinen Wasserversorgungsbedingungen (§§ 4, 5). Daß auch sie dingliche Wirkung haben, ist ohne Bedenken.

DIE PFLICHT DES ARBEITGEBERS ZUR WIEDER-EINSTELLUNG ENTLASSENER ARBEITNEHMER

Von Alfred Hueck, München

I

Die Frage nach dem Bestehen einer Wiedereinstellungspflicht gegenüber entlassenen Arbeitnehmern ist an sich nicht neu. Sie hat im Zusammenhang mit der Beendigung von Arbeitskämpfen, worauf zurückzukommen sein wird, Rechtsprechung und Wissenschaft des Arbeitsrechts schon in den 20er Jahren sehr lebhaft beschäftigt. Aber sie hat in bestimmter Ausrichtung ganz neuerdings durch zwei Urteile unserer höchsten Gerichte, des BGH[1] und des BAG[2] eine besonders aktuelle Bedeutung gewonnen. Und zwar handelt es sich nicht nur und nicht in erster Linie um die praktische Auswirkung dieser Urteile, die, da sie auf ganz bestimmte Anwendungsfälle beschränkt ist, vielleicht nicht einmal allzu groß ist, sondern es handelt sich vor allem um die grundsätzliche Frage, ob eine solche Wiedereinstellungspflicht, also eine Pflicht zur Vertragserneuerung, unabhängig von einer besonderen vertraglichen Zusage überhaupt anerkannt werden darf, eine Frage, deren Beantwortung an Grundprobleme des allgemeinen Privatrechts einerseits, des Arbeitsrechts andererseits rührt. Derartige Fälle, in denen Grundprinzipien der altüberkommenen Zivilrechtsdogmatik mit Bedürfnissen des modernen Wirtschafts- und Sozialrechts zusammenprallen, haben von jeher das besondere Interesse unseres verehrten Jubilars gefunden, wovon viele seiner zahlreichen Werke, von den „Fortschritten des Zivilrechts im 19. Jahrhundert", bis hin zu den Schriften und Mitteilungen des Instituts für Wirtschaftsrecht an der Universität Jena und der unvergessenen „Chronik des Wirtschaftsrechts" beredtes Zeugnis ablegen. Auch für die hier

---

1 BGH vom 13. Juli 1956 in AP Nr. 2 zu § 611 BGB Fürsorgepflicht.

2 BAG vom 14. Dezember 1956 in AP Nr. 3 zu § 611 Fürsorgepflicht.

zur Erörterung stehende Frage hat ein Aufsatz von *Hedemann* im RdA 1953 S. 121 über den „Arbeitsplatz als Rechtsgut" wertvolle Anregungen gegeben. So mag es gestattet sein, dieses Problem zum Gegenstand eines Beitrages gerade zu dieser Festschrift zu wählen.

Die Entscheidung des BGH vom 13. Juli 1956 betraf einen freien Dienstvertrag. Ein Dienstpflichtiger war wegen Verdachtes einer strafbaren Handlung fristlos entlassen worden. Die Entlassung war, wie ausdrücklich festgestellt wird, nach der damaligen Sachlage zu Recht erfolgt; aber der Verdacht war später entkräftet worden, zum mindesten war das für die Revisionsinstanz zu unterstellen. Bei dieser besonderen Sachlage hat der BGH einen Anspruch auf Wiedereinstellung bejaht.

Das Urteil ist von *Molitor* scharf kritisiert worden[3]. Dabei kommt es ihm weniger auf den konkreten Einzelfall, die Sonderbehandlung der Verdachtskündigung an, als vielmehr auf die grundlegende Frage, ob nach rechtsgültiger Beendigung des Dienstverhältnisses ohne besondere Abrede lediglich aus einer nachwirkenden Fürsorgepflicht oder aus allgemeinen Billigkeitserwägungen eine Pflicht zur Wiedereinstellung und damit zum Abschluß eines neuen Dienstvertrages hergeleitet werden könne. Diese Frage wird von *Molitor* grundsätzlich verneint. Er befürchtet, wenn man dem BGH zustimme, weitgehende Folgerungen für die Beendigung anderer Dauerrechtsverhältnisse durch außerordentliche Kündigung oder Aufhebungsklage, und damit eine schwere Gefährdung der Rechtssicherheit. Es sei nicht abzusehen, warum man, wenn man den Gedankengängen des kritisierten Urteils folge, nicht auch in anderen Fällen des nachträglichen Wegfalls eines Kündigungsgrundes, z. B. der Ausheilung einer Krankheit oder der Verbüßung einer Freiheitsstrafe, wegen der gekündigt worden sei, einen Anspruch auf Erneuerung des früheren Vertragsverhältnisses geben solle. Folgerichtigerweise müßte dann auch bei Auflösung einer Gesellschaft aus wichtigem Grunde, etwa wegen Verdachtes einer unredlichen Geschäftsführung durch einen Gesellschafter, ein Anspruch auf Wiedererrichtung der Gesellschaft bestehen, und *Molitor* fragt weiter, wenn auch wohl nur, um die Argumentation des BGH ad absurdum zu führen, ob der BGH vielleicht auch einen Anspruch auf Wiederherstellung der Ehe anerkennen wolle, wenn

[3] Vgl. Samml. arbeitsrechtl. Entscheidungen 1957 S. 5ff.; ferner *Molitor* ArbRBlattei „Arbeitsvertrag-Arbeitsverhältnis X, Verpflichtung zur Erneuerung eines beendeten Arbeitsverhältnisses".

der Scheidungsgrund nachträglich fortfalle, oder einen Anspruch auf Erneuerung eines Darlehens, wenn der Grund, aus dem das Darlehen gekündigt worden sei, nachträglich seine Bedeutung verliere. *Molitor* ist deshalb der Ansicht, daß das Urteil des BGH nicht geeignet sei, als Präjudiz in ähnlich gelegenen Fällen zu dienen.

Aber das Spiel des Zufalls wollte, daß unmittelbar, bevor diese Kritik veröffentlicht wurde, das BAG gerade dieses Urteil als Präjudiz benutzte und am 14. Dezember 1956 ganz entsprechend entschied. Ein Arbeitnehmer war nach 1945 auf Befehl der Militärregierung entlassen, aber später im Entnazifizierungsverfahren entlastet worden. Auch das BAG hat, wenn auch unter gewissen Einschränkungen, den Anspruch auf Wiedereinstellung grundsätzlich bejaht.

Es ist verständlich, daß *Molitor* auch dieses Urteil abgelehnt hat[4], während *Larenz* und ich, wenn auch mit etwas anderer Begründung, den Ergebnissen des BGH und BAG zugestimmt haben[5]. Neuerdings hat dann *Mohnen*[6] die Frage einer sehr gründlichen und in die Tiefe gehenden Untersuchung unterzogen und ist erneut zu einem ablehnenden Ergebnis gekommen. Auch er betont mit Recht, daß unserer Frage weit über ihre unmittelbare praktische Bedeutung hinaus ein großes grundsätzliches Interesse in bezug auf die richtige Methode für die Anwendung und Fortbildung des Rechts auf arbeitsrechtlichem Gebiet zukomme. Dieses Interesse ist es, das eine nochmalige Erörterung unseres Problems gerechtfertigt erscheinen läßt.

II

Es liegt mir zunächst daran, klarzustellen, daß eine Pflicht zur Wiedereinstellung nicht etwas so Ungewöhnliches ist, wie es nach den Ausführungen von *Molitor* und *Mohnen* scheinen könnte. Vielmehr kennen wir eine ganze Reihe von Fällen, in denen sie zu bejahen ist, wenn auch auf sehr verschiedener Rechtsgrundlage und aus sehr verschiedenen Gründen. Eine solche Untersuchung gibt zugleich Gelegenheit, einen Überblick über die in unserm Recht praktisch vorkommenden Fälle der Wiedereinstellungspflicht zu gewinnen. Dabei ist allerdings nicht eine erschöpfende Aufzählung beabsichtigt, sondern die Übersicht beschränkt sich auf die prak-

---

[4] Vgl. ArbRBlattei „Arbeitsvertrag-Arbeitsverhältnis X Entsch. 2" Anm.

[5] Vgl. die Anm. zu AP Nr. 2 und 3/4 zu § 611 BGB Fürsorgepflicht.

[6] RdA 1957 S. 361ff. und 405ff.

tisch wichtigeren oder aus theoretischen Erwägungen besonders bedeutsamen Fälle.

1. Es kann zunächst bei der bestehenden Vertragsfreiheit keinem Zweifel unterliegen und wird auch von keiner Seite bestritten, daß der Arbeitgeber *vertraglich* eine Pflicht zur Wiedereinstellung übernehmen kann. Sehr verschiedenartige Gründe können ihn dazu veranlassen. Praktisch besonders wichtig ist der Fall, daß er bei Beendigung eines Arbeitskampfes in seinem Betrieb den infolge des Arbeitskampfes entlassenen Arbeitnehmern die Wiedereinstellung, sei es unbedingt, sei es unter bestimmten Voraussetzungen zusagt. An der bindenden Wirkung einer solchen Zusage ist wohl nie gezweifelt worden.

2. Bekanntlich wird aber der Frieden nach einem Arbeitskampf meist nicht von einem einzelnen Arbeitgeber geschlossen, sondern er wird zwischen dem Arbeitgeberverband und der Gewerkschaft, also kollektivrechtlich, vereinbart. Die Wiedereinstellungsklausel wird damit Teil eines kollektiven Friedensabkommens, eines *Tarifvertrages*. Es entsteht die Frage, ob dadurch der Arbeitgeber unmittelbar zur Wiedereinstellung verpflichtet wird, ob anders ausgedrückt der entlassene Arbeitnehmer einen unmittelbaren Rechtsanspruch auf Wiedereinstellung gegen seinen früheren Arbeitgeber erhält. Über diese Frage ist auf Grund des früheren Tarifrechtes, wie es seine Grundlage in der TarifVO von 1918 hatte, in den 20er Jahren viel gestritten worden. Die Schwierigkeit lag darin, daß nach der damals herrschenden Ansicht die Unabdingbarkeit nur für solche Tarifbestimmungen galt, die den Inhalt der Arbeitsverhältnisse regeln, die sog. Inhaltsnormen, daß aber die Wiedereinstellungsklausel in ihrer normalen Gestalt die Begründung eines neuen Arbeitsverhältnisses oder die Wiedererneuerung eines erloschenen zum Gegenstand hat, nicht dagegen den Inhalt des Arbeitsverhältnisses betrifft[7]. Man hat aber trotzdem immer wieder Versuche gemacht, mit Hilfe irgendeiner zum Teil recht künstlich anmutenden Konstruktion doch zu einem bejahenden Ergebnis zu kommen[8], der beste Beweis dafür, daß man zum mindesten für derartige Fälle die Zubilligung eines Rechtsanspruches auf Wiedereinstellung für wünschenswert ansah. Heute ist diese Frage

[7] Vgl. dazu im einzelnen *Hueck-Nipperdey* Lehrb. des ArbR 3/5. Auflage Bd. 2 S. 92 mit weiteren Angaben.

[8] Vgl. dazu die Übersichten bei *Hueck-Nipperdey* a. a. O. Anm. 116 u. 117.

durch den Gesetzgeber entschieden. Seitdem die normative Wirkung tariflicher Abschlußnormen in § 1 TVG ausdrücklich anerkannt worden ist, besteht kein Zweifel, daß durch ein tarifliches Friedensabkommen bindende Pflichten der einzelnen Arbeitgeber zur Wiedereinstellung entlassener Arbeitnehmer begründet werden können[9].

Es kann also festgestellt werden, daß durch Rechtsnormen, wie sie die Tarifnormen darstellen, Wiedereinstellungspflichten geschaffen werden können und in der Praxis gar nicht selten geschaffen werden, denn die große Mehrzahl der Arbeitskämpfe endet heute mit einem kollektiven Friedensabkommen, in dem eine mehr oder weniger weitgehende Einstellungspflicht vorgesehen wird. Das zeigt aber, daß die Begründung einer Wiedereinstellungspflicht auch gegen den Willen des einzelnen Arbeitgebers mit den Grundgedanken unserer Rechtsordnung durchaus vereinbar ist.

3. Aber auch der *Gesetzgeber* ist gelegentlich dazu übergegangen, unmittelbar, also ohne den Umweg über Einzelvertrag und Tarifvertrag, Wiedereinstellungspflichten zu begründen. Das bekannteste Beispiel ist der § 19 V SchwerbeschG. Auch gegenüber Schwerbeschädigten kann im Fall des Arbeitskampfes eine fristlose Entlassung zulässig sein; aber wenn einem Schwerbeschädigten lediglich wegen des Arbeitskampfes gekündigt worden ist, muß er nach Beendigung des Kampfes wieder eingestellt werden. Nach der Ansicht von *Nipperdey* soll dasselbe für § 9 MutSchG im Fall der kollektiven Lösung der Arbeitsverhältnisse durch Abwehraussperrung gelten, für den das Kündigungsverbot als solches keine Anwendung finde; der Arbeitgeber handle aber mißbräuchlich, nämlich gegen Sinn und Zweck des MutSchG, wenn er die werdende Mutter nach Beendigung des Arbeitskampfes nicht wieder einstelle, anders ausgedrückt, die Entlassene habe einen Rechtsanspruch auf Wiedereinstellung[10]. Andere sehen in diesem Fall schon die Entlassung selbst für unzulässig an, so daß ein besonderer Wiedereinstellungsanspruch überflüssig ist[11].

In beiden Fällen bezieht sich, ähnlich wie bei der unter 2. besprochenen Tarifklausel, die Wiedereinstellungspflicht auf den be-

[9] Über die Regelung im einzelnen und die verschiedenen in Betracht kommenden Fälle vgl. *Hueck-Nipperdey* 6. Aufl. Bd. 2 S. 210ff.

[10] Vgl. *Hueck-Nipperdey* Lehrb. d. ArbR Bd. II 6. Aufl. S. 624.

[11] Vgl. z. B. *Nikisch* BB 1952 S. 722; *Bulla* MutSchG und Frauenarbeitsrecht § 9 Anm. 26 mit weiteren Angaben.

sonderen Fall des Arbeitskampfes. Aber das trifft nicht immer zu. So sah z. B. eine Reihe von Ländergesetzen[12] vor, daß Betriebsratsmitglieder, denen im Fall einer Betriebsstillegung gekündigt worden war, bei Wiedereröffnung des Betriebes binnen 6 Monaten nach der Stillegung einen Anspruch auf Wiedereinstellung haben sollten. Diese Vorschriften sind nach richtiger, wenn auch bestrittener Ansicht heute außer Kraft getreten. Aber sie zeigen doch, daß der Gesetzgeber einen Anspruch zu Recht entlassener Arbeitnehmer auf Wiedereinstellung auch noch nach Ablauf einer längeren Frist für durchaus möglich ansah[13].

4. Eine Wiedereinstellungspflicht kann sich ferner, was mir für unsere Frage besonders bedeutungsvoll zu sein scheint, aus einer *Schadenersatzpflicht* ergeben, insofern der Ersatz für den Schaden nach § 249 BGB in erster Linie im Wege der Naturalrestitution zu leisten ist. Besteht der angerichtete Schaden in der Auflösung des Arbeitsverhältnisses, so bedeutet die Pflicht zur Beseitigung des Schadens in erster Linie die Pflicht, das Arbeitsverhältnis wiederherzustellen.

In dieser Hinsicht ist zunächst daran zu erinnern, daß nach dem BRG von 1920 und dem AOG von 1934 bei sozial unbilliger Kündigung diese zunächst gültig war, das Arbeitsverhältnis also aufgelöst wurde, aber der Arbeitnehmer einen Anspruch auf Wiedereinstellung, also auf Erneuerung des erloschenen Arbeitsverhältnisses hatte, der im Wege des Einspruches oder der Widerrufsklage geltend zu machen war. Heute ist das insofern anders, als nach § 1 KSchG die sozialwidrige Kündigung von vornherein unwirksam ist, es also keiner besonderen Wiedereinstellung im Sinne einer Erneuerung des Arbeitsverhältnisses bedarf, aber praktisch ist im Hinblick auf die Ausschlußfrist von 3 Wochen die Kündigungsschutzklage des § 3 KSchG doch mit der Kündigungswiderrufsklage, der eine echte Wiedereinstellungspflicht zugrunde lag, nahe verwandt.

Von erheblich geringerer praktischer, aber von großer grundsätzlicher Bedeutung ist die Frage, ob auch ein Schadenersatz-

[12] Z. B. in Schleswig-Holstein, Hessen, Bremen, Baden.

[13] Daneben spielte in der Vergangenheit und in Einzelfällen auch heute noch die Wiedereinstellungspflicht gegenüber Kriegsteilnehmern eine große Rolle, vgl. die VO über die Einstellung und Entlassung von Arbeitern und Angestellten während der Zeit der wirtschaftlichen Demobilmachung vom 3. 9. 1919 und § 7 des Heimkehrergesetzes vom 19. 6. 1950.

anspruch *aus unerlaubter Handlung* als Grundlage einer Wiedereinstellungspflicht in Betracht kommt. Schon 1953 hat *Hedemann*[14] die Frage erwogen, ob nicht nach der heutigen Rechtsentwicklung der Arbeitsplatz als ein nach § 823 I BGB geschütztes Rechtsgut anzusehen sei. Diesen Gedanken hat dann *Nipperdey* aufgegriffen und sich im Rahmen seiner Darstellung des Arbeitskampfrechts nachdrücklich zu dem Satz bekannt, daß das Recht am Arbeitsplatz ein subjektives Recht im Sinn des § 823 I BGB sei[15]. Das folge aus der geschichtlichen Entwicklung, aus den Grundgedanken des KSchG und aus Art 2 I GG in Verbindung mit dem Prinzip des sozialen Rechtsstaates. Dabei sei unter dem Recht am Arbeitsplatz der durch einen gültigen Arbeitsvertrag begründete Anspruch zu verstehen, Betriebsangehöriger zu sein, und sich dementsprechend zu betätigen[16]. Wäre diese Ansicht richtig, so würde jede schuldhaft rechtswidrige Verletzung des Rechts am Arbeitsplatz, die zur Lösung des Arbeitsverhältnisses führt, eine Wiedereinstellungspflicht begründen können.

Gegen eine so weitgehende Ausdehnung des Schutzes des Arbeitsplatzes bestehen aber m. E. Bedenken. Auch wenn man, wie ich es für richtig halte, zugibt, daß das KSchG von dem Gedanken des Bestandschutzes des Arbeitsverhältnisses getragen werde und daß es deshalb ein Recht des Arbeitnehmers auf seinen Arbeitsplatz bejahe, so fragt sich doch, ob es sich dabei nicht lediglich um einen vertraglichen Anspruch des Arbeitnehmers gegenüber dem Arbeitgeber handelt, also um ein obligatorisches Recht, oder wenn man den schuldrechtlichen Charakter des Arbeitsverhältnisses mit einer namentlich in den 30er Jahren verbreiteten, m. E. aber nicht zutreffenden Lehre[17] verneinen will, jedenfalls um ein relatives Recht. Dafür spricht auch die Begriffsbestimmung von *Nipperdey*, wenn er das Recht am Arbeitsplatz als *einen durch den Arbeitsvertrag begründeten Anspruch* bezeichnet. Relative Rechte aber fallen nicht unter die sonstigen Rechte des § 823 I BGB. Das gilt zum

---

[14] Vgl. RdA 1953 S. 124. Siehe zum Begriff des Arbeitsplatzes auch *Molitor* BB 1952 S. 493; ablehnend *Nikisch* Arbeitsrecht 2. Aufl. Bd. I S. 219.

[15] Vgl. *Hueck-Nipperdey* Bd. II S. 637. — LAG Düsseldorf BB 1958 S. 268 glaubt die Ansicht, daß das Recht am Arbeitsplatz ein subjektives Recht im Sinn des § 823 I BGB sei, als herrschende Lehre bezeichnen zu können.

[16] Vgl. *Hueck-Nipperdey* a. a. O. Anm. 26.

[17] Vgl. *Hueck-Nipperdey* Bd. I S. 117.

mindesten für die Beziehungen, die sich zwischen Arbeitnehmer und Arbeitgeber aus dem bestehenden Arbeitsverhältnis ergeben. Ob etwa im Verhältnis zu Dritten ein Recht auf den Arbeitsplatz anerkannt werden könnte, braucht in unserem Zusammenhang nicht geprüft zu werden, da seine Verletzung nicht zu einer Wiedereinstellungspflicht des Arbeitgebers führen würde.

Wenn *Nipperdey* besonderen Wert auf die Charakterisierung des Arbeitsplatzes als eines nach § 823 I BGB geschützten Rechtsgutes legt, so lassen sich aus dem Zusammenhang, in dem diese These aufgestellt ist, nämlich dem Arbeitskampfrecht, unschwer dafür maßgebende Gründe erkennen. *Nipperdey* vertritt im Anschluß an die neuere Lehre den Standpunkt, daß der Streik eine unerlaubte Handlung nicht nur, wie man früher annahm, bei Sittenwidrigkeit nach § 826 BGB sein könne, sondern daß er als Verletzung des Rechts am eingerichteten und ausgeübten Gewerbebetrieb auch gegen § 823 I BGB verstoßen könne. Dem ist im vollen Umfang zuzustimmen. Das hat nun aber, wie die neuere Rechtsprechung zeigt, weitgehende Folgen, und es könnte deshalb die Frage aufgeworfen werden, ob es nicht eine Verletzung des Grundsatzes der Waffengleichheit bedeute, wenn die Aussperrung im Gegensatz zum Streik lediglich bei Vorliegen der Voraussetzungen des § 826 BGB als unerlaubte Handlung angesehen werde. Dem wird in der Tat vorgebeugt, wenn man in der Aussperrung einen Eingriff in das Rechtsgut des Arbeitsplatzes erblickt und dieses Rechtsgut ähnlich wie den eingerichteten und ausgeübten Gewerbebetrieb unter § 823 I BGB subsumiert, denn dann können mutatis mutandis alle für den Streik als unerlaubte Handlung entwickelten Regeln analog auf die Aussperrung angewandt werden. Aber das bloße Bedürfnis, Streik und Aussperrung auch in dieser Hinsicht gleichmäßig zu behandeln, kann schwerlich genügen, ein besonderes Recht am Arbeitsplatz zu konstruieren. Was aber den Grundsatz der Waffengleichheit betrifft, so dürfte er durch den sehr viel weitergehenden Schutz des Arbeitsplatzes durch das KSchG, der einseitig dem Arbeitnehmer zugute kommt, auch bei Nichtanwendung des § 823 I BGB auf die Aussperrung hinreichend gewahrt sein.

Wenn es demnach recht zweifelhaft erscheint, ob § 823 I BGB die Grundlage für einen zur Annahme einer Wiedereinstellungspflicht führenden Schadenersatzanspruch bilden kann, so bestehen solche Zweifel nicht für die Anwendung des § 826 BGB. Ist die

Beendigung des Arbeitsverhältnisses auf ein vorsätzliches sittenwidriges Verhalten des Arbeitgebers zurückzuführen, so steht dem Arbeitnehmer ein Anspruch auf Schadenersatz und deshalb, wenn er es wünscht, auf Erneuerung des Arbeitsverhältnisses zu. Die Frage, auf die es in unserm Zusammenhang vor allem ankommt, ob nämlich eine Wiedereinstellungspflicht auch als Folge eines deliktischen Schadenersatzanspruches entstehen kann, ist also zu bejahen.

5. Endlich kann die Frage aufgeworfen werden, ob die Wiedereinstellungspflicht nicht auch aus dem für das Arbeitsrecht immer bedeutsamer werdenden *Grundsatz der Gleichbehandlung* abgeleitet werden kann. Die Frage ist im allgemeinen zu verneinen, da die Gleichbehandlung nach herrschender Lehre sich auf Angehörige desselben Betriebes, die durch den Gedanken der Betriebsgemeinschaft innerlich verbunden sind, beschränkt, bei entlassenen Arbeitnehmern aber diese Voraussetzung nicht mehr zutrifft. Auch wenn man mit einer neuerdings gelegentlich geäußerten Ansicht den Gleichbehandlungsgrundsatz unter besonderen Umständen auf Angehörige desselben Unternehmens ausdehnen wollte[18], würde das für unser Problem ohne Bedeutung sein, da auch diese Voraussetzung nicht mehr gegeben ist.

Fraglich kann aber sein, ob auch bei Entlassungen im Rahmen eines Arbeitskampfes das Band der Betriebsgemeinschaft schon *so weitgehend gelöst* ist, daß der Gleichbehandlungsgrundsatz keine Geltung mehr beanspruchen kann. Die Frage ist z. B. von *Nikisch* mit beachtenswerten Gründen in einer Besprechung der Entscheidung des Großen Senats des BAG zum Streikrecht verneint worden[19]; *Nikisch* hat dort die Ansicht vertreten, die streikenden oder ausgesperrten Arbeitnehmer bildeten auch noch während des Arbeitskampfes ein geschlossenes, durch die Beziehungen zum Betrieb zusammengehaltenes Kollektiv, weswegen mit der gebotenen Vorsicht der Gleichbehandlungsgrundsatz anwendbar bleibe. Demgegenüber hat der Große Senat des BAG in der zitierten Entscheidung[20] die Anwendung des Gleichbehandlungsgrundsatzes auf entlassene Arbeitnehmer wegen Fehlens eines vinculum juris

[18] Vgl. dazu *Müller* Betrieb 1958 S. 52 und BAG vom 5. 12. 1957 — 2 AZR 474/55.

[19] Samml. arbeitsrechtl. Entscheidungen 1956 S. 11; siehe auch schon Arbeitsrecht 2. Aufl. Bd. 1 S. 435.

[20] AP Nr. 1 zu Art. 9 GG.

und eines alle umfassenden Gemeinschaftsverhältnisses abgelehnt. Nach seiner Ansicht steht die Auswahl der Wiedereinzustellenden grundsätzlich im Ermessen des Arbeitgebers. Aber er kommt doch auf einem Umweg zu einer wenigstens beschränkten Anwendung des Gleichbehandlungsgrundsatzes. Er erblickt in der Aussperrung zugleich die Aufforderung an die Arbeitnehmer, nach Beendigung des Arbeitskampfes Offerten zur Erneuerung der Arbeitsverhältnisse zu machen. Es bestehe zwar kein Versprechen und keine Pflicht, diese Offerten anzunehmen, aber die Aufforderung enthalte doch die Zusage, daß unternehmerische Ermessen hinsichtlich der Wiedereinstellung nicht offensichtlich zu mißbrauchen. Das BAG will mit der Betonung der Offensichtlichkeit des Mißbrauches einen besonders scharfen Maßstab anlegen. Es erscheint aber zweifelhaft, ob wirklich ein Unterschied gegenüber anderen Anwendungsfällen des Gleichbehandlungsgrundsatzes besteht, da dieser sich stets nur gegen eine willkürliche, sachlich nicht berechtigte Ungleichbehandlung richtet, und ob ein solcher Unterschied, wenn er vom BAG gewollt ist, berechtigt sein würde. Wie dem aber auch sei, für unseren Zusammenhang genügt es, daß bei Ablehnung der Wiedereinstellung auf Grund offensichtlichen Mißbrauchs des Ermessens auch das BAG einen Rechtsanspruch auf Wiedereinstellung bejaht. Das heißt aber, daß auch der Gleichbehandlungsgrundsatz, wenn auch nur bei Vorliegen bestimmter engbegrenzter Voraussetzungen (Beendigung eines Arbeitskampfes mit Abwehraussperrung), die Grundlage einer selbständigen, d. h. nicht in einem Friedensabkommen vorgesehenen Wiedereinstellungspflicht bilden kann.

III

Der Überblick zeigt, daß das geltende Recht eine ganze Reihe von Fällen kennt, in denen eine rechtswirksame Wiedereinstellungspflicht zu bejahen ist. Der Gedanke, daß der Arbeitgeber, unter Umständen auch beide Parteien, nach rechtsgültiger Beendigung des Arbeitsverhältnisses zu seiner Wiedererneuerung verpflichtet sein können, weist als solcher also nichts Befremdliches auf. Wohl aber müssen für die Bejahung einer solchen Wiedereinstellungspflicht stets besondere Gründe gegeben sein. Es wäre allerdings theoretisch denkbar, daß die geschilderten Fälle nur Ansätze wären, aus denen in Zukunft einmal eine sehr viel weitergehende Wiedereinstellungspflicht entwickelt werden könnte, derart, daß dem heute schon geltenden Bestandsschutz als Schutz gegen eine unberechtigte Auflösung des Arbeitsverhältnisses ein Anspruch gegen den früheren Arbeitgeber auf Wiedereinstellung zur Seite träte, sofern die Gründe für das Ausscheiden fortgefallen sind, der Wiedereinstellung auch sonst keine ernsthaften Hindernisse im Wege stehen und auf Grund der langen Dauer des früheren Arbeitsverhältnisses eine Wiedereinstellungspflicht in gewissem Umfang der Billigkeit entspricht. Das ist aber sicher nicht geltendes Recht, und es bestehen sehr erhebliche Zweifel, ob eine solche Entwicklung wahrscheinlich und, von ganz bestimmten Ausnahmen abgesehen, auch nur wünschenswert wäre. Ein derartig weitgehender Eingriff in die Freiheit des Unternehmers bei der Auswahl seiner Mitarbeiter könnte letzten Endes auch für die Arbeitnehmer bedenkliche Folgen haben; auch fordert die verfassungsmäßig geschützte Freiheit der Arbeitnehmer in der Wahl von Beruf und Arbeitsplatz ein gewisses Äquivalent auf der Arbeitgeberseite.

Ist also eine allgemeine Ausdehnung der Wiedereinstellungspflicht weder mit dem geltenden Recht vereinbar noch für die Zukunft wünschenswert, so beweist doch andererseits ihre Existenz in einer ganzen Reihe von Fällen, daß sie nicht aus rein prinzipiellen Erwägungen abgelehnt werden kann, sondern daß sie, sobald besondere Gründe für sie vorliegen, zu bejahen ist. Das ermöglicht es aber, sie mit der gebotenen Vorsicht auch in anderen als den bisher geschilderten Fällen anzunehmen, sofern ausreichende Gründe vorliegen und die Anwendung allgemeiner Grundsätze des geltendes Rechtes die Bejahung rechtfertigt, ähnlich wie das oben hinsichtlich des Gleichbehandlungsgrundsatzes dargelegt worden ist.

IV

Diese Erwägungen geben die nötigen Grundlagen für eine Nachprüfung der Rechtslage in den Fällen, die den Entscheidungen des BGH und des BAG zugrundeliegen. In beiden Fällen bestand die Besonderheit darin, daß die Kündigung auf Grund eines Verdachtes erfolgt war, der sich später als nicht begründet herausstellte.

1. Diese Besonderheit, man könnte geradezu sagen, dieser Ausnahmecharakter der hier vorliegenden Fälle dürfte von *Molitor* bei seiner Kritik nicht genügend berücksichtigt worden sein. Seine Besorgnisse in bezug auf die Gefährdung der Rechtssicherheit wären sicherlich gerechtfertigt, wenn BGH und BAG ganz allgemein bei späterem Fortfall des Kündigungsgrundes eine Pflicht

zur Wiedereinstellung annehmen würden. Aber einen solchen allgemeinen Grundsatz haben die beiden Entscheidungen gar nicht aufstellen wollen, sondern sie beschränken die Bejahung der Wiedereinstellungspflicht auf den Fall eines zwar zur Zeit der Kündigung vorliegenden, aber, wie sich später herausstellt, objektiv nicht begründeten Verdachtes.

Mohnen hat deshalb m. E. mit Recht betont, daß die von *Molitor* zum Vergleich herangezogenen Fälle von den Tatbeständen der beiden Urteile grundverschieden seien[21]. Die von *Molitor* genannten Kündigungsgründe (Krankheit, Freiheitsstrafe) haben im Zeitpunkt der Kündigung als Tatsachen bestanden und sind erst im späteren Verlauf (ex nunc) fortgefallen. In den Entscheidungen des BGH und des BAG dagegen lag zur Zeit der Kündigung lediglich ein Verdacht vor, die bloße Annahme eines Sachverhaltes. Es sind keine Tatsachen später fortgefallen, sondern die Annahme hat sich als falsch herausgestellt. Man könnte vielleicht einwenden, auch der Verdacht sei eine Tatsache, wenn auch nur eine subjektive, und diese subjektive Tatsache habe eben damals die Kündigung gerechtfertigt, denn sonst sei sie überhaupt nicht rechtsgültig gewesen. Aber es bleibt doch der Unterschied, daß in den von *Molitor* genannten Fällen auch bei genauer Kenntnis des objektiven Sachverhalts die Kündigung zulässig gewesen wäre, während in den hier interessierenden Fällen nur die mangelnde Aufklärung des Sachverhaltes die Kündigung ermöglichte, bei voller Kenntnis der Tatsachen dagegen, wie sie jetzt vorhanden ist, die Kündigung nicht hätte erfolgen dürfen. Dem Arbeitnehmer ist durch die Kündigung also ein objektives Unrecht zugefügt worden. Gewiß ist dem Arbeitgeber daraus kein Vorwurf zu machen, er hat im guten Glauben gehandelt, er hat vielleicht alles getan, um den Verdacht aufzuklären, und erst, als das nicht möglich war, hat er die Kündigung ausgesprochen. Aber das ändert doch nichts daran, daß die Kündigung objektiv betrachtet ein Unrecht darstellte, das nur auf Grund des mangelnden menschlichen Erkenntnisvermögens zu entschuldigen ist. Es handelt sich also bei der Wiedereinstellung um eine Wiedergutmachung dieses objektiv geschehenen Unrechts, um eine Rehabilitierung[22], und es fragt sich,

---

[21] Vgl. RdA 1957 S. 407.

[22] Vgl. zum Gesichtspunkt der Rehabilitierung schon *Hueck* und vor allem *Larenz* in den oben Note 5 zitierten Anm. *Larenz* legt aber m. E. den Ton zu sehr auf die dem Arbeitnehmer widerfahrene Kränkung, weshalb er

ob dieser Gesichtspunkt nicht auf Grund des § 242 BGB auch rechtlich Berücksichtigung beanspruchen kann und beanspruchen muß. Läßt man diesen entscheidenden Gesichtspunkt außer Betracht, so kann man m. E. nicht zu einer gerechten Beurteilung der zwei Entscheidungen kommen.

2. *Mohnen* hat, wie schon erwähnt, diesen Gesichtspunkt durchaus gesehen. Es sind andere grundsätzliche Erwägungen, die ihn zur Ablehnung der Wiedereinstellungspflicht führen. Er geht davon aus, daß die Auflösung eines Rechtsverhältnisses grundsätzlich seine Wirkungen beseitige. Zwar könnten in gewissem Umfang Nachwirkungen eintreten, aber dafür müßten besondere Gründe vorliegen, in erster Linie vertragliche Vereinbarungen. Allerdings könnten auch aus der allgemeinen Treue- und Fürsorgepflicht oder dem Grundsatz des § 242 BGB Nachwirkungen hergeleitet werden, doch sei hier Vorsicht geboten, wenn man nicht zu uferlosen, nur auf Billigkeitserwägungen gestützten und jede Rechtssicherheit zerstörenden Folgerungen kommen wolle. *Mohnen* sucht deshalb nach einem sichereren Maßstab, und diesen glaubt er aus einem Vergleich der Nachwirkungen eines Vertragsverhältnisses mit den möglichen Vorwirkungen gewinnen zu können, wie sie heute in der Lehre von der culpa in contrahendo allgemein anerkannt seien. Er ist der Ansicht, daß Wirkungen eines Vertrages außerhalb der eigentlichen Vertragszeit in gleicher Weise vor Beginn wie nach Ende des Vertrages denkbar seien und parallel behandelt werden müßten. Er untersucht deshalb die Vorwirkungen und glaubt, für sie eine doppelte Feststellung treffen zu können:

a) Die Berufung auf Treu und Glauben allein reiche nicht aus, um Vorwirkungen begründen zu können; erst eine echte Rechtsanalogie habe eine genügende Grundlage für die Lehre von der culpa in contrahendo geliefert.
b) Eine culpa in contrahendo begründe immer nur Nebenpflichten der Parteien; die Hauptpflichten entständen stets erst mit dem Zustandekommen des Vertrages.

Diese Grundsätze will *Mohnen* auf die Nachwirkungen analog anwenden. Das führt ihn zu dem Schluß, daß die bloße Berufung

u. U. eine ausdrückliche Ehrenerklärung oder die Ausstellung eines entsprechenden Zeugnisses genügen lassen will. M. E. ist mindestens in gleichem Umfang der im Verlust des Arbeitsplatzes liegende materielle wie ideelle Schaden zu berücksichtigen, der nur durch wirkliche Wiedereinstellung ausgeglichen werden kann.

auf Treu und Glauben zur Begründung von Nachwirkungen nicht genüge und daß als Nachwirkungen immer nur Nebenpflichten in Frage kämen, nicht aber die Begründung von Hauptpflichten, von essentilia negotii. Denn das würde bedeuten, daß der Vertrag eben nicht sein Ende gefunden habe. Eine Pflicht zur Wiedereinstellung, also zur Erneuerung des Vertrages könne deshalb nie eine bloße Nachwirkung des Vertrages sein.

3. Es fragt sich, ob diese Beweisführung zwingend ist. Mir scheint, daß gegen sie ein doppeltes Bedenken besteht.

a) Einmal erscheint die Parallele zwischen Vorwirkungen und Nachwirkungen nicht unbedingt notwendig. Im ersteren Fall hat noch kein Vertrag, im Arbeitsrecht noch kein Arbeitsverhältnis als Gemeinschaftsverhältnis bestanden, im letzteren Fall dagegen doch. Es erscheint deshalb durchaus möglich, daß die Wirkungen im letzteren Fall wesentlich stärker sind als im ersteren. Es ist auch sonst im Arbeitsrecht eine bekannte Erscheinung, daß die Wirkungen eines Ereignisses vor Inkrafttreten des Arbeitsverhältnisses andere sind als nachher. Es sei nur an die Bedeutung eines Vertragsmangels, an die Geltendmachung der Nichtigkeit oder die Anfechtung eines Arbeitsverhältnisses erinnert. Es ist etwas anderes, ob ein Arbeitsverhältnis, das noch nie bestanden hat, völlig neu begründet werden soll, oder ob es sich um die Wiederherstellung eines aus irgendwelchen Gründen erloschenen Arbeitsverhältnisses handelt. Gewiß ist es möglich, daß beide Fälle in gewissem Umfang gleich zu behandeln sind, daß insbesondere in der Regel in beiden Fällen eine freiwillige Einigung beider Parteien nötig ist. Daß das aber unbedingt der Fall sein müsse, daß für die Wiederherstellung eines erloschenen Arbeitsverhältnisses denkgesetzlich kein stärkerer Zwang in Frage kommen könne als für eine Neubegründung, wird man nicht behaupten können.

b) Vor allem aber ist es m. E. gar nicht richtig, daß ein Verschulden bei Vertragsschluß immer nur Nebenpflichten der Parteien begründen könne. Die Folge der culpa in contrahendo ist die Pflicht, Schadenersatz zu leisten. Richtig ist, daß häufig nur ein Vertrauensschaden, das sogenannte negative Interesse, zu ersetzen ist, so etwa im Fall des Irrtums (§ 122 BGB) oder der ursprünglichen Unmöglichkeit der Leistung (§ 307 BGB). Aber das trifft keineswegs stets zu. Vielmehr ist in denjenigen Fällen, in denen ohne daß zum Schadenersatz verpflichtende Verschulden nachweisbar der Vertrag gültig zustande gekommen wäre, der andere Teil so zu stellen, wie er bei Erfüllung des Vertrages gestanden hätte; der schuldige Teil haftet dann im Wege der Naturalrestitution auf Erfüllung oder, wenn die Erfüllung unmöglich ist, auf Schadenersatz wegen Nichterfüllung, also auf das positive Interesse[23].

Ein bekanntes Beispiel dafür bietet der Fall, daß der eine Teil in dem anderen schuldhaft einen Irrtum über die Notwendigkeit einer Form hervorgerufen hat und deshalb der Vertrag formlos geschlossen worden ist, während er ohne den Irrtum formgültig abgeschlossen wäre. Dann kann nach heute in Rechtsprechung und Wissenschaft feststehender Lehre die getäuschte Partei der anderen, falls diese den Formmangel des Vertrages geltend machen würde, den Einwand der unzulässigen Rechtsausübung entgegensetzen, d. h. die andere muß sich so behandeln lassen, als ob der Vertrag formgültig abgeschlossen wäre; sie haftet also auf Erfüllung[24] und nicht lediglich auf das negative Interesse. Die culpa in contrahendo führt hier zur Aufrechterhaltung des an sich nichtigen Vertrages mit seinem gesamten Pflichteninhalt und nicht nur zu irgendwelchen Nebenpflichten.

Und das ist keineswegs das einzige Beispiel. *Mohnen* selbst beruft sich für die Geltung der Lehre von der culpa in contrahendo mit Recht auf die Analogie zu den §§ 122, 179, 307, 309, 463, 663

---

[23] Vgl. RG Bd. 95 S. 58, Bd. 103 S. 50, Bd. 132 S. 79. Bd. 159 S. 57; BGH Bd. 16 S. 334, Betrieb 1955 S. 479; *Enneccerus-Lehmann*, Schuldrecht 14. Aufl. § 43, III; *Larenz*, Lehrb. des Schuldrechts Bd. 1 § 7, II; *Blomeyer*, Allgemeines Schuldrecht 2. Aufl. § 33, III, 2a.

[24] Die Frage, wann der Einwand der unzulässigen Rechtsausübung gegenüber formnichtigen Rechtsgeschäften möglich ist, ist bekanntlich sehr bestritten. Daß aber der Vertrag in den Fällen als gültig zu behandeln ist, in denen einem Teil eine culpa in contrahendo um deswillen zur Last fällt, weil er vorsätzlich oder fahrlässig den anderen über die Notwendigkeit der Form getäuscht hat und ohne diese Täuschung der Vertrag formgültig geschlossen wäre, dürfte heute ganz überwiegend anerkannt sein. Vgl. etwa *Enneccerus-Nipperdey*, BGB, Allgem. Teil 14. Aufl. S. 651; *Staudinger-Coing* BGB 11. Aufl. § 125 Anm. 34; RG Bd. 107 S. 181 und 360ff., Bd. 115 S. 44, Bd. 117 S. 124. — Nur dieses Ergebnis ist in unserem Zusammenhang wesentlich, nicht seine nähere Begründung. Auf die dogmatischen Schwierigkeiten der rechtlichen Konstruktion, die sich u. a. daraus ergeben, daß die Formnichtigkeit von Amts wegen zu beachten ist, es also keiner besonderen Berufung auf sie bedarf und man deshalb auch streng genommen nicht von einer eigentlichen, dagegen gerichteten Einrede sprechen kann, braucht deshalb nicht näher eingegangen zu werden.

BGB. Im Fall des § 179 BGB aber haftet der falsus procurator grundsätzlich nach der Wahl des anderen Teiles auf Erfüllung oder Schadenersatz wegen Nichterfüllung, also das positive Interesse, das Interesse, das der andere Teil an der Erfüllung des Vertrages hat. Es sind also die Hauptpflichten aus dem nicht zustande gekommenen Vertrage, die er übernehmen muß, und nicht nur Nebenpflichten. Ähnlich haftet im Fall des § 463 BGB, also bei Fehlen einer zugesicherten Eigenschaft oder arglistigem Verschweigen eines Mangels, der Verkäufer auf das positive Interesse, d. h. auf das, was der Käufer bei Vorhandensein der zugesicherten Eigenschaft bzw. bei Nichtvorhandensein des verschwiegenen Fehlers gehabt hätte[25]. Von Interesse ist auch der § 663 BGB. Jemand, der zur Besorgung von Geschäften öffentlich bestellt ist, unterläßt es, die Ablehnung eines Auftrages unverzüglich anzuzeigen. Er haftet, da hier das Geschäft bei rechtzeitiger Anzeige nicht zustande gekommen wäre, nur auf das negative Interesse, nicht auf Erfüllung. Aber daß dieses Ergebnis nicht begrifflich notwendig ist, zeigt § 362 HGB, der bei einem entsprechenden Tatbestand im Handelsverkehr den Erfüllungsanspruch gewährt.

Es ist also keineswegs richtig, daß das Verschulden bei Vertragsschluß nur zu Nebenpflichten, nicht zu Hauptpflichten und nicht zur Behandlung des Vertrages als zustandegekommen, d. h. zur Gewährung von Ansprüchen auf Erfüllung oder Schadenersatz wegen Nichterfüllung, führen könne[26].

4. Ist dem aber so, so scheint mir die ganze Argumentation *Mohnens*, soweit sie unser Problem, d. h. die Möglichkeit einer Wiedereinstellungspflicht betrifft, hinfällig zu sein. Man wird vielmehr gerade umgekehrt sagen müssen: Wenn ein schuldhaftes Verhalten vor Vertragsschluß dazu führen kann, daß der schuldhaft Handelnde im Wege des Schadenersatzes den Vertrag als zustande

[25] Vgl. *Enneccerus-Lehmann* a. a. O. § 108, III, 2; *Staudinger-Ostler* BGB 11. Aufl. § 463 Anm. 19, 21 u. 22. — Die Streitfrage, ob der Käufer stets die Auflösung des ganzen Vertrages und vollen Schadenersatz wegen Nichterfüllung fordern kann, ist in unserem Zusammenhang ohne Bedeutung, da es sich auch dann nicht um bloße Nebenpflichten handeln würde.

[26] Man mag dann, insofern ist *Mohnen* zuzustimmen, nicht mehr von bloßen Vorwirkungen sprechen, aber es handelt sich doch um die Folgen einer culpa in contrahendo. Ebenso mag man korrekterweise die Wiedereinstellungspflicht nicht als bloße Nachwirkung bezeichnen, aber das ändert nichts daran, daß sie auf Grund des aufgelösten Vertrages im Zeitpunkt nach seiner Auflösung eintritt.

gekommen gelten lassen muß oder Mängel des Vertrages nicht geltend machen darf, derart, daß er auf Erfüllung oder Schadenersatz wegen Nichterfüllung haftet, so muß das erst recht bei einem entsprechenden Verhalten einer Partei vor, bei oder auch nach Auflösung des Vertragsverhältnisses möglich sein.

Damit ist natürlich noch nicht gesagt, *wann* eine Wiedereinstellungspflicht besteht, sondern zunächst nur, daß die Annahme einer Wiedereinstellungspflicht nach Beendigung des Arbeitsverhältnisses keine begriffliche Unmöglichkeit bedeutet und ebenso wenig mit dem Wesen der Vertragsauflösung oder allgemeinen Grundsätzen unseres Privatrechts in Widerspruch steht.

Das bestätigt das in den Ausführungen unter II gewonnene Ergebnis. Wie die Wiedereinstellungspflicht vertraglich vereinbart, wie sie durch Tarifvertrag oder Gesetz vorgesehen werden kann, so kann sie sich auch im Wege der Schadenersatzpflicht auf Grund eines schuldhaften Verhaltens vor, bei oder nach Auflösung des Vertrages ergeben.

5. Dann aber ist auch der Weg frei für die Annahme, daß unter besonderen Voraussetzungen auch die allgemeine Generalklausel des § 242 BGB die Grundlage für die Wiedereinstellungspflicht bilden kann. Gewiß muß man vorsichtig sein und sich hüten müssen, eine so weitgehende Maßnahme wie die Zuerkennung eines Anspruches auf Wiedererneuerung des Arbeitsverhältnisses lediglich auf allgemeine Billigkeitserwägungen zu stützen, da dadurch die Rechtssicherheit schwer gefährdet werden könnte. Insoweit ist *Mohnen* durchaus zuzustimmen[27].

Es müssen vielmehr besondere konkrete Umstände gegeben sein, die nach unserem Gerechtigkeitsgefühl eine Wiedergutmachung gebieterisch fordern. Trifft das aber zu, so sind die allgemeinen Generalklauseln unseres Rechtes dazu da, diesem Gerechtigkeitsverlangen auch beim Fehlen ausreichender gesetzlicher Einzelvorschriften zum Siege zu verhelfen. Die zahlreichen Rechtsinstitute, die im Lauf von 57 Jahren seit Inkrafttreten des BGB auf der Grundlage des § 242 von Rechtsprechung und Wissenschaft entwickelt worden sind, z. B. die Verwirkung, das Verbot des venire contra factum proprium, der Einwand des Rechtsmißbrauches oder

[27] Vgl. auch die immer noch beherzigenswerten Worte, in denen *Hedemann* in „Die Flucht in die Generalklauseln, eine Gefahr für Recht und Staat" die Gefahren, die eine allzu weitgehende Anwendung der Generalklauseln mit sich bringt, so eindringlich geschildert hat.

der unzulässigen Rechtsausübung gegenüber Verjährung, Formmangel usw., nicht zuletzt auch die oben besprochene Lehre von der culpa in contrahendo zeigen das zur Genüge. Die Rechtssicherheit braucht darunter nicht zu leiden, wenn sich Rechtsprechung und Rechtswissenschaft um eine möglichst scharfe Herausarbeitung und Abgrenzung der in Betracht kommenden Tatbestände und ihrer Voraussetzungen bemühen. Das muß auf der anderen Seite aber auch, wie *Mohnen* zutreffend betont hat, unbedingt verlangt werden. In der richtigen Kombination der Anwendung des allgemeinen Rechtsgedankens der Generalklausel mit der möglichst scharfen Abgrenzung der jeweils zu behandelnden Tatbestände liegt ein entscheidendes Element für eine richtige Fortbildung des Rechts, die den beiden Grundforderungen der gerechten Entscheidung des Einzelfalles und der Aufrechterhaltung der Rechtssicherheit Rechnung trägt.

6. Ein solcher Fall dürfte hier gegeben sein. Der Tatbestand der Verdachtskündigung, bei der später der Verdacht entkräftet wird, ist ein scharf abgegrenzter Sachverhalt. Hätte der Arbeitgeber das Ende des Arbeitsverhältnisses schuldhaft herbeigeführt, etwa durch fristlose Kündigung und Abhaltung des Arbeitnehmrs von einer rechtzeitigen Kündigungsschutzklage nach § 11 I KSchG durch Drohung mit polizeilicher Anzeige, so wäre er im Wege des Schadenersatzes nach § 249 BGB zur Erneuerung des Arbeitsverhältnisses unbedingt verpflichtet. In unserem Falle ist das Ende des Arbeitsverhältnisses nicht schuldhaft herbeigeführt, da, wie zu unterstellen ist, der Verdacht gegen den Arbeitnehmer zur Zeit der Kündigung einen ausreichenden Grund für die fristlose Entlassung bildete. Trotzdem war die Kündigung, wie heute feststeht, objektiv nicht berechtigt, weil der Verdacht unbegründet war. Wer objektiv einem anderen ein Unrecht zugefügt hat, wird, wenn er anständig denkt, sich für verpflichtet halten, nach Möglichkeit das Unrecht wieder gutzumachen. Das ist zunächst nur eine moralische Verpflichtung. Diese moralische Verpflichtung kann sich aber zur Rechtspflicht steigern, wenn der Geschädigte und der Schädiger durch ein auf beiderseitiger Treue beruhendes Arbeitsverhältnis verbunden waren. Das ist der richtige Kern der beiden höchstrichterlichen Entscheidungen.

Dabei ist allerdings festzuhalten, daß es sich nicht um eine echte Schadenersatzpflicht handelt, da der Arbeitgeber bei der

Kündigung nicht schuldhaft gehandelt hat. Dem tragen aber auch BGH und BAG Rechnung. Sie gewähren nicht einen unbedingten Anspruch auf Wiedereinstellung, wie er aus einer Schadenersatzpflicht zu folgern wäre, sondern sie bejahen den Anspruch nur insoweit, als dem Arbeitgeber die Wiedereinstellung unter Berücksichtigung aller Umstände nach Treu und Glauben zuzumuten ist. Mit dieser Einschränkung aber dürfte ein derartiger Rehabilitierungsanspruch in der Tat einer Forderung der sozialen Gerechtigkeit entsprechen.

7. Auch *Mohnen* gibt zu, daß in derartigen Fällen Abhilfe geschaffen werden müsse. Da seine begrifflichen Erwägungen ihn hindern, eine Wiedereinstellungspflicht anzuerkennen, will er die Verdachtskündigung durch eine bloße Suspendierung des Arbeitsverhältnisses ersetzen, was dann bei Fortfall des Verdachtes ohne weiteres zur Fortsetzung des gar nicht aufgehobenen Arbeitsverhältnisses führen würde.

Damit kommt man bei Beseitigung des Verdachtes im allgemeinen zu angemessenen Ergebnissen. Trotzdem aber erscheint mir dieser Ausweg nicht als glücklich. Eine Verdachtskündigung ist ohnehin nur zulässig, wenn besondere Gründe vorliegen, insbesondere wenn es sich um einen besonders schwerwiegenden Verdacht handelt und wenn es dem Arbeitgeber nicht möglich ist, den Sachverhalt aufzuklären[28]. In einem solchen Fall genügt aber eine bloße Suspendierung des Arbeitsverhältnisses in der Regel nicht, zumal wenn der Arbeitgeber einen Ersatzmann einstellen will. Vielmehr muß hier, wie die Erfahrung immer wieder gezeigt hat, mit einer Kündigung geholfen werden, um klare Verhältnisse zu schaffen. Man darf nicht immer an die Fälle denken, in denen der Sachverhalt später geklärt und der Verdacht beseitigt wird. Das sind vielmehr Ausnahmefälle. In der Regel handelt es sich um Tatbestände, bei denen mit einer weiteren Aufklärung nicht mehr zu rechnen ist, da sonst der Arbeitgeber nicht ohne weiteres kündigen durfte. Hier muß es dem Arbeitgeber gestattet sein, durch

[28] Vgl. *Hueck-Nipperdey* Bd. 1 S. 530. — Bedenklich erscheint es, wenn *Larenz* in der oben Note 5 zitierten Anm. die Ansicht vertritt, bei einem Arbeitsverhältnis „genüge der bloße Verdacht, falls er einigermaßen begründet erscheine, um die Fortsetzung als unzumutbar erscheinen zu lassen". Das wird der Treue- und Fürsorgepflicht des Arbeitgebers, die er dem Arbeitnehmer auch in bezug auf die möglichste Erhaltung des Arbeitsplatzes schuldet, nicht gerecht.

Auflösung des Arbeitsverhältnisses eine klare Rechtslage herbeizuführen. Wird aber so durch Zubilligung eines Kündigungsrechts dem Interesse des Arbeitgebers trotz Vorliegens eines bloßen Verdachtes Rechnung getragen, so erscheint es andererseits billig, wenn er als Äquivalent die Wiedereinstellungspflicht in Kauf nimmt, sofern sich wider Erwarten der Verdacht zugunsten des Arbeitnehmers aufklärt und dem Arbeitgeber die Wiedereinstellung zuzumuten ist, er also vor allem einen angemessenen Arbeitsplatz frei hat.

8. Als ein der Billigkeit wie der Rechtssicherheit entsprechendes Ergebnis kann deshalb festgestellt werden, daß einerseits keineswegs jede Billigkeitserwägung zu einer Wiedereinstellungspflicht führen kann, daß aber andererseits die Rehabilitierung eines zu Unrecht in Verdacht Geratenen einen Sonderfall darstellt, in dem § 242 BGB die Wiedereinstellung, sofern sie dem Arbeitgeber zuzumuten ist, sowohl rechtfertigt wie geradezu verlangt.

DIE INSTITUTION DES UNTERNEHMENSBERATERS

Von Wolfgang Kurt Lange, Mülheim (Ruhr) — Aachen

Die Entwicklung der Wirtschaft der Bundesrepublik Deutschland hat seit der Währungsumstellung im Jahre 1948 einen solch großartigen Verlauf genommen, daß selbst die kühnsten Erwartungen bei weitem übertroffen worden sind. Mit welcher Lebhaftigkeit dieser Ablauf sich vollzog, zeigt besonders instruktiv die nachfolgende Tabelle. In dieser Übersicht spiegelt sich in Indexzahlen die Entfaltung der industriellen Produktion in einigen ausgewählten europäischen und außereuropäischen Ländern, die einen Vergleich besonders reizvoll erscheinen lassen, wider.

Als Basis dient für unseren Vergleich das Jahr 1950. Die Gegenüberstellung der auf Grund dieser Basis gebildeten Meßzahlen erfolgt für die Jahre 1948 bis 1956 einschließlich. Für 1957 liegt vergleichbares Zahlenmaterial so gut wie noch nicht vor, was darauf zurückzuführen ist, daß die statistischen Erhebungen sowie ihre Auswertungen und damit auch ihre Veröffentlichungen in den einzelnen Staaten zeitlich zum Teil weit auseinanderfallen.

Index der industriellen Produktion (Gesamte Industrie) in ausgewählten Ländern von 1948 bis 1956[1]

1950 = 100

Land	1948	1949	1950	1951	1952	1953	1954	1955	1956
Europa									
Bundesrepublik Deutschland .	55	80	100	119	126	139	155	178	192
Italien	79	87	100	113	116	128	139	150	163
Österreich . .	63	84	100	114	115	117	133	155	161
Finnland . . .	88	93	100	116	111	118	135	150	153
Frankreich . .	92	99	100	112	111	111	123	136	147

[1] Statistisches Jahrbuch f. d. Bundesrepublik Deutschland 1954 S. 48*f., 1956 S. 50*f., 1957 S. 56*f.

(Fortsetzung der Tabelle von Seite 151).

Land	1948	1949	1950	1951	1952	1953	1954	1955	1956
Niederlande. .	81	88	100	104	104	113	125	134	141
Belgien. . . .	97	98	100	113	108	107	113	124	132
Großbritannien und Nordirland	88	93	100	104	101	106	115	122	120
Schweden . .	93	96	100	105	104	105	110	116	120
Dänemark . .	84	89	100	102	98	102	108	114	113
Außereuropäische Länder									
Japan	70	87	100	136	150	183	197	214	251
Canada . . .	93	94	100	107	110	117	116	126	134
Verein. Staaten v. Nordamerika	93	87	100	108	112	121	113	127	130

Indexzahlenreihen, also Reihen von Meßziffern, die die zeitlichen Veränderungen statistischer Zahlen widerspiegeln, ermöglichen zwar — insbesondere für internationale Vergleiche, die in vielen Fällen nur schwer auf einen Nenner zu bringen sind —, einen schnellen Überblick; für unsere Betrachtung erscheint es jedoch angebracht, auch ,,offene Ergebnisse" vor Augen zu führen, Ergebnisse, die in faktischen Wertsummen ihren Ausdruck finden. Stellt man den wirtschaftlichen Aufschwung, den die Bundesrepublik Deutschland in der Zeit von 1950 bis 1957 erlebte, auf diese Weise dar, dann ergibt sich folgendes Bild:

Entwicklung des Bruttosozialprodukts v. 1950 bis 1957 in jeweiligen Preisen[2]

Jahr	insgesamt in Milliarden DM	je beschäftigten Arbeitnehmer[3] in DM	je Einwohner in DM
1950	97,2	8086	2045
1951	119,6	8584	2488
1952	134,2	8900	2768
1953	143,8	9228	2935
1954	154,0	9453	3109
1955	175,6	10020	3512
1956[4]	192,5	10088	3804
1957[4]	207,0	10211	4059

[2] Statistisches Jahrbuch 1957, S. 556ff.

[3] Errechnet auf Grund der Sozialproduktzahlen und der Zahl der durchschnittlich beschäftigten Arbeitnehmer.

[4] Global geschätzt.

Bei einer Volkswirtschaft wie der der Bundesrepublik, wo seit Jahren eine stete Aufwärtsentwicklung zu verzeichnen ist, partizipieren, bedingt durch die enge Verflechtung eines modernen Wirtschaftslebens — wenn auch in einzelnen Branchen mit unterschiedlicher Intensität — so gut wie alle Unternehmen an diesem positiven Trend. Diese Lage darf jedoch nicht dazu verleiten, sich in Sicherheit zu wiegen, sich für wirtschaftlich unverwundbar und gesund zu halten, wenn nicht auch das Ergebnis einer eingehenden Prüfung der gesamten Unternehmenssituation die Richtigkeit einer solchen Einstellung bestätigt.

Betriebsbeobachtungen und Unternehmensanalysen zeigen in nicht wenigen Fällen folgendes Bild:

Steigen die Jahresergebnisse, dann ist die Leitung mit der Entwicklung zufrieden, stolz auf die eigene Leistung und die der Mitarbeiter. Gewiß können eine erhöhte Produktion, ein gestiegener Umsatz und ein größerer Gewinn Momente sein, die diese Haltung rechtfertigen, aber nur dann, wenn sie nicht nur die Auswirkung einer allgemeinen Entwicklung darstellen. Die im einzelnen erzielten Resultate müssen zumindest den Branchendurchschnitt erreichen, wenn nicht sogar überschreiten.

Entsprechend, nur im umgekehrten Sinne, sind rückläufige Geschäftsergebnisse zu beurteilen. Eine Rückläufigkeit, die im Rahmen einer die gesamte Branche umfassenden Entwicklung erfolgt, darf keinesfalls das Abgleiten des Branchendurchschnitts erreichen oder gar übertreffen.

Ein Beispiel aus der Praxis:

Ein Unternehmen der Bekleidungsindustrie hatte im Jahre

1954 einen Gesamt-Umsatz (Inland u. Ausland) von 17600000,— DM

1955 einen Gesamt-Umsatz (Inland u. Ausland) von 19536000,— DM

1956 einen Gesamt-Umsatz (Inland u. Ausland) von 20904000,— DM

Die Geschäftsleitung beurteilte die Entwicklung als völlig zufriedenstellend und auch alle übrigen Mitglieder des Hauses waren beeindruckt von dem Zahlenergebnis, das, rein optisch betrachtet, eine erfreuliche Tendenz aufzeigt. Und trotzdem bestand in keiner Weise Veranlassung zu einem solchen Optimismus.

Bei einer Unternehmensanalyse, die sich selbstverständlich nicht nur mit den betriebsinternen Daten befassen darf, sondern auch alle Außenfaktoren zu berücksichtigen hat, die irgendwie von Einfluß sind, von Bedeutung werden können oder die sich zu sinnvollen Vergleichen eignen dürften, stellte es sich heraus, daß dieser Fabrikationsbetrieb trotz guter Optik des Umsatzergebnisses sehr wachsam sein und geeignete Maßnahmen treffen muß, um nicht plötzlich — insbesondere bei einer sich wirtschaftlich schwieriger gestaltenden Situation — in ein gefährliches Abgleiten zu geraten. Dieser Warnruf gründet sich auf folgender Erkenntnis und Überlegung:

Die Gesamtumsatzentwicklung der Bekleidungsindustrie (das untersuchte Unternehmen stimmte strukturell mit der Branche, deren Daten hier als Vergleichsmaterial dienten, genau überein) weist folgendes Bild auf:

1954 = 3970 Millionen DM

1955 = 4604 Millionen DM

1956 = 5368 Millionen DM

Der Umsatzzuwachs von 1954 auf 1955 betrug somit 16%, von 1955 auf 1956 = 16,5%. Die Umsatzsteigerung des zitierten Unternehmens lag von 1954 auf 1955 lediglich bei 11%, von 1955 auf 1956 sogar nur bei 7%.

In keiner Weise wurde also mit der Branchenentwicklung Schritt gehalten. Lag die Abweichung nach unten im ersten Untersuchungszeitraum schon bei 5 Punkten, so hat sich das Zurückbleiben in der zweiten Periode bereits auf 9,5 Einheiten vergrößert.

Rückläufe pflegen im allgemeinen sich schneller zu entwickeln als ein Aufstieg. Wenn dieses Unternehmen nicht sofort Maßnahmen in die Wege leitet, die geeignet sind, aufzuholen und den Anschluß wieder zu gewinnen, dann dürfte der Zeitpunkt, wo sogar bei einer aufwärts gerichteten Branchenentwicklung ein Umsatzrückgang eintritt, in nicht allzu weiter Ferne liegen. Bei einer Bewertung der wirtschaftlichen Zukunftsaussichten konnte im Augenblick des Untersuchungsabschlusses dem Unternehmen zum Entsetzen aller Beteiligten, die sich von Äußerlichkeiten hatten umgarnen lassen, keine gute Note gegeben werden.

Diese Darlegung soll ein Hinweis dafür sein, wie leicht man Gefahr laufen kann, sich durch ein Zahlenwerk blenden zu lassen. Und dabei wurde hier nur die Anwendung eines einzigen Partikelchens aus dem großen Requisit vor Augen geführt, das für die Stellung einer Diagnose bei einer modernen Unternehmensanalyse zur Verfügung steht.

In der heutigen Wirtschaft muß zum unabdingbaren Postulat erhoben werden, daß auch bei einem noch so guten optischen Bilde im Interesse der eigenen Zukunftssicherung stets genau und umfassend zu prüfen ist, ob nicht doch irgendwelche Symptome vorhanden sind, die auf latente Schwächen hinweisen. Je eher die Prophylaxe einsetzt, desto leichter ist es, Krankheitskeime und Schadenstellen zu beseitigen.

Es liegt nun aber einmal in der menschlichen Natur begründet, daß nur wenige in guten Zeiten den Mut aufbringen und bereit sind, ihre „Erfolge" kritisch zu durchleuchten, zu prüfen bzw. prüfen zu lassen, ob diese Resultate auf einer echten Leistungssteigerung basieren oder nicht doch ein Pyrrhussieg sind.
Wenn schon in Zeiten konjunktureller Blüte nicht alles Gold ist was glänzt, dann erfordert eine wirtschaftliche Allgemeinentwicklung, die nicht mehr auf Hochtouren läuft, sondern sich einer Ausgeglichenheit nähert — an eine Rezession, wie sie z. Z. seit Monaten in den Vereinigten Staaten von Nordamerika eingetreten ist, braucht gar nicht einmal gedacht zu werden —, eine besondere Wachsamkeit eines jeden einzelnen in der Wirtschaft, der für ein Unternehmen die Verantwortung übernommen hat.

Nach den vorliegenden vorläufigen Produktionsergebnissen für das Jahr 1957 läßt sich errechnen, daß der Index der industriellen Produktion (Gesamte Industrie) für 1957 etwa 203 betragen wird. Diese Zahl drückt einen Zuwachs von etwa 5,8% aus gegenüber einer Quote von 7,9 v. H., die das Jahr 1956 gegenüber dem Ergebnis von 1955 aufzuweisen hatte. Eine Verlangsamung der Wachstumsrate der westdeutschen Industrieproduktion ist unverkennbar.

Global-Durchschnittsrechnungen besitzen für Allgemeinbetrachtungen zweifellos einen großen Wert. Es darf jedoch nicht außer acht gelassen werden, daß in einer solchen Zusammenfassung, insbesondere wenn sie gegenüber einer Vergleichszahl eine fallende Tendenz aufweist, starke negative Einzelerscheinungen enthalten sein können, die die Ursache für das Abgleiten der Gesamtzahl sind. Diese Vermutung hat sich durch eine Analyse bestätigt, die sich auf einhundert industrielle Erzeugnisarten aus 22 Wirtschaftsgruppen erstreckte.

Noch im Jahre 1956 wiesen gegenüber den Produktionsergebnissen von 1955 insgesamt 85 Warenarten einen Zuwachs auf, der zwischen 67,1 v. H. (Fernsehempfangsgeräte) und 0,1 v. H. (Reyon-Chemiefasern) lag. 15 Warenarten zeigten einen Produktionsabfall, der sich zwischen 29,3 v. H. (And. Isolier- und Leichtbauplatten) und 1,4 v. H. (Fleischwaren) bewegte.

Das Bild verschiebt sich beträchtlich bei einem Vergleich der Produktionsergebnisse zwischen 1957 und 1956. Bei den gleichen einhundert Produktarten wiesen im Jahre 1957 nur noch 60 eine Erzeugungssteigerung auf, die zwischen 47,5 v. H. (Fernsehempfangsgeräte) und 0,3 v. H. (Holz-Be- und -verarbeitungsmaschinen) pendelte. 40 Warengruppen hatten eine Abnahme zu verzeichnen, angefangen bei einem Prozentsatz von 30,2 (Motorroller) bis 0,1 (Elektromotoren und Generatoren).

Wenn auch allgemein für das Jahr 1958 noch einmal eine Steigerung der Industrieproduktion, allerdings nur noch um etwa 2 bis 2,5 v. H. prognostiziert wird, so ist damit aber doch bereits das Signal für eine erhöhte Alarmbereitschaft gegeben. Die Zeiten, wo man sich im Wirtschaftsleben — im Handel und in der Industrie — mehr oder weniger von dem Trend der Aufwärtsbewegung tragen lassen konnte, dürften vorerst nicht so schnell wiederkehren. Der Konkurrenzkampf im Inlande wird bedeutend schärfer werden, nicht zuletzt durch ein Nachlassen des Export booms. Die bisher für das Auslandsgeschäft eingesetzten Fertigungskapazitäten, die dann keine volle Auslastung mehr erfahren, werden eine Kompensation auf dem Inlandsmarkte suchen.

Die Zahl der in der Bundesrepublik Deutschland im Wirtschaftsleben als Unternehmen auftretenden Organisationseinheiten[5] ist bedeutend. Nach den letzten amtlichen Unterlagen[6] sind im Jahre 1956 vorhanden gewesen auf dem Gebiete

Produzierendes Gewerbe	=	777268	Unternehmen
Großhandel	=	141277	Unternehmen
Einzelhandel	=	505950	Unternehmen
zusammen	=	1424495	Unternehmen

Aus den einzelnen Summen ergibt sich nun aber noch nicht, wieviele Klein-, Mittel- und Großbetriebe in den drei Wirtschaftskategorien enthalten sind. Für unsere Betrachtung ist diese Aufschlüsselung jedoch erforderlich und wichtig. Aufschluß darüber gibt das nachstehende Tableau. Für die Bestimmung der Größenordnungen sind Umsatzgrößenklassen gebildet worden, die der beste Anhaltspunkt für eine Klassifizierung sind.

Wirtschaftsunternehmen in der Bundesrepublik Deutschland im Jahre 1956 aufgegliedert nach Umsatzgrößenklassen

Jahresumsatz 1956 nach Umsatzgrößenklassen von ...... bis ...... DM			Produzierendes Gewerbe	Großhandel	Einzelhandel	Quersumme
			Anzahl	Anzahl	Anzahl	Anzahl
1			2	3	4	5
	bis unter	8000	238937	11863	106545	357345
8000	bis unter	10000	27365	2314	13046	42725
10000	bis unter	20000	92921	9876	53303	156100
20000	bis unter	50000	139199	18409	109945	267553
50000	bis unter	100000	104743	19355	104605	228703
100000	bis unter	250000	93456	28651	86281	208388
250000	bis unter	500000	35083	18995	20905	74983
500000	bis unter	1 Mill.	19475	14081	6872	40428
1 Mill.	bis unter	2 Mill.	11814	8960	2689	23463
2 Mill.	bis unter	5 Mill.	8317	5693	1206	15216
5 Mill.	bis unter	10 Mill.	3044	1702	309	5055
10 Mill.	bis unter	25 Mill.	1769	869	164	2802
25 Mill.	bis unter	100 Mill.	899	409	66	1374
100 Mill.	bis unter	250 Mill.	157	62	5	224
250 Mill.	und mehr		89	38	9	136
		zusammen	777268	141277	505950	1424495

[5] Unter Organisationseinheiten sind hier sämtliche Unternehmensformen zu verstehen, wie sie in der Praxis in Erscheinung treten, z. B. Einzelkaufleute, oHGs, KGs, GmbHs, AGs, KGaAs usw. usf.

[6] Wirtschaft und Statistik, 1958, Heft 3 (März) S. 164ff.

Ein imponierendes Bild zahlenmäßiger Vielgestaltigkeit und Verästelung.

Bei einer Analyse des Grundmaterials, das an dieser Stelle aus Platzgründen nicht wiedergegeben werden kann, fällt auf, daß innerhalb des Komplexes „Umsatzgrößenklasse .... bis unter 50000,— DM“ seit dem Jahre 1954 beim „Produzierenden Gewerbe“ wie auch beim „Einzelhandel“ die Zahl der Zugehörigen zu dieser Kategorie laufend abgenommen hat. Beim „Großhandel“ erstreckt sich dieser Schrumpfungsprozeß sogar bis hinein in die Umsatzgrößenklasse „.... bis unter 250000,— DM“.

Dazu folgende Übersichten:

Unternehmen des „Produzierenden Gewerbes“ und des „Einzelhandels“ mit einem Jahresumsatz bis unter 50000,— DM

Wirtschaftsabteilung / Wirtschaftsgruppe	1954 Anzahl	1955 Anzahl	1956 Anzahl
1	2	3	4
Produzierendes Gewerbe . . .	543381	513829	498422
Einzelhandel	315615	295762	282839
zusammen	858996	809591	781261

Unternehmen des „Großhandels“ mit einem Jahresumsatz bis unter 250000,— DM

Wirtschaftsgruppe	1954 Anzahl	1955 Anzahl	1956 Anzahl
1	2	3	4
Großhandel	97115	93177	90468

Insgesamt haben rd. 84400 Unternehmen (= 6 v. H. der Gesamtzahl) innerhalb zweier Jahre ihre Umsatzgruppe verlassen. Ein Teil rückte in eine höhere Kategorie auf, der Rest ist aus dem Wirtschaftsleben ausgeschieden.

Das Aufsteigen in eine höhere Umsatzgruppe ist nun nicht immer nur der Ausdruck besonderer Rührigkeit und überdurchschnittlichen kaufmännischen Geschicks, sondern basiert z. T. auch auf einer Anhebung des Preisspiegels. Bei der Beurteilung aller Aufwärtsbewegungen, insbesondere, wenn sie in Geldwerten ausgedrückt sind, muß dieser Faktor stets mit in das Kalkül einbezogen werden.

Die Umsatzgruppen, die seit 1954 laufend einen zahlenmäßigen Zugang von Unternehmen zu verzeichnen haben, liegen beim „Produzierenden Gewerbe" und beim „Einzelhandel" bei der Stufe ab 50000,— DM aufwärts, beim „Großhandel" liegt die Schwelle beim Überschreiten der 250000,— DM-Grenze. Die Globalentwicklung ist hier folgende:

Unternehmen des „Produzierenden Gewerbes" und des „Einzelhandels" mit einem Jahresumsatz von 50000,— DM und mehr

Wirtschaftsabteilung Wirtschaftsgruppe	1954 Anzahl	1955 Anzahl	1956 Anzahl
1	2	3	4
Produzierendes Gewerbe . . .	240813	263424	278843
Einzelhandel	197836	210002	223111
zusammen	438649	473426	501954

Unternehmen des „Großhandels" mit einem Jahresumsatz von 250000,— DM und mehr

Wirtschaftsgruppe	1954 Anzahl	1955 Anzahl	1956 Anzahl
1	2	3	4
Großhandel	44767	47775	50809

Gegenüber den Umsatzgrößenklassen „bis unter 50000,— DM" bzw. „bis unter 250000,— DM", die innerhalb von zwei Jahren etwa 84400 Unternehmen eingebüßt haben, ist bei den Umsatzgrößenklassen „von 50000,— DM und mehr" bzw. „von 250000,— DM und mehr" in dem gleichen Zeitraume ein Zuwachs von nur rund 69400 Unternehmen zu konstatieren.

Die aus diesen beiden Zahlen resultierende Differenz bedeutet einen Schwund, ein Ausscheiden von 15000 Unternehmen in der kurzen Zeitspanne von 24 Monaten aus der Wirtschaft der Bundesrepublik.

Die rd. 553000 Unternehmen, die im Jahre 1956 zu den Umsatzgrößengruppen gehörten, die numerisch eine aufsteigende Tendenz aufwiesen, erzielten in dem genannten Jahre einen wertmäßigen Umsatz von fast 430 Milliarden DM (Umsatzsteigerung gegenüber 1954 von reichlich 104 Milliarden DM), während die rd. 872000 Unternehmen, die zu den Umsatzgrößenklassen mit absinkender Mitgliederzahl gehörten, einen Jahresumsatz von nur 18,9 Milliarden erreichten (Umsatzrückgang gegenüber 1954 von reichlich 1 Milliarde).

Ob dieser Umsatzrückgang auf die verringerte Zugehörigkeitsziffer zurückzuführen ist oder ob die Umsatzminderungstendenz die Ursache für das gänzliche Ausscheiden vieler Unternehmen war, kann hier nicht näher untersucht werden.

Unbestreitbar ist es jedenfalls, daß es trotz des beispielhaften Wirtschaftsaufschwunges der Bundesrepublik noch ein gewaltiges Heer von Unternehmen gibt, die sich von Jahr zu Jahr nur mühsam am Leben erhalten und bei denen der geringste Anstoß genügt, um sie ins Wanken zu bringen.

Zu diesem Block der Kranken und Anfälligen zählen nicht nur kleine, oft mit unzureichenden finanziellen Mitteln ausgestattete Geschäfte, sondern in nicht geringem Maße befinden sich auch mittlere und sogar große Unternehmen in solch einem prekären Zustande. — Gerade in jüngster Zeit bedurften einige bedeutende industrielle Werke der Hilfestellung durch von außen kommende Sanierungsmaßnahmen oder sie mußten sich zu einer schmerzhaften Fusion bequemen, wenn sie nicht zusammenbrechen wollten.

Aber nicht immer gelingt eine solche Rettungsaktion. Dann ist die Insolvenz nicht mehr aufzuhalten. Vergleichsverfahren und nicht selten der Konkurs sind das Endstadium dieses Ablaufes. In den letzten 7 Jahren (1951 bis 1957) gab es im Bundesgebiet insgesamt fast 30000 Insolvenzen, wobei die Anschlußkonkurse in dieser Zählung nicht inbegriffen sind; die Verluste überschritten weit die Höhe von 2,5 Milliarden DM[7].

Wenn an dieser Stelle in einer vielleicht etwas pointierten Form mehr Negativerscheinungen des privatwirtschaftlichen Lebens

[7] s. auch Statistisches Jahrbuch 1954 S. 384f. und 1957 S. 389f.

herausgestellt worden sind als Positiva demonstriert wurden, so geschah das nicht etwa auf Grund einer zweifelnden, argwöhnischen Einstellung, die fehl am Platze wäre, sondern aus der immer mehr auf uns zukommenden kategorischen Forderung heraus, der wir uns in Zukunft unbedingt werden beugen müssen, nämlich nicht nur immer und allein die Erfolge zu sehen und blindergeben zu hoffen, daß ein gütiges Geschick die Wirtschaft weiter emportragen werde, woran wir dann genügend partizipieren können, sondern auch denjenigen Erscheinungen gebührend Aufmerksamkeit zu widmen, die eines Tages sich vielleicht als besonders unangenehm oder gar gefährlich herausstellen könnten. Genau so, wie es Aufgabe und Ziel der Medizinalstatistik ist, durch die Beobachtung der Verbreitung und Auftretensdichte von Krankheiten, ihres Heftigkeitsverlaufes, der Wirkung von Gegenaktionen usw. Erkenntnismaterial zu sammeln als Grundlage für Maßnahmen zur Hebung des Volksgesundheitszustandes, so muß sich auch jeder im Wirtschaftsleben stehende sehr intensiv mit allen denjenigen Fragen beschäftigen, die Negativmomente in sich tragen, um beizeiten alle Maßnahmen treffen zu können, die geeignet sind, gar nicht erst in mißliche Situationen zu geraten. Auf diese Rechtzeitigkeit kommt es an. Hier liegt ein Kardinalpunkt, dessen Außerachtlassen immer wieder zu beobachten ist.

Solange die Menschen sich in einer in etwa gefestigten Lage befinden, kümmern sie sich nur oberflächlich oder auch gar nicht um die Zukunft. Tritt dann aber ein Wandel in der allgemeinen Entwicklung ein — und der pflegt erfahrungsgemäß im Wirtschaftsleben oft mit einer Plötzlichkeit und einem Ungestüm vor sich zu gehen—dann fehlen meist die Zeit und oftmals auch die erforderlichen pekuniären Mittel — um folgerichtig, das soll bedeuten: erfolgversprechend vorgehen zu können.

Es wird so viel vom Wirtschaftskampf, vom Kampf um den Kunden, vom Ringen um eine günstige Marktposition gesprochen, alles termini technici, die aus dem militärischen Sprachschatz entlehnt sind. So sinnvoll und richtig diese Wendungen auch sein mögen, so sollten sie doch gleichzeitig aber auch jeden Angesprochenen daran gemahnen, dort in die Schule zu gehen, wo die

Wiege dieser Terminologie steht. Nicht etwa, um martialische Methoden in der Wirtschaft einzuführen, sondern um zu lernen, zu lernen, was Taktik und Strategie in Form, Inhalt und Ziel bedeuten und um weiter zu lernen, daß es einfach nicht genügt, Feldherr sein zu wollen, sondern daß man, um dieses Ziel erreichen zu können, eine bestimmte Schulung mit Erfolg, bei dauernder Selbstprüfung und Überwachung durch andere, hinter sich bringen muß.

Es wird keinem vernünftigen Militär einfallen, einem noch so tüchtigen und tapferen Soldaten, und mag er auch bereits einen gehobenen Dienstrang bekleiden, große Führungsaufgaben zu übertragen oder ihn in den Generalstab abzukommandieren, bevor er nicht auf einer entsprechenden Ausbildungsstätte sich alle diejenigen taktischen und strategischen Kenntnisse und Fähigkeiten angeeignet hat, die für die Erfüllung der in Aussicht genommenen Aufgaben erforderlich sind.

In der Wirtschaft aber handelt man direkt konträr. Der erfolgreiche Verkäufer im Außendienst, der Frontsoldat des Unternehmens, übernimmt die Leitung des Ein- und Verkaufs, dem gewissenhaften und peinlich genauen Buchhaltungschef überträgt man die kaufmännische Gesamtleitung, der Oberingenieur und „Erfinder" macht sich selbständig. Solche Lösungen erweisen sich später nicht selten als falsch.

Es besteht ein gewaltiger Unterschied zwischen Führungs- und Gefolgschaftsfunktion. Ein kaufmännischer oder technischer Angestellter, der die ihm bisher gestellten Aufgaben meisterhaft gelöst hat, kann, wenn er an die Spitze eines Unternehmens gestellt wird, versagen, wie es andererseits auch wiederum Menschen gibt, die ausgesprochen schlechte Angestellte im alltäglichen Sinne sind, an leitender Stelle sich aber hervorragend bewähren.

Die typischen Berufsaufgaben, die ein Unternehmer bzw. ein Angestellter mit Unternehmerfunktionen — „beauftragter Unternehmer" (Geschäftsführer, Direktor, Generaldirektor, Präsident) — zu erfüllen hat, liegen auf echter Führungsebene.

Die Tage, wo es ausreichte, hier nur nach Gefühl oder Intuition zu handeln, sind längst verstrichen. Unser heutiges Wirtschaftsleben weist auf allen Gebieten eine solche Unzahl von Fanggruben und Fallstricken auf, daß nur derjenige nicht ins Straucheln kommt, der entweder ein „geborener Unternehmer" ist oder dem

Gelegenheit gegeben war, sich auf diesen Posten zweckentsprechend vorzubereiten. Der dritte mögliche Weg, diese Aufgaben klug und richtig zu delegieren (sofern entsprechend qualifizierte Persönlichkeiten zur Verfügung stehen), was nur für einen „Eigen-Unternehmer" sinnvoll wäre und eine Rechtfertigung finden könnte, wird meist aus Prestigegründen nicht beschritten.

Mit den „geborenen", „genialen" Unternehmern, die mit schlafwandlerischem Instinkt alle betrieblichen Entscheidungen und Maßnahmen richtig treffen, brauchen wir uns nicht zu befassen. Sie bedürfen keiner Hinweise in unternehmerischen Fragen. Im übrigen sind sie eine durchaus seltene Erscheinung im Wirtschaftsleben.

Eine gesunde Unternehmerposition muß im allgemeinen erarbeitet werden, aber nicht — wie es leider oft geschieht — über den Weg selbst gesammelter, teurer Erfahrungen, sondern unter Ausschöpfung aller Erkenntnisse, die bis in die jüngste Zeit auf diesem Spezialgebiete in allen Kulturländern mit fortgeschrittener Wirtschaftsführungstechnik überhaupt gesammelt worden sind.

Mit dem bisher gebotenen Lehrstoff auf nationalökonomischem. betriebswirtschaftlichem und technischem Gebiete sind in der Hauptsache nur Spezialisten ihres Faches herangebildet worden. Auch an Handelsschulen, höheren Handelslehranstalten und ähnlichen kaufmännischen und techischen Instituten wird ebenfalls — so augenscheinlich an allen staatlichen Bildungsstätten — nur das überkommene Fachwissen gebracht.

Es fehlt eine Pflegestätte zur Übermittlung derjenigen Kenntnisse, die für eine erfolgreiche Unternehmens-*Leitung* Voraussetzung sind. Der Ruf der Praxis hiernach wird immer stärker.

Als erstes Land haben die Vereinigten Staaten von Nordamerika dieser Forderung Rechnung getragen, indem Universitäten und Wirtschaft schon vor fast 80 Jahren besondere Institute und Fakultäten schufen, die sich ausschließlich mit dem Problem der „Betriebsführung" befaßten. In der Zwischenzeit sind diese Einrichtungen bis auf etwa 170 angewachsen. Neben einem ordentlichen Studium des „Business Management" werden Kurse für bereits in der Praxis tätige Führungskräfte (Durchschnittsalter etwa 40 Jahre!) veranstaltet, die auf diesem Wege ihre Manager-

Erkenntnislücken schließen können. Eine Hochburg dieses neuen Zweiges der Wissenschaft ist die Harvard Universität.

Auch in Großbritannien (British Institute of Management — BIM —)[8], Frankreich (Centre de Perfectionnement dans l'Administration des Affaires — CPA — der Handelskammer von Paris), Belgien (Universitäten von Brüssel, Gent, Löwen und Lüttich), Italien (Instituto Post-Universitario per Studio dell' Organizzazione Aziendale — IPSOA — Gründung von Olivetti und Fiat), der Schweiz (Centre d'Etude Industrielle — CEI — Gründung der Aluminium Limited), um nur die hauptsächlichsten europäischen Länder zu nennen, befaßt man sich — teilweise mit geradezu staunenerregender Intensität und Folgerichtigkeit — mit der Schulung von Führungskräften.

In der Bundesrepublik sind zahlreiche Ansätze vorhanden. Es sind hauptsächlich einzelne Verbände und Institutionen, die, teilweise unter besonderer Betonung der gesellschaftspolitischen Aufgaben des Unternehmers, Kurse für Führungskräfte veranstalten. Noch aber fehlt die tatkräftige Stütze von Seiten des Staates und der wissenschaftliche Hort an den Universitäten und Hochschulen. Es erscheint an der Zeit, das Versäumte unverzüglich nachzuholen, insbesondere aus der Notwendigkeit heraus, diesen Komplex auch von der wissenschaftlichen Seite her systematisch zu erforschen.

Es steht ganz außer Frage, daß derjenige, der ein Studium absolviert bzw. an einem Lehrgang über Unternehmensführung erfolgreich teilgenommen hat, seine beruflichen Aufgaben folgerichtiger und zielsicherer wird lösen können, als wenn er solch eine Schulung nicht erhalten hätte. Voraussetzung ist freilich, daß der Unterricht auch umfassend genug erfolgte. Bei einem Hoch- und Fachschulstudium wird man das zweifellos unterstellen können. Bei den Kursen jedoch, wie sie derzeit in der Bundesrepublik ab und zu durchgeführt werden und die sich im Höchstfalle auf eine Dauer von 5 bis 6 Wochen erstrecken, wird eine

[8] In Klammern ( ) ist der Name nur jeweils einer Institution gesetzt. Eine Bewertung ist mit dieser Nennung nicht verbunden. Daneben gibt es noch zahlreiche Einrichtungen gleicher Art, die oft nicht minder große Bedeutung besitzen.

nachhaltige, in der Praxis sichtbar in Erscheinung tretende Wirkung nicht ohne weiteres zu erwarten sein. Die Dauer der Veranstaltungen ist zu kurz, um den Hörern diese schwierige Materie so nahe zu bringen, daß sie wirklich in sie hineinwachsen und echten Nutzen für das Leben aus ihr ziehen können. Das aber ist erstrebenswert.

Nachdem der so nötige Anfang nunmehr gemacht ist, bleibt zu hoffen und zu wünschen, daß diese Bestrebungen eine immer stärkere Aktivierung erfahren, um sich möglichst bald positiv auf breiter Basis zum Vorteile der Wirtschaft auszuwirken.

Selbst solchen Unternehmensleitern, die für die Erfüllung ihrer Führungsaufgaben mit dem modernsten Rüstzeug ausgestattet worden sind, kommt eines Tages zum Bewußtsein, daß die Bürde ihrer Stellung doch schwerer wiegt, als gemeinhin angenommen wird. — Mag der Stab der Mitarbeiter noch so aufgeschlossen und fachlich tüchtig sein, mag die Gesamtorganisation den höchsten Ansprüchen genügen, das Betriebsklima und die Bereitschaft zu tatkräftiger Mitarbeit das Prädikat vorzüglich verdienen, so kommen — trotz dieser günstigen Prämissen — auf den Repräsentanten des Unternehmens doch Tag für Tag eine solche Fülle von Problemen zu, die ihn laufend zu Entscheidungen zwingen und zwar zu Entscheidungen, die, obgleich oft von einschneidender Bedeutung, ohne tiefgründige, alle Für und Wider abwägenden Untersuchungen gefällt werden müssen.

Pflegen so die Dinge in einem Idealbetrieb, wie er hier charakterisiert wurde, zu liegen, so zeigen im praktischen Leben die Geschäftssituationen meist ein viel düsteres Bild. Neben den geforderten Entscheidungen bedrängen eine Fülle von Sorgen die Führungsspitze. Mit den eigenen Gefolgschaftsangehörigen kann man sich — schon aus psychologischen Gründen — nicht aussprechen; man kann ihnen seine Nöte nicht schildern und nur selten zusammen mit ihnen nach Wegen suchen, die geeignet sind, schnellstens aus dieser oder jener Schwierigkeit herauszukommen. Wüßten sie solche Wege, dann hätten sie eine entsprechende Anregung ja längst gegeben. Die eigenen Mitarbeiter wünschen vom „Chef" eine klare, nüchterne, von keinen Zweifeln und von keiner Unsicherheit durchsetzte Direktive. Wird oder kann sie nicht in der erwarteten Zeit und dem erhofften Umfange gegeben werden, dann schwindet das Vertrauen zu den Führungsqualitäten des Spitzenmanagers. In diesem Punkte sind die Menschen nicht nur unverständig, sondern auch unbarmherzig und unberechenbar.

Wenn auch die leitenden Persönlichkeiten der Wirtschaft fast ständig von einem Heer von Menschen umlagert werden, die alle von ihnen etwas fordern, so sind und bleiben sie doch immer einsame Menschen, die aus dem Kampfe um schwerwiegende Entscheidungen nicht herauskommen. Ohne es zu sagen — manchmal sogar ohne es bewußt zu erkennen —, suchen so gut wie alle nach einer Stelle, die ihnen die Möglichkeit gibt, ihre Probleme sach- und fachgerecht zu ventilieren und gemeinsam eine Lösung zu erarbeiten.

Auch hier wiederum waren es die Amerikaner, die mit einem „Beratungsdienst" gegen diese Misere angingen. Das von ihnen entwickelte System hat sich in all den Jahren seit seinem Aufkommen vor etwa sieben Dezennien immer weiter ausgedehnt und hervorragend bewährt. Es ist unter dem Namen „Wirtschaftsberatungsdienst" nach dem zweiten Weltkriege in Europa und nicht zuletzt auch bei uns in Deutschland immer populärer geworden.

Es ist eine völlig abwegige Einstellung, zu glauben, daß man mit seinen Sorgen und Nöten im Wirtschaftsleben, insbesondere bei der Leitung eines Unternehmens, selbst fertig werden müsse. Unser modernes Gesellschaftsgefüge hat sich so vielseitig, kompliziert und schnelligkeitsbetont gestaltet, daß ein einzelner oder auch ein Führungsgremium, nicht zuletzt auf Grund der laufenden Inanspruchnahme durch die tägliche Klein- und Routinearbeit, gar nicht mehr in der Lage ist, mit allen Problemen selbst fertig zu werden, sich über alle Möglichkeiten und Wege zu unterrichten, die an anderen Orten, in anderen Wirtschaftsgruppen und -zweigen mit Erfolg entwickelt worden sind und deren Einsatz auch für die eigenen Belange von höchstem Nutzen wäre. Dazu kommt noch, daß letzten Endes durch die stetige Betriebsnähe der Blick befangen, durch eine gewisse Betriebsblindheit getrübt wird, was mancher unternehmerischen Entscheidung keinesfalls zuträglich ist.

Ein modernes Unternehmen arbeitet in der Regel mit vielen Außenstehenden zusammen. Da werden beispielsweise die Wirtschaftsprüfer eingeschaltet, deren Hauptaufgabe darin besteht, festzustellen, ob die Entwicklung und Darstellung des Zahlengebäudes mit den kaufmännischen Gepflogenheiten und den geltenden Rechtsvorschriften konform gehen. Da ist der Steuerberater, der Hinweise und Empfehlungen für ein günstiges und unangreifbares Verhalten der Finanzbehörde gegenüber gibt. Da ist der Vertriebs- und Werbefachmann, der Wege weist zu einer Aktivierung des Absatzes usw. usf. — Sie alle dienen mit Spezialkenntnissen. Was hier aber benötigt wird, ist eine Persönlichkeit, deren Charakteristikum darin besteht, daß sie das gesamte Betriebsgeschehen als komplexe Erscheinung in ihren Gesichtskreis zieht. Dieser universelle Typ, dieser General-Manager der Wirtschaft, repräsentiert sich in der Gestalt des Unternehmensberaters. Er muß über ein Wissen verfügen und einen Überblick besitzen, der alle Gebiete des betrieblichen Lebens umfaßt. Schöpferische Initiative und Aktivität müssen ihm ebenso eigen sein wie überdurchschnittlich geistige Beweglichkeit, Weitblick und Einfallsreichtum. Daß zu einem ausgeprägten Takt- und Fingerspitzengefühl ein hoher Grad von Einfühlungsvermögen und Anpassungsfähigkeit treten muß, erfordert schon seine bedeutungsvolle Rolle.

Leitmotiv jeglicher Tätigkeit des Unternehmensberaters hat stets die ganzheitliche Betrachtungsweise des von ihm betreuten Arbeitskomplexes zu sein, wobei selbstverständlich weitestgehend auf die speziellen Eigenschaften und individuellen Sonderheiten des betreuten Unternehmens Rücksicht genommen werden muß. Eines schickt sich nicht für alle und es wäre völlig unangebracht, wenn nicht sogar verfehlt, wollte man nach Patentlösungen Ausschau halten. Was in einem Falle sich als zweckmäßig und erfolgreich herausgestellt hat, könnte bei einer unbesehenen Transponierung auf anders gelagerte Verhältnisse sich direkt als schädlich erweisen. Dieser Gesichtspunkt wird nicht selten bei dem Bestreben übersehen, ausländische Verfahren — insbesondere wenn sie aus den USA kommen — auf deutsche Wirtschaftsorganismen zu übertragen. Schon allein das Außerachtlassen der differenzierten Mentalität zwischen Amerikanern und Deutschen kann der Grund für Fehlschläge sein.

Es entspricht der Wesenheit der Unternehmensberaterfunktion, daß er, der Unternehmensberater, vom „top management“ ausgeht, um aus dem Gesichtswinkel der alle Fäden in sich vereinigenden Unternehmensspitze die offenen und auch latenten Probleme einer Lösung zuzuführen. Bei der Bedeutung und Tragweite solch einer Aufgabenstellung muß mit Gewißheit erwartet und verlangt werden, daß man dem Berater gegenüber keine unberechtigte Reserve an den Tag legt, denn nur völlige Offenheit in allen geschäftlichen oder betrieblichen Angelegenheiten kann den gewünschten Nutzeffekt zeitigen.

Es ist ein immer wieder zu konstatierendes Faktum, daß selbst in sonst gut geordneten Unternehmen sowohl der Arbeitsplatz der Führungsspitze als auch der dortige Arbeitsablauf dringend einer Reorganisation und Rationalisierung bedürfen.

Es steht außer Frage, daß heutzutage das Wagnis persönlicher Selbständigkeit wie auch die Lösung delegierter Unternehmerfunktionen nur dann zu einem glücklichen Ende geführt werden können, wenn der organisatorische Ausgangspunkt aller betrieblichen Maßnahmen nicht zugleich auch Ursache und Quelle von Unzulänglichkeiten ist. Deshalb ist es dem verantwortungsbewußten Unternehmensberater ein inneres Anliegen, mit seiner vorbereitenden, klärenden Analyse zunächst hier an der Spitze zu beginnen. „Bäume sterben vom Wipfel her“, sagt ein amerikanisches Sprichwort. Wenn man an dieser Stelle vorhandene Schwächen — meist ist es eine nicht mehr zu bewältigende Arbeitsflut — beseitigt, dann ist es leichter, in den unteren Rängen Fehlerquellen aufzudecken und diese Unvollkommenheiten durch geeignete Maßnahmen abzustellen.

„Um leistungsfähig zu bleiben, müssen Sie vor allen Dingen einen Stellvertreter haben, der morgens um halb acht für Sie am Schreibtisch sitzt, während Sie selber zu Hause in aller Ruhe arbeiten.“ Dieser Ausspruch Churchills ist nicht nur Richtschnur für Politiker, er gilt in noch stärkerem Maße für alle an der Spitze von Unternehmen stehenden Persönlichkeiten und er ist eine Mahnung an alle Führungskräfte, sich Zeit zu einer schöpferischen Pause zu nehmen, sich so weit wie möglich von der betrieblichen Routine frei zu machen, um Zeit zum Nachdenken über die Zukunftsplanung des Unternehmens zu gewinnen. — Wer Gelegenheit hat, über Jahre hindurch den Arbeitsanfall an reinen Schreibtischaufgaben in der Direktionssphäre zu verfolgen und diese Entwicklung statitstisch erfaßt und auswertet, kann feststellen, daß die Masse der Arbeit, die sehr oft sogar in keiner Weise gravierend ist, in einer progressiven Reihe zunimmt. Dabei ist es dann unvermeidlich, daß Unternehmensleiter auch Arbeiten verrichten, die ein Angestellter mit nur einem Zehntel des hier aufgewendeten Gehalts hätte ebenso gut erledigen können. Diese tägliche Verwaltungsarbeit hat bei nicht wenigen Spitzenkräften dazu geführt, daß sie im Laufe der Zeit ihre Führungsposition immer mehr dahinschwinden sahen.

Erst eine „Flurbereinigung" auf diesem Gebiete des Direktionsfeldes ebnet den Weg für die eigentliche Organisationsarbeit des Unternehmensberaters, nämlich die Beratung in der echten Führungssphäre. Hierunter fällt in erster Linie die Erarbeitung eines in die Zukunft weisenden Generalplanes, in dem die Ziele der Unternehmenspolitik und der Unternehmensstrategie eindeutig festzulegen sind. Es ist unerläßlich, weil von größter Wichtigkeit, beide Faktoren, nämlich die Politik und die Strategie, datenmäßig genau zu fixieren, um an Hand solcher Aufzeichnungen jederzeit nachprüfen zu können, ob die Ziele — es sind Nah- und Fernziele abzustecken — auch erreicht wurden. Unternehmen, bei denen von den Spitzenkräften das konstruktive Denken auf die Zukunft stets in den Vordergrund gerückt wird — sie gleichen in dieser Tätigkeit dem weitsichtigen Staatsmanne — sind nicht nur zu überdurchschnittlichen Erfolgen vorgestoßen, sondern sie haben mit dieser Maßregel auch Vorsorge gegen Überraschungen in der Zukunft getroffen. Und gerade Zukunftssicherungen sind für jeden Wirtschaftsorganismus eine unabdingbare Notwendigkeit.

Erfolgt eine schriftliche Festlegung der gesteckten Ziele nicht, dann bleibt alles nebelhaft und unklar und die Folgen sind unorganische, zusammenhanglose und recht oft nicht unbedenkliche Augenblicksentscheidungen, weil der weitgespannte Überblick über das Ganze fehlt oder nur sehr mangelhaft ist.

Alle noch so scharfsinnigen, wohldurchdachten und durch eine Bewährung in der Praxis bestätigten Organisations- und Rationalisierungsformen werden ein Torso bleiben und des angestrebten Erfolges entbehren, wenn es nicht gleichzeitig gelingt, die mitarbeitenden Menschen zu gewinnen, gleichgültig, welche Aufgaben und Funktionen sie auch immer erfüllen.

Es ist eine der vornehmsten Aufgaben und eines der wichtigsten Ziele des Unternehmensberaters, den Boden vorzubereiten für eine psychische Erfassung der einzelnen Gefolgschaftsmitglieder. Unbegreiflich ist es, wie fern und verständnislos man mancherorts — trotz gelegentlicher heftiger und demonstrativ wirkender Akklamationen — dieser Frage gegenübersteht. Es ist nicht damit getan, etwa übertarifliche Löhne und Gehälter zu bewilligen. Mit Geld läßt sich niemand mehr kaufen. Man muß um die Seele des Mitmenschen kämpfen.

Wenn heute ein Großteil der Gefolgschaftsmitglieder nur noch aus wirtschaftlicher Notwendigkeit heraus zur Arbeit geht, so zeigt dies, daß unser System Fehler aufweist.

Wenn auch vielleicht nicht gerade Mißmut und Verdrossenheit aus den Augen der Umgebung einem entgegenblicken, so aber doch oft ein reichliches Maß von Indifferenz oder gar Apathie.

Diese Haltung bzw. Einstellung resultiert nicht selten aus einem absolut hermetisch wirkenden Nebeneinanderleben der verschiedensten Tätigkeitskreise, Arbeitsgruppen und Abteilungen innerhalb eines Betriebes, wozu noch die völlige Beziehungslosigkeit zur Arbeitsstätte und zur übernommenen Arbeit kommt. Es fehlt der Interessenkontakt, den herzustellen eine Aufgabe bedeutet. Mit gelegentlichen Aufrufen, Appellen und Gemeinschaftsveranstaltungen ist es nicht getan. Hier kann nur eine Änderung eintreten, wenn die unter dem Namen „Human relations“ bekannt gewordene Pflege der zwischenmenschlichen Beziehungen in die Tat umgesetzt wird.

Es ist nachgerade eine Binsenweisheit geworden, daß ohne gediegene verkaufspsychologische Schulung der Außenmitarbeiter die Absatzerfolge nicht diejenige Höhe erreichen, die man bei entsprechender Anwendung dieser Methode berechtigterweise erwarten kann. Auch über der Massenpsychologie liegt kein Geheimnisschleier mehr. Der Wert der Betriebspsychologie dagegen wird von vielen Unternehmen noch nicht respektiert, obgleich es eine Erfahrungstatsache ist, daß die Anwendung ihrer Erkenntnisse nicht nur die zwischenmenschlichen Beziehungen im Unternehmen in starkem Maße fördert, sondern auch die Grundlage für die Erzielung einer hohen Produktivität ist. Eine zielstrebige human-relations-Arbeit, eingebaut in die Lehre vom sog. Mentalpositivismus, führt dazu, daß das einzelne Gefolgschaftsmitglied von der Unternehmensidee, die von der Führungsspitze als Losung herauszustellen ist, restlos überzeugt wird und in eine echte Begeisterung für seine beruflichen Aufgaben und Ziele hineinwächst. Ist dies erreicht, dann ist der Weg nicht mehr weit, daß aus uninteressierten Durchschnittsmenschen verantwortungsfreudige Mitarbeiter werden, denen Leistungssteigerungen eine Selbstverständlichkeit sind.

Jedes Unternehmen trägt eine gesellschaftspolitische Verantwortung. Diese von der Gemeinschaft übertragene ethische Verpflichtung kann in erster Linie erfüllt werden durch eine bewußte Erziehung eines jeden einzelnen Gefolgschaftsmitgliedes zu einem den Erfolg bejahenden Menschen. Fachliche und persönlichkeitsbildende Kurse müssen dafür sorgen, daß der erzielte Fortschritt auch erhalten bleibt.

Aufgabe, Weg und Ziel der Unternehmensberaters ist es, in engster Zusammenarbeit mit dem Auftraggeber dessen betriebliche Sorgen und Nöte eingehend zu besprechen und darüber hinaus auf Grund von umfassenden Analysen verborgene Fehlerquellen aufzudecken. Durch die ganzheitliche Betrachtungsweise wird verhindert, daß einzelne Unternehmenszweige oder -abteilungen eine Vernachlässigung erfahren, weil eine oberflächliche Durchsicht keine auffälligen, von der Norm abweichenden Wesensmerkmale erkennen läßt und man deshalb leicht geneigt ist zu unterstellen, auf diesem Gebiete wickle sich das Geschehen rationell ab. Diese Selbsttäuschungen ergeben sich oft gerade auf der Verwaltungsebene des kaufmännischen Sektors. Je ruhiger und unauffälliger sich das Tagesgeschehen in einer Abteilung gestaltet, desto größer und berechtigter sollte der Verdacht sein, daß der Effekt nicht das bietet, was dem Volumen, der Kapazität entspricht.

Bei den meisten amerikanischen, aber auch schon bei vielen kontinentalen Unternehmen ist es zu einer Selbstverständlichkeit geworden, das eigene Wirtschaftsgefüge in gewissen zeitlichen Intervallen einer genauen Durchsicht unterziehen zu lassen, sofern man nicht noch einen Schritt weiter geht und den Unternehmensberater seines Vertrauens zu seinem ständigen Mentor macht.

Diese Regelung ist die Ideallösung. Durch sie wird erreicht, daß dem Unternehmen sowie insbesondere seinen Führungskräften durch diesen Vertrauten laufend und auf dem schnellsten Wege die neuesten Ergebnisse der Wirtschaftsforschung wie auch die erprobten Verfahren der Praxis zur Kenntnis gebracht werden. Geeignet erscheinende Methoden und Systeme können somit nach genauer, auf den Individualfall abgestimmter Prüfung meist so zeitig eingesetzt werden, daß dadurch ein bedeutender Vorsprung gegenüber den Mitbewerbern sicher ist. — Außerdem bleibt durch die permanente kritische Beobachtung mit dem Ziele einer sofortigen Fehlerabstellung das gesamte Betriebsgeschehen laufend unter Kontrolle. — Dieses ständige, auf allen Wirkungsbereichen produktiv werdende Mitdenken eines nicht betriebsangehörigen, aber am Wohle des Unternehmens interessierten Beraters führt diesem Wirtschaftsgebilde immer neues Wissen und neue Ideen zu.

Nicht nur für bereits bestehende und arbeitende Unternehmen hat sich die Hinzuziehung eines Unternehmensberaters als vorteilhaft, kosten- und risikosparend erwiesen, sondern auch bei Planungsarbeiten für Erweiterungen und Neugründungen, ist seine Mithilfe unentbehrlich geworden. Je besser solch ein Vorhaben bis in die kleinsten Details „planmäßig“ vorbereitet wird, desto geringer ist das Risiko einer Fehlentwicklung oder Fehlinvestition. Oft konnte rechtzeitig und mit Erfolg vor übertriebenen Hoffnungen gewarnt werden; auf der anderen Seite aber gibt es wiederum Fälle, wo das Untersuchungsergebnis Anlaß für eine großzügigere Ausgestaltung des Vorhabens wurde.

Im Bankgewerbe begnügt man sich bei Kreditgewährungen im allgemeinen mit der Hereinnahme bzw. Abtretung schnell realisierbarer Sicherheiten und beurteilt die Lage des Schuldners grundsätzlich und in erster Linie an Hand der letzten Bilanzen sowie der Gewinn- und Verlust-Rechnungen. Diese Handhabung entspricht mehr einem finanzwirtschaftlich-fiskalischen Denken als einer Wirtschaftsauffassung, deren Postulat es ist, neben der selbstverständlichen Sicherung von Krediten auch die wirtschaftliche Lage des Kreditnehmers nach Möglichkeit zu fördern.

Daß die Beobachtung der bilanzmäßigen Entwicklung eines Unternehmens sowie ihres Finanzgebarens als Grundlage für eine Kreditgewährung in heutiger Zeit allein nicht mehr genügt, haben einige Bankzusammenbrüche und Liquiditätsschwierigkeiten solcher Institute in der jüngsten Vergangenheit gezeigt. Daher sind Bankgeschäfte, die es sich zur Aufgabe gemacht haben, ihre Kreditpolitik nach modernen Gesichtspunkten auszurichten, dazu übergegangen, die Wirtschaftsorganismen ihrer Geschäftsfreunde durch einen Unternehmensberater unter ganzheitlichen Gesichtspunkten analysieren zu lassen und dem Kunden die aus einer solchen Analyse erwachsenen Vorschläge für die Verbesserung des organisatorischen Unternehmensablaufs zur Verfügung zu stellen. Auf diese Weise wird nicht nur der Kunde in die Lage versetzt, sein Unternehmen auf einer gesünderen Basis weiter zu entwickeln, vielmehr erhalten auch die Kreditinstitute einen Überblick über die tatsächlichen wirtschaftlichen Verhältnisse ihrer Vertragspartner. Das bedeutet für die Bank erhöhte Sicherheit bei der Hingabe von Krediten, für den Kunden u. U. eine Erweiterung des Kreditlimits, nämlich dann, wenn die Analyse seines Unternehmens zeigt, daß eine gefestigte, gesunde und schlagkräftige Organisation vorhanden ist und daß momentane finanzielle Engpässe keine krisenhaften Entwicklungen bedeuten oder ankündigen.

Deutsche Unternehmensberater werden jetzt in steigendem Maße auch von ausländischen Auftraggebern mit Reorganisations- und Rationalisierungsaufgaben betraut und zur Gutachtenerstattung herangezogen. Gegenüber der Aktivität und den Möglichkeiten, die den top management-Beratern aus den USA und England zur Verfügung stehen, nimmt der deutsche Anteil an dieser Tätigkeit sich noch recht bescheiden aus. Eine weitgehende Förderung durch staatliche Stellen, Selbstverwaltungsorgane der Wirtschaft usw. wäre äußerst zweckmäßig, wenn man berücksichtigt, daß jede Auslandsbetätigung dieser Art für die deutsche Wirtschaft eine marktschaffende Funktion bedeutet.

Die Angehörigen des Unternehmensberater-Berufes üben eine freischaffende, unabhängige Tätigkeit aus. Das Charakteristikum ihrer Arbeit liegt einmal in der Art ihres Vorgehens — komplexe Betrachtungsweise — und zum anderen in der Zielrichtung — top management —. Für die Lösung von Spezialfragen, die in den Rahmen ihrer Untersuchungen fallen, bedienen sie sich hochqualifizierter Experten, deren Arbeiten entsprechend koordiniert werden.

Der Zugang zu diesem Berufe ist weder von einer Qualifikation abhängig, noch durch Gesetze oder Verwaltungsvorschriften reglementiert. Das hat seine Vor- und Nachteile. Da die Übertragung eines Mandats von vielen Faktoren abhängt, nicht zuletzt von eingehenden Besprechungen auf höchster Unternehmensebene, so besteht nur eine geringe Gefahr, daß Sachunkundige Unruhe oder Schaden stiften können. Dazu kommt, daß nur eine vielseitige, erfolgreiche Tätigkeit in der Wirtschaft sowie eine gereifte Berufs- und Lebenserfahrung einen Interessenten prädestinieren, als Unternehmensberater tätig werden zu können.

Das Bedürfnis nach Persönlichkeiten mit den geschilderten Qualitäten ist groß. Das Verlangen von Handel und Industrie nach einer laufenden Betreuung durch einen Unternehmensberater wächst ständig. Aus unserem Wirtschaftsleben ist diese Erscheinung nicht mehr wegzudenken.

Aus diesem Grunde ist es gerechtfertigt, von einer „Institution des Unternehmensberaters“ zu sprechen.

LITERATURVERZEICHNIS

Monographien

Drucker, Peter F.: Praxis des Management, Düsseldorf 1956

Kapferer, Clodwig: Unabhängige technische Beratung, Hbg. o. J.

Kunze, H. H.: Verantwortliche Betriebsformung 4. Aufl. Hildesheim 1951

Metzner, Max: Der Unternehmer, seine Stellung und seine Aufgaben, Berlin 1956

Mc Murry, Robert N.: Wettlauf um Führungskräfte, Frankfurt/M., o. J.

Schnutenhaus, Otto R.: Der amerikanische Wirtschaftsberatungsdienst, in Festgabe für Georg Jahn, Berlin 1955

Schlenzka, Peter A.: Unternehmer, Direktoren, Manager, Düsseldorf 1954

Schrewe-Timm: Der Unternehmer in Gegenwart und Zukunft, Hannover 1950

Urwick, Lyndall F.: Ausbildung der Führungskräfte in der amerikanischen Wirtschaft, Berlin-Köln-Frankfurt/M. 1955

Periodika

Fachberichte der Gesellschaft für Soziale Betriebspraxis m. b.H., Januar, März, April 1958.

ICA Mitteilungen, US Information Service, 1956—1958.

Monatsberichte der Deutschen Bundesbank, Januar—April 1958.

Die Umsätze der Umsatzsteuerpflichtigen und deren Besteuerung, Umsatzsteuerstatistik 1955

Die Unternehmer und ihre Umsätze nach Größenklassen, in Wirtschaft und Statistik, Heft 3, März 1958.

Die wirtschaftliche Lage in der Bundesrepublik Deutschland, Bundesminister für Wirtschaft, April 1958.

Statistisches Jahrbuch 1954, 1956, 1957.

BEGRENZUNG DER RECHTSWIDRIGKEIT

unter vergleichender Berücksichtigung des schweizerischen Rechts

Von Heinrich Lehmann, Köln

I. Problemstellung

Die Verletzung fremder Interessen ist nicht schlechthin widerrechtlich. Das Leben ist ein Kampf, bei dem die Verfolgung eigener Interessen nicht selten die Schädigung fremder zur Folge hat. Man denke nur an Wettbewerb und Arbeitskampf. Aber auch sonst müssen gewisse Schädigungen als Risiken einer erlaubten gefährlichen Betätigung in den Kauf genommen werden. Sie sind Unglücksschäden, deren Abwälzung auf den Verursacher nach den Grundsätzen der Gefährdungshaftung vorgeschrieben werden kann. Davon abgesehen ist es Aufgabe der Rechtsordnung, die Grenzen für eine zulässige erlaubte und eine unzulässige, rechtlich gemißbilligte Schädigung abzustecken.

Das tut sie, indem sie gewisse Handlungen als *rechtswidrig* kennzeichnet und dadurch als *zureichenden Haftungsgrund* anerkennt. Als solche Handlungen kommen sowohl nach deutschem wie nach schweizerischem Recht in Betracht: Einmal der Eingriff in ein allgemein jedermann gegenüber geschütztes Recht oder Rechtsgut, sodann der Verstoß gegen besondere allgemein verpflichtende Schutzgesetze und endlich die Verletzung eines Forderungsrechts durch schuldhafte Nicht- oder Schlechterfüllung.

Als „widerrechtlich" bezeichnet das SchwOR in Art. 41 zwar nur die Verletzung einer allgemeinen gesetzlichen Pflicht, nicht aber eines obligatorischen Rechts. Die Forderungsverletzung wird in Art. 97 OR gesondert behandelt. Ebenso ist das Deutsche BGB in § 823 und § 276ff. verfahren. Aber es wird nirgends bezweifelt, daß auch bei der Forderungsverletzung eine wesentliche Voraussetzung der Schadensersatzpflicht die Rechtswidrigkeit des schädigenden

Verhaltens ist. Die Rechtswidrigkeit besteht in einem Verstoß des Schuldners gegen die ihn verpflichtende Rechtsvorschrift.

Eine kasuistische Aufzählung der einzelnen Fälle der widerrechtlichen Schadenszufügung durch den Gesetzgeber ist praktisch ausgeschlossen. Er muß sich mit *Generalklauseln* begnügen, durch die auf die in der Rechtsordnung enthaltenen Verhaltensnormen hingewiesen wird. Als solche Generalklauseln, als Verweisung auf die Verletzung absoluter Rechte und absolut geschützter Interessen wird auch Art. 41 OR verstanden, während sich die Rechtswidrigkeit der Forderungsverletzung ohne weiteres aus der schuldhaften Nichterfüllung einer obligatorischen Vorschrift der Rechtsordnung ergibt.

Bei uns in Deutschland ist der Gesetzgeber des BGB ganz ähnlich verfahren. Er hat zwar auf die Aufstellung eines allgemeinen Deliktstatbestandes, wie ihn Art. 1382cc formuliert, verzichtet, aber neben eine Reihe besonderer Deliktstatbestände drei allgemeinere gestellt: 1. die Verletzung von Leben, Körper, Gesundheit, Freiheit, des Eigentums oder eines sonstigen anerkannten absoluten Rechts, 2. die Verletzung eines allgemeinen Schutzgesetztes, 3. die vorsätzliche sittenwidrige Schädigung. Dazu sei bemerkt, daß auch Art. 41 II OR der widerrechtlichen Schädigung die sittenwidrige gleichstellt.

Alle diese Generalklauseln stellen den Richter vor die schwierige Aufgabe, die Verhaltensnormen, aus denen sich die Widerrechtlichkeit eines schädigenden Verhaltens ergibt, näher zu konkretisieren. Soweit sie in der Rechtsordnung noch nicht klar ausgesprochen sind, müssen sie vom Richter aus dem geltenden Recht erst näher entwickelt werden. Man denke z. B. an die Frage, inwieweit ein grundsätzlich anerkanntes Persönlichkeitsrecht oder das Recht am Unternehmen gegen gewisse Eingriffe Schutz verdient.

Auf diese schwierigen Fragen der Normfindung, Normentwicklung und Normbegrenzung hat der Berner Professor, Hans *Merz* in seinem schönem Aufsatz über die Widerrechtlichkeit gemäß Art. 41 OR als Rechtsquellenproblem bereits hingewiesen; vgl. Zeitschrift des Bernischen Juristenvereins 1955 S. 301ff.

Indem der Richter die Verhaltensnormen, aus denen sich die Rechtswidrigkeit ergibt, konkretisiert, leistet er die erste und wichtigste Vorarbeit zur richtigen Begrenzung der Rechtswidrigkeit eines fremde Interessen schädigenden Verhaltens. Auf diese schwierige Frage der Normfindung und Konkretisierung kann ich im Rahmen dieses Aufsatzes nicht näher eingehen. Ich will mich hier darauf beschränken, die Möglichkeiten einer Begrenzung der Widerrechtlichkeit zu prüfen, die sich auch nach Auffindung und Entwicklung anscheinend hinreichend konkretisierter Verhaltensnormen, deren Verletzung ersatzpflichtig macht, ergeben können. Das soll unter Vergleichung mit dem schweizerischen Recht geschehen.

II. Die Möglichkeiten und die Notwendigkeit weiterer Begrenzung der Rechtswidrigkeit

1. Begrenzung auf den Schutzbereich der Norm

Die erste Möglichkeit der Begrenzung ergibt sich aus einer Untersuchung der verletzten Verhaltensnorm auf die mit ihr verfolgten Schutzzwecke, aus einer Beschränkung des Schutzbereichs der verletzten Norm in *persönlicher* und *sachlicher* Beziehung.

Die Folgen, für die gehaftet wird, müssen zu dem durch den Normzweck erfaßten und begrenzten Folgenkreis gehören, sie müssen mit dem rechtswidrigen Verhalten ursächlich zusammenhängen. Soweit die Folgen eines solchen Verhaltens von dem Schutzzweck der Norm nicht mehr erfaßt werden, fehlt der sog. *Rechtswidrigkeitszusammenhang.*

Sehen wir uns zunächst die Begrenzung bei der unerlaubten Handlung an, durch die in ein allgemein geschütztes Recht oder Rechtsgut eingegriffen wird. Aus einer solchen unerlaubten Handlung entsteht ein Schadensersatzanspruch regelmäßig nur für den *unmittelbar Betroffenen.* Nicht aber auch für *Dritte,* die durch eine Reflexwirkung mittelbar benachteiligt werden.

Davon wird nach deutschem und schweizerischem Recht zunächst für den Fall einer Tötung eine Ausnahme gemacht. Hier kann nach deutschem Recht auch derjenige Ersatz für die Beerdigungskosten verlangen, der sie zu tragen verpflichtet ist, § 844 I BGB. SchwOR Art. 45 spricht weitergehend ganz allgemein die Verpflichtung zur Tragung der Bestattungskosten aus. Außerdem kann nach § 844 Abs. II BGB derjenige Ersatz verlangen, der kraft Gesetzes einen Unterhaltsanspruch gegen den Getöteten hatte oder zu ihm in einem Verhältnis stand, kraft dessen er einen solchen Anspruch erwerben konnte. Art. 45 III SchwOR spricht ähnlich anderen Personen, die durch die Tötung ihren Versorger verloren haben, einen Ersatz für diesen Schaden zu, ohne aber eine Rechtspflicht zur Unterstützung zur Voraussetzung des Ersatzanspruchs zu machen.

Ferner kann im Falle der Körper- und Gesundheitsverletzung sowie Freiheitsentziehung nach § 845 BGB auch der Ersatz verlangen, dem der Verletzte kraft Gesetzes zur Leistung von Diensten im Haushalt oder Gewerbe verpflichtet war. Nach Art. 46 SchwOR ist allein der Verletzte bei nicht tötlicher Körperverletzung ersatzberechtigt. Ein Versorgerschaden mittelbar Geschädigter wird nicht anerkannt, doch kann die verletzte Ehefrau, die im Haushalt oder Erwerbsgeschäft des Mannes tätig ist, wegen Verlust oder Minderung ihrer Arbeitsfähigkeit Ersatz verlangen.

Für die Verletzung allgemein geschützter Rechtsgüter durch unerlaubte Handlung lehnen dagegen sowohl die deutsche wie die schweizerische Rechtslehre und Praxis eine weitere Begrenzung der Ersatzpflicht in *sachlicher* Beziehung, also im Hinblick auf den Schutzbereich des *unmittelbaren* Angriffszieles ab. Ein im Streit schuldhaft verletzter Schauspieler, der einen Monat lang am Auftreten verhindert ist, kann also nicht bloß wegen der Heilungskosten, sondern auch wegen der Nachteile gänzlicher oder teilweiser Arbeitsunfähigkeit Ersatz verlangen. Dagegen hat der mittelbar geschädigte Theaterunternehmer keinen Ersatzanspruch. Ebensowenig kann die Versicherungsgesellschaft, bei der der Getötete sein Leben versichert hatte, für die ihr daraus erwachsenden Nachteile Ersatz beanspruchen.

Was die Begrenzung der Haftung aus einer unerlaubten Handlung angeht, die gegen ein durch *Schutzgesetz* geschütztes *Sonder*interesse verstößt, so findet auch hier die gleiche Begrenzung nach der *persönlichen* Seite statt. Ein Ersatzanspruch erwächst nur dem *unmittelbar* Geschädigten, den die gesetzliche Vorschrift schützen wollte. Außerdem findet aber hier auch eine weitere Begrenzung nach der *sachlichen* Seite hin statt. Ein Ersatzanspruch erwächst nur wegen der Verletzung desjenigen Rechtsgutes oder Interesses, das die Schutzvorschrift sichern sollte. Dafür einige Beispiele: Studenten, die in einer bestimmten Straße nachts ruhestörenden Lärm, den das Deutsche Strafgesetzbuch mit Strafe bedroht, verüben, machen sich einem dort wohnenden Professor wegen seiner gestörten Nachtruhe und ihrer nachteiligen gesundheitlichen Folgen ersatzpflichtig, aber nicht dem Vermieter wegen des Mietausfalls, den er durch die Kündigung des Professors erleidet. Denn § 360 Ziff. 14 des Deutschen Strafgesetzbuchs will nur die öffentliche Ruhe schützen, nicht aber die Vermögensinteressen der Anwohner der Straße. Wenn eine Polizeiverordnung bei Glatteisbildung des Streuen mit abstumpfenden Material anordnet und ein dazu verpflichteter Hausbesitzer der Anordnung nicht nachgekommen ist, so kann der Künstler, der infolgedessen ein Bein bricht und seine Mitwirkung bei einem angekündigten Konzert absagen muß, wohl wegen seiner Körper- und Gesundheitschädigung und der Heilungskosten Ersatz verlangen, nicht aber wegen der vermögensrechtlichen Nachteile, die er aus anderen Gründen hat. Einen etwaigen Ersatzanspruch wegen dieser Nachteile müßte er aus dem schuldhaften Verstoß gegen ein allgemein geschütztes Rechtsgut ableiten.

Ein hübsches Beispiel aus dem Schweizer Recht gibt eine Entscheidung des schweizerischen Bundesgerichts (BGE 30 II 567). Eine forstpolizeiliche Vorschrift bestimmt, daß die Gemeinde kein Holz auf dem Stock anweisen darf, sondern selber schlagen muß. Wenn infolge der Nichtbefolgung dieser Vorschrift jemand einen Körperschaden erleidet, so kann er keinen Ersatz verlangen, denn die Vorschrift bezweckt nur den Schutz des Waldes, nicht aber des Lebens oder der Gesundheit einzelner.

Auch bei der *Forderungsverletzung*, der Nicht- oder Schlechterfüllung einer *obligatorischen* Verpflichtung wird der Schutzzweck in *persönlicher* Beziehung durch die Person des *Gläubigers* begrenzt, in *sachlicher* Beziehung aber durch das *Interesse* des *Gläubigers* an rechtszeitiger und vollständiger *Erfüllung* bestimmt. Es ist also nur der Schaden zu ersetzen, dessen Eintritt die Haftung begründende Norm nach ihrem Sinn und Zweck hindern will. Nicht zu ersetzen sind Schäden *Dritter*, die ihnen dadurch erwachsen, daß ihre Vermögenslage mittelbar durch die Folgen der Nicht- oder Schlechterfüllung nachteilig beeinflußt wird. Das erfordert schon die Billigkeit. Der Schuldner kann vernünftigerweise nur mit den Verhältnissen seines Gläubigers rechnen.

Doch hat man in Deutschland an dieser Begrenzung nicht überall festhalten können und bei gewissen Verträgen, namentlich beim Mietvertrag vertragsähnliche Haftungsverhältnisse zugunsten *Dritter* anerkannt, und ebenso hat man für einzelne Fälle anerkannt, daß der Gläubiger auch einen *Drittschaden liquidieren* kann, wenn das Gläubigerinteresse kraft eines zwischen dem Gläubiger und einem Dritten bestehenden Rechtsverhältnisses statt beim Gläubiger bei diesem Dritten entstanden oder später auf diesen Dritten übergegangen ist. So wenn jemand von vornherein im eigenen Namen aber für fremde Rechnung einen Vertrag als Kommissionär, Spediteur oder Frachtführer abgeschlossen hat. Das ist eine selbstverständliche Folge der Zulassung der Begründung von Forderungen im Drittinteresse. In den Fällen, wo der Gläubiger kein eigenes Haftungsinteresse geltend macht, muß aber eine aus dem besonderen Verhältnis des Dritten folgende Erhöhung des Schadens außer Betracht bleiben; regelmäßig braucht hier der Ersatzpflichtige nur das objektive Interesse zu ersetzen. Eine ähnliche Auffassung vertritt für das Schweizer Recht der Kommentar von Becker zu Art. 97 Anm. 46ff.

Von diesen Fällen abgesehen, ist aber nach deutschen Recht in *sachlicher* Beziehung das Haftungsinteresse grundsätzlich voll zu ersetzen, d. h. der Gläubiger, soweit möglich, in dieselbe Vermögenslage zu bringen, in der er sich befinden würde, wenn das zum Ersatz verpflichtende Ereignis nicht eingetreten wäre. Eine Begrenzung für die Folgeschäden aus dem Schutzzweck hat man in Deutschland noch nicht versucht.

Auch nach schweizerischem Recht ist grundsätzlich das Interesse des Gläubigers an der Leistung zu ersetzen, also regelmäßig das sog. positive Vertragsinteresse. Der geschädigte Gläubiger muß so gestellt werden, wie wenn das schädigende Verhalten nicht eingetreten wäre. Dazu gehört auch der entgangene Gewinn, wenn er ohne das schädigende Ereignis gemacht worden wäre. Dazu auch der Schaden, der dem Gläubiger erwächst, weil er selbst nicht oder nicht gehörig erfüllen kann.

Soweit die Folgeschäden in Betracht kommen, ist also grundsätzlich keine Haftungsbegrenzung angeordnet. Davon sind nur gewisse Ausnahmen gemacht. So für den Frachtführer, der nach OR Art. 447 regelmäßig nur für den vollen Sachwert haftet; ebenso § 430 deutsches HGB.

Meine Betrachtung zeigt, daß eine Begrenzung der Rechtswidrigkeit für die schädigenden Folgen eines haftbar machenden *unerlaubten* Verhaltens in personeller Beziehung überall sowohl in der Schweiz wie Deutschland erfolgt ist, daß man aber in sachlicher Beziehung eine Konkretisierung und Begrenzung der geschützten Interessen im Hinblick auf den Schutzzweck und den dadurch abgesteckten Schutzbereich nur für die Fälle der Verletzung besonderer Schutzgesetze vorgenommen hat, aber nicht bei der Verletzung der allgemein geschützten Rechtsgüter. Hier sind auch die daraus erwachsenen Sachschäden und Vermögensschäden zu ersetzen.

Auch im Vertragsrecht ist eine grundsätzliche *sachliche* Begrenzung im Hinblick auf den Schutzzweck der Obligation, auf das Interesse an rechtzeitiger und vollständiger Erfüllung derart, daß nur der unmittelbare Schaden zu ersetzen wär, nicht durchgedrungen.

Von Ausnahmen abgesehen, haftet der Schuldner für alle schädigenden Folgen der Nichterfüllung, weil er den Gläubiger in die Lage bringen muß, in der dieser sich befinden würde, wenn das schädigende Ereignis nicht eingetreten wäre, ohne daß die Schäden auf die unmittelbaren Folgen des haftungsbegründenden Ereignisses beschränkt würden. Eine allgemeine Begrenzung auf die unmittelbaren Schäden erscheint dem deutschen und auch dem schweizerischen Gesetzgeber zu eng, wie die ausnahmsweise Beschränkung der Frachtführerhaftung beweist.

Im AOR Art. 116 war der Schadensersatz aus Vertragsverletzung grundsätzliche auf den unmittelbaren Schaden beschränkt. Ebenso im ALR I 6 § 2, 3 und cc 1151. Das Revid.OR hat in Art. 99 die Unterscheidung grundsätzlich beseitigt und nur bei der Gewährleistung des Verkäufers beibehalten, soweit ihn kein Verschulden trifft, vgl. Art. 195, 208 SchwOR; ebenso hat es beim Frachtführer in Art. 447 die Haftung auf den vollen Sachwert beschränkt.

Gegen diese sehr weitgehende im deutschen und schweizerischen Recht anerkannte Schadenshaftung hat sich vor allem *Rabel* gewandt. Er will in seinem „Recht des Warenkaufs“ (S. 496) den Schuldner nur für die Einbußen haften lassen, die den durch den Vertrag geschützten Interessen des Gläubigers unmittelbar zustoßen. Aber dieser Einschränkungsversuch hat bisher in Deutschland und in der Schweiz keine Nachfolge gefunden.

Die Begrenzung im Hinblick auf den Schutzzweck der Norm genügt also in vielen Fällen nicht, um zu einer vernünftigen, mit der Auffassung des Lebens und der Billigkeit in Einklang stehenden Haftungsbegrenzung zu kommen. Abgesehen von der Verletzung besonderer Schutzgesetze leistet sie nichts, um die Folgeschäden einer haftbar machenden Verletzung über das unmittelbare Interesse an der Nichtverletzung hinaus auszuschließen. Und sie leistet weiter nichts, um die Haftung für die Setzung von Erfolgsbedingungen auszuschließen, die infolge einer in keiner Weise voraussehbaren Entwicklung der Dinge für den Schaden ursächlich wurden.

2. Begrenzung des zurechenbaren Kausalzusammenhangs

Um hier die Haftung vernünftig zu begrenzen, muß man gewisse Handlungen und Folgen als dem Täter nicht mehr zurechenbar aus dem Kreise der Erfolgsbedingungen und Handlungsfolgen ausscheiden.

Diese Aufgabe soll das Erfordernis eines *adäquaten Kausalzusammenhangs* lösen. Man versucht, die Haftung für Umstände und Folgen auszuschließen, die nur infolge einer ganz außergewöhnlichen Verkettung der Umstände zur Bedingung dieser Schadensfolge oder zur Folge dieser Schadensursache wurden — Umstände also, die ihrer allgemeinen Natur nach für die Entstehung eines solchen Schadens gleichgültig waren. Positiv formuliert erkennt diese Theorie als haftungbegründend nur an eine Bedingung, die generell einen Erfolg von der Eigenart des eingetretenen begünstigt, negativ formuliert verneint sie diejenigen Bedingungen als haftungbegründend, die ihrer allgemeinen Natur nach für die Entstehung eines solchen Schadens als ganz gleichgültig, als indifferent, zu bezeichnen sind.

Diese Theorie ist eine *Haftungsbegrenzungstheorie*, deren Richtigkeit nicht an dem naturwissenschaftlichen und erkenntnistheoretischen Begriff der Ursache gemessen werden kann. Sie geht von diesem Begriff aus, verengert ihn aber, um eine erträgliche und doch gerechte Zurechnung eines schädigenden Erfolgs zum Verhalten eines als ersatzpflichtig in Anspruch genommenen Menschen zu ermöglichen. Sie lehrt uns am besten die Eigenart des juristischen Denkens erkennen. Es ist eben kein naturwissenschaftliches Erkenntnisdenken, kein formallogisches Begriffsdenken, sondern *wertendes Zweckdenken*. Der juristische Kausalbegriff ist ein *rechtstechnischer Hilfsbegriff zur vernünftigen Begrenzung der Rechtswidrigkeit*.

Die Theorie vom adäquaten Kausalzusammenhang ist in Deutschland von der Rechtsprechung des Reichsgerichts und des Bundesgerichtshofs anerkannt worden; vgl. nur BGH 7, 204. Auch das schweizerische Bundesgericht hat sich zu dieser Theorie bekannt, die wie *Becker* in seinem Kommentar zu Art. 41 OR Anm. 30 sagt, „eine vernünftige mit der Auffassung des gemeinen

Lebens und der Billigkeit in Einklang stehende Begrenzung der Haftung erlaubt". Auf sie weisen eine große Zahl bundesgerichtlicher Entscheidungen hin.

Längere Zeit hindurch glaubte man, mit dieser einschränkenden Formel den Stein der Weisen gefunden zu haben. Auf die Dauer hat aber die deutsche Rechtsprechung die Grenze zwischen den adäquaten und nicht mehr adäquaten Folgen sehr weit hinausgeschoben und auch noch sehr entfernte Möglichkeiten als adäquat kausal angesehen und dadurch die Haftung zum Teil übersteigert. Diese Entwicklung ist eine Folge der Übersteigerung der Anforderungen an die Voraussehbarkeit durch einen optimalen Beobachter. Angesichts dessen kann *Heinrich Lange* seinen Aufsatz im Archiv für die civilistische Praxis (Bd. 156, 114ff.) mit „Herrschaft und Verfall der Lehre vom adäquaten Kausalzusammenhang" überschreiben.

Man denke an den Tod des Schußverletzten infolge einer im Krankenhaus ausgebrochenen Grippe; vgl. RG 105, 264. Zieht der seine Verletzung behandelnde Arzt einen weiteren Arzt zu und macht dieser sich bei einer Operation eines Kunstfehlers schuldig, so soll adäquater Kausalzusammenhang vorliegen, wenn der Fehler des zweiten Arztes auf einem ihm zurechenbaren Verschulden beruht, das innerhalb der Grenzen der erfahrungsgemäß vorkommenden ärztlichen Fehler liegt — dagegen fehlen, wenn der zugezogene Arzt gegen alle ärztliche Regel und Erfahrung gröblich gefehlt hat; vgl. RG 102, 231 und RG JW 1937, 990. Hier erfaßt einen schon ein gewisses Unbehagen.

Ein weiteres Beispiel aus jüngster Zeit: Ein Kraftfahrer hatte auf einer Autobahn fahrlässig einen Verkehrsunfall verursacht, indem er auf den vor ihm fahrenden Lastzug auffuhr, so daß dieser sich quer stellte. Andere Kraftfahrer, denen die durch den Unfall verursachte Verkehrsstockung zu lange dauerte, fuhren über den grünen Grenzstreifen der Autobahn und zerstörten diesen in einer Länge von 400 mtr. Das Urteil bejahte die Adäquanz; vgl. NJW 1955, S. 1031.

Früher hätte man die Haftung des Kraftfahrers mit der Formel der *Unterbrechung des Kausalzusammenhangs* gelöst, nach der durch das Dazwischentreten der freien Willenstat eines Menschen, die zur unmittelbaren Ursache des Erfolgs werde, der Zusammenhang mit früheren Vorbedingungen dieses Erfolgs unterbrochen werde. Das ist natürlich eine falsche Vorstellung. Der Kausalzusammenhang ist entweder da oder fehlt. Wenn die dazwischentretende Willenstat nicht adäquat verursacht ist, fehlt er und, wenn sie adäquat verursacht worden ist, ist er gegeben.

So kann man in Deutschland seit einiger Zeit Bemühungen feststellen, um weitere Begrenzungen der Zurechenbarkeit zu ermöglichen.

So hat *Lindenmaier* in einem Aufsatz in der Zeitschrift für Handelsrecht (Bd. 113 S. 207ff.) „Über adäquate Ursache und nächste Ursache") vorgeschlagen sich des § 242 BGB zu bedienen, wonach der Schuldner verpflichtet ist, die Leistung so zu bewirken, wie Treu und Glauben mit Rücksicht auf die Verkehrssitte es erfordert. Aber die Erfahrungen, die man in Deutschland mit der Treu und Glaubensrechtsprechung gemacht hat, lassen es als bedenklich scheinen, die Frage nach der Zurechenbarkeit auf eine derartige unberechenbare Billigkeitsentscheidung im einzelnen Fall abzustellen.

Heinrich Lange will in dem eben erwähnten Aufsatz „Über Herrschaft und Verfall der Lehre vom adäquaten Kausalzusammenhang" auf das Verhältnis der Schwere der Tat zur Schwere der Folgen abstellen. Nach ihm muß der Schaden nicht bloß adäquat verursacht sein, sondern auch *tatadäquat* sein. Er formuliert folgendermaßen:

> „Sind durch das schädigende Ereignis Schadensfolgen entstanden, die ungewöhnlich groß sind oder ungewöhnlich fern liegen und steht die Pflicht zum Ersatz dieser Schäden deshalb in einem untragbaren Mißverhältnis zu der Art und den Umständen des schädigenden Ereignisses und der Verantwortlichkeit des Ersatzpflichtigen für dessen Folgen, so kann der Umfang der Ersatzpflicht angemessen gemindert werden".

Art. 43 SchwOR ermöglicht es, den Schweizer Gerichten, ohne weiteres auch auf die Schwere der Tat und ihr Verhältnis zu den Folgen Rücksicht zu nehmen, weil er eine Abstufung der Ersatzpflicht gestattet und eine Würdigung sowohl der Umstände als auch der Größe des Verschuldens vorschreibt.

Auch bei der Verursachung eines Gesamtschadens durch mehrere führt die Theorie vom adäquaten Kausalzusammenhang nicht selten zu einer übersteigerten Haftung. Man denke nur an den eben erwähnten Fall, in dem der Kraftfahrer durch Anfahren eines Lastwagens, der sich querstellte, die Autobahn gesperrt hatte, so daß die nachfolgenden Fahrer den Grünstreifen ruinierten. Hier hat *Larenz* (NJW 1955 S. 1012) vorgeschlagen, das Setzen einer solchen Vorbedingung, wenn sie neben der vorsätzlichen, den Erfolg unmittelbar herbeiführenden Tat bedeutungslos erscheine, nicht mehr dem, der sie gesetzt hat, zuzurechnen.

Man erkennt deutlich, daß auch bei Annahme der Theorie vom adäquaten Kausalzusammenhang die Aufgabe einer vernünftigen und gerechten Begrenzung der Verantwortlichkeit für ein zu mißbilligendes schadenstiftendes Verhalten noch nicht völlig gelöst ist, solange die Ersatzpflicht in allen Fällen den gesamten Folgeschaden umfaßt und die Rechtsordnung keinerlei Abstufung der Ersatzpflicht unter Berücksichtigung der Schwere der Tat, der Schwere ihrer Folgen und der Schwere des Verschuldens erlaubt.

Es fragt sich deshalb, ob wir uns für das deutsche Recht nicht nach dem Vorbild des schweizerischen Rechts ebenfalls für eine vernünftige Begrenzung und Abstufung der Ersatzpflicht im Hinblick auf die *Tragweite* der adäquaten Kausalität ohne Verletzung der Gesetzestreue entscheiden dürfen. Ich möchte diese Frage bejahen. Wenn das Gesetz dem Richter überlassen hat, die Ursächlichkeit im Hinblick auf die Zurechenbarkeit vernünftig zu begrenzen und wenn man bereits gewisse Tatsachen trotz ihrer natürlichen Kausalität, weil nicht adäquat, nicht als Zurechnungsgrund anerkannt hat, darf man m. E. auch die *Tragweite* der adäquaten Kausalität im einzelnen Fall angemessen berücksichtigen.

Eine solche Abstufung der Ersatzpflicht nach schweizerischem Vorbild kann freilich nicht mehr als Begrenzung der Rechtswidrigkeit selbst, sondern nur als Begrenzung, besser Abstufung, der Rechtswidrigkeits*folgen* aufgefaßt werden.

3. *Begrenzung der Rechtswidrigkeit durch besondere Rechtfertigungsgründe*

Endlich ist eine Begrenzung der Rechtswidrigkeit möglich durch Anerkennung *besonderer Ausschlußgründe*, wie z. B. Notwehr, Notstand, Einwilligung des Verletzten und Geschäftsführung ohne Auftrag.

So hat das RG bei der *Ehrverletzung* als einen besonderen Ausschlußgrund der Widerrechtlichkeit anerkannt, daß der Verletzer in Wahrnehmung berechtigter Interessen (§ 193 StGB) gehandelt habe; vgl. RG 142, 116.

Und die Rechtsprechung des BGH hat die Rechtsmäßigkeit eines Eingriffs in den *Gewerbebetrieb* durch gewerbestörende Werturteile ebenfalls davon abhängig gemacht, ob dem Eingreifenden ein *besonderer Rechtfertigungsgrund* zur Seite steht; vgl. BGH 3, 270 u. 8, 142.

Bei dem Recht an der *Ehre* und an dem *gewerblichen Unternehmen* handelt es sich freilich um neue Rechtsbildungen, die im Hinblick auf Art. 3 GG und die Lebensbedürfnisse den im § 823 I BGB ausdrücklich anerkannten absoluten Rechten gleichgestellt werden müssen, um neue Rechtsbildungen, deren absoluter Rechtsschutz aber auf Grund vorsichtiger Interessenabwägung noch näher abgegrenzt werden muß unter Berücksichtigung der Rangordnung der Güterwelt nach ihrem wahren Lebenswert, der Sozialadäquanz und der Gefährdung der Persönlichkeitsentwicklung durch zu weit gefaßte Störungsverbote. Keinenfalls darf man sich für eine schematische Gleichsetzung dieser neuen Rechte, für einen Schutz derselben gegen jeden, auch nur leicht fahrlässigen Eingriff aussprechen. Deshalb wird man hier die *Wahrung berechtigter Interessen in einer angemessenen Weise* als Ausschlußgrund der Widerrechtlichkeit anerkennen dürfen.

Anders liegen die Dinge aber bei den in § 823 I anerkannten absoluten Rechten und bei den dort ausdrücklich genannten vier Lebensgütern. Hier ist nach der Auffassung des Gesetzes grundsätzlich jeder Eingriff widerrechtlich, sofern sich der Eingreifende nicht auf einen gesetzlich anerkannten Ausschlußgrund der Widerrechtlichkeit stützen kann. Hier hat der Gesetzgeber die Abgrenzung des Rechtschutzes bereits selbst vorgenommen. Sie braucht nicht mehr auf Grund einer sorgfältigen Interessenabwägung näher entwickelt und konkretisiert zu werden. Wenn man hier einen neuen Ausschlußgrund der Widerrechtlichkeit einführen will, kann man sehr leicht mit dem Gesetz in Widerspruch geraten. Das ist auch dem Großen Zivilsenat des Bundesgerichtshofs widerfahren, als er in Bd. 24 S. 21 für einen besonderen Fall die „soziale Adäquanz“ der schädigenden Handlung als Ausschlußgrund der Widerrechtlichkeit anerkannt hat.

Nach dieser Entscheidung soll, wer als Verrichtungsgehilfe im Straßen- oder Eisenbahnverkehr einen anderen an Leben, Körper, Gesundheit oder Eigentum verletzt, nicht rechtswidrig handeln, wenn er sich verkehrsrichtig (ordnungsgemäß) verhalten hat. Der Geschädigte hat dabei nach der Ansicht des BGH die Verletzungshandlung und ihre Folgen, der Geschäftsherr das verkehrsrichtige (ordnungsgemäße) Verhalten des Verrichtungsgehilfen zu beweisen.

Damit hat der BGH die von *Welzel* für das Strafrecht (Das Deutsche Strafrecht, 6. Aufl. 1958 §§ 8ff.) entwickelte Lehre von der rechtswidrigen Handlung übernommen, nach der Vorsatz und Fahrlässigkeit (Verletzung der im Verkehr erforderlichen Sorgfalt, § 276 BGB) als konstituierende Elemente der Handlung in den Handlungsbegriff aufgenommen werden müssen, wovon die Schuld als persönliche Vorwerfbarkeit zu unterscheiden ist. Als rechtswidrig kommen nach dieser Lehre nur die fremde Interessen schädigenden menschlichen Handlungen in Betracht, die die „*soziale Adäquanz*“ überschreiten. Sozialadäquat sind Handlungen, die sich im Rahmen der allgemeinen geschichtlich gewordenen sozialethischen Ordnung des menschlichen Zusammenlebens halten und von ihr offensichtlich gestattet werden. Der Übernahme dieses Handlungs- und Widerrechtlichkeitsbegriffs, für die *Enneccerus-Nipperdey* (Allgemeiner Teil 14. Aufl. 1955 § 211 II) eingetreten ist, muß aber nachdrücklich widersprochen werden. Wer diese Lehre für das Privatrecht übernimmt, berücksichtigt nicht, daß die Rechtsbegriffe aus dem Zweckgedanken herausgebildet werden müssen; so schon mein Allgemeiner Teil (9. Aufl. 1955 § 41 I S. 324). Man darf nicht übersehen, daß der Unrechtsbegriff des Zivilrechts *erfolgsbetont* ist, das er die Rechtswidrigkeit nicht nach dem Standpunkt des Handelnden, grundsätzlich ohne Rücksicht auf den Erfolg (wie das Strafrecht), bemißt, sondern nach dem Standpunkt des Verletzten, nach dem Handlungserfolg. Die Rechtswidrigkeit des Privatrechts ist an der Aufgabe orientiert, einen gerechten Schadensausgleich zu gewährleisten. Eine erlaubte Gefährdung absoluter Rechte kann zu einer unerlaubten Rechtsverletzung führen, falls die Gefährdung zwar sozialadäquat ist, dem Schädiger aber die Eingriffsbefugnis fehlt. Soll die Beobachtung der Verkehrsregeln (Losfahren bei Grün) das Überfahren eines Fußgängers, der das „Rot“ bei der Überkreuzung der Fahrbahn übersehen hat, ohne weiteres erlauben? Wir hätten dann die Figur der erlaubten Tötung durch verkehrsrichtiges Verhalten!!! Gegen die erlaubte Verletzung gäbe es keine Notwehr, worauf *R. Schmidt* (NJW 58, 488) zutreffend hinweist. Das kann unmöglich richtig sein, sonst wäre der unerfahrene Verkehrsteilnehmer dem verkehrsrichtig Handelnden geradezu wehrlos ausgeliefert. Wenn man, um diesen Einwand auszuräumen, zugeben würde, daß auch der verkehrsrichtig Handelnde in solchem Fällen nach Möglichkeit die Verletzung der absolut geschützten Rechtsgüter dse § 823 I BGB vermeiden müsse — evtl. sogar unter Mißachtung der Regeln der Verkehrsordnung — würde man die Unhaltbarkeit der Prämisse offen zugeben. Deshalb ist der Ablehnung des neuen Ausschlußgrundes der Rechtswidrigkeit, der in der sozialen Adäquanz des Eingriffs liegen soll, durch *R. Schmidt* (NJW 1958, 488), *Hans Stoll*(JZ 58,137) und *Wussow* (NWJ 58, 891f). durchaus zuzustimmen. Die Billigung *Nipperdeys* (NJW1957, 1777f.) wird dem Zweckgedanken nicht gerecht.

Auch davon abgesehen ist die Einreihung der *sozialen Adäquanz* unter die anerkannten Ausschlußgründe der Rechtswidrigkeit nicht unbedenklich. Wo sich noch keine so eingehenden Spielregeln, wie für den Straßen- und Eisenbahnverkehr, ausgebildet haben, begünstigt die Berufung auf die soziale Adäquanz das Arbeiten mit juristisch noch nicht hinreichend abgeklärten Werturteilen und die Mißachtung der bereits durch eine gesicherte Rechtsprechung anerkannten Ausschlußgründe der Widerrechtlichkeit. Daß die soziale Adäquanz die Rechtmäßigkeit eines Eingriffs in die körperliche Integrität besser rechtfertige als die *Einwilligung* des Rechtsträgers, ist nicht einzusehen. Wer sich die Haare nach einem außer Mode gekommenen mittelalterlichen Vorbild schneiden lassen will, erlaubt diesen Eingriff und macht ihn rechtmäßig, auch wenn man die soziale Adäquanz des Haarschnitts bezweifeln kann. Der Friseur, der wider die Anweisung des Kunden gleichwohl eine sozialadäquate Frisur herstellt, muß zweifellos wegen widerrechtlichen Eingriffs Ersatz leisten und Schmerzensgeld zahlen; vgl. *Wussow* a. a. O. NJW 58, 891. Soll mich der Chirurg nach der neuesten sozialadäquaten allgemein anerkannten Methode operieren können, obwohl ich der Vornahme einer solchen Operation ausdrücklich widersprochen habe?

Durch die Anerkennung der sozialen Adäquanz als Rechtfertigungsgrund entwerten wir die bisher auf ihre rechtliche Tragweite klar herausgearbeiteten Ausschlußgründe der „Einwilligung", der „Geschäftsführung ohne Auftrag" ja sogar der „Notwehr" und des „Notstandes", indem wir eine Generalklausel schaffen, die weit gefährlicher ist als § 242 BGB, weil sie den Schutz der bisher grundsätzlich gegen jeden Eingriff geschützten höchsten Rechtsgüter schwächt.

ARBEITSKAMPF UND ARBEITSVERTRAG

Von Arthur Nikisch, Kiel

I

Der vom Großen Senat des Bundesarbeitsgerichts am 28. Januar 1955 erlassene Beschluß, in dem das höchste Gericht für Arbeitssachen in grundlegenden Ausführungen zum Wesen des Arbeitskampfes und zu seinen rechtlichen Auswirkungen Stellung genommen hat[1], ist schnell berühmt geworden und alsbald nach seiner Veröffentlichung von vielen Seiten teils zustimmend, teils kritisch behandelt worden[2]. Das Aufsehen, das der Beschluß gemacht hat, ist begreiflich. Denn das Gericht setzt sich darin zu der bisher in Theorie und Praxis herrschenden Meinung in Widerspruch, daß der Streik, auch der „legitime", von einer Gewerkschaft zur Verbesserung der tariflichen Arbeitsbedingungen ausgerufene Streik die Arbeitnehmer nicht berechtige, die Arbeit ohne vorherige ordnungsmäßige Kündigung niederzulegen, und daß sie, wenn sie es dennoch täten, die Folgen des Arbeitsvertragsbruches zu tragen hätten. Zwar waren schon seit einigen Jahren Zweifel an der Richtigkeit dieser Ansicht geäußert worden, aber die Art, wie das Bundesarbeitsgericht das kollektivrechtliche Wesen des Arbeitskampfes zur Geltung zu bringen sucht, ist ebenso neu wie kühn, und wenn es sich auch im Ausgangspunkt den nicht lange vorher von *Bulla* vertretenen Ansichten über die Verdrängung des

---

[1] BAG GS 1/54, E 1, 291 = AP Nr. 1 zu Art. 9 GG Arbeitskampf.

[2] Vgl. u. a. *Alfred Hueck*, RdA 1956 S. 201f.; *Nikisch*, JZ 1955 S. 440f. und SAE 1956 Nr. 1; *Heinrich Hoeniger*, BB 1955 S. 704f.; *Philipp Hessel*, Das Bundesarbeitsgericht zum Arbeitskampfrecht (1955) S. 33f.; *Eduard Bötticher*, Waffengleichheit und Gleichbehandlung der Arbeitnehmer im kollektiven Arbeitsrecht (1956) S. 7f. *Dietz*, Festschrift für Herschel (1955) S. 47f.; *Erich Molitor*, BB 1955 S. 454; *Meißinger*, NJW 1955 S. 972; *Erich Frey*, ArbuR 1955 S. 231f.; *Franz Bydlinski*, Österr. Zeitschrift für öffentliches Recht Band VIII Heft 3 (1957) S. 300f.

Individualrechts durch das Kollektivrecht im Arbeitskampf anschließt[3], so löst es sich doch bei der weiteren Durchführung dieses Gedankens von seinem Vorbild und gelangt zu einer Lösung, die im Ergebnis weitgehend mit der früheren herrschenden Ansicht übereinstimmt, so daß sich die Frage aufdrängt, ob es wirklich nötig war, um dieses Zieles willen den sicheren Boden feststehender Rechtsgrundsätze zu verlassen. Dieser Zweifel verstärkt sich, wenn man die bedenklichen Folgerungen in Betracht zieht, die das Bundesarbeitsgericht in den Kauf nehmen muß, wenn es von seinem Standpunkt aus in richtiger Einschätzung der Kampfsituation die Streikabwehr zu ihrem Rechte kommen lassen will.

Der Beschluß hat eine ganze Reihe noch ungelöster Fragen offen gelassen. Auf sie kann im Rahmen dieses Beitrages nicht näher eingegangen werden. Es muß genügen, die Probleme nochmals aufzuzeigen und die verschiedenen Lösungen einander gegenüberzustellen. Hierzu fühlt man sich immer wieder angeregt, weil der Beschluß des Bundesarbeitsgerichts, mag er auch zum Widerspruch herausfordern, unzweifelhaft eine geistige Leistung von hohem Rang ist, mit der eine Auseinandersetzung lohnt.

II

Die Bedeutung der neuen Lehre, die bis auf weiteres die Praxis beherrschen wird und auf die auch ein Teil des Schrifttums sich einzustellen beginnt, wird am klarsten hervortreten, wenn man die Entwicklung verfolgt die zu ihr geführt hat. Dazu ist es notwendig, zunächst die bis zum Jahre 1955 herrschende Auffassung kurz darzustellen.

Sie ging davon aus, daß Streik und Aussperrung, auch wenn sie kollektivrechtlich einwandfrei sind, mit den Pflichten aus dem Arbeitsvertrag in Einklang gebracht werden müssen. Die Arbeitnehmer, die, ohne vorher zu kündigen, die Arbeit niederlegen, machen sich, wie man annahm, einer beharrlichen Arbeitsverweigerung schuldig und können deshalb fristlos entlassen werden, laufen also Gefahr, ihren Arbeitsplatz auf die Dauer zu verlieren[4].

---

[3] *Bulla* in der Festschrift für Nipperdey (1955) S. 163f.

[4] Dieser Gefahr können sie sich nicht dadurch entziehen, daß sie den Streik unter Einhaltung der Kündigungsfrist *ankündigen*. Das Recht zu kündigen schließt nicht das Recht zur zeitweiligen Einstellung der Arbeit als das Mindere ein. So mit Recht gegen eine früher gelegentlich vertretene Lehre RAG in ARS 6, 342; 7, 493. Ist die Kündigung an keine Frist ge-

Erkennt man das an, so würde ihre Lage auch nicht besser werden, wenn sie, um die Entlassung zu vermeiden, vor Eintritt in den Streik ihrerseits kündigen, denn auch dann könnten sie nicht mit Sicherheit auf die spätere Wiedereinstellung rechnen. Der Arbeitgeber, der aussperren will, wäre sogar gezwungen, ordnungsmäßig zu kündigen, weil er sonst zur Weiterzahlung des Lohnes verpflichtet bliebe, was die Aussperrung unwirksam machen würde. Wollte er die Lohnzahlung verweigern, so könnten die Arbeitnehmer ihrerseits fristlos kündigen (§ 124 I Nr. 4, § 133d Nr. 2 GewO, § 83 I Nr. 4 ABG, § 71 Nr. 2 HGB). In jedem Falle muß der Arbeitgeber, wenn man dieser Ansicht folgt, mit dem Verlust wertvoller Arbeitskräfte rechnen. Der Arbeitskampf war demnach wie jeder Kampf mit erheblichen Risiken verbunden, die sich nicht darin erschöpften, daß im voraus nicht abzusehen war, ob der Ausgang die Lohneinbuße, die die streikenden Arbeitnehmer auf sich nehmen müssen, oder bei der Aussperrung die vorübergehende Stillegung des Betriebes rechtfertigen würde.

Daß die Durchführung eines Arbeitskampfes hierdurch *erschwert* wird, läßt sich nicht bestreiten. Einwendungen gegen die Ansicht, daß die Maßnahmen, die das Wesen des Arbeitskampfes ausmachen, gegen die Pflichten aus dem Arbeitsvertrage verstoßen, lassen sich hieraus aber nicht herleiten, auch dann nicht, wenn es sich um einen kollektivrechtlich zulässigen Kampf handelt. Sie wären höchstens dann begründet, wenn durch die auf den Arbeitsvertrag zu nehmende Rücksicht die Durchführung eines von der Rechtsordnung gestatteten Arbeitskampfes geradezu verhindert würde. Das ist aber, wie die Erfahrung gezeigt hat, nicht der Fall. Aussperrungen sind von jeher ausnahmslos erst nach Aufkündigung der Arbeitsverträge vorgenommen worden, ohne daß sie deshalb ihre Wirkung verfehlt hätten. Aber auch der Erfolg eines Streiks hängt nicht davon ab, daß die Arbeitsniederlegung den Arbeitgeber völlig unvorbereitet trifft, was beim gewerkschaftlichen Streik schon wegen der vorausgehenden Urabstimmung gar nicht zu erreichen ist. Außerdem bietet die vorherige Kündigung der Arbeitsverträge den großen, früher auch von Gewerkschaftsseite anerkannten Vorteil, daß noch ein zeitlicher Spielraum bleibt, in dem die Parteien eine Einigung suchen

bunden, so könnte höchstens in dem Verhalten der Arbeitnehmer eine stillschweigende Kündigung gesehen werden, was aber im allgemeinen nicht berechtigt sein wird.

können[5]. Die Befürchtung, daß der Streik bedeutungslos, ja sinnlos werde, wenn man die Arbeitnehmer nötige, ihr Arbeitsverhältnis vorher zu kündigen[6], wird durch die Tatsachen widerlegt.

III

Diese Ansicht war lange Zeit hindurch kaum bestritten[7]. Zwar wurde in den zwanziger Jahren vereinzelt die Meinung vertreten, daß der von der Gewerkschaft erklärte Streik die Arbeitnehmer deshalb von ihren arbeitsvertraglichen Pflichten entbinde, weil die Verbandspflicht den Vorrang vor der Vertragspflicht habe[8], was bedeuten würde, daß die Gewerkschaft die Macht hätte, in die Rechte und Pflichten aus dem Arbeitsvertrag einzugreifen. Mit Recht ist dieses „schier beispiellose Privileg" auf fast allgemeine Ablehnung gestoßen[9]. Erst in neuerer Zeit hat man den Gedanken, daß die Arbeitnehmer im Falle eines gewerkschaftlichen Streiks ihren Arbeitsvertrag durch die Niederlegung der Arbeit nicht verletzen, wiederaufgenommen, jetzt aber anders zu begründen versucht.

Anknüpfungspunkt waren für manche die Bestimmungen einiger Landesverfassungen, die ein *Streikrecht* mit oder ohne Gesetzesvorbehalt anerkennen. Daraus glaubte man entnehmen zu dürfen, daß die Verfassungen die Rechtswidrigkeit der Vertragsverletzung aufheben[10]. Ferner hielt man wegen des Zusammenhanges von Arbeitskampf und Tarifvertrag den auf Abschluß eines Tarifvertrages gerichteten Streik für ein legitimes Mittel zur Herbeiführung der gesellschaftlichen Ordnung, das als Einrichtung des kollektiven

---

[5] Vgl. *Nikisch*, Die privatrechtlichen Wirkungen des sog. Streikrechts, Schriftenreihe der Bundesvereinigung der Deutschen Arbeitgeberverbände Heft 1 Köln 1951 S. 18f.

[6] So *Hessel*, BB 1951 S. 86.

[7] Vgl. die umfangreichen Angaben aus Schrifttum und Rechtsprechung im Beschlusse des Bundesarbeitsgerichts unter I 1a.

[8] So vor allem *Heinz Potthoff*, JW 1925 S. 1842; ArbR 1926 Sp. 45, 105, 371; *Paul Joerges*, SchliW 1926 S. 37; *Levy*, ArbR 1927 Sp. 107; LG Frankfurt, ArbR 1924 Sp. 858.

[9] Vgl. *Oertmann*, JW 1925 S. 2420; *Nipperdey*, Lehrb. II 1./2. Aufl. S. 437, der mit Nachdruck den Satz vertrat: „Vertragspflicht geht vor Verbandspflicht!"

[10] So *Hessel*, BB 1951 S. 86; ähnlich *Gerhard Müller*, RdA 1951 S. 249; mit Einschränkungen auch *Nipperdey*, SJZ 1949 Sp. 816.

Arbeitsrechts ebenso wie der Tarifvertrag den Vorrang vor dem Individualrecht habe[11].

Während nach diesen Lehren die Verpflichtungen aus dem Arbeitsvertrage durch Rücksichten höherer Art verdrängt werden, die ein unbehindertes Walten der Kollektivmächte verbürgen sollen, werden andere Argumente unmittelbar dem Inhalt des Arbeitsvertrages entnommen. Der Arbeitgeber, so sagt man, müsse mit Arbeitskämpfen rechnen, er wisse auch, daß seine organisierten Arbeitnehmer ihrer Gewerkschaft Verbandstreue schulden, und diese offenkundigen Beziehungen müßten den Inhalt der Arbeitsverhältnisse in dem Sinne beeinflussen, daß der legitime Streik nicht als unberechtigte Arbeitsverweigerung anzusehen sei[12]. Auch wird die Ansicht vertreten, daß dem einzelnen Arbeitnehmer, weil er an dem Streikbeschluß seiner Organisation nichts ändern könne, die Nichteinhaltung der Kündigungsfrist, falls sie angeordnet sei, nicht zugerechnet werden dürfe[13]. Alle Verfechter dieser verschiedenen Meinungen sind sich aber darin einig, daß Arbeitnehmer, die sich an einem von der Gewerkschaft *nicht* gebilligten Streik beteiligen, wegen Arbeitsvertragsbruches fristlos entlassen werden können, wenn sie nicht vorher kündigen.

Diese neueren Lehren haben sich die Praxis nicht zu erobern vermocht. Diese hat vielmehr ganz überwiegend daran festgehalten, daß auch ein legitimer gewerkschaftlicher Streik die Arbeitnehmer nicht von ihren arbeitsvertraglichen Pflichten entbinde[14]. In der Tat waren die von der Gegenmeinung vorgebrachten Argumente nicht überzeugend. Auch ein verfassungsrechtlich gewährleistetes Streikrecht kann eine Vertragsverletzung so wenig rechtfertigen wie eine unerlaubte oder strafbare Handlung[15]. Auch der Ansicht, daß der Arbeitskampf als ordnendes Grundprinzip unserer Rechts-

[11] So vor allem *G. Müller* a. a. O. S. 248; ähnlich *Hessel* a. a. O. S. 85.

[12] So *Hoeniger*, RdA 1953 S. 210; BB 1955 S. 37.

[13] So *Gerhard Schnorr*, ArbuR 1953 S. 193.

[14] Anders vor allem LAG München, Amtsbl. 1953 C 140, 1954 C 153 = BB 1954 S. 836. Im Schrifttum waren die Ansichten geteilt. Gegen das Recht zur fristlosen Entlassung haben sich außer den schon genannten Autoren ausgesprochen *Schnorr von Carolsfeld*, Arbeitsrecht 2. Aufl. S. 322; *Meißinger*, Reliefbild des Arbeitsrechts S. 196 und mehrfach; *Fritz Bauer*, JZ 1953 S. 651; *Neumann-Duesberg*, JR 1954 S. 441; *Erich Frey*, ArbuR 1953 S. 289; 1954 S. 97. Weitere Angaben bei *Bulla* a. a. O. S. 169f.

[15] Ebenso BAG GS 1/54, E 1, 291 (299); *Nipperdey*, Lehrb. II S. 103f.; *Nikisch* (Anm. 5) S. 12f. A. M. *Schnorr von Carolsfeld* a. a. O.

und Wirtschaftsverfassung die Bindungen aus dem Arbeitsvertrage verdränge, kann nicht beigetreten werden. Denn wenn es auch zutrifft, daß ein Tarifvertrag manchmal erst das Ergebnis eines Arbeitskampfes ist, so geht es doch viel zu weit, wenn man deshalb den Kampf als das notwendige und natürliche Mittel ansieht, zu einer kollektiven Vereinbarung zu gelangen. Die kollektive Ordnung beruht auf dem *Zusammenwirken*, nicht auf dem Kampf der Sozialpartner, der vielmehr die Ordnung empfindlich stört und deshalb allgemein als ein Übel empfunden wird, das nach Möglichkeit zu vermeiden ist[16]. Sehr bedenklich ist es auch, wenn man aus der „sozialen Adäquanz" des gewerkschaftlichen Streiks folgert, daß auch die einzelnen Arbeitnehmer mit der Niederlegung der Arbeit nicht vertragswidrig handeln, weil der nach Treu und Glauben ausgelegte Arbeitsvertrag ihnen ein sozial adäquates Verhalten, mit dem der Arbeitgeber rechnen müsse, nicht verbiete[17]. Es muß schon bestritten werden, daß der zum Zwecke des Arbeitskampfes begangene Arbeitsvertragsbruch „sich innerhalb des Rahmens der geschichtlich gewordenen sozialethischen Ordnung des Gemeinschaftslebens bewege". Von der fristlosen Aussperrung, die wohl niemals praktiziert worden ist, kann man das bestimmt nicht sagen. Es trifft aber auch für die Arbeitsniederlegung beim Streik nicht zu, denn die Gewerkschaften haben selbst nie behauptet, daß die Verletzung der Arbeitspflicht durch die streikenden Arbeitnehmer dem Rechte gemäß sei[18]. Unter diesen Umständen kann man nicht behaupten, daß der Arbeitgeber mit einer vertragswidrigen Arbeitsniederlegung schon immer habe rechnen müssen, weil sie ein allgemein übliches und sozialethisch nicht zu beanstandendes Vorkommnis sei. Auch würde eine Verallgemeinerung des Grundsatzes, daß der nicht vertragswidrig handelt, dessen

[16] *Nikisch* a. a. O. S. 17f. Zustimmend *Werner Niese*, Streik und Strafrecht (1954) S. 39; vgl. auch *Nipperdey*, Lehrb. II S. 37. Auch der Große Senat des Bundesarbeitsgerichts hält es für eine staatspolitische Notwendigkeit, Arbeitskämpfe nicht zu erleichtern; E 1, 300, 311. Vgl. ferner *Hueck*, RdA 1956 S. 205f.

[17] Diese Ansicht hat das Bundesarbeitsgericht (E 1, 306f.) übernommen und noch näher begründet. Sie soll auch bei den unorganisierten Arbeitnehmern zutreffen, weil diese sich dem Streik weitgehend anzuschließen pflegen. Ähnlich auch *Bulla* a. a. O. S. 184.

[18] Vgl. *Clemens Nörpel*, ArbR 1926 Sp. 103f., der nachdrücklich betont, daß die Streikfreiheit *nur in den Grenzen der arbeitsvertraglichen Verpflichtungen* ohne Vertragsbruch betätigt werden könne. Wie die Streikpraxis gezeigt hat, hatte sich diese Auffassung keineswegs geändert.

Vertragsbruch von vornherein zu erwarten war, das Ende jeder Vertragstreue bedeuten[19]. Zu dem gleichen Ergebnis würde es führen, wenn man die ganze Frage allein oder in erster Linie aus der Interessen- und Machtlage des einzelnen Arbeitnehmers entscheiden wollte[20].

IV

Eine neue Wendung haben die Erörterungen genommen, als man entdeckt zu haben glaubte, daß die bis dahin herrschende Meinung an einem inneren Widerspruch kranke, indem sie auch bei einem kollektivrechtlich einwandfreien Streik den einzelnen Streikteilnehmer für die Verletzung seines Arbeitsvertrages verantwortlich mache. Der Arbeitskampf sei ein *einheitliches Geschehen* und dürfe individualrechtlich nicht anders beurteilt werden als kollektivrechtlich. Der einheitliche Vorgang könne nicht einerseits erlaubt, andererseits rechtswidrig sein; er müsse vielmehr unter einem einheitlichen Aspekt angesehen werden und dieser könne entsprechend dem kollektivrechtlichen Wesen des Arbeitskampfes nur der kollektivrechtliche sein, denn eine Synthese zwischen Arbeitskampfrecht und Arbeitsvertragsrecht sei nicht möglich und man dürfe sich auch nicht dabei beruhigen, daß hier eine nicht zu behebende Kollision vorliege. Somit gebe die Legitimität des gewerkschaftlichen Streiks der Gesamtaktion das entscheidende Gepräge mit der Folge, daß auch die einzelnen Arbeitnehmer, wenn sie die Arbeit ohne Kündigung niederlegen, nicht rechtswidrig handeln. Das kollektive Wesen des Arbeitskampfes führe zur *Verdrängung wesensfremder Vertragsbindungen*[21]. Es ist nur folgerichtig, wenn man die gleichen Grundsätze für die *Aussperrung* gelten läßt. In scharfem Widerspruch zu der bis dahin herrschenden Meinung soll der Arbeitgeber die Beschäftigung und Entlohnung der Arbeitnehmer auch ohne vorherige Kündigung einstellen dürfen, ohne

---

[19] Vgl. *Nikisch*, JZ 1955 S. 442.

[20] Dafür tritt *Schnorr* a. a. O. S. 194 Anm. 8 ein.

[21] Diese Gedanken, die schon vorher gelegentlich im Schrifttum angeklungen waren, sind von *Bulla* in den Mittelpunkt seiner Abhandlung gestellt worden. Ihm hat sich das Bundesarbeitsgericht in dem Beschlusse des Großen Senates, teilweise unter wörtlicher Übernahme seiner Ausführungen, angeschlossen. Die gleiche Auffassung vertritt *Nipperdey*, Lehrb. II S. 615 f.

sich Ansprüchen aus § 615 BGB auszusetzen, vorausgesetzt, daß die Maßnahme kollektivrechtlich nicht zu beanstanden ist[22].

Bei der weiteren Durchführung diese Lehre weicht dann aber das Bundesarbeitsgericht in bemerkenswerter Weise von der von *Bulla* aufgestellten Ansicht ab. Nach *Bulla* soll die Verletzung der arbeitsvertraglichen Pflichten deshalb keine Rechtsfolgen zeitigen können, weil diese Pflichten mit dem Eintritt in einen legitimen Arbeitskampf *suspendiert* seien. Während des Kampfes soll das Arbeitsverhältnis im Ruhezustand weiterbestehen, um nach der Kampfbeendigung wieder aktiviert zu werden[23]. Dieser „Suspendierungstheorie" hat sich das Bundesarbeitsgericht nicht im vollen Umfange angeschlossen, es bekennt sich nur beim Streik uneingeschränkt zu ihr[24]. Bei der Aussperrung dagegen soll der Arbeitgeber die Wahl haben, ob er lediglich die Lohnzahlungspflicht suspendieren oder die Arbeitsverhältnisse lösen will, im Zweifel sei das letztere als gewollt anzusehen. Eine solche Gesamtlösung der Arbeitsverhältnisse soll rechtlich keine Kündigung, sondern ein *Tatbestand eigener Art* sein, der nicht den Regeln des Kündigungsrechts unterliegt[25]. Eine auffallende Neuerung ist es ferner, daß der Arbeitgeber auch die *streikenden* Arbeitnehmer soll aussperren können, und zwar nur durch Lösung ihrer Arbeitsverhältnisse, weil eine bloße Suspendierung der Lohnzahlungspflicht, die wegen des Streiks ohnehin entfällt, in diesem Falle sinnlos wäre. Auf diese Weise tragen die Streikenden das Risiko, ihren Arbeitsplatz zu verlieren, das ihnen das Gericht nicht abnehmen will.

V

An dieser Lehre scheint mir schon der Ausgangspunkt, von dem aus alle weiteren Fragen behandelt werden, angreifbar zu sein. Weil der Streik sich als Kollektivakt darstellt und die Arbeitsniederlegung des einzelnen Arbeitnehmers wirkungslos und sinnlos wäre, soll dessen Handlung ganz in der Gesamthandlung auf-

---

[22] *Bulla* a. a. O. S. 182, 186 f.; BAG GS 1/54 unter II 3; *Nipperdey* a. a. O. S. 617.

[23] Festschrift für Nipperdey S. 187 f.

[24] BAG GS 1/54 unter II; *Nipperdey* a. a. O. S. 619.

[25] BAG GS 1/54 unter II 2; BAG 1 AZR 81/56, AP Nr. 6 zu Art. 9 GG Arbeitskampf; *Nipperdey* a. a. O. S 612, 619 Nach BAG 1 AZR 81/56 ist unschädlich, wenn die Aussperrung fälschlich als „Kündigung" bezeichnet wird und deren Erfordernissen nicht genügt.

gehen und sich einer selbständigen rechtlichen Beurteilung entziehen. Man geht so weit zu sagen, daß *der einzelne überhaupt nicht handle*, sondern nur die Gruppe, und versucht zu beweisen, daß das Gesamthandeln der Gruppe nicht rechtswidrig sein könne, wenn der Kampfzustand nicht gegen das Recht verstoße. Denn beides, die Gesamthandlung und der Kampfzustand seien identisch und dem kollektiven Wesen nach nicht zu trennen, obgleich sie „auf zwei unterschiedlichen, aber kongruenten Ebenen existent werden"[26]. Man fragt vergeblich, wie die Vorstellung von zwei Erscheinungen, die auf verschiedenen Ebenen liegen und von denen die eine die andere erst hervorruft, *identisch* sein können. Aber abgesehen von diesem logisch anfechtbaren Spiel mit Begriffen enthält die ganze Auffassung, daß der einzelne „als Individuum in der Gruppe aufgeht", eine Übersteigerung des Kollektivgedankens, die zu einer durchaus unerfreulichen *Vernichtigung der Persönlichkeit* führt, indem sie ihr jede Verantwortung für den zu der Gesamtaktion geleisteten Beitrag abnimmt. Auch ist nicht einzusehen, wie man von dieser Betrachtungsweise aus dazu gelangen kann, nur bei dem rechtmäßigen, gewerkschaftlichen Streik den einzelnen Arbeitnehmer vor den Folgen des Arbeitsvertragsbruches zu bewahren. Denn auch jeder andere Streik ist eine Kollektivmaßnahme und auch dort „steht der einzelne als Mitglied handelnd in der Gruppe, die ihre Arbeitskraft dem Arbeitgeber entzieht"[27]. So hat es den Anschein, als stünde hinter diesem Widerspruch das Bestreben, dem legitimen Arbeitskampf keine Schwierigkeiten zu bereiten, obgleich immer wieder betont wird, daß es eine staatspolitische Notwendigkeit sei, Arbeitskämpfe im Interesse des Gemeinwohles nicht zu erleichtern. Im übrigen ist es weder besonders auffällig noch anstößig, wenn derselbe Vorgang unter dem einen rechtlichen Gesichtspunkt (hier: kollektivrechtlich) als rechtmäßig, unter dem anderen (hier: individualrechtlich) als rechtswidrig erscheint.

Unter diesen Umständen halte ich es für eine gesündere Auffassung, wenn man der Organisation, die einen Streik anordnet, zumutet, auf die vertraglichen Bindungen ihrer Mitglieder Rücksicht zu nehmen. Das haben die Gewerkschaften auch lange Zeit hindurch getan, indem sie tarifvertraglich die jederzeitige unbe-

---

[26] *Bulla* a. a. O. S. 182f.; *Nipperdey* a. a. O. S. 616; BAG GS 1/54, E 1, 304.

[27] Siehe auch die vortreffliche Kritik von *Bydlinski* a. a. O. S. 323 f.

fristete Kündigung der Arbeitsverträge vereinbarten, allgemein oder für den Fall eines Arbeitskampfes. Sie haben dabei sogar das berechtigte Bestreben nach Sicherung des Arbeitsplatzes zurückgestellt. Glaubt die Gewerkschaft einen Bruch der Arbeitsverträge nicht vermeiden zu können, so ist es ihre Sache, die sich hieraus für ihre Mitglieder ergebenden Nachteile nach Möglichkeit abzuwenden, was auch durch die Wiedereinstellungsklauseln nach Beendigung des Kampfes meistens mit Erfolg geschieht. Wer für die hier auftretende Pflichtenkollision Verständnis hat, wird die Arbeitnehmer, die vertragswidrig die Arbeit niederlegen, moralisch nicht verurteilen, was aber kein Grund ist, den Arbeitsvertragsbruch zu leugnen[28]. Denn sicher „mutet die Vorstellung, daß der individuelle Vertragspartner sich in der Rolle des Sozialpartners über seine eigenen Verträge soll hinwegsetzen können, dem juristischen Gewissen viel zu"[29].

VI

Bei der weiteren Verfolgung des neuen Gedankenganges scheint mir die kompromißlose Durchführung der Suspendierungstheorie den Vorzug der Folgerichtigkeit zu haben. Wenn weder der Streik noch die Aussperrung, sofern sie legitim sind, mit den Pflichten aus dem Arbeitsvertrage kollidieren, kann sich der Gegner mit den Mitteln des Individualrechts nicht zur Wehr setzen. Aber auch die kollektivrechtlichen Abwehrmittel müssen streng genommen versagen, weil die streikenden Arbeitnehmer nicht noch zusätzlich ausgesperrt werden, die ausgesperrten nicht noch zusätzlich streiken können. Der Ausgang des Kampfes hinge demnach allein davon ab, wie lange der Arbeitgeber die Lahmlegung seines Betriebes, die Arbeitnehmer die Lohneinbuße aushalten. Da diese Nachteile beim Streik wie bei der Aussperrung von beiden Parteien, teils handelnd teils leidend, getragen werden müssen, besteht auch volle Kampfparität. Insoweit wäre gegen diese Theorie nichts einzuwenden und es ist deshalb nicht recht zu verstehen, wie das Bundesarbeitsgericht gerade um der Kampfparität willen dem be-

[28] Niemand wird die Teilnahme an einem legitimen Streik mit Arbeitsbummelei oder unberechtigtem Krankfeiern auf eine Stufe stellen, wie das Bundesarbeitsgericht befürchtet.

[29] *Bötticher*, Waffengleichheit und Gleichbehandlung der Arbeitnehmer im kollektiven Arbeitsrecht (1956) S. 9.

streikten Arbeitgeber das Recht geben konnte, die Arbeitsverhältnisse im Wege der „Abwehraussperrung“ zu lösen. Denn eine entsprechende Möglichkeit steht den Arbeitnehmern im Falle der Aussperrung nicht zu Gebote. Wollten sie durch einen „Abwehrstreik“ die Arbeitsverhältnisse lösen, so würden sie damit keinen Druck auf den Arbeitgeber ausüben, sondern nur sich selber schädigen[30]. Das Gericht meint allerdings, dem Risiko steigender Verluste und Schäden, das der Arbeitgeber zu tragen habe, müsse auf seiten der Arbeitnehmer das Risiko des Verlustes der Arbeitsstellen gegenüberstehen. Aber jenem Risiko der Arbeitgeber entspricht auf der Gegenseite schon die Gefahr der wirtschaftlichen Verelendung bei länger dauerndem Streik.

Trotzdem hat sich das Gericht von einem richtigen Gefühl leiten lassen, als es dem bestreikten Arbeitgeber das Recht gab, die streikenden Arbeitnehmer fristlos zu entlassen. Denn jeder aggressive Arbeitskampf muß, wenn er moralisch zu rechtfertigen sein soll, für den Angreifer nicht nur mit sofort fühlbaren Opfern, sondern auch mit Gefahren verbunden sein. Für den aussperrenden Arbeitgeber besteht die Gefahr in dem Verlust wertvoller und nicht leicht zu ersetzender Arbeitskräfte, die streikenden Arbeitnehmer müssen die Gefahr, ihren Arbeitsplatz dauernd zu verlieren, auf sich nehmen. Mag sie auch bei einem gewerkschaftlichen Streik nicht allzu groß sein, so darf ihre Bedeutung für den Verlauf des Kampfes doch nicht unterschätzt werden. Im Ergebnis hat das Bundesarbeitsgericht deshalb das Richtige getroffen.

Schwere Bedenken sind nur dagegen zu erheben, daß die fristlose Entlassung der Streikenden unter den Begriff der *Aussperrung* gebracht wird. Das Gericht war sich darüber im klaren, daß man bis dahin von einer Aussperrung nur gesprochen hat, wenn *Arbeitswillige* von der Arbeit ausgeschlossen wurden, und zwar mit gutem Grunde. Denn da die Aussperrung in der Entziehung von Arbeit und Verdienst besteht, können streikende Arbeitnehmer nicht mehr ausgesperrt werden[31]. Nicht verständlich ist ferner, daß eine fristlose Lösung der Arbeitsverhältnisse *keine Kündigung* sein soll, denn tatsächlich weist sie alle Merkmale der Kündigung auf. Daß es sich trotzdem nicht um eine Kündigung handle, wird damit begründet, daß diese „Gesamtlösungen“ nicht auf Grund

[30] Siehe dazu *Hoeniger*, BB 1955 S. 706.

[31] *Hoeniger*, BB 1955 S. 704f. bezeichnet eine Aussperrung gegen Streikende als lebensfremde und frei erdachte Konzeption.

der individualrechtlichen Arbeitsverhältnisse erfolgen[32]. Aber wahr bleibt doch, daß *jedes einzelne Arbeitsverhältnis aufgelöst* wird — was sollte denn auch sonst aufgelöst werden! Wenn die Arbeitnehmer zum Zwecke des Streiks ihre Arbeitsverhältnisse „insgesamt" lösen, was sie doch wohl auch nach der Ansicht des Bundesarbeitsgerichts nach wie vor tun können, so zweifelt doch auch niemand daran, daß man es mit einer Vielzahl von Kündigungen zu tun hat. Bei der Aussperrung soll die fristlose Lösung der Arbeitsverhältnisse offenbar nur deshalb nicht als Kündigung angesehen werden, weil man die im Streik liegende Arbeitsverweigerung nicht mehr als wichtigen Grund zur sofortigen Entlassung anerkennen will. Damit könnte man sich abfinden. weil am Ergebnis nichts geändert wird. Aber nachdem das Bundesarbeitsgericht einmal die Reaktion auf den Streik zu einer „Abwehraussperrung" und diese zu einer kollektiven Maßnahme eigener Art gemacht hatte, konnte es dabei nicht stehen bleiben. Es mußte nunmehr auch bei *anderen* Aussperrungen, also auch bei Aggressiv- und Sympathieaussperrungen, sofern sie kollektivrechtlich zulässig sind, dem Arbeitgeber das Recht geben, die Arbeitsverhältnisse der Arbeitnehmer in Mißachtung der bestehenden Verträge fristlos zu lösen[33]. Das geht weit über das Gesetz hinaus, das den Arbeitgeber nur bei *ordentlichen* Kündigungen im Arbeitskampf von den Beschränkungen des Kündigungsschutzgesetzes befreit[34].

VII

Überblickt man die *Auswirkungen* der neuen Lehre, so muß festgestellt werden, daß sie in keinem rechten Verhältnis zu der rechtstheoretischen Umwälzung stehen, die man zu vollziehen für nötig befunden hat. Der Gewinn für die Arbeitgeber besteht darin, daß sie eine kollektivrechtlich zulässige Aussperrung jederzeit, ohne Kündigungsfristen einhalten zu müssen, über ihre Arbeitnehmer verhängen können, eine Möglichkeit, von der sie, wie man annehmen darf, wohl nur bei einer Defensivaussperrung Gebrauch machen werden. Die Arbeitnehmer können, wenn sie streiken, nach wie vor fristlos ihren Arbeitsplatz verlieren, nur daß jetzt

[32] So *Nipperdey*, Lehrb. II S. 619.

[33] BAG GS 1/54, E 1, 313; BAG 1 AZR 81/56, AP Nr. 6 zu Art. 9 GG Arbeitskampf; *Nipperdey* a. a. O.

[34] § 23 KSchG. In gleichem Sinne *Böttcher* a. a. O. S. 8.

der „Makel der Vertragsverletzung" von ihnen genommen ist, was aber kaum als fühlbare Erleichterung empfunden werden wird. Der Einwand, daß die fristlose Entlassung angesichts der üblichen Wiedereinstellungsklauseln für den Arbeitgeber ohnehin wenig Wert gehabt habe, trifft die „Abwehraussperrung" ganz in gleichem Maße. Als grundlegender Unterschied zwischen den beiden Maßnahmen wird gerühmt, daß der Arbeitgeber jetzt nicht mehr die zu entlassenden Arbeitnehmer einzeln nach Gutdünken auswählen könne, was die Willkür begünstigt habe, weil die Abwehraussperrung als Kollektivakt grundsätzlich *allen* Streikenden gegenüber vorgenommen werden müsse, womit der Arbeitgeber die Gefahr auf sich nehme, wertvolle Arbeitskräfte dauernd zu verlieren[35]. Das werde ihn von unüberlegten Schritten abhalten.

Das sind in der Tat sehr beachtenswerte Erwägungen, es fragt sich nur, ob sich das erwünschte Ergebnis nicht auf einem anderen, weniger bedenklichen Wege hätte erzielen lassen. Wenn der Arbeitgeber versucht, sich bei Gelegenheit des Arbeitskampfes solcher Arbeitnehmer zu entledigen, die sich früher einmal mißliebig gemacht haben, ohne aber durch ihr Verhalten einen Grund gegeben zu haben, der die Kündigung sozial gerechtfertigt hätte (§ 1 II KSchG), so läuft sein Vorgehen offensichtlich auf eine *Umgehung des Kündigungsschutzes* hinaus und kann deshalb rechtlich nicht zulässig sein. Zwar steht es im Ermessen des Arbeitgebers, ob er von seinem Recht zur fristlosen Entlassung Gebrauch machen will, und diese Freiheit der Entscheidung muß man ihm im allgemeinen auch zugestehen, wenn mehrere Arbeitnehmer sich einer gemeinsam begangenen Verfehlung schuldig gemacht haben. Er braucht nicht entweder alle oder keinen der Beteiligten zu entlassen. Der Streik unterscheidet sich aber dadurch von derartigen Fällen, daß er *seinem Wesen nach* eine kollektive Handlung ist, die überhaupt nur gemeinsam von mehreren begangen werden *kann*. Das scheint mir die Folgerung zu rechtfertigen, daß *auch die Reaktion* darauf nur eine einheitliche sein darf und daß Arbeitnehmer, denen nichts weiter vorzuwerfen ist, als daß sie die Arbeit zusammen mit anderen vertragswidrig niedergelegt haben, nicht unterschiedlich behandelt werden dürfen[36]. Will der Arbeitgeber die Vertragsver-

[35] *Nipperdey*, Lehrb. II S. 620 Anm. 59. Im Beschlusse des Großen Senates, E 1, 313, wird das nicht mit der erwünschten Deutlichkeit gesagt.

[36] Insofern zutreffend ArbG Kiel, BB 1957 S. 472; ähnlich auch schon LAG Frankfurt, BB 1952 S. 375.

letzung nicht hinnehmen, so muß er also grundsätzlich *alle* am Streik beteiligten Arbeitnehmer entlassen, womit genau das erreicht ist, worauf das Bundesarbeitsgericht mit Recht abzielt. Durch dieses notwendig einheitliche Vorgehen wird nicht ausgeschlossen, daß der Arbeitgeber die zur Verrichtung von Erhaltungsarbeiten nötigen Kräfte ausnimmt[37]. Auch wer sonst bei der Ausübung von Gestaltungsrechten, besonders bei der Kündigung, kein Recht auf Gleichbehandlung anerkennt, müßte für den besonderen Fall des Streiks aus den genannten Gründen eine Ausnahme machen.

Auf diese Weise kann man das kollektive Wesen des Arbeitskampfes auch im Rahmen des Arbeitsvertragsrechts zur Geltung bringen, was man als die bisher vergeblich gesuchte Synthese von Kollektiv- und Individualrecht ansehen mag. Im übrigen könnten Einzelentlassungen auch gegen das Verbot, Mitglieder des Betriebsrates um ihrer Tätigkeit willen zu benachteiligen (§ 53 II BetrVG) oder Arbeitnehmer wegen ihrer gewerkschaftlichen Einstellung oder Betätigung oder aus einem der sonstigen in § 51 BetrVG genannten Gründe anders zu behandeln als die übrige Belegschaft, verstoßen.

Die heutige Praxis des Arbeitskampfes zeigt, daß die Arbeitgeber keineswegs einen Streik durchweg mit der Entlassung der Streikenden beantworten, nicht nur weil am Ende in der Regel die Wiedereinstellungsklausel steht, sondern nicht zuletzt weil sie auch ohnedies nur selten gewillt sind, sich von ihrer eingearbeiteten Belegschaft zu trennen. Sie beschränken sich deshalb häufig darauf, nur solche Arbeitnehmer zu entlassen, die sich bei der Durchführung des Streiks Ausschreitungen haben zuschulden kommen lassen und für die aus diesem Grunde auch Ausnahmen von der Wiedereinstellungspflicht vorgesehen zu werden pflegen. Mit Recht nennt *Hoeniger* diese Handhabung lebensnah und praktisch[38]. Ob sie noch möglich ist, wenn man den Arbeitgeber allein auf die „Abwehraussperrung" verweist, läßt sich noch nicht klar erkennen. *Nipperdey* will zwar dem Arbeitgeber gestatten, einzelne Arbeitnehmer, die zur Verrichtung von Erhaltungsarbeiten benötigt werden, von der Aussperrung *auszunehmen*, sagt aber nichts darüber, ob der Arbeitgeber auch einzelne Arbeit-

[37] Hierauf legt *Hoeniger*, RdA 1953 S. 204f.; BB 1955 S. 38f. mit Recht besonderen Wert.

[38] RdA 1953 S. 209.

nehmer entlassen darf, bei denen besondere, mit dem Arbeitskampf zusammenhängende Gründe hierfür vorliegen. Es wäre bedauerlich, wenn ihm das fortan verwehrt sein sollte.

VIII

Das Bundesarbeitsgericht hat die Zulässigkeit einer fristlosen Entlassung der streikenden Arbeitnehmer verneint, ist aber auf die Frage nicht eingegangen, wie es mit der *ordentlichen* Kündigung im Falle eines Arbeitskampfes steht. Das ist begreiflich, weil der Arbeitgeber, der sich nicht zur fristlosen Entlassung oder nach der Auffassung des Bundesarbeitsgerichts zur Abwehraussperrung entschließt, in der Regel die Arbeitsverhältnisse überhaupt nicht auflöst. Die Bestimmung des § 23 KSchG, daß die Vorschriften des Kündigungsschutzgesetzes nicht auf Kündigungen und Entlassungen anzuwenden sind, die lediglich als Maßnahmen in wirtschaftlichen Kämpfen zwischen Arbeitgebern und Arbeitnehmern vorgenommen werden, hat fast nur bei Aussperrungen Bedeutung. Im Falle eines Streiks wird der Arbeitgeber von dem Recht zur ordentlichen Kündigung in der Regel nur gegenüber *einzelnen* Arbeitnehmern Gebrauch machen. Damit erhebt sich die Frage, wie verhindert werden kann, daß er diesen Weg dazu benutzt, aus unsachlichen Gründen mißliebige Arbeitnehmer loszuwerden[39]. Die Antwort ergibt sich aus einer dem Sinne der Vorschrift entsprechenden Auslegung des § 23 KSchG. Die „Maßnahme im Arbeitskampf", von der das Gesetz spricht, kann immer nur eine *kollektive* Maßnahme sein. Gegen eine Einzelkündigung ist der Arbeitnehmer auch im Laufe eines Arbeitskampfes geschützt, denn sie ist kein Kampfmittel und der Arbeitgeber sollte nur in der Anwendung der Kampfmittel nicht stärker beschränkt sein als die Arbeitnehmer. Klagt also der Arbeitnehmer, dem als einzelnem gekündigt worden ist, so kann der Arbeitgeber nicht entgegnen, daß der Kläger sich am Streik beteiligt habe und daß die Kündigung aus diesem Grunde sozial gerechtfertigt sei. Außerdem ist in einem solchen Falle die Streikbeteiligung offenbar nicht der wahre Kündigungsgrund. Der Arbeitgeber müßte deshalb nachweisen, daß abgesehen von der Streikbeteiligung Gründe in der Person oder dem Verhalten des Klägers oder dringende betriebliche Erfordernisse die Kündigung bedingt haben. Durch das Ver-

[39] Vgl. *Bötticher*, BB 1957 S. 652.

halten des Klägers wäre die Kündigung auch dann gerechtfertigt, wenn er sich im Zusammenhang mit dem Streik etwas hätte zuschulden kommen lassen, was über die bloße Streikbeteiligung hinausgeht, doch wird in solchen Fällen der Arbeitgeber meistens die fristlose Entlassung aussprechen. Durch betriebliche Gründe wäre eine Kündigung auch dann bedingt, wenn bereits feststünde, daß der Betrieb nach Beendigung des Kampfes keine Möglichkeit haben wird, die ganze frühere Belegschaft zu beschäftigen. Es wäre sehr unwirtschaftlich, wenn man den Arbeitgeber nötigen wollte, zunächst einmal alle Streikenden wiedereinzustellen, um dann erst den Überzähligen zu kündigen. Es kann in solchen Fällen auch zu einer größeren Zahl von Kündigungen kommen, bei denen die Auswahlgrundsätze des § 1 III KSchG zu beachten wären. Da das Ganze sich unter der Kontrolle des Gerichts vollzieht, sind Mißbräuche nicht gut denkbar. Es besteht deshalb auch kein Grund, dem Arbeitgeber zu verwehren, daß er sich schon während des Streiks auf die künftige Auftragslage einstellt[40].

---

[40] A. M. ArbG Kiel, BB 1957 S. 472.

HANDELSVERTRETER UND EIGEN(VERTRAGS)-HÄNDLER

DER AUSGLEICHSANSPRUCH DES § 89 b HGB

Von Hans Carl Nipperdey, Köln

I

Die Vorschriften der §§ 84ff. des Handelsgesetzbuches regeln die Rechtsverhältnisse des *Handelsvertreters*. Das Gesetz legt diesen Begriff in § 84 HGB eindeutig dahin fest, daß ein Gewerbetreibender nur dann Handelsvertreter ist, wenn er damit betraut ist, Geschäfte für einen anderen Unternehmer zu vermitteln oder in dessen Namen abzuschließen. Die §§ 84ff. HGB sind also auf den *Vertrags-* oder *Eigenhändler*, der im Rahmen eines auf die Dauer berechneten Vertrages von ihm eingekaufte Waren im eigenen Namen und auf eigene Rechnung weiterverkauft — oft auch juristisch ungenau „Generalvertreter" genannt —, unmittelbar nicht anwendbar.

Zu prüfen ist die Möglichkeit einer analogen Anwendung. Analogie bedeutet, daß ein hinter einem Rechtssatz stehender gesetzgeberischer Grundgedanke, den das Gesetz nur in seiner Anwendung auf eine bestimmte Fallgestaltung ausgesprochen hat, darüber hinaus in seinem vollen Umfange zur Geltung gebracht wird (BGH, Urteil vom 17. April 1951 — I ZR 28/50 —, LM Nr. 1 zu § 41 c ADSp). Sie ist die Ausdehnung der aus dem Gesetz zu entnehmenden Prinzipien auf Fälle, die von den im Gesetz geregelten nur unwesentlich abweichen (*Enneccerus-Nipperdey*, Allg. Teil des Bürgerlichen Rechts, 14. Aufl., S. 209). Es kommt dafür vor allem auf die Gleichheit der Interessenlage an (BGH a. a. O.).

II

Vergleicht man die Interessenlage beim *Eigenhändlervertrage* mit derjenigen des *Handelsvertreterverhältnisses*, so zeigen sich schon in rechtlicher Hinsicht erhebliche Abweichungen.

1. Das rechtliche Wesen des *Handelsvertreter*vertrages liegt in der Beschränkung auf die Vermittlungstätigkeit und den Abschluß in fremdem Namen (vgl. *Würdinger* in RGRKomm. zum HGB, 2. Aufl., Anm. 4 zu § 84; Preuß. OVG, Entscheidung vom 6. Mai 1930 — VIII GSt. 416/29 —, JW 1930, S. 3669). Der Handelsvertreter ist auf Grund des Handelsvertretervertrages verpflichtet, sich um die Vermittlung von Geschäften oder um den Abschluß im Namen des Unternehmers zu bemühen.

Hat er keine Abschlußvollmacht, so beschränkt sich seine Tätigkeit auf die bloße Vermittlung von Verträgen. Er erörtert mit dem Interessenten die Bestimmungen des Vertrages und ist regelmäßig als ermächtigt anzusehen, Vertragsangebote entgegenzunehmen. Die gewöhnlich auf Bestellschein abgegebenen Angebote leitet er dem Unternehmer zu. Nur unter dem Vorbehalt der Genehmigung durch den Unternehmer kann der Vermittlungsvertreter auch bereits abschließen. Die Willensentscheidung zum Konsens aber bleibt in jedem Falle dem Unternehmer vorbehalten, der sich allenfalls zur Übermittlung seiner Entschließung des Handelsvertreters als Boten bedient (*Würdinger*, a. a. O., Anm. 1 zu § 91 a). Warenverkaufsvertreter sind in der Regel nur mit der Vermittlung von Geschäften betraut (*Staub-Bondi*, Komm. zum HGB, 12. und 13. Aufl., Anhang zu § 85 Anm. 2). Die im Kraftfahrzeuggeschäft in Anspruch genommenen Handelsvertreter beispielsweise sind ausschließlich Vermittlungsvertreter (vgl. *von Brunn*, Die Händlerverträge der Kraftfahrzeugwirtschaft, 1949, S. 18).

Die seltener vorkommende *Abschlußvertretung* bedarf einer besonderen Bevollmächtigung durch den Unternehmer, für diesen in dessen Namen abzuschließen. Er handelt hierbei als rechtsgeschäftlich bestellter Vertreter. Aus den Geschäften, die er im Rahmen seiner Vollmacht abschließt, ist der Unternehmer berechtigt und verpflichtet. Weist ein Unternehmer einem Handelsvertreter einen bestimmten Bezirk oder einen bestimmten Kundenkreis zu, so bedeutet das, daß er allein insoweit Geschäfte für den Unternehmer vermitteln oder diesen beim Vertragsabschluß vertreten darf. Immer handelt der Handelsvertreter hiernach im rechtlichen Interesse des von ihm vertretenen Unternehmers.

2. Der *Vertrags-* oder *Eigenhändler* übernimmt weder die Vermittlung von Geschäften des Lieferanten, noch ihren Abschluß in dessen Namen. Er schließt mit dem ihn beliefernden Unternehmer auf der Grundlage eines auf die Dauer berechneten Rahmenvertrages laufend Einzelkaufverträge ab und verkauft im eigenen Namen und auf eigene Rechnung weiter. Für diesen Weiterverkauf des Eigenhändlers hat das *Reichsgericht* bereits in seiner Entscheidung vom 29. Mai 1900 — Rep. III 79/00 — (RGZ 46, 121 [123]) hervorgehoben, daß dabei nicht das Interesse des ihn beliefernden Unternehmers, sondern das eigene Interesse des Eigenhändlers maßgebend sei, diesem der Gewinn gebühre und daher von irgendeiner Pflicht zur Rechnungslegung über die einzelnen von ihm gemachten Geschäfte keine Rede sein könne. Nur indirekt wirke seine Tätigkeit auch zum Vorteil des Unternehmers insofern, als dieser umsomehr verkaufen könne, je lebhafter der Betrieb des Eigenhändlers sich entwickle. In Übereinstimmung hiermit führt das Reichsgericht in seinem Urteil vom 8. Januar 1929 — 310/28 II — (JW 1929, S. 1291 [1292]) in bezug auf einen Eigenhändlervertrag aus, jeder von beiden Teilen suche in seinem eigenen Interesse möglichst viele Verkäufe zu erzielen; der Hersteller wolle durch Verkauf an den Eigenhändler verdienen, dieser durch den Weiterverkauf.

Wird einem Eigenhändler ein bestimmter *Bezirk* oder ein bestimmter *Kundenkreis* zugewiesen, so geschieht es in der Weise, daß ausschließlich ihm insoweit das Recht des Verkaufs übertragen wird. Der Eigenhändler sichert sich durch den Ausschließlichkeitsvertrag den Alleinhandel (Monopol) in den Erzeugnissen des Produzenten (*Würdinger*, a. a. O. Anm. 1 zu § 84). Als Gegenleistung für die Überlassung des Alleinverkaufs übernimmt der Eigenhändler in der Regel die Verpflichtung, für den Verkauf der Waren tätig zu sein (*Düringer-Hachenburg*, HGB, 2. Aufl., Anm. 15 zu § 84). Das Reichsgericht charakterisiert einen solchen Eigenhändlervertrag in seiner Entscheidung vom 22. Dezember 1906 — Rep. I 281/06 — (RGZ 65, 37) wie folgt:

„Durch den Vertrag vom 1. Dezember 1900 übertrug die Klägerin der Gesellschaft K. & B. auf näher bestimmte Zeit die ‚Generalvertretung' im Bierverkauf für einen geographisch abgegrenzten Bezirk. Die Gesellschaft K. & B. hatte das Bier für eigene Rechnung zu beziehen und zu vertreiben, aber so ihr eigenes Interesse wahrnehmend zugleich für den ihr zugewiesenen Bezirk, in welchem die Klägerin Bier an Dritte nicht absetzen durfte, das Interesse der Klägerin zu vertreten."

In seinem Urteil vom 29. Mai 1900, RGZ 46, 123, führt das Reichsgericht aus:

„Kann aber nach diesem Inhalte des Vertrages von einem Agenturvertrage keine Rede sein, so kann dieser auch aus dem Worte ‚Generalvertreter' nicht geschlossen werden. Dies ist überhaupt kein technischer Begriff, wird im Leben in der mannigfachsten Bedeutung gebraucht, und es kann daher seine Bedeutung im Einzelfall nur aus den Umständen des Falles, hier also aus dem sonstigen Vertragsinhalt, gefunden werden, wonach er vorliegend nicht mehr besagt, als daß er, Kläger, der alleinige Verkäufer der beklagtischen Waren in dem betreffenden Bezirk sein soll, der Beklagte insoweit seine Interessen in diesem Bezirk nur durch ihn vertreten hat. Der wesentliche Inhalt des Vertrages ist der, daß der Kläger den Verkauf der Waren des Beklagten übernimmt und dieser sich verpflichtet, ihm die Waren nach seinem Bedarf zu bestimmten Preisen zu überlassen. Es liegt daher in der Hauptsache nur ein pactum de vendendo vor."

Der Vertrags- oder Eigenhändler unterscheidet sich auch vom sogenannten *Kommissionsagenten* wesentlich. Beide haben mit dem Handelsvertreter gemeinsam, daß sie auf Grund eines auf die Dauer gerichteten, mit einem dritten Unternehmer abgeschlossenen Vertrages tätig werden. Wie der Handelsvertreter und im Gegensatz zum Eigenhändler handelt der Kommissionsagent aber für Rechnung des Geschäftsherrn (Unternehmers) und daher in dessen rechtlichem Interesse. Während sich seine durch die Geschäftsbesorgung begründeten Beziehungen nach den Vorschriften über das Kommissionsgeschäft bestimmen, steht er (der Kommissionsagent) in seinen persönlichen Beziehungen zum Geschäftsherrn (Unternehmer) nach allgemeiner Ansicht einem Handelsvertreter gleich (RG, Urteil vom 24. Oktober 1908 — Rep. I 53/08, RGZ 69, 363 [365]; *Düringer-Hachenburg,* a. a. O., Anm. 16 zu § 84; *Staub-Bondi,* a. a. O., Anm. 8 zu § 84; *Würdinger* a. a. O.).

Ist die Stellung des Kommissionsagenten hiernach rechtlich der des Handelsvertreters stark angenähert, so unterscheiden sich beide Agenten vom Eigenhändler grundlegend darin, daß das von ihnen vermittelte oder abgeschlossene Geschäft rechtlich dem dritten Unternehmer zugerechnet oder doch beim Kommissionsagenten wenigstens für Rechnung des dritten Unternehmers geschlossen wird, während das vom Eigenhändler getätigte Geschäft nur ihm selbst zuzurechnen ist und er auf eigene Rechnung arbeitet. Dieses Kriterium ist es, das den Eigenhändler zum echten Händler macht, ihn in einen entscheidenden Gegensatz zu den verschiedenen Typen des Agenten treten läßt (so auch *Würdinger*, a. a. O., Vorbem. 2 vor § 84).

III

Demgegenüber kommt der dem Vertrage des Eigenhändlers, dem Handelsvertreter- und auch dem Kommissionsagenturvertrage *gemeinsamen längeren „Interessenverknüpfung"* generell *keine entscheidende* Bedeutung zu. Das Reichsgericht hat mit der *hierin* liegenden Ähnlichkeit des Eigenhändlervertrages und des Handelsvertreterverhältnisses in mehreren Urteilen eine analoge Anwendung von *einzelnen* Vorschriften des Handelsvertreterrechts auf den Eigenhändler gerechtfertigt.

1. Es handelt sich zunächst um einige Entscheidungen zur Frage der Kündbarkeit von Eigenhändlerverträgen *aus wichtigem Grunde* mit *sofortiger* Wirkung. Zur Begründung seines Urteils vom 22. Dezember 1906 (RGZ 65, 37, s. oben) führt das Reichsgericht aus:

„Die Gesellschaft K. & B. hatte das Bier für eigene Rechnung zu beziehen und zu vertreiben, aber so ihr eigenes Interesse wahrnehmend zugleich für den ihr angewiesenen Bezirk, in welchem die Klägerin Bier an Dritte nicht absetzen durfte, das Interesse der Klägerin zu vertreten. Das Vertragsverhältnis zeigt daher eine auf längere Zeitdauer berechnete Interessenverknüpfung, wie sie sich ähnlich auch bei den Vertragsverhältnissen der Handelsagentur und der Gesellschaft findet. Bei jenem wie bei diesem Rechtsverhältnis ist jeder Teil befugt, es alsbald zur Auflösung zu bringen, wenn ein wichtiger Grund vorliegt (§§ 92, 133 HGB, § 723 BGB). Es erscheint daher als gerechtfertigt, die nämliche Befugnis jedem Teile auch bei einem Rechtsverhältnis, wie es hier in Frage steht, einzuräumen."

Auch in seiner Entscheidung vom 5. Juli 1907 — II 112/07 — (Das Recht 1907, Spalte 1066, Nr. 2543) begründet das Reichsgericht diese Ansicht damit, daß der Eigenhändler mit dem Recht des Alleinverkaufs der Waren des anderen auch die Verpflichtung übernommen habe, für den Verkauf dieser Waren tätig zu sein und es sich deshalb jedenfalls um ein agenturähnliches Verhältnis handele. Unter Bezugnahme auf die vorgenannten Urteile billigt das Reichsgericht in seiner Entscheidung vom 24. April 1908 — II 522/07 — (Warn. 1908, S. 405, Nr. 511) die Auffassung der

Vorinstanz, daß ein derartiges, für längere Zeit eingegangenes Vertragsverhältnis, das in besonderem Maße auf gegenseitigem Vertrauen und auf einem verständnisvollen Handinhandarbeiten beider Teile beruhe, bei Vorliegen eines wichtigen Grundes ohne Einhaltung einer Frist gekündigt werden könne. Schließlich betont das Reichsgericht in seinem Urteil vom 11. Mai 1942 — II 123/41 — (Deutsches Recht 1942, S. 1226), wiederum unter Bezugnahme auf seine frühere Rechtsprechung, es handele sich um einen Vertrag eigener Art, der neben gesellschaftsähnlichen besonders agenturvertragsähnliche Züge aufweise, dessen Lösung in entsprechender Anwendung des § 92 Abs. 2 a. F. HGB erfolge.

Eine Ähnlichkeit mit dem Agenturvertrage sieht das Reichsgericht in den vorgenannten Entscheidungen übereinstimmend in „*einer auf längere Zeitdauer berechneten Interessenverknüpfung*", die beim Eigenhändlervertrage darin liegt, daß der Eigenhändler neben seinen eigenen Interessen gleichzeitig die des an ihn verkaufenden Unternehmers wahrnimmt, eine Verknüpfung, wie sie auch für die Gesellschaft und andere *Dauerschuldverhältnisse* mehr oder weniger charakteristisch ist. Ein *spezifisches* Merkmal gerade des *Handelsvertreterverhältnisses und des Eigenhändlervertrages* sieht das Reichsgericht aber hierin *nicht*. Das geht insbesondere daraus hervor, daß es neben dem Agenturvertrage die Gesellschaft nennt und neben der Interessenverknüpfung auf solche Merkmale abstellt, die sich nicht nur beim Handelsvertreter- und beim Eigenhändlervertrage, sondern auch bei anderen Dauerschuldverhältnissen zeigen. So hebt das Reichsgericht hervor, daß ein derartiges für längere Zeit eingegangenes Vertragsverhältnis wie der Eigenhändlervertrag in besonderem Maße auf gegenseitigem Vertrauen und einem verständnisvollen Handinhandarbeiten beider Teile beruhe und daß es vermieden werden müsse, längst abgewickelte und erledigte Geschäfte wieder aufzurollen. Das Reichsgericht hat aber in diesen Urteilen die Rechtsnatur des Handelsvertretervertrages und des Eigenhändlervertrages *im übrigen* völlig unerörtert gelassen.

Die genannten Urteile sind älteren Datums. Unterdessen ist seit längerer Zeit in der Rechtsprechung und in der Literatur allgemein anerkannt, daß *alle Dauerschuldverhältnisse* auch dann aus wichtigem Grunde gekündigt werden können, wenn eine ausdrückliche Bestimmung dieses Inhalts nicht vereinbart ist, und daß dieses Kündigungsrecht allein aus § 242 BGB herzuleiten ist (BGH, Urteil vom 15. Juni 1951 — V ZR 86/50 —, NJW 1951, S. 836 sowie die dort angeführten Entscheidungen; *Enneccerus-Lehmann*, Recht der Schuldverhältnisse, 14. Aufl., § 4 II 3).

2. Was die *ordentliche* Kündigung betrifft, so verweist das Reichsgericht beim Eigenhändlervertrag gleichfalls auf die für eine *längere Zeitdauer* berechnete *Interessenverknüpfung* und die besondere *Vertrauensstellung* des Eigenhändlers und sieht in seinem Urteil vom 8. Januar 1929 — 310/28 II — (JW 1929, S. 1291f.) darin die Ähnlichkeit mit dem Agenturverhältnis. Zur Anwendbarkeit des § 92 Abs. 1 a. F. HGB führt das Reichsgericht aus:

„Dagegen weist das zwischen den Parteien bestehende Rechtsverhältnis, wenn auch die Kl. den Bekl. gegenüber Käuferin war und in eigenem Namen sowie auf eigene Rechnung weiterverkaufte, jedenfalls wirtschaftlich eine weitgehende Ähnlichkeit mit einem auf unbestimmte Zeit eingegangenen Agenturverhältnis (§ 92 HGB) auf. Denn die Kl. war ständig damit betraut, in dem ihr zugewiesenen Gebiet, innerhalb dessen die Bekl. selbst nicht unmittelbar verkaufen durfte, für einen tunlichst ausgedehnten Absatz der Erzeugnisse der Bekl. tätig zu sein, insofern also auch deren Interessen nach Möglichkeit zu wahren.... Berücksichtigt man weiter die besondere Vertrauensstellung, die ein für ein so großes Gebiet wie die Vereinigten Staaten und für Kanada als Alleinverkäufer aufgestellter Vertreter einnimmt, so wird man dem zwischen den Parteien begründeten Rechtsverhältnis am ehesten dadurch gerecht, daß auf seine Kündigung die Vorschrift des § 92 Abs. 1 HGB angewandt wird (also Kündigung für den Schluß eines Kalendervierteljahres unter Einhaltung einer Frist von 6 Wochen). Es ist nicht einzusehen, warum ein mit den Interessen des Geschäftsherrn so eng verbundener, wirtschaftlich für dessen Betrieb so wichtiger Vertreter (Alleinverkäufer) im Punkte der Kündigung schlechter gestellt sein soll als jeder Handlungsgehilfe (§ 66 HGB)."

Wie in den Entscheidungen zur Frage der Kündigung aus wichtigem Grunde bestand auch in dieser Sache für das Reichsgericht keine Veranlassung, den Eigenhändlervertrag und das Agenturverhältnis einander unter anderen Gesichtspunkten gegenüberzustellen als unter dem der *Kündbarkeit* des Vertrages. Eine beiden Verträgen gemeinsame Interessenverknüpfung nimmt das Reichsgericht auch hier lediglich in dem Sinne an, wie sie auch anderen Dauerschuldverhältnissen, insbesondere mit Dienstpflichten höherer Art, eigen ist (§ 622 BGB). Über die Rechtsnatur der Verträge insgesamt im Vergleich zueinander gesehen gibt auch diese Entscheidung keinen Aufschluß.

3. Das gilt auch für die Rechtsprechung des Reichsgerichts wie auch des Bundesgerichtshofes zu der Frage, ob dem Eigenhändler ein Anspruch auf *Auskunfterteilung* über die von dem an ihn verkaufenden Unternehmer selbst vertragswidrig geschlossenen Geschäfte zuzuerkennen ist[1]. Das Reichsgericht hebt hier wiederum die in der oben bezeichneten Interessenverknüpfung bestehende Verwandtschaft mit dem Agenturvertrage hervor (Urteil vom 3. November 1916 — 73/16 III —, JW 1917, S. 156f., Nr. 6). Zu Recht weist *Hachenburg* in einer Anmerkung zu dieser Entscheidung (a. a. O.) darauf hin, daß es zu ihrer Begründung des „*Umweges*" über den Agenturvertrag gar nicht bedurft hätte. Die Rechtsprechung ist denn auch später dazu übergegangen, gemäß § 242 BGB eine Pflicht zur Auskunfterteilung überall dort zu bejahen, wo sich aus dem Wesen des Rechtsverhältnisses ergibt, daß der Berechtigte entschuldbar über das Bestehen und den Umfang des Rechts ungewiß und insoweit auf den Verpflichteten angewiesen ist, dieser aber unschwer die Auskunft erteilen kann (RG, Urteile vom 19. November 1938 — II 69/38 —, RGZ 158, 377 [379f.]; vom 7. Juni 1943 — II 34/43 —, RGZ 171, 129 [136]; BGH, Urteil vom 22. März 1954 — IV ZR 137/53 —, JR 1954, S. 460). Auf diese *allgemeinen Grundsätze* stützt sich auch der Bundesgerichtshof in seinem Urteil vom 2. April 1957 — VIII ZR 60/56 (NJW 1957, S. 1026), das den Anspruch eines Eigenhändlers auf Auskunfterteilung bei Verletzung seines Alleinverkaufsrechts betrifft. Daneben stellt der Bundesgerichtshof in Anlehnung an die Rechtsprechung des Reichsgerichts auch auf die in der auf längere Zeitdauer berechneten Interessenverknüpfung liegende Ähnlichkeit mit dem Handelsvertretervertrage ab:

„Überhaupt wird in ständiger Rechtsprechung dem Handelsvertreter ein Auskunftsanspruch zugebilligt, wenn er durch verbotenen Wettbewerb des Unternehmers in seinen Rechten verletzt wird. Um das dem Handelsvertreter recht ähnliche Verhältnis der Generalvertretung handelt es sich auch im vorliegenden Fall. Die Vereinbarung der Parteien ging nach ihrer übereinstimmenden Erklärung in der letzten mündlichen Verhandlung des Berufungsgerichts dahin, daß die Klägerin auf eigene Rechnung von der Beklagten Kameras kaufen und sie

[1] Es handelt sich nicht um den gegen den Eigenhändler gerichteten Anspruch des ihn beliefernden Unternehmers auf Rechnungslegung über die einzelnen von dem Eigenhändler getätigten Geschäfte, den das Reichsgericht in der oben unter II, 2 angeführten Entscheidung RGZ 46, 121 (123) verneint hat.

im eigenen Namen weiterverkaufen sollte. Dabei war der Klägerin das Alleinverkaufsrecht für Schweden, Norwegen und Finnland eingeräumt worden. Die Klägerin war also sogenannter Eigenhändler im Rahmen eines Ausschließlichkeitsvertrages. Der Eigenhändler ist zwar nicht Handelsvertreter im Sinne des HGB, er schließt vielmehr mit seinen Lieferanten Kaufverträge ab und verkauft auch im eigenen Namen. Sein Vertragsverhältnis zeigt aber bei der auf *längere Zeitdauer* berechneten *Interessenverknüpfung*[2] starke Ähnlichkeit mit dem des Handelsvertreters."

Das Ergebnis der Entscheidung wäre kein anderes gewesen, wenn die für den *hier* gegebenen *Interessenkonflikt* bestehende Ähnlichkeit mit der Agentur nicht betont worden wäre.

Der von *Schröder* (Der Betriebs-Berater 1958, S.252 [255]) gezogene Schluß, daß dem Eigenhändler im Innenverhältnis zu seinem Lieferanten der gleiche Schutz wie dem Handelsvertreter gegenüber dem Unternehmer zukommen müsse, findet in der Rechtsprechung des Reichsgerichts und des Bundesgerichtshofs in dieser Allgemeinheit keinerlei Grundlage.

IV

1. Der Vertrag des Eigenhändlers hat mit dem Handelsvertretervertrage häufig Bestimmungen gemeinsam, die die ständige Wahrnehmung der Interessen des (den Händler beliefernden) Unternehmers zum Gegenstand haben. Der Verkauf über den *Eigenhändler* und der Verkauf mit Hilfe des *Handelsvertreters* sind *zwei verschiedene Vertriebsformen*, deren sich ein Unternehmer bedienen kann. Gleich dem Handelsvertreter ist daher auch der Eigenhändler ein Glied in der Verkaufsorganisation des betreffenden Unternehmers (vgl. *Mücke* in MDR 1956, S. 641 f.). Auch der an den Eigenhändler verkaufende Unternehmer kann sich selbstverständlich nicht damit begnügen, seine Ware an den Händler abzusetzen. Denn er hat selbst großes Interesse daran, daß der Kunde seines Vertragshändlers zufriedengestellt wird. Zur Wahrung seiner Interessen ist er, insbesondere wenn es sich um den Verkauf von Markenartikeln handelt, was beim Vertragshandel vielfach der Fall ist, gezwungen, in dieser Hinsicht bestimmte Anforderungen an den Vertragshändler zu stellen und diesem im Händlervertrage entsprechende *Pflichten* aufzuerlegen. Auf diese Weise wird gleichzeitig eine einheitliche

[2] Unterstreichungen vom Verf.

Organisation des Verkaufs des Unternehmers gewährleistet, wie sie der Vertrieb von Markenartikeln dringend erfordert (vgl. *von Brunn* a. a. O., S. 55ff.). Nun sind Bestimmungen dieser Art in der Regel auch in Handelsvertreterverträgen enthalten. Da sie einer beim Vertrieb von Markenartikeln schlechthin bestehenden Notwendigkeit entsprechen, sind sie aber *nicht* für eine *bestimmte* Vertriebsform, also auch nicht etwa für den Handelsvertreter typisch. Aus einer in diesem Punkte gegebenen Ähnlichkeit des Eigenhändlervertrages mit dem Handelsvertretervertrage lassen sich hiernach für die Beurteilung des Eigenhändlervertrages insgesamt gesehen keine Schlüsse ziehen. Vor allem aber bleibt die Stellung des Eigenhändlers davon insofern unberührt, als die von ihm getätigten Geschäfte gleichwohl allein ihm selbst zuzurechnen sind. Der Vertragshändler bleibt auch dann echter Händler.

Auch die sich aus Vertragsbestimmungen der genannten Art ergebende „Abhängigkeit" des Händlers von seinem Lieferanten kann für die Vergleichbarkeit mit dem Handelsvertreterverhältnis keine Bedeutung haben. Das folgt schon daraus, daß eine Anwendung von Handelsvertreterrecht auf den unselbständigen vermittelnden oder abschließenden Angestellten nach dem Gesetz keinesfalls in Betracht kommen kann.

Vertragsbestimmungen über die *Wahrnehmung der Belange* des den Händler beliefernden *Unternehmers*, die dem gemeinsamen Interesse des Händlers und seines Lieferanten am „good will" der Marke entsprechen, rechtfertigen es auch nicht, den Eigenhändlervertrag seiner Zielsetzung nach als durch die Pflicht zur Wahrnehmung der Belange des Lieferanten gekennzeichnet anzusehen, wie *Schröder* (Der Betriebs-Berater 1958, S. 252 [254]) es für eine entsprechende Anwendung von Grundsätzen des Handelsvertreterrechts verlangt. Sie bekräftigen nur die selbstverständliche beiderseitige Verpflichtung, das Ansehen der Marke zu wahren und zu fördern.

2. Die Bindung des Eigenhändlers gegenüber seinem Lieferanten in bezug auf den *Weiterverkaufspreis* schafft keine Parallele zum Handelsvertreterverhältnis. Beim Handelsvertretervertrage ist für eine Preisbindung gar kein Raum, weil der Unternehmer den Preis selbst vereinbart. Die Preisbildung ist auch kein typisches Element gerade des Vertrags- oder Eigenhändlervertrages, wie er hier zur Erörterung steht. Eine vertikale Preisbindung wird

keineswegs nur von den Parteien eines solchen auf die Dauer gerichteten Vertragsverhältnisses vereinbart. Wo es aber an solchen auf die Dauer berechneten Vertragsbeziehungen zwischen dem Händler und seinem Lieferanten fehlt, mangelt es an einem so wesentlichen Merkmal des Handelsvertreterverhältnisses (vgl. *Schröder* a. a. O., S. 253), daß niemand auf den Gedanken kommen wird, allein darin, daß ein Händler sich verpflichtet hat, beim Weiterverkauf einen bestimmten Preis einzuhalten, eine Ähnlichkeit mit dem Handelsvertreterverhältnis zu sehen. Daraus erhellt, daß es für eine entsprechende Anwendung von Handelsvertreterrecht generell auf das Vorhandensein einer Preisbindung nicht ankommen kann.

Insbesondere läßt eine vertikale Preisbindung den Rabatt des Händlers nicht zu einer der Provision des Handelsvertreters vergleichbaren Vergütung werden[3]. Bei oberflächlicher Betrachtung mag das so erscheinen. Tatsächlich bedeutet der Rabatt des preisgebundenen aber wie der jedes anderen Händlers lediglich die Chance, beim Weiterverkauf einen bestimmten Preis zu erzielen. Die Preisbindung erleichtert es dem Händler, diesen Preis wirklich zu erreichen und damit den Rabatt voll auszunutzen.

3. Der Sicherung der Preisbindung dienen Bestimmungen über das Recht zur Einsicht in die Bücher und Geschäftspapiere des Händlers u. ä., wie sie in der Regel Bestandteil eines Preisbindungsreverses sind. So sind Bestimmungen dieses Inhalts grundsätzlich auch in Eigenhändlerverträgen zu verstehen, was häufig nicht ohne weiteres erkennbar ist.

Alle Informationsrechte, die in Eigenhändlerverträgen vereinbart werden, dienen aber *nicht* der Information des Lieferanten über das *einzelne* von dem Vertragshändler getätigte Geschäft an sich, so wie es beim Handelsvertreterverhältnis gerade der Fall ist; hier (beim Handelsvertretervertrage) entscheidet der Unternehmer selbst darüber, ob und unter welchen Bedingungen die Geschäfte zustande kommen und wickelt sie selbst ab; er muß also notwendigerweise über das einzelne Geschäft unterrichtet werden. Hierfür besteht bei dem Lieferanten des Eigenhändlers kein Bedürfnis, da ihn das einzelne Geschäft des Händlers unmittelbar nicht berührt. Andererseits ist bei der Selbständigkeit des Vertragshändlers, wenn und solange er im eigenen Namen handelt,

[3] Wird unten unter VI ausgeführt.

hierfür auch kein Raum. Die genannten Vertragsbestimmungen haben vielmehr das Ansehen der Marke im Auge. Sie verstehen und rechtfertigen sich aus der starken Stellung des Eigenhändlers im Verhältnis zu seinem Lieferanten. Ist der Eigenhändler für ein bestimmtes Gebiet oder einen bestimmten Kundenkreis allein berechtigt, die Waren seines Lieferanten zu verkaufen, so verzichtet dieser im Vertrauen auf die Leistung des Händlers für das Vertragsgebiet auf jede anderweitige Absatzmöglichkeit. Es entspricht daher einer wirtschaftlichen Notwendigkeit, daß der Lieferant sich durch Vereinbarung von Informationsrechten sichert.

Haben die Informationspflichten des Eigenhändlers hiernach in Wahrheit einen anderen Inhalt, einen anderen Zweck und damit eine andere rechtliche und wirtschaftliche Bedeutung als die des Handelsvertreters, so können sie aber nicht als ein Indiz für das Bestehen eines dem Handelsvertreterverhältnis entsprechenden „Auftragsverhältnisses"[4] gewertet werden. Daß Informationspflichten eines Eigenhändlers der gesetzlichen Verpflichtung des Handelsvertreters zur Berichterstattung gleichkommen, wie *Schröder* (a. a. O.) es zur Voraussetzung macht, ist beim Eigenhändler nach dem oben Gesagten schwerlich denkbar.

4. Auch die Weisungsrechte, wie sie in Eigenhändlerverträgen vorkommen, sind mit denjenigen des Unternehmers gegenüber dem Handelsvertreter nicht zu vergleichen. Gleich den Informationsrechten sind die Weisungsrechte des Unternehmers gegenüber dem Handelsvertreter unter dem Gesichtspunkt zu sehen, daß jedes einzelne Geschäft allein mit dem Unternehmer zustande kommt, dieser also letztlich auch darüber entscheiden muß, während sie beim Eigenhändlervertrage vornehmlich den Belangen der Marke, der Sicherung des Preises und anderen allgemeinen Interessen des Lieferanten dienen und dementsprechend anderen Inhalts sind. Als Weisungsrechte, die denjenigen des Handelsvertreterverhältnisses als eines Auftragsverhältnisses gleichkämen, wie *Schröder* (a. a. O., S. 253) es für eine entsprechende Anwendbarkeit des Handelsvertreterrechts voraussetzt, können aber nur solche in Betracht kommen, die sich auf das einzelne Geschäft des Eigenhändlers selbst erstrecken. Ein Weisungsrecht des Lieferanten gegenüber dem Eigenhändler ist hiernach dem-

---

[4] Vgl. *Schröder* a. a. O., S. 254.

jenigen des Handelsvertreterverhältnisses ebensowenig ähnlich wie etwa das eines Patentinhabers in einem Lizenzvertrage.

5. Ein Gleiches gilt für Vertragsbestimmungen über Erfindungen, denen zufolge diese dem Lieferanten zustehen sollen. Sie haben ihren Grund darin, daß der Eigenhändler die Marke seines Lieferanten verwendet, der daher unter Umständen ein Interesse daran hat, seine Marke auch auf diese Weise zu schützen. Bestimmungen dieses Inhalts sind für das Handelsvertreterverhältnis nicht wesentlich und keineswegs selbstverständlich, da auch der Handelsvertreter selbständiger Gewerbetreibender ist.

V

In seiner wirtschaftlichen Funktion ersetzt der Eigenhändler den Handelsvertreter und umgekehrt der Handelsvertreter den Eigenhändler (vgl. *Würdinger* a. a. O., Vorbem. 1 vor § 84).

1. Die Beziehungen zwischen dem Eigenhändler und dem an ihn verkaufenden Unternehmer unterscheiden sich aber nicht nur rechtlich, sondern auch *wirtschaftlich* der Abwicklung nach grundlegend von denjenigen beim Handelsvertretervertrage. Während der durch einen Handelsvertreter vertretene Unternehmer jedes einzelne Geschäft mit jedem einzelnen durch den Vertreter geworbenen Abnehmer *selbst abwickeln* muß, tritt ein Unternehmer, der sich des Eigenhändlers bedient, beim Absatz seiner Ware nur zu diesem, nicht auch zu dem einzelnen Abnehmer in geschäftliche Beziehungen. Er verkauft ausschließlich an den Händler, mit dem er naturgemäß eine Vielzahl von Geschäften abschließt. Der auf die verhältnismäßig kleine Zahl von Händlern begrenzte Abnehmerkreis und die Möglichkeit, mit ihnen jeweils eine Anzahl von Geschäften gemeinsam abzuwickeln, bedeuten für den Unternehmer eine erhebliche Vereinfachung des Verkaufs. Erfahrungsgemäß sind deshalb die Verkaufsabteilungen solcher, sich des Vertragshandels bedienender Unternehmungen verhältnismäßig klein, während umgekehrt der Eigenhändler im Gegensatz zum Handelsvertreter ein eigenes Lager und eigene Verkaufseinrichtungen unterhalten (*Duden*, Handelsvertretergesetz, 3. Aufl., Anm. 3 G), sowie auch alle übrigen Vorkehrungen selbst treffen muß, die die Abwicklung der Geschäfte notwendig macht. Der Verkauf über den Eigenhändler bringt also für einen Unter-

nehmer eine erhebliche Verringerung der mit dem Verkauf verbundenen Aufwendungen, für den Eigenhändler dagegen eine entsprechende Belastung mit sich, wie sie der Handelsvertreter nicht kennt.

2. Insbesondere ist die *Verteilung des Risikos* im Verhältnis des Eigenhändlers zu dem Unternehmer, dessen Ware er vertreibt, völlig verschieden von derjenigen zwischen dem Handelsvertreter und dem von ihm vertretenen Unternehmer.

Ein *Unternehmer*, der durch *Handelsvertreter* vertreten wird, trägt selbst *allein* das Risiko des Absatzes seiner Waren. Da der Handelsvertreter selbst nicht als Käufer auftritt, die Ware also beim Unternehmer verbleibt, bis sie durch Vermittlung des Vertreters an den Abnehmer gelangt, trifft den Handelsvertreter kein eigenes Absatzrisiko. Zu Recht hat deshalb das Oberlandesgericht Hamburg in einer Entscheidung vom 31. Januar 1940 — 1 U 232/39 — (auszugsweise abgedruckt in Handelsvertreterrecht, Entscheidungen und Gutachten, Nr. 2) ausgeführt, es widerspreche dem Wesen des Handelsvertreters, daß diesem die Verpflichtung auferlegt werde, von ihm zu verkaufende Ware als Eigenkäufer abzunehmen. Die praktische Folge dieser Verpflichtung sei, daß nicht der Hersteller der Ware, sondern der für ihn tätig werdende Handelsvertreter das Risiko des Absatzes übernehme. Eine derartige Abwälzung des Risikos beim Absatz einer neu einzuführenden Ware auf den Handelsvertreter — führt das Oberlandesgericht für den betreffenden Fall aus — widerspreche den Grundsätzen und Gepflogenheiten eines redlichen Handelns; ein dahingehender Vertrag verstoße gegen die guten Sitten.

Beim *Handelsvertretervertrage* trägt der *Unternehmer* und nicht der Handelsvertreter auch das Risiko des einzelnen Kaufvertrages. Wie die Begründung zum Regierungsentwurf des Handelsvertretergesetzes (Deutscher Bundestag, 1. Wahlperiode, 1949, Drucksache Nr. 3856, S. 20) betont, gehört es zu den Pflichten eines Handelsvertreters, die Zahlungsfähigkeit eines Kunden, zu dem er in geschäftliche Verbindung tritt, zu prüfen; aber er hat grundsätzlich nicht für die Erfüllung der Verbindlichkeiten des Kunden aus einem von ihm vermittelten Geschäft gegenüber dem Unternehmer einzustehen (*Schröder*, Recht der Handelsvertreter, 2. Aufl., Anm. 2 zu § 86b; *Würdinger*, a. a. O., Anm. 1 zu § 86b). Erfüllt ein Kunde seine Verpflichtung nicht, so hat grundsätzlich der Unternehmer als Vertragspartner den daraus entstehenden Schaden zu tragen (vgl. Begründung zum Regierungsentwurf a. a. O.). Es ist hiernach *Würdinger* (a. a. O.) darin zuzustimmen, daß jede Art der Zusage eines Einstehens für die Erfüllung durch den Dritten, jede Art der Übernahme eines Risikos durch den Vertreter also, das sich bei der Geschäftsabwicklung ergibt und das nach dem Gesetz der Unternehmer zu tragen hätte, eine *zusätzliche* Leistung des Vertreters gegenüber dem Unternehmer bedeutet. Wenn das Schadensrisiko des vom Handelsvertreter vermittelten Geschäftes bis zum Inkrafttreten des Handelsvertretergesetzes vom Unternehmer ganz allgemein auf den Handelsvertreter abgewälzt werden konnte, so fehlte es dafür grundsätzlich an einem berechtigten Grund. Sinn der neuen Vorschrift des § 86b HGB ist es, zu verhindern, daß Handelsvertreter von Unternehmern unter Ausnutzung der wirtschaftlichen Überlegenheit gezwungen werden, für bestimmte Geschäfte oder ganz allgemein das Delkredere zu übernehmen (vgl. Begründung des Regierungsentwurfs, a. a. O.). Das Gesetz läßt deshalb eine Delkrederehaftung des Handelsvertreters nur beschränkt und nur für den Fall zu, daß er sie besonders und in besonderer Form übernimmt und schränkt so die rechtliche Möglichkeit des Unternehmers, Risiken, die er selbst zu tragen hätte, auf den Vertreter abzuwälzen, ein (*Würdinger*, a. a. O., Anm. 3 zu § 86b). Das Gesetz legt dem Unternehmer in § 86b HGB ferner die Verpflichtung zur Gewährung eines besonderen Entgelts auf, was wiederum seinen Grund darin hat, daß der Handelsvertreter mit der Delkrederehaftung eine zusätzliche Pflicht übernimmt, wofür er ein besonderes Entgelt verlangen kann (vgl. Begründung des Regierungsentwurfs des Handelsvertretergesetzes, a. a. O.).

Der *Eigenhändler* aber tritt selbst als Käufer auf, und der Absatz der Ware an seine einzelnen Kunden berührt den ihn beliefernden Unternehmer nicht mehr. Nicht der Unternehmer, sondern der *Eigenhändler* trägt daher wie jeder Händler, anders als der Handelsvertreter, naturgemäß auch das *Absatzrisiko.* Er trägt für die Ware, die er vom Hersteller bezogen hat, das Lagerrisiko, das Risiko der Preisschwankungen und die sonstigen Kosten des Absatzes, während beim Verkauf durch Handelsvertreter diese Faktoren den Unternehmer selbst treffen. Dieses mit der Stellung eines Handelsvertreters nach allgemeiner Auffassung nicht zu vereinbarende eigene Absatzrisiko ist ein wesentliches Merkmal des Eigenhändlers. Da er allein dem Abnehmer als Verkäufer gegenübertritt, entlastet er den Lieferanten auch vom Risiko des Vertragsabschlusses mit dem einzelnen Kunden, insbesondere also auch vom *Kreditrisiko*. Auch das bringt seine Stellung als echter Händler naturgemäß mit sich und stellt den Eigenhändler in Gegensatz zum Handelsvertreter, für den es, wenn er im einzelnen Falle ein sich aus der Abwicklung des Geschäfts ergebendes Risiko trägt, eine zusätzliche Leistung darstellt. In der Verteilung der Lasten und insbesondere der Gefahren des Verkaufs liegt also ein tiefgreifender wirtschaftlicher Unterschied zwischen dem Handelsvertretervertrage und dem Vertragsverhältnis des Eigenhändlers zu seinem Lieferanten.

VI

Die Rechts- und Interessenlage ist im Verhältnis des Eigenhändlers zu seinem Lieferanten weiter insofern eine völlig andere, als der Eigenhändler seinen Verdienst nicht vom Hersteller in Form der *Provision*, sondern in Gestalt des *Gewinns* erhält, den er als selbständiger Weiterverkäufer zieht (RG, Urteil vom 8. Januar 1929, JW 1929, S. 1292; vgl. auch *Glaser* in „Der Betrieb“ 1957, S. 1173) und auf dessen Erzielung seine Tätigkeit gerichtet ist (*Würdinger*, a. a. O., Anm. 5 zu § 84). Eine Provision, d. h. ein Prozentsatz des Geldgegenwertes für das einzelne Geschäft oder überhaupt ein *Vergütung*, wie sie der Handelsvertreter dafür erhält, daß er dem Unternehmer einen Kunden zuführt oder in Vertretung des Unternehmers mit dem Kunden abschließt, *scheidet beim Eigenhändler begrifflich aus*. Für eine Vergütung der Verkaufstätigkeit des Eigenhändlers ist nach der Art seiner Rechtsbeziehungen zum Unternehmer kein Raum.

Sein sogenannter Rabatt ist keine Vergütung solcher Arbeit, sondern die Differenz zwischen dem Preis, den der Eigenhändler beim Einkauf an den verkaufenden Unternehmer zahlt und demjenigen, zu dem er an seinen Kunden weiterverkauft. Diese Differenz ist also in Wahrheit eine *Handelsspanne*, die mit der Provision des Handelsvertreters nicht vergleichbar ist. Sie ist weder eine Vergütung für eine Tätigkeit des Eigenhändlers, noch überhaupt eine Leistung des ihn beliefernden Unternehmers an ihn. Sie ist dieses ebensowenig wie die Handelsspanne jedes anderen Kaufmanns, der einkauft und verkauft. Diese Differenz, die den sogenannten Rabatt ausmacht, ist ein Teil des Kaufpreises, den der

Vertragshändler beim Verkauf erzielt, und zwar derjenige Teil, um den der Erlös den beim Einkauf an den Lieferanten gezahlten Kaufpreis übersteigt.

Räumt der Unternehmer dem Vertragshändler Rabatt in bestimmter Höhe ein, so bedeutet das nicht eine Leistung des Unternehmers an den Händler, sondern lediglich, daß der Unternehmer zu einem um diesen Satz geminderten Preis verkauft. Anders als der Handelsvertreter, der über den Unternehmer an seine Provision kommt, kommt der Eigenhändler unmittelbar durch den Weiterverkauf in den Genuß seiner Handelsspanne, des sogenannten Rabatts, den er von seinem Kunden als Teil des Weiterverkaufspreises vereinnahmt.

Zwar pflegt man den sogenannten Rabatt wie die Provision des Handelsvertreters in Prozenten vom Verkaufspreis zu bemessen. Der Rabatt liegt auch in der Regel für ein bestimmtes Erzeugnis prozentual fest, und das mag dazu verleiten, den Rabatt als eine der Provision vergleichbare Vergütung anzusehen. Die bezeichnete Praxis beruht aber lediglich darauf, daß die Unternehmer Listenpreise festsetzen, an die der Vertragshändler beim Weiterverkauf gebunden ist und, soweit auch die Lieferpreise für den Verkauf an den Händler festliegen, sich die Rabatte des Händlers daher errechnen und nach Prozenten von den Weiterverkaufspreisen bestimmen lassen. Bestände für den Vertragshändler keine Bindung hinsichtlich des Weiterverkaufs an die sogenannten Listenpreise und ließen sich deshalb nur Lieferpreise für den Verkauf an den Händler, nicht aber Rabatte bestimmen, so käme niemand auf den Gedanken, die Handelsspanne des Eigenhändlers der Provision des Handelsvertreters gleichzusetzen und den Händler nach Beendigung des Vertragsverhältnisses für einen Rabattverlust zu entschädigen. Der Umstand allein, daß Listenpreise für den Weiterverkauf existieren, an die der Händler gebunden ist und die Differenz zu den Preisen, zu denen der Hersteller liefert, eine bestimmte Handelsspanne, den Rabatt ergibt, kann niemals die Gleichsetzung dieses Rabattes mit der Provision des Handelsvertreters rechtfertigen. Denn Listenpreise, an die die Abnehmer gebunden sind, sind auch im übrigen Handel üblich und für Markenartikel notwendig und keineswegs auf den Vertragshandel beschränkt. Auch im übrigen Handel werden Rabatte gewährt, ohne daß sich ernsthaft die Ansicht vertreten ließe, sie seien mit der Provision des Handelsvertreters zu vergleichen.

Daß der Eigenhändler keine Vergütung für seine Tätigkeit erhält, sondern lediglich die Chance hat, sich beim Weiterverkauf den ihm von seinem Lieferanten eingeräumten Rabatt zu verdienen, wird besonders in Handelszweigen deutlich, in denen der Wettbewerb es mit sich bringt, daß die Listenpreise umgangen werden, etwa in der Weise, daß gebrauchte Artikel zu Überpreisen in Zahlung genommen werden oder die Gewährung anderer Vergünstigungen wie besonderer Rabatte, Zugaben, überhöhter Skonti und langfristiger Zahlungsziele (ohne entsprechenden Zinsaufschlag) erfolgt. In welcher Höhe der ihm vom Lieferanten eingeräumte Rabatt dem Händler wirklich zufließt, hängt hier allein vom Erfolg seiner Verkaufstätigkeit im Einzelfall ab. So werden bei gleichen Rabattsätzen erfahrungsgemäß sehr unterschiedliche Gewinnspannen erzielt.

Der sogenannte Rabatt des Eigenhändlers ist auch nicht etwa zu einem Teil eine wirtschaftlich mit der Provision des Handelsvertreters vergleichbare Vergütung. Es trifft nicht zu, daß von den Rabatten ein Teil, nämlich soweit in ihnen nicht die Gegenleistung für die Übernahme des Verkaufsrisikos und die Auslieferung enthalten ist, der Provision entspricht. Die Handelsspanne des Eigenhändlers läßt sich ihrer wirtschaftlichen Natur nach nicht in solcher Weise zergliedern. Denn es ist beim Eigenhändler für eine Verkaufsvergütung nach dem oben Gesagten überhaupt kein Raum. Beim Eigenhändler ist es ebensowenig gerechtfertigt, den regelmäßig mit Recht *ungleich höher als die Provision* des Handelsvertreters bemessenen *Rabatt* in der Weise zu zerlegen, wie man die Handelsspanne jedes anderen Händlers in Markenartikeln zu einem Teil als Verkaufsvergütung betrachten und der Provision des Handelsvertreters gleichstellen könnte.

Das läßt vor allem auch das Steuerrecht klar werden, wie sich im *Umsatzsteuerrecht* zeigt. Der Eigenhändler versteuert den gesamten von ihm vereinnahmten Kaufpreis als seinen Umsatz, der Handelsvertreter dagegen nur seine Provision. Für die steuerliche Beurteilung ist aber die die praktische Gestaltung der Dinge berücksichtigende Verkehrsauffassung maßgebend (vgl. *Friesecke*, DJZ, 1927, S. 1035), die rechtliche Funktion, die der betreffende Steuerpflichtige tatsächlich ausfüllt (vgl. *Bansa* in *Klausing-Nipperdey-Nußbaum*, Beiträge zum Wirtschaftsrecht, 1931, S. 672 [677]).

VII

Die Stellung des *Eigenhändlers* als eines echten Händlers, die selbständige Tätigkeit der Geschäftsabschlüsse und ihre Abwicklung bringen *Anforderungen* mit sich, die an den Handelsvertreter nicht gestellt werden. Der Eigenhändler hat notwendigerweise einen viel größeren Bedarf an Personal und an Mitteln als der Handelsvertreter. So erfordern die Einrichtung und die Unterhaltung eines eigenen Verkaufsapparates sowie eines eigenen Lagers, dies insbesondere bei hochwertigen Waren, erhebliche Aufwendungen und ein entsprechend hohes Geschäftskapital. Erhebliches Kapital erfordert vor allem das vom Eigenhändler zu tragende Risiko. Im Hinblick auf diese Lage und die ihr entsprechende *Entlastung* des an den Eigenhändler verkaufenden Unternehmers ist die Leistung des Eigenhändlers seitens seines Vertragspartners erheblich *höher* zu bewerten als die eines Handelsvertreters. *Das kommt in der Bemessung des im Vergleich zu der Provision des Handelsvertreters bedeutend höheren Rabattes entscheidend zum Ausdruck.* Insofern ist es sehr wohl von großer Bedeutung, daß die Rabatte des Eigenhändlers weit höhere Prozentsätze ausmachen als die Provisionen des Handelsvertreters, wenngleich die Höhe der Einnahmen — nur insoweit ist *Schröder* (Der Betriebs-Berater 1958, S. 252 [255]) zuzustimmen — an sich nicht entscheidend sein kann. Die unterschiedliche wirtschaftliche Bewertung durch den anderen Vertragsteil führt aber auch zu einer durchaus verschiedenen *sozialen Interessenlage* des Eigenhändlervertrages und des Handelsvertreterverhältnisses. Der Eigenhändler ist in seiner sozialen Stellung dem Unternehmer gegenüber erheblich stärker als der Handelsvertreter (vgl. *Mücke*, a. a. O.).

Bei näherer Betrachtung stellt man also fest, daß sich die auf den ersten Blick zunächst im Außenverhältnis von der des Handelsvertreters abweichende Stellung des Eigenhändlers auch entscheidend auf das *Innenverhältnis* auswirkt[5].

---

[5] Vgl. hierzu den Akademie-Ausschuß-Entwurf eines Handelsvertretergesetzes, vorgelegt von *H. C. Nipperdey* und *Rolf Dietz*, Berlin 1940, S. 49. Der Ausschuß gelangt aus diesen Erwägungen zu dem Ergebnis, daß es für den Handelsvertreter typisch ist, daß er in fremdem Namen auftritt und lehnt eine Ausweitung des Begriffs dahin, daß er auch den Kommissionsagenten umfaßt, ab.

VIII

Bei der Gegenüberstellung der Vertragsverhältnisse des Eigenhändlers und des Handelsvertreters ergeben sich also im Hinblick auf die rechtlich, wirtschaftlich und sozial wesentlich abweichende Interessenlage bereits erhebliche Bedenken gegen eine analoge Anwendung von Vorschriften des Handelsvertreterrechts auf den Eigenhändler überhaupt.

1. Prüft man die *einzelnen* Vorschriften des Handelsvertreterrechts auf ihre Anwendbarkeit im Wege der Analogie nach, so ist eine Anzahl von ihnen auf die abhängige Stellung des Handelsvertreters beim Geschäftsabschluß in solcher Weise zugeschnitten, daß ihre Anwendung auf den Eigenhändler von vornherein ausscheidet. Das gilt für die die Abschlußvollmacht betreffenden Bestimmungen der §§ 91 und 91a, für § 86 Abs. 2 (Pflicht des Handelsvertreters zur Mitteilung von jeder Geschäftsvermittlung und von jedem Geschäftsabschluß) und für § 86a HGB (Hilfs- und Benachrichtigungspflichten des Unternehmers). Da der Eigenhändler das Risiko des einzelnen Geschäfts naturgemäß selbst trägt, scheidet auch eine analoge Anwendung des § 86b HGB (Delkredere) auf ihn begrifflich aus.

2. Die den Provisionsanspruch des Handelsvertreters betreffenden Vorschriften der §§ 87—87c HGB passen für den Eigenhändler, der eine Vergütung für seine Tätigkeit nicht erhält, gleichfalls nicht. Eine entsprechende Anwendung wäre allenfalls für den Gebietsschutz des § 87 Abs. 2 HGB zu prüfen. Wollte man diese nicht schon im Hinblick auf die in bezug auf die Vergütung abweichende Interessenlage beim Eigenhändlervertrage ausschließen, so muß sie doch deshalb verneint werden, weil der strenge Gebietsschutz beim Handelsvertreter seinen Grund darin hat, daß die Entscheidung über den einzelnen Geschäftsabschluß letztlich beim Unternehmer liegt und die Vorschrift gerade hierfür einen Ausgleich schaffen will. Auch die Vorschriften über den Aufwendungsersatz (§ 87d) und das Zurückbehaltungsrecht (§ 88a HGB) sind ihrem Sinn nach auf den Eigenhändler nicht anwendbar.

3. Einer Heranziehung des § 89a HGB bedarf es schon deshalb nicht, weil der Eigenhändlervertrag als Dauerschuldverhältnis, wie an anderer Stelle bereits erwähnt, zwingend der Kündigung

aus wichtigem Grunde unterliegt (*Würdinger*, a. a. O., Anm. 1 zu § 84).

4. Eine analoge Anwendung des § 89 HGB kommt im Hinblick auf die vor allem sozial erheblich stärkere Position des Eigenhändlers gegenüber dem anderen Vertragsteil nicht in Betracht. Das Recht zur Kündigung mit Sechswochenfrist zum Quartalsschluß ergibt sich aus analoger Anwendung des § 622 BGB. Allenfalls kann insoweit mit *Würdinger* (a. a. O.) eine Analogie zu § 89 HGB angenommen werden.

5. Ebenso wie die Neuerungen des § 89 HGB dient auch § 85 HGB dem besonderen Schutz des Handelsvertreters (*Würdinger*, a. a. O., Anm. 6 zu § 84), dessen der Eigenhändler im Hinblick auf seine wirtschaftlich und sozial stärkere Position nicht bedarf.

6. Auch der die Wettbewerbsabrede betreffende § 90a HGB hat nur für den Handelsvertreter Berechtigung, dessen Beziehung zum Unternehmer, obschon er selbst Kaufmann ist, derjenigen eines Handlungsgehilfen in mancher Richtung nahesteht (vgl. BGH, Urteil vom 30. April 1957 — VIII ZR 201/56 —, BB 1957, S. 526). Der an den Vertragshändler verkaufende Unternehmer bedarf andererseits ebensowenig wie jedem anderen Händler gegenüber des besonderen Schutzes vor Verwertung oder Mitteilung von Betriebsgeheimnissen nach § 90 HGB. Zwar nimmt der Vertragshändler neben seinen eigenen Interessen die seines Lieferanten wahr. Er steht diesem jedoch als Kunde gegenüber, und es fehlt an einem Treueverhältnis, wie es sich beim Handelsvertreter aus der Vermittler- oder Vertreterstellung beim Geschäftsabschluß ergibt (vgl. *Schröder*, Recht der Handelsvertreter, 2. Aufl. Anm. 1 zu § 90).

IX

Der Ausgleichsanspruch des § 89b HGB ist in solchem Maße auf die Verhältnisse des Handelsvertreters und die Interessenlage beim Handelsvertretervertrage, insbesondere auf die *Provision* des Handelsvertreters zugeschnitten, daß sich eine analoge Anwendung auf den Vertrags- oder Eigenhändler ebenso wie für die übrigen die Provision betreffenden Vorschriften verbietet.

1. Wie die Begründung des Regierungsentwurfs zu § 89b HGB (a. a. O., S. 36) hervorhebt, bildet den Kern des Ausgleichsan-

spruches des Handelsvertreters nach § 89b HGB der *Verlust an Provision* (ebenso *Herschel-Beine-Buchwald*, Handbuch zum Recht des Handelsvertreters, 1954, S. 96), die dem Handelsvertreter bei Fortsetzung des Vertragsverhältnisses aus bereits abgeschlossenen oder künftig zustandekommenden Geschäften mit den von ihm geworbenen Kunden zustehen würde. Ebenso hat die Bundesregierung in ihrer Stellungnahme zu den Änderungsvorschlägen des Bundesrates zum Regierungsentwurf (Deutscher Bundestag, 1. Wahlperiode 1949, Drucks. Nr. 3856, S. 51) über das Wesen des Ausgleichsanspruches ausgeführt, daß dieser dem Handelsvertreter einen Ersatz für die *Provisionsansprüche* geben solle, die ihm zugestanden hätten, wenn sein Vertragsverhältnis fortgesetzt worden wäre, die er aber durch dessen Beendigung verliere. Im Absatz 1 Ziffer 2 verlangt § 89b HGB als allgemeine Voraussetzung für die Anwendbarkeit, daß der Handelsvertreter infolge Beendigung des Vertragsverhältnisses solche Ansprüche auf *Provision* verliert. Nach § 89b Abs. 1 Ziff. 2 HGB ist ein weiteres Erfordernis des Ausgleichsanspruches, daß der Unternehmer aus der Geschäftsverbindung mit neuen Kunden, die der Handelsvertreter geworben hat, auch nach Beendigung des Vertragsverhältnisses erhebliche Vorteile hat. Das ist, wie die Begründung des Regierungsentwurfs zu § 89b HGB betont (a. a. O., S. 35), vor allem dann der Fall, wenn der Unternehmer für Nachbestellungen der vom Handelsvertreter geworbenen Kunden keine *Provision* an den ausgeschiedenen Handelsvertreter mehr zu leisten hat.

2. Zu Recht stellt *Würdinger* (a. a. O., Anm. 4 zu § 89b) fest, daß der Anspruch aus § 89b HGB, wie es der Bundesgerichtshof in seinem Urteil vom 13. Mai 1957 — II ZR 318/56 — (NJW 1957, S. 1029 [1030]) betont, seine Grundlage in der in § 354 HGB enthaltenen allgemeinen Wertung hat und daß er in einer Linie mit dem gesetzlich gewährten Anspruch auf Provision bei Nachbestellungen (§ 87 Abs. 3 HGB) oder mit den Provisionen steht, die der Bezirksvertreter aus Geschäften erhält, die er nicht selbst vermittelt hat (§ 87 Abs. 2 HGB) sowie mit der besonderen Inkasso- und Delkredereprovision (§§ 86b, 87 Abs. 4 HGB) — (vgl. BGH, Urteil vom 13. Mai 1957, a. a. O.).

Auch *Habscheid* gelangt (in Festschrift zum 70. Geburtstag von *Walter Schmidt-Rimpler*, 1957, S. 356) nach eingehender Prüfung zu der Auffassung, daß sich die dem Handelsvertreter im § 89b HGB eingeräumte Berechtigung auf das *Provisionsrecht* zurückführen lasse und daß sich die Abfindungsregelung daher zwanglos in das System des Agenturrechts einfüge. Zutreffend geht *Habscheid* (a. a. O.) hierbei unter Hinweis auf die österreichische Rechtsprechung zu § 25 des österreichischen Bundesgesetzes über die Rechtsverhältnisse des Handelsagenten vom 24. Juni 1921 (BGBl. Nr. 348) und die in der Schweiz herrschende Meinung zu Art. 418 u des Obligationenrechts (dem Obligationsrecht eingefügt durch das schweizerische Bundesgesetz vom 4. Februar 1949 über den Agenturvertrag) davon aus, daß, wenn in der österreichischen und in der schweizerischen Regelung ihrem Wesen nach eine Entschädigung für entgehende Provisionsleistungen zu erblicken ist, dieses für § 89b HGB umsomehr gelten muß, als das Gesetz ja hier ausdrücklich auf den Verlust von Provisionsansprüchen abstellt.

3. In diesem Sinne stellt der Bundesgerichtshof im Urteil vom 13. Mai 1957 (NJW 1957, S. 1029ff.) den für die Einführung des Ausgleichsanspruches maßgeblichen, im Gesetz zum Ausdruck gekommenen Gedanken heraus, daß der Handelsvertreter infolge der Beendigung des Vertragsverhältnisses Ansprüche auf *Provision verliert*. Wie stark die Vorschrift des § 89b HGB ausschließlich auf das Provisionsrecht zugeschnitten ist, geht schließlich besonders auch aus dem Absatz 2 des § 89b hervor, nach dem sich auch die Höchstgrenze des Ausgleichs nach den Provisionseinkünften des Handelsvertreters, nämlich nach deren Durchschnitt bestimmt.

Weicht aber die Rechts- und Interessenlage des Eigenhändlervertrages mit seinem *reinen Rabatt* von der des Handelsvertretervertrages mit der *Provision* nach den oben gemachten Feststellungen erheblich ab, so ist eine analoge Anwendung des § 89b HGB gerade deshalb unzulässig, weil die Vorschrift nur aus der besonderen Vergütungsregelung des Handelsvertretervertrages heraus zu verstehen und nach ihr ausgestaltet ist.

Schröder (Der Betriebs-Berater 1958, S. 252) sieht den neuen Rechtsgedanken des § 89b HGB darin, daß der Handelsvertreter mit den vertragsgemäßen Leistungen des Unternehmers, die dieser im Hinblick auf die Tätigkeit des Vertreters und auf die von ihm während der Dauer des Vertragsverhältnisses gebrachten Geschäfte entwickelt hat, unter gewissen Voraussetzungen nicht ausreichend entschädigt wird, also ein Rest übrigbleibt, der noch zu bezahlen ist. Der Eigenhändler erhält aber nicht nur keine Provision, sondern überhaupt keine Leistungen des ihn beliefernden Unternehmers, die sich unter Umständen als nicht ausreichend darstellen könnten. Für eine Fortführung des Rechtsgedankens ist daher beim Eigenhändler kein Raum.

X

Abgesehen davon, daß der Rabatt des Eigenhändlers mit der Provision des Handelsvertreters nicht vergleichbar ist, *„verliert“* der Eigenhändler bei Beendigung des Händlervertragsverhältnisses aber auch *keine „Ansprüche“*, wie § 89 b HGB voraussetzt. Die Vorschrift geht entscheidend davon aus, daß ein Handelsvertreter Provision nicht nur für das erste Geschäft mit einem Abnehmer erhält, das er persönlich vermittelt oder abgeschlossen hat, sondern für alle Geschäfte, die der Kunde auch *ohne seine Tätigkeit* später mit dem Unternehmer unmittelbar tätigt (*Geßler*, Der Ausgleichsanspruch der Handels- und Versicherungsvertreter, Manuskript, Hamburg 1953, S. 39). Daß der Handelsvertreter Anspruch auf Provision auch für diese Geschäfte hat, die nicht unmittelbar auf seine Tätigkeit zurückzuführen sind, entspricht einem seit langer Zeit bestehenden Handelsbrauch, der sich aus dem rechtlichen Empfinden entwickelt hat, daß diese Geschäfte durch eine einmalige Provisionszahlung noch nicht mit abgegolten sein können. Diesen Gedanken gibt § 87 Abs. 1 HGB wieder (*Geßler*, a. a. O., S. 41). Nach § 87 Abs. 1 HGB hat der Handelsvertreter Anspruch auf Provision für Nachbestellungen, die während der Dauer des Vertragsverhältnisses aufgegeben werden. Verbleiben die Kunden nach Beendigung des Vertrages bei dem Unternehmer, so entgeht dem Handelsvertreter die Provision für die späteren Nachbestellungen, die er bei der Fortdauer des Handelsvertretervertrages auch ohne weitere Tätigkeit erhalten haben würde (vgl. BGH, Urteil vom 13. Mai 1957, a. a. O.).

Anders liegen die Verhältnisse beim *Eigenhändler*. Einen Anspruch, der sich ja gegen den Lieferanten richten müßte, kann er schon deshalb nicht verlieren, weil er seinen Rabatt nicht vom Lieferanten erhält, sondern selbst erzielt. Er verliert aber auch keinen Rabatt in dem Sinne, wie § 89 b HGB es für die Provision verlangt. Nur durch Weiterverkauf kommt er in den Genuß seiner Handelsspanne, und er erhält auch bei Nachbestellungen, die er ja in jedem Falle *selbst* entgegennehmen und abwickeln muß, seinen Rabatt nicht ohne eigene Tätigkeit. Einen Verlust, wie ihn der Handelsvertreter in bezug auf Nachbestellungen hat und § 89 b HGB ihn voraussetzt, hätte er nur dann, wenn ihm der Erlös aus Nachbestellungen auch ohne weitere Tätigkeit zufließen würde. Das aber ist beim Eigenhändler nach Lage der Verhältnisse nicht denkbar. Jede Nachbestellung erfordert es, daß er erneut tätig wird, da seine Händlerstellung es mit sich bringt, daß er jede Bestellung selbst entgegennimmt und jedes Geschäft selbst abwickeln muß. Da er auch bei Nachbestellungen nur auf diesem Wege seinen Rabatt erlangt, ist für einen Handelsbrauch, der ihm diesen für Nachbestellungen auch ohne neue eigene Tätigkeit zugestehen könnte, kein Raum. Der Eigenhändler verliert infolge der Beendigung des Händlerverhältnisses keine Ansprüche, die er bei Fortsetzung des Vertrages aus künftig zustande kommenden Geschäften mit den von ihm geworbenen Kunden hätte. Als Ansprüche auf Provision aus bereits abgeschlossenen Geschäften, die der Handelsvertreter verlieren kann, kommen allenfalls solche auf besondere Provisionen wie etwa Inkassoprovision, Bestandspflegegeld oder Verwaltungsprovision sowie bei Sukzessivlieferungsverträgen, Gebrauchsüberlassungs- und Nutzungsverträgen entstehende Provisionsansprüche in Frage (*Schröder*, Recht der Handelsvertreter, 2. Aufl. Anm. 12 zu § 89b HGB); sie scheiden, von dem außergewöhnlichen Fall des Sukzessivlieferungsvertrages abgesehen, beim Vertragshändler ohnehin aus. Es fehlt hiernach beim Eigenhändlervertrage an dem wesentlichen Erfordernis eines bei Beendigung des Vertragsverhältnisses entstehenden Verlustes von Ansprüchen, das den Kern der Regelung des § 89 b HGB bildet.

XI

Auch dem Eigenhändler kann infolge der Beendigung seines Vertrages ein Nachteil entstehen. Zwar sind die Abnehmer der Ware nach der oben dargelegten Gestaltung der Verhältnisse ausschließlich die Kunden des Händlers. Sie treten zu dem Unternehmer, der den Händler beliefert, nicht in Beziehungen. Der Händler verliert seine Kunden also keineswegs notwendig mit der

Beendigung des Vertrages, wie ein Handelsvertreter „seine“ Kunden verliert. Vielfach wird mangels jeglicher Beziehung zu dem Lieferanten des Händlers die Bindung des Kunden an den Händler stärker sein als diejenige an die von ihm verkaufte Ware oder deren Hersteller, insbesondere dann, wenn der Händler sich nicht auf den Verkauf beschränkt, sondern auch Reparaturen ausführt, selbst Zubehör herstellt oder vertreibt usw., wie es bei Artikeln, die Wartung und Pflege erfordern, die Regel ist.

Verliert aber ein Eigenhändler bei Beendigung des Händlervertrages seinen Kunden, weil im Einzelfall die Bindung an die im Rahmen des Händlervertrages verkaufte Ware entscheidend ist, so wirkt sich die Beendigung des Vertragsverhältnisses nur scheinbar in ähnlicher Weise aus wie beim Handelsvertreter. Vielmehr trifft dann den Vertrags(Eigen)-händler nur der allgemeine unvermeidliche wirtschaftliche Nachteil, der *jeden* Händler treffen kann. Diese Auswirkungen hängen aufs engste mit dem Vertrieb von Markenartikeln zusammen und treten bei den verschiedenen mit diesen befaßten Vertriebsformen gleichermaßen auf. So wird überall dort, wo ein Händler, ohne daß es sich um einen Vertragshändler zu handeln braucht, ein bestimmtes Erzeugnis eingeführt hat, dies dem an den Händler verkaufenden Unternehmer, wenn er den Händler nicht mehr beliefert, in gewissem Umfange auch weiterhin zugute kommen, während dem Händler der Gewinn aus Geschäften mit früheren Kunden entgeht, die er bei Fortdauer der Belieferung getätigt haben würde. Ein solches allgemeines Risiko des Händlers, das keine Ähnlichkeit mit der für den Handelsvertreter charakteristischen Lage hat, kann aber die analoge Anwendung des § 89b HGB nicht rechtfertigen.

Wollte man dem Vertragshändler den Ausgleichsanspruch des Handelsvertreters zubilligen, so müßte man ihn auch jedem anderen Händler zubilligen, insbesondere wenn er Markenartikel vertrieben hat. *Glaser* (a. a. O.) weist zutreffend darauf hin, daß sich eine indirekte Zuführung von Kunden wie beim Vertragshändler überall dort nachweisen läßt, wo irgendwelche Waren für einen Unternehmer verkauft werden und daß eine Ausdehnung des Geltungsbereichs des § 89b HGB auf den Vertragshändler ins Uferlose führt.

Der Grundgedanke der Vorschrift ist auch nicht etwa allgemein der, daß Nachteile der gekennzeichneten Art ausgeglichen werden sollen[6]. Daß der Gesetzgeber allein die besonderen Verhältnisse des Handelsvertreters im Auge hat, wird deutlich, wenn man bedenkt, daß sich die Beendigung des Vertrages auch für den unselbständigen Beauftragten des Unternehmers, der nach § 84 Abs. 2 HGB nicht Handelsvertreter ist, also für den angestellten Verkäufer in gleicher Weise wie für den Handelsvertreter auswirkt. Bei der klaren Abgrenzung seiner Rechtsstellung im Gesetz kann aber kein Zweifel darüber bestehen, daß die Regelung des § 89b HGB auf ihn nicht anwendbar ist[7].

Da die Vorschrift des § 89 b nach § 92 b HGB schon auf den Handelsvertreter im Nebenberuf nicht anzuwenden ist, kann sie auch nicht als Ausdruck eines allgemeinen Rechtsgedankens der *Bereicherung* in dem Sinne angesehen werden, daß sie einer entsprechenden Anwendung auf den Eigenhändler ohne weiteres zugänglich wäre. Dagegen spricht auch, daß § 89b HGB den Anspruch davon abhängig macht, daß seine Gewährung unter Berücksichtigung aller Umstände der Billigkeit entspricht, eine Voraussetzung, die mit dem Wesen eines echten Ausgleichsanspruchs für Bereicherung nicht zu vereinbaren ist (*Geßler*, a. a. O., S. 47).

Umgekehrt kann die Tatsache, daß der Ausgleichsanspruch sowohl in seiner Entstehung als auch in seiner Bemessung stark durch Gesichtspunkte der Billigkeit beeinflußt wird, die für seine Einführung durch das Änderungsgesetz maßgebend waren (BGH, Urteil vom 13. Mai 1957 — II ZR *318/56* —, NJW 1957 S. 1029 [1031]), nicht zu einer Anwendung des § 89b HGB auf den Eigenhändler führen[8]. Wollte man dem Eigenhändler den Anspruch zubilligen, so müßte dieses erst recht für viele unselbständige Beauftragte des Unternehmers (§ 84 Abs. 2 HGB) billig erscheinen. Das ist nicht möglich. Ebenso wie sich der unselbständige Beauftragte mit der Vergütung nach dem Dienstvertrage abzufinden hat, liegt es in der rechtlich und wirtschaftlich echten Händlerstellung des Vertragshändlers begründet, der vom Verkaufserlös lebt und von dem Unternehmer, von dem er seine Ware bezieht, eine

---

[6] So richtig auch *Schröder*, Der Betriebs-Berater 1958, S. 252.

[7] Vgl. LAG Baden-Württemberg, Urteil vom 29. 1. 58, Der Betrieb 1958, S. 199.

[8] *Schröder* (Der Betriebs-Berater 1958, S. 252 [255]) hält jede Billigkeitserwägung für verfehlt, soweit die Anwendbarkeit des § 89b HGB in Frage steht.

Vergütung für seine Tätigkeit nicht erhält, daß für den Ersatz eines „Vergütungsausfalls" kein Raum ist.

XII

Für die Frage der analogen Anwendbarkeit des § 89b HGB kann auch nicht unbeachtet bleiben, daß die Regelung rechtspolitisch eine sehr umstrittene Neuerung der mit dem Handelsvertretergesetz vollzogenen Reform des Rechts der Handelsvertreter ist (vgl. *Würdinger* a. a. O., Einleitung zu § 89b), die nach „strengem Recht" schwerlich zu vertreten ist (*Wahl*, Protokoll der 271. Sitzung des Ausschusses für Rechtswesen und Verfassungsrecht des Deutschen Bundestages, S. 6).

Wie *Schröder* (Der Betriebs-Berater 1958, S. 252f.) zutreffend hervorhebt, ist die Bestimmung des § 89b HGB als eine Sonderregelung für Handels- und Versicherungsvertreter nicht auch für andere Tatbestände gültig; sie stellt vielmehr nur auf einen im Gesetz genau beschriebenen Sondertatbestand ab. *Schröder* (a. a. O., S. 253) will deshalb eine entsprechende Anwendung nur dort zulassen, wo wirtschaftlich eine Gesamtsituation gegeben ist, die der des Handelsvertreterverhältnisses in *jeder* Beziehung entspricht.

Hinzu kommt, daß das Recht des Handelsvertreters insgesamt im Laufe der Zeit und gerade auch durch das Handelsvertretergesetz in zunehmendem Maße zu einer stark ausgeprägten Sonderregelung geworden ist, die durch die große Zahl der unabdingbaren Vorschriften charakterisiert wird. Auch unter diesem Gesichtspunkt begegnet die entsprechende Anwendung einzelner Vorschriften auf andere Rechtsverhältnisse grundsätzlich den stärksten Bedenken.

XIII

Schließlich zieht der Bundesgerichtshof in seinem Urteil vom 13. Mai 1957 (a. a. O., S. 1030) mit Recht die ausländischen Regelungen im Hinblick auf die erhebliche Rolle, die die Rechtsvergleichung bei der deutschen Neuregelung gespielt hat, zur Auslegung des § 89 b HGB heran. So muß bei der Prüfung der entsprechenden Anwendbarkeit der Vorschrift auch berücksichtigt werden, daß das mit der geltenden deutschen Regelung des Handelsvertreterrechts und insbesondere auch des Ausgleichsanspruchs (Art. 418 u des schweiz. Obligationenrechts und § 25 des österreichischen Handelsagentengesetzes) aufs engste verwandte schweizerische und österreichische Recht (vgl. Begründung des Regierungsentwurfs, a. a. O., S. 34) diesen gleichfalls nur dem Handelsvertreter und nicht auch dem Eigenhändler zubilligen. Art. 418a des schweizerischen Obligationenrechts grenzt den Begriff des Agenten dahin ab, daß er „für einen oder mehrere Auftraggeber Geschäfte zu vermitteln oder in ihrem Namen und für ihre Rechnung abzuschließen" verpflichtet sein muß. § 1 des österreichischen Bundesgesetzes über die Rechtsverhältnisse der Handlungsagenten vom 24. Juni 1921 (a. a. O.) verlangt, daß jemand „von einem anderen mit der Vermittlung oder Abschließung von Handelsgeschäften oder überhaupt von Rechtsgeschäften über bewegliche Sachen, Rechte oder Arbeiten in dessen Namen und für dessen Rechnung ständig betraut ist".[9] Professor *Demelius*, Wien, der als erster Sachkenner Österreichs angesprochen werden darf, hat dem Verfasser mitgeteilt, daß in Österreich niemand an eine analoge Anwendung des Ausgleichsanspruchs des § 25 ÖHAgG auf Eigen(Vertrags)-händler denkt.

XIV

Somit ist aus den dargelegten Gründen eine analoge Anwendung des § 89b HGB auf den Vertrags- oder Eigenhändler abzulehnen. Eine Ausnahme kann nur für den Fall gelten, daß es sich bei den zwischen dem Eigenhändler und seinem Lieferanten vereinbarten Vertragsbeziehungen nur der Form nach um einen Händlervertrag handelt, während tatsächlich ein Vertragsverhältnis begründet ist, das wirtschaftlich völlig und in jeder Beziehung dem Handelsvertretervertrag entspricht (vgl. *Schröder*, Recht der Handelsvertreter, 2. Aufl., Anm. 20 zu § 84 HGB und Der Betriebs-Berater 1958, S. 252 [253]). Das trifft aber nur dann zu, wenn es an den wesentlichen Merkmalen fehlt, die einen Händler von einem Handelsvertreter unterscheiden. Konzentriert sich also etwa der Verkaufsvorgang bei dem Lieferanten des Händlers,

---

[9] Nach französischem Recht (Loi instituant le statut légal des voyageurs, représentants et placiers du commerce et de l'industrie vom 18. 7. 1937) scheidet als représentant schon aus, wer nur nebenher als Eigenhändler tätig ist (vgl. *Laufke*, Zeitschrift für ausländisches und internationales Privatrecht 1952 S. 20 [26f.]).

weil dieser kein eigenes Lager und keine eigenen Verkaufsräume hat, sondern bei dem Lieferanten abruft und diesem die Abwicklung des Geschäfts überläßt, und trägt der Händler auch kein Risiko oder nur das eines Handelsvertreters mit Delkrederehaftung, so kann es demgegenüber nicht entscheidend sein, daß der „Händler" im eigenen Namen und auf seine Rechnung abschließt (vgl. *Duden*, a. a. O., Anm. 3 G zu § 84). Nur Vertragsverhältnisse dieser Art können auch die Voraussetzung, die *Schröder* (Der Betriebs-Berater 1958, S. 252 [254]) für eine entsprechende Anwendung handelsvertreterrechtlicher Grundsätze aufstellt, allenfalls erfüllen, daß nämlich, obgleich der „Beauftragte" nach der rechtlichen Ausgestaltung seiner Vertragsbeziehungen zu seinem „Auftraggeber" die Geschäfte im eigenen Namen und auch für eigene Rechung abschließt, im Innenverhältnis eine Abrechnung und Verrechnung nach Grundsätzen, wie sie auch für das Verhältnis Unternehmer — Handelsvertreter gelten, stattfindet. *Beim eigentlichen Vertrags- oder Eigenhändler ist das aber nicht denkbar.*

DIE BINDUNGSWIRKUNG DES ERBVERTRAGES

Ein Beitrag zur Gesetzesauslegung im Erbrecht, vor allem zu § 2289 BGB[1]

Von Wolfgang Siebert, Heidelberg

Inhaltsübersicht

I. Grundlagen der erbvertraglichen Bindung

1. Der mögliche Inhalt der Vertragsurkunde

In einem Erbvertrag kann jeder der Vertragsschließenden *einseitig* jede Verfügung treffen, die durch Testament getroffen werden kann (§ 2299 Abs. 1 BGB).

---

[1] Der nachfolgende Beitrag ist entstanden aus Vorarbeiten über Gesetzes- und Vertragsauslegung. Den unmittelbaren Anlaß bildete die interessante, im grundsätzlichen zutreffende Entscheidung des Bundesgerichtshofes vom 8. 1. 1958, NJW 1958 S. 498 mit dem Aufsatz von *Coing*, NJW 1958 S. 689; vgl. auch *Küster*, JZ 1958 S. 394. Einen Zusammenhang mit den besonderen Interessengebieten des Jubilars darf ich insoweit annehmen, als bei meinem Thema in besonders sinnfälliger Weise eine funktionelle Methode der Rechtsanwendung notwendig ist, wie sie gerade von *Hedemann* oft geübt worden ist. Außerdem hat sich der Jubilar gerade auch bei seinen wirtschaftsrechtlichen Arbeiten häufig mit den Grenzen einer rein wirtschaftlichen Betrachtungsweise beschäftigt, die auch im folgenden eine wesentliche Rolle spielen.

In einem Erbvertrag kann jeder der Vertragsschließenden *vertragsmäßige* Verfügungen von Todes wegen treffen (§ 2278 Abs. 1 BGB). Das BGB stellt als Einschränkung lediglich den Satz auf, daß andere Verfügungen als Erbeinsetzungen, Vermächtnisse und Auflagen *vertragsmäßig nicht* getroffen werden können (§ 2278 Abs. 2 BGB). Das BGB unterscheidet also zwischen einseitigen und vertragsmäßig getroffenen Verfügungen von Todes wegen im Erbvertrag (in der Erbvertragsurkunde).

Es ist daher möglich, daß ein Erblasser vertragsmäßige und testamentarische Verfügungen miteinander verbindet; der Erbvertrag ist gewissermaßen ein „Stützpunkt" für testamentarische Verfügungen jeder Vertragspartei[2].

2. Nur einseitig mögliche, im Erbvertrag enthaltene Verfügungen von Todes wegen

Kraft Gesetzes gehören zu den einseitigen Verfügungen in der Erbvertragsurkunde alle diejenigen, die nicht Erbeinsetzung, Vermächtnis oder Auflage sind. *Ein entgegenstehender Wille der Erbvertragsparteien kann hieran nichts ändern.* Der Parteiwille entscheidet lediglich über die *Aufnahme* einer derartigen Verfügung in die Erbvertragsurkunde oder über die *Vereinbarung* eines *Vorbehalts* zugunsten einer derartigen, nicht in die Erbvertragsurkunde aufgenommenen Verfügung.

Eine erbvertragliche Bindung kann sich nur auf solche Bestimmungen erstrecken, die nach dem Gesetz vertragsmäßig getroffen werden können. Verfügungen, die nicht vertragsmäßig getroffen werden können, wie z. B. die Ernennung eines Testamentsvollstreckers, haben immer testamentarischen Charakter, auch wenn sie im Erbvertrag stehen.

Wenn eine derartige, nur testamentarisch mögliche Verfügung mit dem Erbvertrag verbunden ist, so wird sie folgerichtig wie jede andere testamentarische (letztwillige) Verfügung behandelt (§ 2299 Abs. 2 BGB). Eine solche testamentarische Verfügung kann also jederzeit durch ein späteres Testament widerrufen werden; für diesen Widerruf gelten die §§ 2253ff., insbesondere § 2258 BGB

---

[2] Vgl. hierzu *Kipp-Coing*, § 39 I S. 157; zustimmend z. B. *Palandt-Rechenmacher*, § 2299 Anm. 1.

über den Widerruf eines früheren Testaments durch ein späteres, mit dem früheren in Widerspruch stehendes Testament.

3. Vertragsmäßig mögliche Verfügungen von Todes wegen als vertragsmäßige oder einseitige Verfügungen

Bei Verfügungen, die im Erbvertrag vertragsmäßig getroffen werden *können*, also bei Erbeinsetzungen, Vermächtnissen und Auflagen, bestimmt sich nach dem Willen der Erbvertragsparteien zunächst, ob die Verfügung *tatsächlich vertragsmäßig getroffen worden ist.* Da nach § 2299 Abs. 1 BGB in einem Erbvertrag auch einseitige Verfügungen von Todes wegen getroffen werden können, ist nicht ohne weiteres gesagt, daß die in einem Erbvertrag enthaltene und gemäß § 2278 Abs. 2 vertragsmäßig mögliche Verfügung von Todes wegen eine vertragsmäßige und damit den Erblasser bindende Bestimmung ist. Es muß durch *Auslegung* der Verfügung von Todes wegen ermittelt werden, ob es sich um eine vertragsmäßige oder einseitige (letztwillige) handelt. Bei Verfügungen, durch die einer der Erbvertragsbeteiligten selbst begünstigt wird, spricht eine Vermutung dafür, daß sie vertragsmäßig getroffen wurden[3]. Es ist aber z. B. der Fall denkbar, daß einem vertragsmäßig zum Erben Berufenen im Erbvertrag durch einseitige Verfügung des Erblassers ein Vorausvermächtnis zugewendet wird oder daß umgekehrt zu einer vertragsmäßigen Vermächtnisanordnung eine einseitige Erbeinsetzung hinzutritt.

Ist die im Erbvertrag enthaltene begünstigende Verfügung *nicht vertragsmäßig* getroffen worden, so fehlt es insoweit an einer erbvertraglichen Bindung des Erblassers. Eine spätere einseitige Verfügung, die die Rechtsstellung verändert, die der durch die einseitige Verfügung Begünstigte mit dem Erbfall erlangen sollte, kann daher den Bedachten nicht im Sinne von § 2289 Abs. 1 Satz 2 beeinträchtigen, sofern sie nur die vertragsmäßig geschaffene Rechtsposition unberührt läßt. Auch eine vertragsmäßig mögliche, aber einseitig getroffene Verfügung von Todes wegen im Erbvertrag wird gemäß § 2299 Abs. 2 BGB wie jede andere testamentarische (letztwillige) Verfügung behandelt, kann also jederzeit durch ein späteres Testament widerrufen werden. Es finden die §§ 2253ff. BGB Anwendung.

[3] Vgl. BGH NJW 1958 S. 498 l. Sp.; aber auch *Coing*, NJW 1958 S. 690; *Kipp-Coing*, Erbrecht, 10. Bearb. 1955, § 39 IV; *Bartholomeyczik*, Erbrecht, 3. Aufl. 1958, § 25 V.

4. Grundlagen der erbvertraglichen Bindung an vertragsmäßige Verfügungen

Ist die im Erbvertrag enthaltene begünstigende Verfügung *vertragsmäßig* getroffen worden, so ist damit noch nichts Endgültiges über die erbvertragliche Bindung des Erblassers gesagt.

a) Eine *Bindung* des Erblassers an die vertragsmäßig getroffene Verfügung besteht *nicht*, wenn die Parteien des Erbvertrages einen *Vorbehalt* zugunsten einer einseitigen späteren Verfügung des Erblassers rechtswirksam getroffen haben. Eine Beeinträchtigung i. S. des § 2289 Abs. 1 Satz 2 kommt in einem derartigen Fall nicht in Betracht, sofern sich die spätere Verfügung im Rahmen des Vorbehalts hält. Die Vereinbarung eines Vorbehalts ändert nichts an dem Rechtscharakter der im Erbvertrag enthaltenen Verfügung von Todes wegen. Sie bleibt eine vertragsmäßig getroffene. Lediglich die erbvertragliche Bindung des Erblassers fehlt. (Vgl. dazu noch unten II, 2).

Fehlt ein erbvertraglicher Vorbehalt zugunsten einer späteren einseitigen Verfügung des Erblassers, so ist der Erblasser im Hinblick auf vertragsmäßig getroffene Verfügungen des Erbvertrages erbvertraglich gebunden.

b) Es kann also festgestellt werden, daß die Frage, ob und inwieweit der Erblasser an die erbvertragliche Regelung gebunden ist oder nicht, identisch ist mit der Frage, ob und inwieweit die Parteien des Erbvertrages einen Vorbehalt zugunsten einer späteren einseitigen Verfügung des Erblassers vereinbarten oder nicht. Daß es bei dieser Frage ausschließlich auf den *Willen der Vertragsschließenden* ankommt, ist unbestritten.

Es ist selbstverständlich, daß der (erklärte) Wille der Parteien für den Inhalt eines Vertrages, also auch für den Inhalt des Erbvertrages, von entscheidender Bedeutung ist. Ebenso ist ohne weiteres anzuerkennen, daß die §§ 133, 157 BGB — richtig angewendet[4] — für die Auslegung des Vertrages und damit auch für die Tragweite der Bindungswirkung des Erbvertrages maßgebend sind. Der in Schrifttum und Rechtsprechung hierzu häufig gebrachte erläuternde Leitsatz lautet: „Wie weit die Bindung an einen Erbvertrag reicht, bestimmt

[4] Vgl. dazu *Coing*, NJW 1958 S. 691 f.

sich innerhalb der gesetzlichen Grenzen ausschließlich nach dem Willen der Vertragsschließenden[5]."

Nach der Auffassung des KG[5a] kommt es für die Auslegung des Erbvertrages unter dem Gesichtspunkt der Tragweite der Bindung auch auf die Interessenlage an. Diesem Satz kann mit gewissen Einschränkungen, die in der Formbedürftigkeit des erbvertraglichen Vorbehalts ihre Ursache finden[6], zugestimmt werden. Wenn in bezug auf eine bestimmte, im Erbvertrag erklärte Verfügung von Todes wegen keine der Vertragsparteien an einer Bindung des Erblassers irgendein Interesse hat, so ist das ein wichtiges Moment bei der Frage, ob dem Vertrag durch Auslegung ein Vorbehalt zugunsten späterer einseitiger Verfügungen entnommen werden kann. Auch ein gemäß § 157 ergänzend gefundener Wille ist als ein bei Vertragsschluß gebildeter Wille der Parteien anzusehen. Mit Rücksicht hierauf ist die Frage, ob ein erbvertraglicher Vorbehalt und damit Testierfreiheit besteht oder nicht, bereits mit Vertragsschluß vorab entschieden.

5. *Der erbvertragliche Vorbehalt*

a) *Vertragsfreiheit*

Schon in den Motiven zum BGB (V, 332) heißt es: „Dem vertragsmäßigen Vorbehalt nachträglicher Verfügungen Schranken zu ziehen, besteht kein Anlaß. Es würde damit ohne Grund die Vertragsfreiheit eingeengt werden. Jeder Vorbehalt muß zulässig sein, sofern er nur nicht den Vertrag selbst inhaltslos macht. Dies ergibt sich aus den allgemeinen Grundsätzen und bedarf daher keines besonderen Ausdruckes." Auch der BGH hält es mit Rücksicht auf die Vertragsfreiheit, die auch für Erbverträge gelte, für zulässig, daß die Parteien in dem Erbvertrag dem Erblasser das Recht vorbehalten, in gewissem Umfange letztwillige Verfügungen zu treffen, die mit den in dem Erbvertrag getroffenen unvereinbar sind[7].

---

[5] Vgl. *Kipp-Coing*, § 33 I; *Soergel-Ehard-Eder*, § 2289 Anm. 1; *Palandt-Rechenmacher*, § 2289 Anm. 1b; RG JW 1927 S. 2673; KG JW 1937 S. 2203.

[5a] KG JW 1937 S. 2203.

[6] Vgl. *Coing*, NJW 1958 S. 691.

[7] BGH NJW 1958 S. 498 l. Sp.; vgl. auch schon KG DNotZ 1937 S. 750 = JW 1937 S. 2203.

b) Vertragsmäßigkeit

Sowohl in den Motiven zum BGB (V, 332) als auch in der Entscheidung des BGH[8] wird betont, daß der Vorbehalt ein vertraglicher sein muß: Es ist darauf hinzuweisen, daß auch der Vorbehalt, der eine vertragsmäßig getroffene Verfügung von Todes wegen zugunsten einer Verfügung einschränkt, die kraft Gesetzes nur einseitig erfolgen kann, ein *vertraglicher* Vorbehalt ist. Gegenstand der erbvertraglichen Regelung ist in diesem Falle nicht die später einseitig zu treffende Verfügung, sondern Gegenstand der erbvertraglichen Regelung ist die *Zulässigkeit der Beschränkung der vertragsmäßig geschaffenen Rechtsstellung des Bedachten durch eine derartige Verfügung.* Werden durch den Vorbehalt dem Inhalt der zugelassenen einseitigen Verfügung Grenzen gezogen, so erfüllt jede einseitige Verfügung, die über diese Grenzen hinausgeht, den Tatbestand des § 2289 Abs. 1 Satz 2[9].

c) Terminologie

Es ist an dieser Stelle angebracht, zwecks Vermeidung von Mißverständnissen die Terminologie klarzulegen.

Von „Vorbehalt" spricht man am besten nur, wenn im Erbvertrag die Zulässigkeit einer später noch zu treffenden einseitigen Verfügung des Erblassers vereinbart worden ist. Ist die einseitige Verfügung im Erbvertrag selbst schon enthalten, so ist der Vorbehalt bereits bei Vertragsschluß realisiert, das Recht des vertragsmäßig Bedachten also von vornherein nicht als unbeschränktes entstanden. Man spricht hier am besten von einer bereits „realisierten Beschränkung" des Rechtes des vertragsmäßig Bedachten, während man unter Vorbehalt die „Zulassung einer späteren Beschränkung" zu verstehen hat. —

Dabei darf nicht verkannt werden, daß die realisierte Beschränkung im Zweifel die Zulässigkeit einer späteren Beschränkung enthält. Wird eine im Erbvertrag enthaltene einseitige, das Recht des vertragsmäßig Bedachten beschränkende Verfügung vom Erb-

---

[8] NJW 1958 S. 498 r. Sp.

[9] Dies trifft m. E. auch dann zu, wenn gemäß § 2216 Abs. 2 eine den erbvertraglich Bedachten begünstigende Verwaltungsanordnung an den Testamentsvollstrecker vom Nachlaßgericht außer Kraft gesetzt wird, der erbvertragliche Vorbehalt jedoch nur die Anordnung einer Testamentsvollstreckung *einschließlich* der begünstigenden Verwaltungsanordnung gestattete.

lasser einseitig widerrufen, so wird es im Zweifel dem Erblasser gestattet sein, die widerrufene Verfügung erneut vorzunehmen. Die erneute Vornahme kann das Recht des vertragsmäßig Bedachten nicht i. S. des § 2289 Abs. 1 Satz 2 beeinträchtigen, da sie durch einen Vorbehalt gedeckt ist.

d) Formbedürftigkeit

Da der Vorbehalt Teil des Erbvertrages ist, muß er in der für den Erbvertrag vorgeschriebenen Form vereinbart werden. Das bedeutet, daß er, um rechtswirksam zu sein, in irgendeiner Bestimmung des Erbvertrages mindestens in der Weise seinen Ausdruck gefunden haben muß, daß er dieser Bestimmung im Wege der Auslegung entnommen werden kann. Ein nicht in die formgerecht niedergelegten vertraglichen Vereinbarungen eingegangener formlos vereinbarter oder stillschweigender Vorbehalt ist rechtsunwirksam[10].

e) Bestimmtheit bzw. Bestimmbarkeit

Sowohl der Erbvertrag als auch der in ihm enthaltene Vorbehalt müssen inhaltlich so gefaßt sein, daß eindeutig bestimmt werden kann, welches Recht dem vertragsmäßig Bedachten bindend zugewendet ist[11].

Das bedeutet, daß der Erblasser gegenüber einem vertragsmäßig Bedachten sich nicht das Recht vorbehalten kann, diese vertragsmäßige Verfügung durch irgendeine andere zu ersetzen, die für den vertragsmäßig Bedachten wirtschaftlich günstiger ist. Der BGH[12] führt aus, daß sich in diesem Fall überhaupt nicht ermitteln ließe, was das sich aus dem Inhalt des Erbvertrages ergebende Recht des vertragsmäßig Bedachten ist. Dem ist zuzustimmen. Da, wie noch näher ausgeführt werden wird, ein Recht des vertragsmäßig Bedachten insoweit nicht besteht, als der Vorbehalt reicht, wäre in diesem Fall dem vertragsmäßig Bedachten in Wahrheit keine Rechtsstellung, sondern ein abstrakter Wert zugewendet. Die Form seiner Konkretisierung wäre in das Belieben des Erblassers gestellt. Es würde an der Bestimmtheit und Bestimmbarkeit der dem vertraglich Bedachten mit Eintritt des Erbfalls zukommenden Rechtsposition fehlen.

---

10 BGH NJW 1958 S. 498 r. Sp.; *Coing*, NJW 1958 S. 691.
11 BGH NJW 1958 S. 498 r. Sp.
12 A. a. O. S. 498 r. Sp.

f) Umfang des Vorbehalts

Der in einen Erbvertrag aufgenommene Vorbehalt darf nicht so weit gehen, daß damit der Erbvertrag seines eigentlichen Wesens entkleidet wird. Ein Vorbehalt darf den Erbvertrag nicht inhaltlos machen. Er darf nicht dazu führen, dem Erblasser den Rücktritt von dem Erbvertrag unter Umgehung der Vorschriften der §§ 2293 ff. BGB zu ermöglichen. Das bedeutet, daß, wenn der Erblasser von dem Vorbehalt Gebrauch macht, er bereits durch den Erbvertrag gehalten sein muß, dem Bedachten eine bestimmte Rechtsposition zu belassen oder als Ersatz neu zu gewähren. Wäre der Erblasser durch den Erbvertrag nicht gehindert, die vertragsmäßig getroffene Verfügung von Todes wegen völlig oder ersatzlos aufzuheben, dann läge kein Erbvertrag vor; denn den Parteien eines Erbvertrages ist es nicht gestattet, dem Erblasser die Möglichkeit einzuräumen, den Vertrag auf andere Weise als nach den gesetzlichen Bestimmungen außer Kraft zu setzen[13]. Wer den Willen hat, eine Verfügung von Todes wegen als vertragsmäßige zu errichten, kann nicht gleichzeitig wollen, daß sie nur eine einseitige sei[14].

Zulässig ist z.B., daß der Erblasser, der vertraglich eine Person als Alleinerben einsetzt, sich vorbehält, über einzelne Gegenstände seines Vermögens anderweitig durch Anordnung von Vermächtnissen zu verfügen oder eine Testamentsvollstreckung anzuordnen oder neben dem Vertragserben auch noch eine andere Person zu einem bestimmten Bruchteil als Erben einzusetzen[15].

6. *Das dem Erbvertrag zugrunde liegende System*

Grundsätzlich muß, wenn durch einen Erbvertrag der Vertragspartner selbst bedacht wird, davon ausgegangen werden, daß der Erblasser an die erbvertragliche Regelung uneingeschränkt gebunden ist. Grundsätzlich werden derartige in einem Erbvertrage enthaltene Verfügungen von Todes wegen sowohl vertragsmäßig als auch vorbehaltslos getroffen. Sowohl die einseitige als auch

[13] Vgl. BGH NJW 1958 S. 498 r. Sp.; auch schon Motive V S. 332; KG a. a. O.; dagegen *Küster*, JZ 1958 S. 395, der dem Umfang eines Vorbehalts keine Grenzen setzt.

[14] *Strohal*, Das Deutsche Erbrecht, 3. Aufl. Bd. I S. 376f.

[15] BGH NJW 1958 S. 498 r. Sp.

die vertragsmäßig, aber unter Vorbehalt getroffene, den Vertragspartner begünstigende Verfügung von Todes wegen sind im Erbvertrag Ausnahmen, die dem mit dem Institut des Erbvertrages verfolgten Ziel entgegenlaufen und den Erbvertrag inhaltlos machen, wenn sie sein alleiniger Inhalt sind. Das Bestehen eines Erbvertrages ohne Bindung des Erblassers ist nicht möglich; der Vertragsfreiheit sind insoweit Schranken gezogen.

II. Das Recht des vertraglich Bedachten i. S. des § 2289 Abs. 1 Satz 2 BGB

Das Verhältnis zwischen Erbvertrag und späterem Testament oder Erbvertrag ist durch die Verweisung auf das Verhältnis zwischen früherem Testament und späterem Erbvertrag in § 2289 Abs. 1 Satz 2 folgendermaßen geregelt: „Gegenüber einem Erbvertrag ist eine spätere Verfügung von Todes wegen unwirksam, soweit sie das Recht des vertragsmäßig Bedachten beeinträchtigt." — Wenn in den folgenden Ausführungen bei der Behandlung des § 2289 Abs. 1 Satz 2 BGB der Einfachheit halber nur von einem späteren Testament (einer späteren letzwilligen bzw. einseitigen Verfügung) gesprochen wird, so gilt das in gleicher Weise für einen späteren Erbvertrag mit einem Dritten.

1. Die vertragliche Grundlage

Aus der Rechtsnatur des Erbvertrages als eines echten Vertrages[16] folgt die grundsätzliche Bindung der Parteien an die in ihm enthaltenen vertragsmäßigen Verfügungen von Todes wegen[17]. Die Unwirksamkeit eines späteren Testamentes gemäß § 2289 Abs. 1 Satz 2 BGB erklärt sich aus der Bindungswirkung des Erbvertrages. Der erbvertragliche Partner des Erblassers soll durch den Erbvertrag dagegen gesichert werden, daß der Erblasser später durch einseitige Verfügung von Todes wegen den vertragsmäßigen Inhalt des Erbvertrages ändert. Die Schutzwirkung für den Erbvertragspartner liegt also in der Rechtswirkung des Erb*vertrages*; dem Vertragspartner soll die durch den Erbvertrag eingeräumte Rechtsposition erhalten bleiben. Nicht aus § 2289 BGB, sondern aus der

[16] Vgl. BGH NJW 1958 S. 498 l. Sp. mit Nachw.: *Planck-Greiff*, 4. Aufl. Bd. 5, 1930, Vorbem. 2 vor § 2274; *Staudinger-Herzfelder*, 9. Aufl. Bd. 5 1928, § 1941 Anm. 2; *Strohal*, Das Deutsche Erbrecht, 3. Aufl. Bd. I 1903, S. 82f., 374f.

[17] Vgl. auch *Coing*, NJW 1958 S. 689.

Vertragsnatur des Erbvertrages ergibt sich die Bindung. § 2289 BGB spricht die sich daraus für die Wirksamkeit der späteren letztwilligen Verfügung ergebende Folge aus[18].

2. Die vertragliche Rechtsstellung

Das Recht des vertragsmäßig Bedachten i. S. des § 2289 Abs. 1 Satz 2 ist also kein subjektives Recht in dem Sinne, daß der bedachte Vertragspartner irgendwie darüber verfügen könnte, sondern es handelt sich um eine *Rechtsstellung aus dem Erbvertrag*, die dem Bedachten je nach Inhalt des Vertrages — Erbeinsetzung, Vermächtnis, Auflage — die künftige Berufung als Erbe oder den Anfall eines Vermächtnisses oder die Vollziehung einer Auflage sichert. Kurz gesagt: Das Recht des vertragsmäßig Bedachten im Sinne des § 2289 Abs. 1 Satz 2 ist die dem Inhalt des Erbvertrages entsprechende Rechtsstellung des erbvertraglich Bedachten[19]. Das bedarf einer Erläuterung und einer Einschränkung.

Was in der Erbvertragsurkunde, aber nicht als erbvertragliche Zuwendung, sondern als letztwillige Verfügung angeordnet worden ist, gehört nicht zum Recht des vertragsmäßig Bedachten. „Vertragsmäßig" bedacht heißt in § 2289 zweifellos: durch den Inhalt des *Vertrages* bedacht, denn § 2289 will gerade die der letzwilligen Verfügung fehlende Bindungswirkung des Erbvertrages zum Ausdruck bringen.

Soweit durch einen erbvertraglichen *Vorbehalt* die Bindung des Erblassers an die vertragsmäßig getroffenen Verfügungen von Todes wegen rechtswirksam ausgeschlossen ist, muß die Bestimmung des § 2289 Abs. 1 Satz 2, wonach eine spätere Verfügung von Todes wegen bei Beeinträchtigung des Rechts des vertragsmäßig Bedachten keine Wirkung hat, dahin verstanden werden, daß ein „Recht des vertragsmäßig Bedachten" in dem Umfang nicht besteht, als es vom Erblasser durch einseitige Verfügung von Todes wegen aufgehoben, gemindert, beschränkt oder belastet werden kann[20].

Der BGH (NJW 1958 S. 498 r. Sp.) ist offenbar der Ansicht, daß von vornherein keine erbvertragliche Verfügung vorliegt, soweit im Erbvertrag ein Vorbehalt gemacht worden ist. Dem

---

[18] Vgl. BGH NJW 1958 S. 498 l. Sp., S. 499 r. Sp.

[19] Vgl. hierzu z. B. *Endemann*, Erbrecht, 8./9. Aufl. 1919, S. 641; *Strohal*, Erbrecht I, S. 381 ff.

[20] Vgl. KG DNotZ 1937 S. 570 = JW 1937 S. 2203.

muß aus sachlichen und terminologischen Gründen widersprochen werden, denn man darf nicht die Grenzen verwischen zwischen der Möglichkeit, in einer Erbvertragsurkunde vertraglich mögliche Verfügungen einseitig zu treffen, und der Frage, ob die erbvertragliche Bindung an eine vertragsmäßig getroffene Verfügung durch einen (vertraglichen) Vorbehalt beschränkt wird. Außerdem muß scharf unterschieden werden zwischen der vertraglichen Regelung überhaupt und dem „Recht des vertragsmäßig Bedachten" im Sinne des § 2289 Abs. 1 S. 2: Der erbvertraglich festgelegte Vorbehalt ändert nichts an der erbvertraglich getroffenen Regelung (zumal man ja noch nicht weiß, ob von dem Vorbehalt Gebrauch gemacht werden wird), wohl aber berührt der Vorbehalt von vornherein den Umfang des Rechts des vertragsmäßig Bedachten.

Der Vorbehalt grenzt das Recht ab, das in dem Erbvertrag dem vertragsmäßig Bedachten eingeräumt wird[21]. Der Inhalt des Erbvertrages ist maßgebend für die Bestimmung des § 2289, aber *nicht unmittelbar für den Rechtsbegriff der Beeinträchtigung, sondern für den Umfang des gegen Beeinträchtigung geschützten Bereichs.*

III. Erbvertragliche Bindung und Beeinträchtigung

Was ergibt sich aus der Entscheidung der Frage, ob eine erbvertragliche *Bindung* besteht oder nicht, für die Frage der *Beeinträchtigung?*

1. Kein Recht des Bedachten bei Fehlen erbvertraglicher Bindung

Man kann zunächst feststellen, daß bei Fehlen einer erbvertraglichen Bindung wegen Bestehens eines Vorbehalts eine spätere einseitige Verfügung keine Beeinträchtigung des Rechts des vertragsmäßig Bedachten darstellen kann, soweit sie sich im Rahmen des Vorbehalts hält. Soweit der Vorbehalt reicht, fehlt es an einem Recht des Bedachten, so daß die Frage einer Beeinträchtigung überhaupt nicht gestellt werden kann. (Bestehen eines Vorbehalts = fehlende Bindung = fehlendes „Recht des Bedachten"; deshalb keine Beeinträchtigung.)

2. Beeinträchtigung — eine Frage der Gesetzesauslegung; erbvertragliche Bindung — eine Frage der Vertragsauslegung

Muß man umgekehrt sagen, daß bei Bestehen einer erbvertraglichen Bindung wegen Fehlens eines Vorbehalts eine spätere ein-

[21] BGH NJW 1958 S. 498 r. Sp.

seitige Verfügung des Erblassers, die die erbvertragliche Regelung berührt, eine Beeinträchtigung des Rechts des vertragsmäßig Bedachten darstellt?

Für die Beantwortung dieser Frage kann man nicht noch einmal den Parteiwillen heranziehen. Entweder haben die Parteien des Erbvertrages einen Vorbehalt zugunsten einer späteren einseitigen Verfügung vereinbart, dann fehlt es, soweit der Vorbehalt reicht, an einer erbvertraglichen Bindung, oder ein Vorbehalt wurde nicht vereinbart, dann besteht volle erbvertragliche Bindung wegen Fehlens eines auf die Zulässigkeit einer späteren einseitigen Verfügung gerichteten und erklärten Willens. Das gleiche gilt von einem im Rahmen von § 157 BGB zu berücksichtigenden mutmaßlichen Parteiwillen. Auch er ist lediglich bei der Frage heranzuziehen, ob und inwieweit die Parteien einen Vorbehalt vereinbart und dadurch die erbvertragliche Bindung ausgeschlossen hatten, nicht aber bei der Frage, ob eine spätere einseitige Verfügung bei uneingeschränkter erbvertraglicher Bindung eine Beeinträchtigung darstellt oder nicht. Der Wille der Parteien ist für den Inhalt des Erbvertrages und damit für die Tragweite der Bindungswirkung des Erbvertrages und den Umfang der durch § 2289 geschützten Rechtsstellung maßgebend. Wenn aber der Inhalt des Erbvertrages und damit der Umfang der erbvertraglichen Bindung und damit der Umfang des Rechts des vertragsmäßig Bedachten feststehen, dann ist die Beeinträchtigung i. S. des § 2289 eine Rechtsfrage und der Begriff der Beeinträchtigung i. S. des § 2289 ein Rechtsbegriff.

Infolgedessen ist die Beantwortung der Frage, ob und inwieweit erbvertragliche *Bindung* besteht, eine Aufgabe der — evtl. ergänzenden — *Vertragsauslegung*[22]. Die Bestimmung des Rechtsbegriffes der *Beeinträchtigung* im Bereich der (durch Auslegung festgestellten) erbvertraglichen Bindung ist eine Aufgabe der *Gesetzesauslegung*.

IV. Der Rechtsbegriff der Beeinträchtigung

Welche Merkmale muß nun eine spätere Verfügung von Todes wegen erfüllen, um gemäß § 2289 Abs. 1 Satz 2 wegen Beeinträchtigung des Rechts des vertragsmäßig Bedachten unwirksam zu sein? Ist jede spätere Verfügung von Todes wegen gemäß § 2289

---

[22] Ebenso, besonders deutlich, *Coing*, NJW 1958 S. 689, 691; auch *Kipp-Coing*, Erbrecht S. 81, vor allem für die ergänzende Auslegung.

Abs. 1 Satz 2 unwirksam, die mit der erbvertraglichen Regelung i. S. des § 2258 Abs. 1 in *Widerspruch* steht? Kann auch eine Verfügung von Todes wegen, die dieses Merkmal nicht erfüllt, gemäß § 2289 Abs. 1 Satz 2 unwirksam sein?

1. Das Verhältnis des § 2289 Abs. 1 zu § 2258 Abs. 1; Beeinträchtigung und Widerspruch

a) Sowohl der Erbvertrag als auch das Testament sind Verfügungen von Todes wegen, durch die die Erbfolge geregelt werden kann. Für den Fall, daß zwei aufeinanderfolgende *Testamente* einander widersprechende Bestimmungen enthalten, bestimmt § 2258 Abs. 1 BGB, daß damit die widersprechenden Verfügungen des früheren Testaments aufgehoben sind. Eine entsprechende Bestimmung fehlt für den Fall, daß ein später geschlossener Erbvertrag oder ein später errichtetes Testament Verfügungen enthält, die den in einem früher geschlossenen *Erbvertrag* enthaltenen Verfügungen widersprechen. Eine derartige Bestimmung wäre auch nicht mit dem Wesen des Erbvertrages zu vereinbaren, denn der Erbvertrag ist — obgleich eine Verfügung von Todes wegen — doch ein wirklicher Vertrag. Aus dieser Rechtsnatur des Erbvertrages folgt die grundsätzliche Bindung der Parteien an seinen Inhalt, soweit es sich um vertragsmäßige Verfügungen von Todes wegen handelt. Das bedeutet, daß der Erbvertrag nicht ohne weiteres durch einen später mit einer anderen Person geschlossenen Erbvertrag oder durch ein später errichtetes Testament außer Kraft gesetzt werden kann. Er kann nur dadurch wieder beseitigt werden, daß die Vertragsteile ihn gemäß § 2290 BGB in der in § 2276 BGB für die Errichtung eines Erbvertrages vorgeschriebenen Form aufheben, oder dadurch, daß der Erblasser gemäß §§ 2293ff. BGB von einem vertraglich vorbehaltenen oder kraft Gesetzes bestehenden Rücktrittsrecht Gebrauch macht. Lediglich eine vertragsmäßige Verfügung, durch die ein Vermächtnis oder eine Auflage angeordnet ist, kann von dem Erblasser durch Testament aufgehoben werden, § 2291 Abs. 1 Satz 1. Nach Satz 2 ist jedoch für die Wirksamkeit der Aufhebung die formbedürftige Zustimmungserklärung des anderen Vertragsteiles erforderlich.

b) Wenn in § 2289 Abs. 1 BGB auf Grund dieser Bindung bestimmt ist, daß ein Erbvertrag frühere letztwillige Verfügungen aufhebt (Satz 1) und spätere Verfügungen von Todes wegen unwirksam werden läßt (Satz 2), soweit sie das Recht des vertragsmäßig Bedachten „beeinträchtigen", so folgt daraus, daß weder alle noch ausschließlich diejenigen Verfügungen aufgehoben bzw. unwirksam werden, die mit der erbvertraglichen Regelung im Sinne des § 2258 Abs. 1 BGB „in Widerspruch stehen". Die Begriffe „beeinträchtigen" in § 2289 und „in Widerspruch stehen" in § 2258 sind *nicht identisch*. Nach § 2289 Abs. 1 tritt die Unwirksamkeit früherer oder späterer letztwilliger Verfügungen sowohl in einem *weiteren* als auch in einem *engeren* Umfang ein, als dies bei einer dem § 2258 entsprechenden Vorschrift der Fall wäre[23]. Zur Vereinfachung soll dies vornehmlich an Hand des § 2289 Abs. 1 Satz 2 nachgewiesen werden, dem Fall also, daß eine *spätere* Verfügung von Todes wegen mit einer bereits bestehenden erbvertraglichen Regelung kollidiert.

aa) Nach Auffassung des BGH[24] sollen gemäß § 2289 Abs. 1 BGB auch die Verfügungen, die nicht in Widerspruch zu den vertragsmäßigen stehen, die aber dennoch das Recht des vertragsmäßig Bedachten *wirtschaftlich* beeinträchtigen würden, unwirksam sein. Diese Formulierung kann zu Mißverständnissen führen.

Wie schon erörtert wurde, handelt es sich bei dem Recht des vertragsmäßig Bedachten i. S. des § 2289 Abs. 1 BGB um eine Rechtsstellung aus dem Erbvertrag, die dem Bedachten die künftige Berufung als Erbe oder den Anfall eines Vermächtnisses oder die Vollziehung einer Auflage sichert. Beeinträchtigung des Rechts des vertragsmäßig Bedachten bedeutet also Beeinträchtigung der bindend festgelegten Rechtsstellung aus dem Erbvertrag. Wirtschaftliche Beeinträchtigung kann daher nur heißen, daß dem Bedachten durch die spätere letztwillige Verfügung wirtschaftliche Vorteile genommen werden, die er nach Eintritt des Erbfalles *auf Grund seiner Rechtsstellung* als Erbe, Vermächtnisnehmer oder Auflagenberechtigter hätte, die also Ausfluß dieser Rechtsstellung und damit des Vertragsinhalts sind. Dem Bedachten können aber solche wirtschaftlichen Vorteile nur in der Weise vorenthalten

---

[23] Vgl. BGH NJW 1958 S. 499 1. Sp.
[24] a. a. O. S. 499 1. Sp.

werden, daß durch die spätere letztwillige Verfügung in die Rechtsstellung selbst eingegriffen wird, auf der sie beruhen. Die wirtschaftlichen Interessen und Vorteile werden nur im Rahmen und als Inhalt der Rechtsstellung geschützt. Daraus ergibt sich, daß auch eine „wirtschaftliche" Beeinträchtigung nach § 2289 Abs. 1 BGB nur dann vorliegen kann, wenn die spätere letztwillige Verfügung dem Bedachten eine von der erbvertraglichen Gestaltung abweichende *Rechtsstellung* geben will.

Den gleichen mittelbaren Schutz genießen sonstige Interessen, insbesondere ideelle Interessen des Bedachten. Die ideellen Interessen müssen, gerade hier im Erbrecht, grundsätzlich ebenso beachtet werden wie die wirtschaftlichen.

Die Formulierung des BGH bedarf also einer Korrektur, soweit sie zum Ausdruck bringen will, daß eine „rein" wirtschaftliche Beeinträchtigung ohne unmittelbaren Eingriff in die Rechtsstellung für § 2289 Abs. 1 Satz 2 genügen soll. Vielmehr setzt eine Beeinträchtigung im Sinne dieser Bestimmung voraus, daß die Rechtsstellung, die der Bedachte nach der späteren Verfügung von Todes wegen mit Eintritt des Erbfalles erlangen soll, von derjenigen Rechtsstellung abweicht, die er auf Grund des Erbvertrages erhalten würde. *Eine Beeinträchtigung ohne veränderte Rechtsstellung ist nicht möglich.*

Andererseits verlangt der Begriff der Beeinträchtigung im Recht des Erbvertrages nicht, daß das spätere Testament mit der Rechtsstellung kraft Erbvertrages im Sinne des § 2258 Abs. 1 *in Widerspruch stehen* müsse, sondern eine Beeinträchtigung im Sinne des § 2289 Abs. 1 Satz 2 kann durchaus vorliegen, auch ohne daß ein Widerspruch im Sinne des § 2258 Abs. 1 gegeben ist. Insofern geht der Begriff der Beeinträchtigung weiter als der Begriff des Widerspruchs. Nur hat diese Nichtübereinstimmung ihre Ursache nicht in wirtschaftlichen Erwägungen, sondern in dem Unterschied zwischen Erbvertrag und Testament.

Das soll an einigen Beispielen erläutert werden:

Wird gegenüber einem testamentarisch zum Erben Eingesetzten in einem späteren Testament eine Testamentsvollstreckung oder zugunsten eines Dritten ein Vermächtnis angeordnet, so besteht zwischen dem späteren und dem früheren Testament kein Widerspruch im Sinne des § 2258 Abs. 1 mit der Folge, daß das frühere Testament durch das spätere teilweise aufgehoben wäre. Inhalt des früheren Testaments war die Erbeinsetzung, nicht etwa eine „unbeschränkte Erbeinsetzung", denn die Möglichkeit einer späteren einschränkenden Ergänzung liegt von vornherein im Wesen der *letztwilligen* Verfügung. Wenn dagegen ein *vertragsmäßig* zum Erben Berufener in einem späteren Testament durch eine Testamentsvollstreckung oder mit einem Vermächtnis beschwert wird, so ist das spätere Testament wegen Beeinträchtigung des Rechts des vertragsmäßig Bedachten unwirksam, weil die Rechtsstellung des vertragsmäßig Bedachten in einer unbeschränkten Erbeinsetzung bestand. In diesem Sinne kann man also sagen, daß nach § 2289 Abs. 1 die Unwirksamkeit früherer oder späterer letztwilliger Verfügungen in einem *weiteren* Umfang eintritt, als es nach § 2258 Abs. 1 der Fall wäre[25].

bb) Der BGH[26] weist auf die Möglichkeit hin, daß § 2289 Abs. 1 dem Erbvertrag in bezug auf die Aufhebung früherer (und die Unwirksamkeit späterer) letztwilliger Verfügungen *engere* Wirkungen beilegt, wie sie in § 2258 Abs. 1 für ein widersprechendes Testament geregelt sind. Aus der Fassung des § 2289 Abs. 1 Satz 1 könne sich ergeben, daß eine in einem früheren oder späteren Testament enthaltene und der vertragsmäßig getroffenen widersprechende Verfügung gültig bleibt, wenn der Erbvertrag dadurch wirkungslos wird, daß der vertragsmäßig Bedachte wegfällt, sei es, daß er vor dem Erblasser verstirbt, sei es daß er die erbvertragliche Zuwendung ausschlägt. Der BGH enthält sich jedoch einer Entscheidung in dieser nicht unbestrittenen Rechtsfrage. Nach überwiegender Ansicht[27] soll es jedenfalls bei den hier vornehmlich interessierenden *späteren* letztwilligen Verfügungen für die Frage der Beeinträchtigung allein auf den Zeitpunkt des Erbfalles ankommen. Ist in diesem Zeitpunkt der erbvertraglich Bedachte ersatzlos weggefallen, so wird die Gültigkeit der zu der erbvertraglichen Verfügung in Widerspruch stehenden

---

[25] Vgl. auch *Bartholomeyczik*, Erbrecht, § 25 S. 118.

[26] A. a. O. S. 499 1. Sp.

[27] Vgl. *Erman-Hense*, § 2289 Anm. 2; *Planck-Greiff*, § 2289 Anm. 3a; *Staudinger-Herzfelder*, § 2289 Anm. 1; *Soergel-Ehard-Eder*, § 2289 Anm. 1; RGZ 149 S. 200.

späteren letztwilligen Verfügung zu bejahen sein, weil ein Recht des Bedachten, das beeinträchtigt sein könnte, nicht mehr besteht.

Ein weiterer Fall, in dem eine spätere Verfügung von Todes wegen der erbvertraglichen Regelung zwar widerspricht, das Recht des vertragsmäßig Bedachten aber nicht i. S. des § 2289 beeinträchtigt, ist in der Regel dann gegeben, wenn der Erblasser durch die spätere Verfügung von Todes wegen die rechtliche Gestaltung des Erbvertrages, das Recht des vertragsmäßig Bedachten, *lediglich zugunsten* des Bedachten erweitert, z. B. dadurch, daß er den vertraglich zum Vorerben Eingesetzten durch späteres Testament zum Vollerben beruft[28]. Es darf sich aber wirklich nur um eine Erweiterung der rechtlichen Gestaltung des Erbvertrages handeln; keinesfalls dürfen dem Bedachten vorteilhafte Rechtspositionen, die er kraft der erbvertraglichen Regelung mit Eintritt des Erbfalles erlangt hätte, genommen werden. So muß z. B. ein Erblasser, der erbvertraglich jemanden zu einer bestimmten Quote als *Erben* eingesetzt hat, daran gehindert sein, dem vertraglich Bedachten durch späteres Testament an Stelle dieser Rechtsposition den doppelten Wert als *Vermächtnis* zuzuwenden, sofern nicht ein diesbezüglicher Vorbehalt vereinbart wurde. Was vorteilhaft ist, bestimmt sich in erster Linie nach den ideellen und wirtschaftlichen Interessen des Bedachten. Daher ist es in dem soeben genannten Beispiel nicht ausgeschlossen, daß der erbvertraglich zum Vorerben eingesetzte, der vertragsmäßig Bedachte, ein besonderes, durchaus schutzwürdiges Interesse an der Aufrechterhaltung der Vorerbenstellung hat.

Beeinträchtigung ist demnach jede Änderung der dem Inhalt des Erbvertrages entsprechenden Rechtsstellung des vertragsmäßig Bedachten, soweit die Rechtsstellung nicht in seinem Interesse lediglich erweitert wird.

2. Anhang: Schrifttum und Rechtsprechung zu § 2289

Im Schrifttum und in der Rechtsprechung wird der Begriff „Beeinträchtigung des Rechts des vertragsmäßig Bedachten" selten etwas eingehender behandelt.

a) Bei *Kipp-Coing* (Erbrecht S. 144) wird zur Beeinträchtigung i. S. des § 2289 Abs. 1 Satz 2 folgendes ausgeführt:

[28] Vgl. auch BGH NJW 1958 S. 499 l. Sp.

„Eine Verfügung beeinträchtigt des Recht des vertragsmäßig Bedachten, wenn sie es *mindert*, z. B. wenn einem eingesetzten Erben ein Teil der Erbschaft entzogen werden soll, wenn sie es *beschränkt*, z. B. wenn dem Erben ein Testamentsvollstrecker gesetzt werden soll, und wenn sie es *belastet*, d. h. wenn dem vertragsmäßig Bedachten ein Vermächtnis auferlegt oder eine Auflage gemacht wird."

Alle diese Beispiele stellen auf eine rechtliche Veränderung ab, d. h. auf eine Veränderung des Inhalts der *vertraglichen Rechtstellung*. Das gilt auch für die bei *Kipp-Coing* a. a. O. im Anschluß an den vorstehenden Satz behandelte Entscheidung des Kammergerichts[29]. Überhaupt findet sich keine Entscheidung, die einen rein wirtschaftlichen Vergleich anstellt und wegen des Fehlens einer wirtschaftlichen Verschlechterung trotz Änderung der vertraglichen Rechtsstellung eine Beeinträchtigung ablehnt.

b) Bei *Erman-Hense* (§ 2289 Anm. 2) heißt es: Aufgehoben wird die letztwillige Verfügung, soweit sie das Recht des Bedachten beeinträchtigt, „und zwar nicht nur rechtlich, sondern wirtschaftlich". (Gemeint ist offenbar: rechtlich *oder* wirtschaftlich). Etwas prägnanter äußern sich *Soergel-Ehard-Eder* (§ 2289 Anm. 1), wonach es nicht erforderlich ist, daß die letztwillige Verfügung mit den Bestimmungen des Erbvertrages rechtlich in Widerspruch steht, sondern es genügen soll, daß wirtschaftlich das Recht des vertragsmäßig Bedachten beeinträchtigt wird. Die dazu genannten Entscheidungen ergeben aber nichts für die hier interessierenden Fragen. — Diesen beiden Kommentaren kann also die Ansicht entnommen werden, daß eine wirtschaftliche Beeinträchtigung ausreicht[30]; ebenso sicher wird aber auch zum Ausdruck gebracht, daß eine rechtliche Beeinträchtigung im Sinne eines rechtlichen Widerspruches ebenfalls den Begriff der Beeinträchtigung im Sinne des § 2289 erfüllt.

c) Aus der Rechtsprechung ist von Interesse vor allem die *Entscheidung des Kammergerichts vom 28. 7. 1938*[31]. Dort geht es darum, ob zu Lasten des in einem Erbvertrage zum Erben berufenen Vertragsgegners vom Erblasser später durch

---

[29] KG DNotZ 1937 S. 570 = JW 1937 S. 2203.
[30] Vgl. dazu aber die Ausführungen oben IV, 1 b, aa.
[31] JW 1938 S. 2746.

Testament eine Testamentsvollstreckung wirksam angeordnet werden kann.

Zu § 2289 Abs. 1 S. 2 führt das Kammergericht aus:

„Gegenüber einem Erbvertrage ist eine spätere Verfügung des Erblassers von Todes wegen nach § 2289 Abs. 1 S. 2 BGB unwirksam, soweit sie das Recht des vertragsmäßig Bedachten beeinträchtigen würde. Gegenüber einer vertragsmäßigen Erbeinsetzung stellt sich nun die nachträgliche Anordnung einer Testamentsvollstreckung, durch welche der Erbe von der eigenen Verwaltung und Verfügung hinsichtlich des Nachlasses ausgeschlossen wird, grundsätzlich als eine Beeinträchtigung der ihm in dem Erbvertrage eingeräumten *Rechtsstellung* dar... Das gilt auch dann, wenn die Testamentsvollstreckung, was vom Standpunkt des Erblassers aus regelmäßig der Fall sein wird, im Interesse des Erben liegt, sei es, daß er zur eigenen Verwaltung weniger geeignet ist, sei es, daß beim Vorhandensein mehrerer Erben ein Interesse an einer einheitlichen Nachlaßregelung besteht. Auch in diesen Fällen bleibt die in der Beschränkung seines Verwaltungs- und Verfügungsrechtes liegende *rechtliche Beeinträchtigung seiner Erbenstellung bestehen*[32].“

d) Allgemein ist über Schrifttum und Rechtsprechung zum Begriff der Beeinträchtigung noch folgendes auszuführen: Abgesehen von den soeben Genannten wird zwar nirgends ausdrücklich gesagt, daß Beeinträchtigung grundsätzlich jede Änderung der dem Inhalt des Erbvertrages entsprechenden Rechtsstellung des vertragsmäßig Bedachten ist. Dies spricht aber nicht gegen, sondern für die hier vertretene Ansicht. In fast sämtlichen Erläuterungen zu § 2289 wird auf eine Erklärung des Begriffes *Beeinträchtigung* verzichtet; wohl aber wird in Schrifttum und Rechtsprechung meist sehr eingehend erörtert, daß ein vertraglich vereinbarter *Vorbehalt* zugunsten nachträglicher einseitiger Verfügungen des Erblassers die Beeinträchtigung der Rechte des vertragsmäßig Bedachten durch die von diesem Vorbehalt gedeckten Verfügungen des Erblassers ausschließt[33]. Hiernach wird überall die Ansicht ver-

[32] *Hervorhebungen* vom Verfasser.

[33] Vgl. z. B. RGR-Komm. (*Kregel*), § 2289 Anm. 2; *Staudinger-Herzfelder*, § 2289 Anm. 3d Abs. 3; *Planck-Greiff*, § 2289 Anm. 3d, aa; *Palandt-Rechenmacher*, § 2289 Anm. 1b.

treten, daß, wenn ein Vorbehalt fehlt, jede einseitige Verfügung des Erblassers, die dem vertragsmäßig Bedachten mit dem Erbfall eine vom Erbvertrag abweichende Rechtsstellung bringen würde, die Rechte des vertragsmäßig Bedachten i. S. des § 2289 beeinträchtigen würde. Das gilt besonders auch für die Entscheidung des Kammergerichts vom 22. 4. 1937[34].

Es ist also festzustellen, daß die Erörterungen in Schrifttum und Rechtsprechung regelmäßig nur mittelbar erkennen lassen, was grundsätzlich unter Beeinträchtigung verstanden werden soll, indem sie nämlich ausnahmsweise eine Beeinträchtigung verneinen, wenn die an sich beeinträchtigende Verfügung durch einen vertragsmäßigen Vorbehalt gedeckt wird. Nicht dem Begriff der Beeinträchtigung, sondern dem Vorbehalt bzw. dem Begriff der „Nichtbeeinträchtigung wegen Vorbehalts" sind die Erörterungen in Schrifttum und Rechtsprechung gewidmet.

4. Ergebnis:

Eine nach Abschluß des Erbvertrages getroffene Verfügung von Todes wegen beeinträchtigt das Recht des vertragsmäßig Bedachten i. S. des § 2289 Abs. 1 Satz 2 BGB, wenn sie die Rechtsstellung verändert, die der erbvertraglich Bedachte kraft der erbvertraglichen Regelung mit Eintritt des Erbfalles erlangen sollte.

Eine Beeinträchtigung ist *nicht* gegeben, wenn die spätere Verfügung von Todes wegen lediglich das Recht des vertragsmäßig Bedachten erweitert, ohne ideelle oder wirtschaftliche Interessen des Bedachten zu verletzen. Das gleiche gilt, wenn die spätere Verfügung durch einen wirksamen erbvertraglichen Vorbehalt gedeckt ist, oder der Bedachte ihr rechtswirksam zustimmt[35], oder wenn der vertragsmäßig Bedachte vor Eintritt des Erbfalls oder durch Ausschlagung ersatzlos wegfällt.

V. Unzulänglichkeit einer rein wirtschaftlichen Betrachtungsweise

Die Richtigkeit des vorstehend entwickelten Ergebnisses soll an den unhaltbaren Konsequenzen nachgewiesen werden, die sich aus anderen Betrachtungsweisen für den Rechtsbegriff der Beeinträch-

[34] DNotZ 1937 S. 570 = JW 1937 S. 2203.
[35] Über die Zustimmung vgl. noch unten VI.

tigung i. S. des § 2289 Abs. 1 Satz 2 BGB ergeben würden. Das gilt vor allem für eine *rein wirtschaftliche Betrachtungsweise:* sie würde die Bedeutung der dem Bedachten kraft des Erbvertrages zukommenden Rechtsstellung verkennen und ideellen Interessen in unzulässiger Weise die erbvertragliche Sicherung nehmen[36].

1. Beispiele

Als erstes *Beispiel* möge der vom BGH entschiedene Fall dienen. Dort hatte der Erblasser seinen Sohn durch Erbvertrag zum alleinigen Vorerben berufen unter gleichzeitiger Anordnung einer Testamentsvollstreckung (in dem Testamentsvollstreckerkollegium sollte der Sohn den Vorsitz haben) und einer jährlich an den Sohn aus dem Nachlaß zu zahlenden Rente. In einem späteren Testament berief der Erblasser seinen Sohn zum Vollerben zur Hälfte und zwei andere Personen zu Vollerben zu je ein Viertel des Nachlasses. Testamentsvollstreckung und Rente sollten wegfallen. Bei einer rein wirtschaftlichen Betrachtungsweise wären für die Frage der Beeinträchtigung gegenüberzustellen: Die dem Sohn kraft der erbvertraglichen Regelung zu zahlende Rente einerseits und die dem Sohn nach der testamentarischen Regelung im Falle der Auseinandersetzung zu freier Verwaltung und Verfügung zufallende Hälfte des Nachlasses einschließlich der sich daraus ergebenden laufenden Einkünfte andererseits.

Bei einer solchen Betrachtungsweise könnte von einer Beeinträchtigung dann nicht gesprochen werden, wenn die dem Bedachten nach dem Testament verbleibende Hälfte des Nachlasses ausreichen würde, ihm ein jährliches Einkommen in Höhe der ursprünglichen vorgesehenen Rente zu gewähren. Eine Beeinträchtigung des Vertragserben wäre aber auch dann zu verneinen, wenn der Erblasser über $^7/_{10}$ oder $^9/_{10}$ des Nachlasses anderweitig durch Erbeinsetzung oder Vermächtnis verfügt hätte und wenn die verbleibenden $^3/_{10}$ oder $^1/_{10}$ des Nachlasses mit Sicherheit jährlich Einkünfte in Höhe der aufgehobenen Rente abwerfen würden. Eine Beeinträchtigung könnte — wirtschaftlich betrachtet — auch dann nicht vorliegen, wenn der Erblasser über den gesamten Nachlaß durch Erbeinsetzung oder Vermächtnis zugunsten eines Dritten verfügt hätte, sofern er nur den Dritten zugunsten seines

[36] Dem Urteil des BGH kann entnommen werden, daß der Revisionsbeklagte eine rein wirtschaftliche Betrachtungsweise vertreten hat; vgl. BGH NJW 1958 S. 499 r. Sp.

Sohnes — des Vertragserben — mit dem Vermächtnis bzw. Untervermächtnis belastet hätte, die im Erbvertrag vorgesehene Rente zu zahlen und Sicherheit zu leisten.

Man sieht an diesen doch wohl unhaltbaren Ergebnissen, daß eine rein wirtschaftliche Betrachtung des Begriffes der Beeinträchtigung verfehlt ist. Sie ist aber auch deshalb unhaltbar, weil sie in unzulässiger Weise den wirtschaftlichen Interessen den Vorrang vor moralischen oder sonstigen ideellen Interessen gäbe. Auch hierzu ein Beispiel:

Erblasser E ist Eigentümer von zwei Grundstücken im Werte von je 100000 DM. Das eine (a) befindet sich schon seit Generationen im Familienbesitz; das andere (b) hat E später erworben. E hat zwei Söhne, A und B. A hält sehr auf Familientradition und möchte, daß das Grundstück (a) auch nach dem Tode des E im Eigentum der Familie bleibt. B hingegen erklärt des öfteren, daß er die Absicht habe, nach dem Tode des E den auf ihn entfallenden Teil des Nachlasses zu Geld zu machen. Auf Betreiben des A schließt E mit beiden Söhnen einen Erbvertrag. Darin wird A zum Alleinerben eingesetzt und zugunsten von B mit dem Vermächtnis belastet, das Grundstück (b) dem B zu übereignen oder ihm 100000 DM zu zahlen. Aus irgendwelchen Gründen bestimmt E in einem späteren Testament, daß B beide Grundstücke haben und A von B mit 100000 DM (oder 110000 DM) abgefunden werden soll.

Die Vertreter einer rein wirtschaftlichen Betrachtungsweise müßten in diesem Falle, weil sie moralische oder sonstige ideelle Gesichtspunkte für unbeachtlich halten, das Testament als wirksam ansehen, denn eine wirtschaftliche Beeinträchtigung des Vertragserben A liegt nicht vor. Daß ein solches Ergebnis unhaltbar ist, liegt aber auf der Hand. Das im BGB geregelte Institut des Erbvertrages würde ausgehöhlt, wenn der Erblasser jederzeit die im Vertrag festgelegten Rechtsfolgen umstoßen könnte, sofern er nur den Bedachten wirtschaftlich nicht beeinträchtigt.

2. *Die methodische und praktische Problematik*

a) Jedes Interesse, sei es ein rechtliches, wirtschaftliches oder ideelles, kann schon zu Lebzeiten des Erblassers durch Erbvertrag in der Weise gesichert werden, daß dem Begünstigten eine Rechtsstellung eingeräumt wird, die die Verfolgung oder Wahrung dieses Interesses ermöglicht. Die Ansicht, nur eine wirtschaftliche Benachteiligung sei eine Beeinträchtigung im Sinne des § 2289, würde den von dem Gesetzgeber mit § 2289 beabsichtigten Schutz der durch die vertragliche Rechtsstellung des Bedachten gesicherten Interessen nicht erreichen. Daß gerade bei Erbfragen moralische und sonstige ideelle Gesichtspunkte oft eine sehr erhebliche Rolle spielen, hat der Gesetzgeber mehrfach ausdrücklich anerkannt. Es kann z. B. darauf verwiesen werden, daß das BGB die Ausschlagung einer Erbschaft keineswegs ausschließlich oder auch nur vorwiegend unter wirtschaftlichen Gesichtspunkten behandelt. Das zeigt sich insbesondere darin, daß die Verwalter fremden Vermögens (Ehemann, Testamentsvollstrecker, Konkursverwalter) keine Befugnis haben, den zur Ausschlagung berechtigten Erben bei dieser Erklärung zu vertreten[37].

Bei einer rein wirtschaftlichen Betrachtungsweise müßte man, da nur wirtschaftliche Größen zum Vergleich bleiben und die Verwendung verschiedener Rechtsformen nichts ausmacht, in den angeführten Beispielsfällen eine Beeinträchtigung des Rechts des vertragsmäßig Bedachten im Sinne des § 2289 Abs. 1 Satz 2 verneinen, während nach der hier vertretenen Auffassung, nach der grundsätzlich schon jede Veränderung der dem Inhalt des Erbvertrages entsprechenden Rechtsstellung, soweit sie nicht lediglich eine Erweiterung derselben darstellt, den Tatbestand der Beeinträchtigung erfüllt, in beiden Fällen die spätere Verfügung von Todes wegen als unwirksam anzusehen wäre.

Selbst wenn man unterstellt, daß in beiden Fällen die vertragsmäßig Bedachten aus den vertraglichen Rechtspositionen gegenüber der späteren testamentarischen Regelung keine oder zumindest keine greifbaren wirtschaftlichen Vorteile hatten, so ist doch nicht zu verkennen, daß es sich um den rechtlichen Inhalt der Erbenstellung handelt, an dessen Erhaltung die Bedachten ein durchaus vernünftiges sonstiges Interesse haben konnten. Das gleiche gilt, wenn jemand vertraglich zum Miterben berufen ist. Auch er kann z. B. ein Interesse daran haben, an der Erbauseinandersetzung mitzuwirken; es braucht sich nicht notwendig um ein wirtschaftliches Interesse zu handeln. Schon die Möglichkeit, daß irgendein Interesse besteht, schließt

[37] Vgl. z. B. § 9 KO; dazu besonders *Kipp-Coing*, § 73 III.

es aus, dem Erblasser zu gestatten, den Bedachten durch einseitige Verfügung von Todes wegen in die Stellung eines Vermächtnisnehmers abzudrängen, selbst wenn diese dem Bedachten größere wirtschaftliche Vorteile als die Miterbenstellung bietet.

b) Der hier vertretenen Auffassung über die Beeinträchtigung im Sinne des § 2289 könnte möglicherweise der Einwand entgegengehalten werden, es bliebe danach kaum noch Raum für eine spätere letzwillige Verfügung, die den vertragsmäßig Bedachten nicht beeinträchtigen würde. Dieser Einwand dürfte aber nur den Fall treffen, daß jemand durch Erbvertrag zum Allein- und Vollerben eingesetzt ist. In allen anderen Fällen ist der Erblasser nur in bestimmten Grenzen gebunden. Außerhalb dieser Grenzen kann er letztwillig verfügen, ohne das Recht des vertragsmäßig Bedachten zu beeinträchtigen. Wenn aber jemand erbvertraglich zum alleinigen Vollerben eingesetzt wird, dann ist es nur recht und billig, daß der Erblasser kaum noch letztwillige Verfügungen treffen kann, ohne daß der Tatbestand der Beeinträchtigung erfüllt ist, denn es ist gerade der Sinn des Erbvertrages, daß der vertragsmäßig Bedachte seine Rechtsstellung grundsätzlich nicht mehr ohne seine Zustimmung verlieren kann.

Will der Erblasser den vertragsmäßig Bedachten durch eine spätere Verfügung von Todes wegen wirtschaftlich besser stellen, dann muß er, um die Rechtsfolgen des § 2289 zu vermeiden, eine Änderung des Erbvertrages vorschlagen, und dieser Änderung wird der Vertragspartner, wenn es sich bei ihm wirklich nur um wirtschaftliche Interessen handelt, häufig zustimmen.

c) Denkbar und interessant ist schließlich der Fall, daß der Erbe einer wirtschaftlichen Besserstellung, die aber gleichzeitig seine Rechtsstellung aus dem Erbvertrag beeinträchtigen würde, nicht zustimmt, etwa weil ihm die neue Rechtsstellung auf lange Sicht nicht so sicher oder zu unbequem erscheint. Soll hier der Erblasser gegen den Willen des vertragsmäßig Bedachten durch letztwillige Verfügung eine Änderung der vom vertragsmäßig Bedachten gewollten Rechtsstellung herbeiführen können? Es kann nicht oft genug betont werden, daß der Zweck des Erbvertrages dahin geht, dem Bedachten schon zu Lebzeiten des Erblassers eine Rechtsstellung einzuräumen, an die der Erblasser gebunden ist. Die Rechtsstellung, die durch den Erbvertrag eingeräumt ist, ist das primäre; sie ist Inhalt des Erbvertrages, und erst sekundär ist der in dieser Rechtsstellung enthaltene wirtschaftliche Vorteil Vertragsinhalt. Bei einer rein wirtschaftlichen Betrachtung des Begriffes der Beeinträchtigung könnte der Erblasser die vertraglich festgelegte Rechtsstellung des Bedachten beliebig verändern, wenn nur der wirtschaftliche Vorteil nicht gemindert wird. Eine Erbeinsetzung könnte in ein Vermächtnis, ein Vermächtnis in ein Untervermächtnis usw. umgewandelt werden. Das ist sicherlich nicht der Sinn des § 2289.

Wenn der erbvertraglich Bedachte der vom Erblasser beabsichtigten abweichenden Gestaltung seiner Rechtsstellung den Vorzug geben will, so mag er in eine Änderung des Erbvertrages einwilligen. Aber der vertragsmäßig Bedachte soll über eine Änderung seiner Rechtsstellung selbst entscheiden können; nicht der Erblasser, auch nicht der Richter ist hier zur Entscheidung berufen, indem er etwa wie ein Wirtschaftsprüfer feststellt, daß der vertraglich Bedachte nach der späteren Verfügung von Todes wegen wirtschaftlich besser gestellt wäre. Die Änderung der Rechtsstellung aus dem Erbvertrag unterliegt genauso der Privatautonomie und der Schranke des Rechtsgrundsatzes „pacta sunt servanda" wie eine Änderung des Erbvertrages selbst. Es käme einer Aufhebung der Privatautonomie und der vertraglichen Bindung im Bereich des § 2289 gleich, wenn dem vertragsmäßig Bedachten die Entscheidung über das, was für ihn vorteilhafter ist, genommen würde und wenn er sich eine einseitige Änderung seiner Rechtsstellung gefallen lassen müßte.

VI. Die Zustimmung des Bedachten zu beeinträchtigenden Verfügungen von Todes wegen

1. Der Erblasser ist durch die erbvertragliche Bindung und die darauf beruhende Bestimmung des § 2289 Abs. 1 Satz 2 keineswegs in seiner Testierfähigkeit, sondern lediglich in seiner Testierfreiheit beschränkt. Das bedeutet, daß der vertragsmäßig Bedachte einer den Tatbestand des § 2289 erfüllenden nachträglichen einseitigen Verfügung von Todes wegen auch dadurch Wirksamkeit verleihen

kann, daß er ihr durch einseitige Erklärung zustimmt. Durch einen derartigen Verzicht auf den Schutz des § 2289 wird der Tatbestand der Beeinträchtigung beseitigt[38].

2. Während allgemein schlechthin von der Möglichkeit einer derartigen Zustimmung gesprochen wird, ohne daß zwischen Zustimmung vor oder nach Erbfall unterschieden wird, bleibt nach der in der Entscheidung KG JW 1938 S. 2746 vertretenen Ansicht der Tatbestand der Beeinträchtigung bestehen, wenn sich der Bedachte mit der späteren Verfügung von Todes wegen erst *nach dem Erbfall* einverstanden erklärt. Nach Auffassung des KG wäre es mit der notwendigen Rechtssicherheit unvereinbar, daß die Beurteilung der Frage, welche erbrechtlichen Verhältnisse mit Eintritt des Erbfalles bestehen, von der Stellungnahme eines Beteiligten abhängt, für die weder eine Form noch eine Frist vorgesehen ist. Das BGB habe mit seinen Vorschriften über die Annahme oder Ausschlagung einer Erbschaft (§§ 1942ff.) und über die Anfechtung einer Verfügung von Todes wegen (§§ 2081f.) deutlich zu erkennen gegeben, daß diese erbrechtlichen Verhältnisse in bestimmten Formen und innerhalb bestimmter Fristen geklärt werden müssen.

Das vom KG erhobene Bedenken ist nicht von der Hand zu weisen. Nach meiner Auffassung kommt es aber durchaus in Frage, eine nach Eintritt des Erbfalles erklärte Zustimmung zuzulassen, wenn man für diese Zustimmung in entsprechender Anwendung der §§ 1944, 1945 BGB die Einhaltung der dort vorgesehenen Ausschlußfrist und Form fordert. Die Gefahr der Rechtsunsicherheit wäre damit vermieden.

Die Möglichkeit einer Zustimmung nach Eintritt des Erbfalles ist besonders in den Fällen von Bedeutung, in denen es aus irgendwelchen Gründen nicht mehr zu einer Änderung des Erbvertrages kommt, z.B. weil der Erblasser sich erst kurz vor seinem Tode entschließt, die erbvertragliche Gestaltung abzuändern, und der Bedachte nicht anwesend ist.

Ließe man in diesen Fällen die nachträgliche Zustimmung nicht zu, dann bliebe dem Bedachten nur der Weg der Ausschlagung der erbvertraglichen Zuwendung, um in den Genuß der evtl. wirtschaftlich vorteilhafteren, aber beeinträchtigenden testamentarischen Zuwendungen zu kommen, und auch dieser nur, wenn der

[38] Vgl. z. B. RGZ 134 S. 325; RGR-Komm. (*Kregel*), § 2289 Anm. 2; *Erman-Hense*, § 2289 Anm. 3; *Palandt-Rechenmacher*, § 2289 Anm. 1b.

Erbvertrag nicht einen Ersatzerben oder Ersatzvermächtnisnehmer vorsieht.

Dadurch, daß man jede spätere Verfügung von Todes wegen, die die dem Inhalt des Erbvertrages entsprechende Rechtsstellung des Bedachten verändert und nicht durch einen erbvertraglichen Vorbehalt gedeckt ist, gemäß § 2289 Abs. 1 Satz 2 als unwirksam ansieht, soweit sie nicht durch Zustimmung des Bedachten wirksam wird, räumt man dem erbvertraglich Bedachten gewissermaßen ein Verfügungsrecht, eine Entscheidungsfreiheit über Beeinträchtigung oder Nichtbeeinträchtigung ein, genauer: über die Anwendbarkeit der Vorschrift des § 2289 Abs. 1 Satz 2 BGB. Das ist doch wohl zulässig, denn sowohl die erbvertragliche Bindung als auch die auf ihr beruhende Vorschrift des § 2289 dienen in erster Linie dem Schutz des Bedachten. Es besteht kein Anlaß, ihm die Entscheidung darüber, ob die Schutzbestimmung eingreifen soll oder nicht, zu nehmen, mag sie auch nach Abschluß des Erbvertrages getroffen werden; jedoch kann diese Entscheidungsbefugnis im Interesse der Festigkeit der erbrechtlichen Lage und zur Vermeidung einer Gesetzesumgehung nur in den Grenzen der Befugnis zur Ausschlagung anerkannt werden[39]. Der Erblasser hingegen mag sich bereits beim Abschluß des Erbvertrages überlegen, inwieweit er sich binden will oder nicht. Zu diesem Zeitpunkt hat *er* die Entscheidungsfreiheit über Beeinträchtigung oder Nichtbeeinträchtigung der erbvertraglichen Regelung durch eine spätere einseitige Verfügung von Todes wegen. Hat er sich einmal gebunden, dann kann er naturgemäß nicht einseitig durch spätere Verfügung von Todes wegen diese Bindung gegenstandslos machen.

VII. Einheitlicher Begriff der Beeinträchtigung in § 2289 und in § 2113 BGB?

Außer in § 2289 Abs. 1 gebraucht das Gesetz den Begriff der „Beeinträchtigung" auch in § 2113 Abs. 1, wo es heißt: „Die Verfügung des Vorerben über ein zur Erbschaft gehörendes Grundstück . . . ist im Falle des Eintritts der Nacherbfolge *insoweit unwirksam, als sie das Recht des Nacherben vereiteln oder beeinträchtigen würde.*"

[39] Die Frage der Zustimmung des Bedachten bedarf sicherlich noch einer eingehenden Untersuchung.

Es war schon lange herrschende Meinung und wird heute überhaupt nicht mehr bestritten, daß es bei der Frage, ob ein Recht des Nacherben im Sinne des § 2113 Abs. 1 vereitelt oder beeinträchtigt wird, nicht auf den wirtschaftlichen Erfolg ankommt, nicht also auf die Gesamtlage des Vermögens, sondern daß allein die Vereitelung oder Beeinträchtigung des *konkreten Rechts* entscheidet, über das der Vorerbe verfüge[40].

Es erhebt sich also die Frage, ob diese zu § 2113 Abs. 1 vertretene Ansicht als Bestätigung der hier zu § 2289 Abs. 1 vertretenen Auffassung gewertet werden kann, zumal die beiden Vorschriften im Wortlaut fast völlig übereinstimmen.

Um diese Frage beantworten zu können, sind zunächst die Gemeinsamkeiten und Verschiedenheiten der Fälle, die durch §§ 2113 Abs. 1 und 2289 Abs. 1 geregelt werden, herauszuarbeiten. Zur Vereinfachung des Problems soll davon ausgegangen werden, daß es sich bei der erbvertraglichen Zuwendung um eine Erbeinsetzung und bei der widersprechenden Verfügung um eine nach Abschluß des Erbvertrages getroffene handelt.

Gemeinsam ist beiden Fällen, daß es sich um Verfügungen handelt, die ein auf den beeinträchtigten Bedachten künftig *durch Erbfolge* übergehendes Vermögen oder Teile oder einzelne Gegenstände dieses Vermögens betreffen. Ferner geht dieses Vermögen in beiden Fällen *unmittelbar* vom Erblasser auf den Bedachten über (nicht etwa vom Vorerben auf den Nacherben), und zwar durch Gesamtrechtsnachfolge. Weiterhin handelt es sich in beiden Fällen vom Standpunkt des beeinträchtigten Bedachten aus um eine Verfügung vor Eintritt des Erbfalles (bzw. Nacherbfalles). Schließlich ist in beiden Fällen nur eine den Bedachten zur *Zeit des Erbfalles bzw. Nacherbfalles* beeinträchtigende Verfügung unwirksam. Im übrigen kommen die Bestimmungen der §§ 2289 Abs. 1 und 2113 Abs. 1 nur dann zur Anwendung, wenn eine Bindung des Erblassers bzw. eine Verfügungsbeschränkung des Vorerben besteht. Die grundsätzlich bestehende Bindung des Erblassers kann durch einen erbvertraglichen Vorbehalt, die grundsätzlich bestehende Verfügungsbeschränkung des Vorerben im Sinne des § 2113 Abs. 1 durch

[40] Vgl. *Thiesing*, AcP 94 S. 229ff.; *Planck-Flad*, § 2113 Anm. 1d; RGR-Komm. (*Johannsen*), § 2113 Anm. 2d; *Leonhard*, Erbrecht, 2. Aufl. 1912, § 2113 I C 2; *Kipp-Coing*, Erbrecht, § 116 IV 1d, S. 447f.; *Staudinger-Herzfelder*, §§ 2112—2115 Anm. III B S. 541; a. M. *Salinger*, ArchBürgR 19 S. 161.

Befreiung seitens des Erblassers gemäß § 2136 ausgeschlossen werden.

Die *Unterschiede* zwischen § 2113 und § 2289 liegen in folgenden Punkten: Im Falle des § 2113 verfügt der Vorerbe, im Falle des § 2289 verfügt der Erblasser; im Falle des § 2113 handelt es sich um eine Verfügung unter Lebenden, im Falle des § 2289 um eine letztwillige Verfügung; im Falle des § 2289 kann es sich sowohl um eine Verfügung über das ganze Vermögen als auch über einen Teil (Quote) dieses Vermögens als auch über einzelne Gegenstände dieses Vermögens handeln, im Falle des § 2113 besteht nur die letztere Möglichkeit.

Diesen Verschiedenheiten kommt jedoch für unser Problem keine grundsätzliche Bedeutung zu. Vom Standpunkt des beeinträchtigten Bedachten ist es unerheblich, wer über das ihm später zufallende Vermögen verfügt; vielmehr wird ein Nacherbe bei natürlicher Betrachtungsweise meist nicht den Erblasser sondern den Vorerben als seinen unmittelbaren Rechtsvorgänger ansehen. Außerdem besteht in beiden Fällen die gesetzliche Bindung gegenüber dem beeinträchtigten Bedachten; daß sie einmal auf Vertrag zwischen Erblasser und Bedachten beruht und den Erblasser bindet, während sie im anderen Falle auf vertraglicher oder einseitiger (Vor-) Erbeinsetzung beruht und einen Dritten (den Vorerben) bindet, kann keinen Unterschied machen. Vielmehr muß man sagen, daß, wenn schon der Erblasser einen anderen (den Vorerben) gegenüber dem Nacherben in der Weise, wie es die h. M. annimmt, binden kann, dies noch eher zu gelten hat, wenn er selbst auf Grund des Vertrages mit dem Dritten gemäß § 2289 gebunden ist. — Ferner ist in beiden Fällen für die Frage der Beeinträchtigung der *Zeitpunkt des Erbfalls bzw. Nacherbfalls* entscheidend. Solange die Vorerbschaft besteht, ist die Wirksamkeit einer Verfügung des Vorerben über ein Grundstück usw. niemals berührt[41]. Ähnlich liegt es im Falle des § 2289 Abs. 1 Satz 2[42]. Wenn es aber in beiden Fällen bezüglich der Frage der Beeinträchtigung, d. h. für die Frage der Unwirksamkeit der Verfügung, auf den Zeitpunkt des Erb- bzw. Nacherbfalls ankommt, ist es unerheblich, ob es sich (bei § 2113) um eine Verfügung unter Lebenden oder (bei § 2289) von Todes wegen handelt. Schließlich ist auch der Unterschied im möglichen Verfügungsob-

[41] Vgl. *Palandt-Rechenmacher*, § 2113, Anm. 1.

[42] Vgl. *Kipp-Coing*, § 34 II, 2; *Planck-Greiff*, § 2289 Anm. 3a; RGR-Komm. (*Kregel*), § 2289 Anm. 2.

jekt für die Übereinstimmung des Begriffes „Beeinträchtigung" in § 2113 und in § 2289 kein Hindernis, zumal der Nachlaß bei der vertraglichen Erbeinsetzung ebenso Gegenstand einer Verfügung des Erblassers und einer Rechtsstellung des Bedachten, wie das einzelne Grundstück Gegenstand der Verfügung des Vorerben und Gegenstand des Rechts (der Anwartschaft) des Nacherben ist.

Hiernach gelangt man zu dem Ergebnis, daß die Begriffe der Beeinträchtigung in § 2113 und in § 2289 nach dem Sinn beider Vorschriften im Grundsätzlichen übereinstimmen. Deshalb kann das Schrifttum zu § 2113 auch für die Begriffsbestimmung der Beeinträchtigung in § 2289 verwertet werden. Dabei bestätigt sich, daß die Änderung des rechtlichen Inhalts der Berechtigung den Kern des Begriffes „Beeinträchtigung" bildet.

FSC
www.fsc.org
MIX
Papier | Fördert gute Waldnutzung
FSC® C083411

Kolibri 360 GmbH
Ferdinand-Jühlke-Straße 7
99095 Erfurt, Deutschland
produktsicherheit@kolibri360.de